2016 职(执)业资格考试辅导丛书

注册道路工程师资格考试习题精练与解析

专 业 知 识

本书编委会 编

人民交通出版社股份有限公司
China Communications Press Co.,Ltd.

内 容 提 要

本书为注册道路工程师资格考试辅导用书，全书紧扣《专业知识》考试相关要求，主要设置有复习提示和大量的练习题，并附有详细解析。全书共八章，分别为：道路路线设计、路基工程、路面工程、桥梁工程、隧道工程、交叉工程、交通工程及沿线设施、道路工程施工组织与概预算。

本书可作为注册道路工程师《专业知识》考试复习备考用书。

图书在版编目(CIP)数据

注册道路工程师资格考试习题精练与解析. 专业知识/《注册道路工程师资格考试习题精练与解析》编委会编. —北京：人民交通出版社股份有限公司，2016.5

ISBN 978-7-114-12967-4

Ⅰ. ①注… Ⅱ. ①注… Ⅲ. ①道路工程—资格考试—题解 Ⅳ. ①U41-44

中国版本图书馆 CIP 数据核字(2016)第 088742 号

书　　名：注册道路工程师资格考试习题精练与解析　专业知识
著 作 者：本书编委会
责任编辑：李　瑞
出版发行：人民交通出版社股份有限公司
地　　址：(100011)北京市朝阳区安定门外外馆斜街 3 号
网　　址：http://www.ccpress.com.cn
销售电话：(010)59757973
总 经 销：人民交通出版社股份有限公司发行部
经　　销：各地新华书店
印　　刷：北京市密东印刷有限公司
开　　本：787×1092　1/16
印　　张：26
字　　数：623 千
版　　次：2016 年 5 月　第 1 版
印　　次：2019 年 5 月　第 2 次印刷
书　　号：ISBN 978-7-114-12967-4
定　　价：85.00 元

前　言

勘察设计是公路建设的灵魂。在公路勘察设计过程中，以科学发展观为指导，坚持以人为本，坚持资源节约、环境友好的公路勘察设计理念，是实现我国公路建设可持续发展的关键所在，更是公路勘察设计人员所面临的重要课题。为了规范道路工程勘察设计人员管理，提高道路工程勘察设计人员综合素质，提升道路工程勘察设计整体水平，打造一支高素质的道路工程勘察设计队伍，原交通部会同原人事部和原建设部建立了勘察设计注册土木工程师（道路工程）制度，并于2007年4月1日起正式实施。

2016年度全国勘察设计注册土木工程师（道路工程）资格考试将于9月3日、4日进行。为帮助广大考生复习备考，人民交通出版社组织长安大学、重庆交通大学、东南大学、长沙理工大学等院校相关专家，根据考试有关资料及文件精神，结合编写专家对考试的深度理解，精心编写了《注册道路工程师资格考试习题精练与解析》辅导用书。本辅导用书与考试用书相对应，分为《专业基础知识》和《专业知识》两册。本书为《专业知识》分册，共八章，包括：道路路线设计、路基工程、路面工程、桥梁工程、隧道工程、交叉工程、交通工程及沿线设施、道路工程施工组织与概预算。

本辅导用书主要设置有复习提示（包括复习要点和规范提示）及大量的练习题，并附有参考答案及详细解析。

（1）**复习提示**——如何有效地备考复习，是绝大多数考生共同关注的问题。为减少复习的盲目性，少走弯路，特设置此栏目。其中，“复习要点”是站在考生复习的角度，系统梳理了各章节的主要知识点，同时对重难点进行了分析提炼，力求为考生指明方向，复习时能够有的放矢；“规范提示”是针对注册道路工程师考试涉及的相关标准、规范，尤其对新旧规范的变化做了明确提示并进行了精要解读，以帮助考生更好地理解规范。

（2）**习题及解析**——为避免复习看书过程中难免的枯燥性，根据考纲相关要求，各章设置了大量练习题，并附有参考答案及详细解析。习题讲究精练，力求将知识点融入题目中，并通过解析让考生能够举一反三，进一步巩固掌握知识点，提高复习效率。

本书的编写分工如下：长安大学赵一飞、秦建平（第一章）；重庆交通大学郑智能（第二章）；重庆交通大学叶巧玲、杜铭（第三章）；长沙理工大学李学文、李诚、颜东煌（第四章）；长沙理工大学吴从师、张庆彬（第五章）；长安大学潘兵宏（第六章）；长安大学梁国华（第七章）；长沙理工大学王首绪(第八章)。

本书难免有疏漏和不当之处,请各位考生提出宝贵意见和建议,以便修订时参考。意见和建议请反馈至出版社编辑部(电话 010-85286123,邮箱 346783426@ qq. com,QQ346783426)。此外,为便于复习交流,请考生加入注册道路工程师考试交流 QQ 群 551895185。

最后,预祝各位考生顺利通过考试!

本书编委会

2016 年 4 月

目　　录

第一章　道路路线设计

第一节　一 般 要 求

【考试纲要】

1. 掌握道路分级、设计车辆、交通量、设计速度、建筑限界、抗震设计等基本概念。

2. 掌握路线设计中通行能力与服务水平的分析与运用。

3. 掌握城市道路工程无障碍设计的内容和方法。

4. 熟悉现行标准、规范中有关路线设计的内容及其主要技术指标的规定。

5. 了解道路勘测设计的阶段和任务。

【复习提示】

1. 复习要点

道路功能、设计车辆、设计速度与运行速度、交通量、设计交通量、设计小时交通量、通行能力与服务水平、设计通行能力、建筑限界等基本概念；公路技术分级的依据和城市道路分级的依据；设计车辆的作用；设计速度的作用；运行速度在路线设计中的应用；设计交通量与设计小时交通量的作用；交通量折算；通行能力与服务水平的分析与运用；各级公路与城市道路的净空要求；道路抗震设计的要求；道路技术标准的决定因素；城市道路工程无障碍设计（盲道、缘石坡道、坡道和梯道等）的内容和方法；现行标准、规范中有关路线设计的内容及其主要技术指标的规定；道路勘测设计的阶段和任务。

重点：

道路功能与道路分级；道路设计依据；通行能力与服务水平的分析与运用。

难点：

通行能力与服务水平的分析。

2. 规范提示

《公路工程技术标准》（JTG B01—2014）打破了传统观念，明确了公路功能作为确定技术等级和主要技术指标的主要依据，调整了高速公路、一级公路的设计交通量；细化了设计车辆类型，增加了设计车辆总体尺寸，调整了车辆折算系数；服务水平分级进一步细化、优化，由原四级调整为六级，相应调整了设计服务水平；明确了路线设计应采用运行速度检验的规定，并明确了运行速度检验标准；在安全评价方面，规定“二级及二级以上的干线公路应在设计时进行交通安全评价，其他公路在有条件时也可进行交通安全评价”。

《城市道路工程设计规范》（CJJ 37—2012）修订了《城市道路设计规范》（CJJ 37—1990）中的道路分类与分级、设计速度、设计车辆、车辆折算系数、通行能力等内容，增加了道路服务水平、设计速度100km/h的平纵技术指标等内容。

一、单项选择题

1. 某拟建国家干线公路在规定的预测年限的交通量组成如下：小客车 21000veh/d，中型车 4500veh/d，大型车 3150veh/d，汽车列车 2580veh/d，则设计交通量和合理的公路等级分别为(　　)。

A. 31230pcu/d，一级公路　　B. 45945pcu/d，高速公路

C. 39540pcu/d，高速公路　　D. 41790pcu/d，一级公路

2. (　　)决定公路技术等级的选用。

A. 适应的交通量　　B. 技术标准

C. 设计速度　　D. 公路功能

3. 公路工程基本建设项目一般采用(　　)。

A. 一阶段设计，即一阶段施工图设计

B. 两阶段设计，即初步设计和施工图设计

C. 两阶段设计，即技术设计和施工图设计

D. 三阶段设计，即初步设计、技术设计和施工图设计

4. 公路初步设计阶段的目的是(　　)。

A. 解决工程可行性研究中未解决的技术问题，落实技术方案

B. 提出工程数量，为施工图预算提供依据

C. 基本确定设计方案

D. 提出文字说明和图表资料以及施工组织计划，并编制施工图预算

5. 确定道路等级和车道数采用的交通量分别是(　　)。

A. 设计交通量和年平均小时交通量

B. 预测年限时所能达到的年平均日交通量和设计小时交通量

C. 设计小时交通量和预测年限时所能达到的年平均日交通量

D. 设计小时交通量和年平均小时交通量

6. 下列哪个几何要素的确定与设计车辆无直接关系(　　)。

A. 车道宽度　　B. 路肩横坡

C. 纵坡　　D. 行车视距

7. (　　)是决定道路几何形状的基本依据。

A. 自然条件　　B. 服务水平

C. 设计速度　　D. 行车视距

8. 运用(　　)控制标准可检查高速公路线形的连续性和均衡性。

A. 设计速度与运行速度差　　B. 相邻路段运行速度差

C. 速度均方差　　D. 速度离散程度

9. 在规划、设计阶段进行通行能力与服务水平分析的主要目的是(　　)。

A. 确定路面结构层厚度

B. 确定在某一服务水平下的最大服务流量

C. 在已知交通量的情况下确定规定服务水平的标准横断面宽度

D. 确定设计小时交通量

10. 道路建筑限界是(　　)设计的重要依据。

A. 通行能力　　B. 横断面

C. 平面线形　　D. 视距

11. 地震动峰值加速度系数大于或等于 0.40 地区的公路工程,应进行(　　)。

A. 简易设防　　B. 抗震设计

C. 不设防　　D. 专门的抗震研究和设计

12. 一条城市次干线道路同侧两个相邻平面交叉口间的无障碍设施一般包括(　　)。

A. 盲道和梯道　　B. 盲道和路缘石

C. 缘石坡道和梯道　　D. 盲道和缘石坡道

13. 盲道的工作原理为(　　)。

A. 在人行道上铺设一种横向条纹的地面砖,使视残者产生不同的脚感,诱导他们向前行进

B. 在人行道上铺设一种固定形态的地面砖,使视残者产生不同的脚感,借助盲杖触及,诱导他们向前行进

C. 在人行道上铺设一种圆点形状的地面砖,使视残者产生不同的脚感,诱导他们向前行进

D. 在人行道上铺设一种条状形态的地面砖,使视残者产生不同的脚感,诱导他们向前行进

二、多项选择题

1. 下列哪些内容的确定与所选定的公路的功能直接有关(　　)。

A. 公路等级选用　　B. 设计速度

C. 路基宽度　　D. 平面交叉口的交通管理方式与间距

E. 弯道超高与视距

2. 对公路分级与等级选用相关内容的描述,下列说法正确的是(　　)。

A. 公路技术等级选用应根据路网规划、公路功能,并结合交通量论证确定

B. 各级公路预测年限的适应交通量采用的是将各种汽车折合成小客车的年平均日交通量

C. 设计交通量预测年限的起算年为该项目可行性研究报告中的计划通车年

D. 一条公路可分段选用不同的公路等级

E. 不同功能的一级公路采用的出入控制和交叉口间距等要求应不同

3. 公路的技术标准取决于下列哪些因素(　　)。

A. 公路的功能　　B. 设计交通量和交通组成

C. 地形和其他自然条件　　　　D. 服务水平

E. 设计速度

4. 城市道路按照(　　),被分为快速路、主干路、次干路和支路四级。

A. 红线宽度　　　　B. 道路在城市道路网中的地位

C. 交通功能　　　　D. 横断面形式

E. 对沿线的服务功能

5. 设计车辆外廓尺寸是道路几何设计中的重要控制因素,下列哪些道路几何指标与设计车辆外廓尺寸有密切关系(　　)。

A. 车道宽度　　　　B. 道路路拱横坡

C. 最大纵坡　　　　D. 弯道加宽

E. 行车视距

6. 关于设计速度的描述,下列说法正确的是(　　)。

A. 设计速度是决定道路几何形状的基本依据

B. 设计速度越高,实际行驶速度超过设计速度的几率越大

C. 道路的曲线半径、超高、视距等直接与设计速度有关

D. 设计速度影响车道宽度、中间带宽度、路肩宽度等指标的确定

E. 设计速度越低,实际行驶速度超过设计速度的几率越大

7. 关于运行速度,下列说法正确的是(　　)。

A. 运行速度是在路面平整、潮湿、自由流状态下车辆的实际行驶速度

B. 实测运行速度通常是指测定的速度累计分布曲线上第 85 个百分点上的车辆行驶速度

C. 运行速度是随着公路路线不断变化的

D. 公路设计采用运行速度进行检验,可有效解决路线设计指标与实际行驶速度所要求的线形指标脱节的问题

E. 相对于变化的公路几何线形,运行速度是不变的

8. 下列哪些因素影响高速公路的通行能力(　　)。

A. 车道宽度和侧向净空　　　　B. 交通组成

C. 车道数　　　　D. 路侧干扰

E. 驾驶员条件

9. 关于道路建筑限界的描述,下列说法正确的是(　　)。

A. 道路建筑限界又称净空,由净高和净宽两部分组成

B. 在道路建筑限界内,桥台、桥墩、行道树、电杆等设施不能侵入,但照明灯柱、护栏、标志可放在道路建筑限界以内

C. 在横断面设计中,不允许有任何障碍物侵入道路建筑限界之内

D. 同一道路应采用相同的道路建筑限界要求

E. 道路上附加车道的宽度应包括在道路建筑限界之内

10. 对道路服务水平的描述,下列说法正确的是(　　)。

A. 公路采用 v/C 值衡量拥挤程度,作为评价服务水平的主要指标

B. 公路四级服务水平时交通流处于稳定流范围的下限，车辆的速度与驾驶自由度受到明显限制

C. 公路采用小客车的速度差作为评价服务水平的主要指标

D. 一级公路用作干线公路时，设计服务水平为三级；一级公路用作集散公路时，设计服务水平可为四级

E. 快速路的路段、分合流区、交织区段，应分别进行通行能力分析，使其全线服务水平均衡一致

11. 无障碍设施中的提示盲道应设置在下列哪些位置(　　)。

A. 行进盲道的起点　　B. 行进盲道的中段

C. 行进盲道的终点　　D. 行进盲道的拐弯处

E. 行进盲道上坡道前

12. 关于无障碍设施的设置，下列说法正确的是(　　)。

A. 盲道应连续，中途不可有电线杆、拉线、树木等障碍物

B. 提示盲道表面呈圆点形状，设在盲道拐弯处，终点处和需要示意服务设施的地方

C. 只要求盲道表面触感部分的尺寸与人行道砖一致，其他没有限制

D. 缘石坡道通常设在人行道的交叉路口、街坊路口、单位出入口、广场入口、人行横道及桥梁、隧道、地铁站的入口

E. 为方便乘轮椅者通行，缘石坡道的纵坡越小越好

三、案例题

1. 某平原区四车道高速公路，设计速度为100km/h，车道宽度为3.75m，左侧路缘带为0.75m，右侧路肩为3.0m，试问高速公路路段一条车道的设计通行能力为(　　)。

A. 1460pcu/(h·ln)　　B. 1560pcu/(h·ln)

C. 1500pcu/(h·ln)　　D. 1640pcu/(h·ln)

2. 某四车道高速公路，设计速度为100km/h，单方向观测到的高峰小时交通量为1136veh/ln，其中，小型车占60%，中型车占35%，大型车占3%，汽车列车占2%，驾驶员多为职业驾驶员，比较熟悉该高速公路。如果该高速公路路段的设计通行能力 C_d = 1600pcu/(h·ln)，试问高速公路路段一条车道的实际通行能力与下列答案最为接近的是(　　)。

A. 625veh/(h·ln)　　B. 932veh/(h·ln)

C. 834veh/(h·ln)　　D. 735veh/(h·ln)

3. 某平原区二级公路，设计速度为80km/h，路基宽度为12m，车道宽度为3.75×2m；观测小时交通量为667veh/h，其中小型车占58%，中型车占41%，大型车占1%。该公路的交通流方向分布为55/45，路侧干扰等级为2级。如二级公路的设计通行能力取 C_d = 1600pcu/h，试问该二级公路的路段实际通行能力与下列答案最为接近的是(　　)。

A. 537veh/(h·ln)　　B. 632veh/(h·ln)

C. 734veh/(h·ln)　　D. 835veh/(h·ln)

4. 某高速公路，设计速度120km/h，预测年限的年平均日交通量为36510veh/d，该公路的交通流方向分布为52/48，设计小时交通量系数为9%，如该高速公路的实际通行能力为

869veh/(h.ln),试问该高速公路双向需要的车道数为(　　)。

A.2　　B.4　　C.6　　D.8

◈ 习题参考答案及解析 ◈

一、单项选择题

1.B

【考核点】公路分级与等级选用

【解　析】拟建公路预测年限的设计交通量为:21000+4500×1.5+3150×2.5+2580×4.0=45945pcu/d。该交通量在一级公路或高速公路的适应交通量范围内,由于拟建公路为国家干线公路,宜选用高速公路。

2.D

【考核点】公路分级

【解　析】《公路工程技术标准》(JTG B01—2014)明确公路功能作为确定公路技术等级的主要依据。

3.B

【考核点】勘测设计阶段

【解　析】本题主要考查公路工程基本建设项目的设计阶段,一般采用两阶段设计,即初步设计和施工图设计。对于技术简单、方案明确的小型建设项目,可采用一阶段设计,即一阶段施工图设计;技术复杂、基础资料缺乏和不足的建设项目或建设项目中的特大桥、长隧道、大型地质灾害治理等,必要时采用三阶段设计,即初步设计、技术设计和施工图设计。

4.C

【考核点】勘测设计阶段

【解　析】本题主要考查公路工程基本建设项目设计阶段的目的与任务。初步设计阶段的目的是基本确定设计方案;技术设计阶段的目的是对重大、复杂的技术问题通过科学试验、专题研究,加深勘探调查及分析比较,解决初步设计中未解决的问题,落实技术方案;施工图设计阶段的目的是进一步对所审定的修建原则、设计方案、技术决定加以具体和深化,适应施工的需要。

5.B

【考核点】交通量

【解　析】本题主要考查设计交通量和设计小时交通量的作用。设计交通量是指拟建道路到预测年限时所能达到的年平均日交通量(辆/日)。设计交通量对确定道路等级、计算道路的计划费用或各项结构设计等有重要作用,但不宜直接用于道路几何设计。设计小时交通量是确定车道数和车道宽度或评价服务水平的依据。道路设计小时交通量宜采用年第30位小时交通量作为设计的依据。

6.B

【考核点】设计车辆

【解　析】本题主要考查设计车辆的作用。设计车辆是指道路设计所采用的具有代表性的车辆。汽车的行驶性能、外廓尺寸以及行驶于道路上不同种类车辆的组成对于道路几何设计具有决定作用,比如确定路幅组成、车道宽度、弯道加宽、纵坡大小、行车视距等的确定都与设计车辆有直接关系。路肩横坡主要是满足排水的需要,其值的确定与设计车辆无直接关系。

7. C

【考核点】设计速度

【解　析】本题主要考查设计速度的作用。设计速度是决定道路几何形状的基本依据。道路的曲线半径、超高、视距等直接与设计速度有关。同时也影响车道宽度、中间带宽度、路肩宽度等指标的确定。

8. B

【考核点】运行速度

【解　析】本题主要考查运行速度的作用。运用相邻路段运行速度差控制标准可检查高速公路线形的连续性和均衡性。相邻路段运行速度的差值小于10km/h时,线形连续性好;在10~20km/h之间时连续性较好,条件允许时宜适当调整相邻路段的线形指标,使运行速度的差值小于10km/h;大于20km/h时连续性差,相邻路段需要调整平、纵面设计。

9. C

【考核点】通行能力

【解　析】本题主要考查通行能力在线形设计中的运用。规划、设计阶段通行能力与服务水平分析的最主要的目的是在设计小时交通量(或设计交通量和设计小时交通量系数)已知的情况下,通过计算设计服务水平下的通行能力,确定车道数和车道宽度。

10. B

【考核点】道路建筑限界

【解　析】道路建筑限界又称净空,由净高和净宽两部分组成。道路建筑限界是横断面设计的重要依据,在道路建筑限界范围内不允许有任何障碍物侵入。横断面设计时,应充分研究组成路幅要素的相互关系及道路各种设施的设置规划,在有限空间内做出合理的安排。

11. D

【考核点】抗震设计

【解　析】《公路工程技术标准》(JTG B01—2014)规定:地震动峰值加速度系数小于或等于0.05地区的公路工程,除有特殊要求外,可采用简易设防;地震动峰值加速度系数大于0.05、小于0.40地区的公路工程,应进行抗震设计;地震动峰值加速度系数大于或等于0.40地区的公路工程,应进行专门的抗震研究和设计。

12. D

【考核点】无障碍设施设计

【解　析】城市道路的无障碍设施主要包括盲道、缘石坡道、坡道和梯道等。一条城市次干线道路同侧两个相邻平面交叉口间不包含过街设施,不需要人行天桥和人行地道所设置的轮椅坡道和安全梯道,无障碍设施只需设置盲道和缘石坡道。

13. B

【考核点】无障碍设施设计

【解　析】盲道为在人行道上铺设一种固定形态的地面砖,使视残者产生不同的脚感,借助盲杖触及,诱导他们向前行走和辨别方向以及到达目的地的通道。盲道分行进盲道和提示盲道两种。行进盲道采用表面为纵向条状形的地面砖,提示盲道采用表面呈圆点形状的地面砖。

二、多项选择题

1. ABCD

【考核点】公路功能

【解　析】根据《规范》,公路等级选用、设计速度、路基宽度、路线交叉(形式、交通管理方式、间距)、互通式立体交叉的等级(枢纽互通式立体交叉和一般互通式立体交叉)以及交通工程设施(控制出入)等的确定都与所选定的公路的功能直接有关。在备选答案中,只有E与公路功能不直接有关。

2. ABCDE

【考核点】公路分级与等级选用

【解　析】A选项为公路分级依据的内容,是正确的;B选项考查的是适应交通量采用的是什么样的交通量,《标准》规定适应交通量采用的是将各种汽车折合成小客车的年平均日交通量,B选项是正确的;C选项涉及设计交通量预测年限的起算年,为该项目可行性研究报告中的计划通车年,是正确的;《标准》规定一条公路可分段选用不同的公路等级,D选项是正确的;干线功能一级公路与集散功能一级公路的出入控制和交叉口间距等要求不同,E选项是正确的。

3. ABCE

【考核点】公路技术标准

【解　析】公路技术标准是法定的技术要求,反映了我国公路建设的技术方针。各级公路的具体标准是由各项技术指标体现的,它决定于下列因素:公路的功能;设计交通量和交通组成;地形和其他自然条件;设计速度。在备选答案中,只有D不是公路技术标准的决定因素。

4. BCE

【考核点】城市道路分级

【解　析】《城规》按照道路在城市道路网中的地位、交通功能以及对沿线的服务功能,将城市道路分为快速路、主干路、次干路和支路四级。在备选答案中,BCE为城市道路的分类依据。

5. ADE

【考核点】设计车辆

【解　析】本题主要考查道路设计车辆的作用。车道宽度、弯道加宽、行车视距等与设计车辆的外廓尺寸有密切关系;最大纵坡、转弯半径、行车视距等与设计车辆的行驶性能有关。因此,应选择ADE。

6. ACDE

【考核点】设计速度

【解　析】本题主要考查设计速度在线形设计中的应用。设计速度是技术标准中最重要的指标,它对公路的几何形状、工程费用和运输效率影响最大。道路的曲线半径、超高、视距等直接与设计速度有关。同时也影响车道宽度、中间带宽度、路肩宽度等指标的确定。

7. ABCD

【考核点】运行速度

【解　析】本题主要考查运行速度的概念和作用。A、B 项是运行速度的概念,是正确的。运行速度考虑了公路上绝大多数驾驶员的交通心理需求,是随着公路路线不断变化的。公路设计采用运行速度进行检验,可以有效地解决路线设计指标与实际行驶速度所要求的线形指标脱节的问题,保证了在一个设计区段内行车速度的连续性和一致性。C、D 项也是正确的。

8. ABCE

【考核点】通行能力

【解　析】本题主要考核影响通行能力的因素。车道宽度和侧向净空、车道数、交通组成、驾驶员条件均影响高速公路通行能力的因素,路侧干扰为二级和三级公路通行能力的影响因素。因此,应选择 ABCE。

9. ACDE

【考核点】道路建筑限界

【解　析】道路建筑限界要求是强制标准。道路建筑限界又称净空,由净高和净宽两部分组成。它是为保证道路上各种车辆、人群的正常通行与安全,在一定高度和宽度范围内不允许有任何障碍物侵入的空间范围。同一道路应采用相同的道路建筑限界要求。因此,应选择 ACDE。

10. ABDE

【考核点】服务水平

【解　析】服务水平是衡量交通流运行条件及驾驶人和乘客所感受的服务质量指标,选项 A、B、D、E 是《公路工程技术标准》(JTG B01—2014)和《城市道路工程设计规范》(CJJ 37—2012)中关于服务水平的相关规定。

11. ACDE

【考核点】无障碍设施设计

【解　析】行进盲道的起点、终点及拐弯处应设圆点形的提示盲道。人行道中有台阶、坡道和障碍物等,在相距 0.25 ~0.5m 处应设提示盲道,距人行横道入口、广场入口、地下铁道入口等 0.25 ~0.5m 处应设提示盲道。

12. ABD

【考核点】无障碍设施设计

【解　析】选项 A、B、D 分别是盲道、提示盲道、缘石坡道设置的正确要求;除盲道表面触感部分的尺寸与人行道砖一致外,盲道的厚度也应与人行道砖一致;缘石坡道的纵坡有一定要求。

三、案例题

1. B

解:(1)计算高速公路路段的实际行驶速度

根据《公路路线设计规范》(JTG D20—2006)(以下简称《路线规范》)表3.2.1-2,车道宽度和路侧宽度对设计速度的修正值为0km/h。

根据《路线规范》表3.2.1-3,车道数对设计速度的修正值为-8km/h。

高速公路路段的实际行驶速度为:

$$v_R = v_D + \Delta v_W + \Delta v_N = 100 - 8 = 92\text{km/h}$$

(2)计算高速公路路段的设计通行能力

根据高速公路路段实际行驶速度,对《公路工程技术标准》(JTG B01—2014)附录A表A.0.1-1中三级服务水平的最大服务交通量进行修正,经内插得到路段设计通行能力为:

$$C_d = 1500 + \frac{1600 - 1500}{100 - 80} \times (92 - 80) = 1560\text{pcu/(h·ln)}$$

2. C

解:高速公路路段的实际通行能力按下式计算:

$$C_r = C_d \times f_{HV} \times f_N \times f_P$$

式中:高速公路路段设计通行能力 $C_d = 1600$pcu/(h·ln)。

4车道高速公路的车道数修正系数 $f_N = 1.0$。

驾驶员多为职业驾驶员,比较熟悉该公路,驾驶者总体特征修正系数 $f_N = 1.0$。

高峰小时交通量为568veh/(h·ln),小于1000veh/(h·ln),根据《路线规范》表3.2.2得中型车的车辆折算系数为3,大型车的车辆折算系数为5,汽车列车的车辆折算系数为6,则交通组成修正系数为:

$$f_{HV} = \frac{1}{1 + \sum P_i(E_i - 1)} = \frac{1}{1 + 0.35 \times 2 + 0.03 \times 4 + 0.02 \times 5} = 0.521$$

该高速公路路段的实际通行能力为:

$$C_r = C_d \times f_{HV} \times f_N \times f_P = 1600 \times 0.521 \times 1 \times 1 = 834\text{veh/(h·ln)}$$

3. A

解:二级公路实际通行能力按下式计算:

$$C_r = C_d \times f_{HV} \times f_d \times f_W \times f_f$$

式中:$C_d = 1600$pcu/h;

f_d——方向分布修正系数,该公路的交通流方向分布为55/45,按《路线规范》表3.4.2-2取 $f_d = 0.97$;

f_W——车道宽度、路肩宽度修正系数,该公路的车道宽度、路肩宽度分别为3.75m和2.25m,按《路线规范》表3.4.2-3取 $f_W = 1.16$;

f_f——路侧干扰修正系数,公路路侧干扰等级为2级,按《路线规范》表3.4.2-4取 $f_f=0.85$;

f_{HV}——交通组成修正系数,观测小时交通量为667veh/h,按《路线规范》表3.4.2-1得中型车的车辆折算系数为2.0,大型车的车辆折算系数为2.5,汽车列车的车辆折算系数为3.5,则交通组成修正系数为:

$$f_{HV}=\frac{1}{1+\sum P_i(E_i-1)}=\frac{1}{1+0.41\times1+0.01\times1.5}=0.702$$

该二级公路路段的实际通行能力为:

$C_r=C_d\times f_{HV}\times f_d\times f_W\times f_f/2=1600\times0.702\times0.97\times1.16\times0.85/2=537\text{veh/(h}\cdot\text{ln)}$

4. B

解:(1)单向设计小时交通量为:

$$DDHV=AADT\times D\times K=36510\times0.52\times0.09=1709\text{veh/h}$$

(2)高速公路单向需要的车道数为:

$$N=\frac{DDHV}{C_r}=\frac{1709}{869}=1.96$$

高速公路单向需要的车道数为2,双向需要的车道数为4。

第二节 总体设计

【考试纲要】

1. 掌握城市道路工程与城市总体规划、交通专项规划、市政管线规划等的相互关系。
2. 掌握总体设计的概念与目的。
3. 熟悉总体设计应考虑的因素与设计要点。

【复习提示】

1. 复习要点

总体设计的概念、各级公路(或道路)总体设计要求、总体设计的主要内容、总体设计应考虑的因素、总体设计要点。

难点:

对总体设计内涵与设计内容的理解。

2. 规范提示

《公路路线设计规范》(JTG D20—2006)对公路总体设计的内涵与目标、各级公路总体设计要求、总体设计应考虑的因素与总体设计要点进行规定。

《城市道路路线设计规范》(CJJ 193—2012)为2012年第一次发布的行业规范,对城市道路总体设计的内涵与目标、总体设计要求与内容以及总体设计要点做了规定。

习题精练

一、单项选择题

1. 下列关于总体设计比较贴切的说法是(　　)。
   A. 总体设计主要是协调处理好道路工程项目内部各专业间关系的综合设计
   B. 总体设计主要工作是处理好道路路线与桥梁、隧道等构造物以及沿线设施间的关系
   C. 总体设计是道路工程项目的总图,要求协调项目外部和内部各专业间关系,确定道路项目标准、规模方案
   D. 总体设计主要考虑道路自身的功能要素

2. 一个公路工程建设项目由两个或两个以上单位设计时,应由(　　)总体设计。
   A. 二个设计单位各自负责
   B. 一个设计单位负责
   C. 委托的第三方负责
   D. 二个设计单位共同负责

3. 合理确定沿线大型互通式立体交叉、隧道、管理、养护、服务等设施的设置位置、间距时,主要考虑(　　)因素。
   A. 上级主管部门意见　　B. 建筑风格
   C. 公众意见　　D. 功能和安全

4. 对于各级公路平、纵技术指标变化大的路段,或条件受限制时采用平、纵技术指标最大值(或最小值)的路段,应采用(　　)进行检验。
   A. 运行速度　　B. 设计速度
   C. 平均速度　　D. 限制速度

5. 路线起讫点位置论证及建设方案的确定应(　　)。
   A. 考虑交叉形式
   B. 与后续接线方案没有关系
   C. 为后续项目预留一定长度的接线方案
   D. 考虑路线跨越方式

6. 快速路应根据(　　)确定机动车车道数规模。
   A. 预测设计交通量　　B. 服务水平
   C. 年平均日交通量　　D. 红线宽度

二、多项选择题

1. 下列哪些是论证公路设计速度时应考虑的因素(　　)。
   A. 公路功能　　B. 公路技术等级
   C. 设计交通量　　D. 技术标准
   E. 自然条件

2. 山区地形困难的路段，高速公路整体式路基与分离式路基相比，存在哪些缺点（　　）。

A. 平、纵面设计灵活性差

B. 易出现高填深挖

C. 工程造价高

D. 不利于环境保护

E. 增加占地、拆迁

3. 关于公路工程分期修建，下列说法正确的是（　　）。

A. 公路分期修建可以按照一次设计、分期实施的原则进行

B. 高速公路根据路网规划或交通量等因素，宜采用纵向分段或按工程项目分期修建的方式修建

C. 分期修建的设计应使前期工程在后期仍能充分利用

D. 四车道高速公路整体式路基的路段可采用横向分幅分期修建

E. 高速公路分离式路基可分幅分期修建，但应在一次设计的基础上，提出便于与二期工程衔接的配套措施

4. 下列哪些是决定技术标准的主要因素（　　）。

A. 公路的使用任务、功能　　B. 设计交通量

C. 路线走廊的选择　　D. 工程造价

E. 环境保护

5. 不同设计路段的衔接地点宜设在（　　）。

A. 路段交通量变化处　　B. 填挖断面变化处

C. 经过城镇处　　D. 地形条件变化处

E. 长大隧道设置处

6. 下列哪些方法是公路设计中节约用地的方法（　　）。

A. 路线尽可能沿山脚或荒山荒坡或地势较高处布线

B. 尽量降低路基的填土高度

C. 提高桥梁和隧道的比例

D. 路基采用挡墙收缩坡脚

E. 采用矩形排水沟

7. 下列城市道路的哪些项目应进行总体设计（　　）。

A. 快速路　　B. 大型构造物

C. 主干路　　D. 路面工程

E. 交通枢纽

8. 城市道路横断面布置时，应考虑哪些因素（　　）。

A. 道路等级　　B. 红线宽度

C. 交通组织　　D. 建设条件

E. 地下管线综合布置

◇ 习题参考答案及解析 ◇

一、单项选择题

1. C

【考核点】总体设计

【解　析】总体设计应协调公路(道路)工程项目外部与内部各专业间的关系,确定本项目及其各分项的技术标准、建设规模、主要技术指标和设计方案,使之成为完整的系统工程,符合安全、环保、可持续发展的总体目标,保障用路者的安全,提高公路交通的服务质量。

2. B

【考核点】总体设计

【解　析】一个公路工程建设项目由两个或两个以上单位设计时,应由一个设计单位负责总体设计,统一设计原则,编写说明书,绘制总体设计图,编制主要工程数量表和汇编总概(预)算,协调统一文件的编制。

3. D

【考核点】总体设计

【解　析】总体设计时,应合理拟定沿线大型互通式立体交叉、隧道、管理、养护、服务等重要设施的位置、规模和间距,以符合功能、安全、服务所需的最小(或最大)距离。

4. A

【考核点】总体设计

【解　析】各级公路平、纵技术指标变化大的路段,或条件受限制时采用平、纵技术指标最大值(或最小值)的路段,或平、纵线形组合有异议的路段,或实际行驶速度可能超出(或低于)设计速度的路段等,应采用运行速度进行检验。

5. C

【考核点】总体设计

【解　析】路线起、终点应符合路网规划的要求,起讫点位置及建设方案的确定应考虑为后续项目预留一定长度的接线方案和具体的工程实施方案,一般要求项目起讫点处路线及工程的方案研究至少要延伸至前后项目路线两个平曲线以上,且要达到初步设计的工作深度。

6. A

【考核点】城市道路总体设计要点

【解　析】快速路、主干路应根据预测的设计交通量进行通行能力和服务水平评价,并结合定性分析,确定机动车车道数规模。

二、多项选择题

1. ABCE

【考核点】总体设计要点

【解　析】各级公路设计速度应根据公路的功能、技术等级、设计交通量,并结合沿线地形地质、工程经济、预期的运行速度和沿线的土地开发等状况,经论证确定。选项 A、B、C、E

是论证设计速度考虑的因素，设计速度是技术标准的重要指标之一。

2. ABCDE

【考核点】总体设计要点

【解　析】在山区自然条件较为良好的地区，整体式路基是高速公路路幅设计的首选方案，它的优势在于工程集中，有利于施工组织管理，节省占地，便于沿线设施布置和高速公路的运营养护。但在山区地形困难的路段，高速公路整体式路基路幅较宽，平、纵面设计灵活性差，在路线布置的空间资源极其有限的情况下，会使得路线总体设计单调、呆板，出现高填深挖、挤占河道、增加占地、拆迁等现象，工程量大幅增大，工程造价上升，不利于环境保护。

3. ABCE

【考核点】总体设计要点

【解　析】采用分期修建方案时，必须在综合分析、论证的基础上做出总体设计和实施计划。分期修建的设计应使前期工程在后期仍能充分利用，并为后期工程的修建留有余地和创造有利条件。高速公路根据路网规划或交通量等因素，宜采用纵向分段或按工程项目分期修建的方式修建。四车道高速公路整体式路基的路段不得采用横向分幅分期修建。

4. ABCDE

【考核点】总体设计要点

【解　析】位于同一公路网层次的公路，由于使用任务与功能的不同，其技术标准也不尽相同。应根据拟建项目初拟的技术标准和公路的交通组成，分析其通行能力，结合预测的设计交通量选择合理的技术标准。路线走廊不同，交通吸引能力可能也不同，路线走廊的选择对技术标准的拟定会产生一定的影响。环境保护是评价技术标准运用合理性的重要指标，应研究在拟定的技术标准前提下，路线布设对环境的影响程度。较高的技术标准必然有较高的工程造价，有时采用不同的技术标准其工程造价有较大的差异。

5. AD

【考核点】总体设计要点

【解　析】不同设计路段的衔接点一般选择在平面交叉或互通式立交的交通量变化或地形条件变化处，便于过渡自然，以策安全；亦可选择在平纵线形良好、视野开阔的路段进行过渡，对于高速公路、一级公路宜采用分别对左、右路幅进行线形设计的方式，渐变中央分隔带宽度，以完成过渡。因此，应选择 AD。

6. ABCDE

【考核点】总体设计要点

【解　析】处理好公路建设与占用土地的关系，节约用地。路线方案布置、平纵面设计及工程方案的确定应以节省占地为原则，基本农田区路段，应采取必要的工程措施节约耕地；山岭、丘陵路段，宜根据弃土情况研究造地还田方案。备选答案均为节约用地的设计方法。因此，应选择 ABCDE。

7. ABCE

【考核点】城市道路总体设计要求

【解　析】快速路（如采用高架、隧道、路堑、地面等道路形式）、主干路（如采用主辅路断面布置、快捷路等）、大桥和特大桥、隧道、交通枢纽等项目，系统性强、涉及面广、协调量大、工程较复杂，项目各专业之间、与旁邻工程的关联性较强，该类工程应进行总体设计，做好总体布置方案，并要求在设计文件中以一定形式表达出来。其他道路若涉及与轨道交通、地下空间、大型地下管线、综合管沟、城市景观等的协调，以及需要分段、分期设计的道路，可按相关因素进行总体设计。因此，应选择 ABCDE

8. ABCDE

【考核点】城市道路总体设计要点

【解　析】横断面布置应根据道路等级、红线宽度、交通组织和建设条件等，划分机动车道、非机动车道、人行道、分车带、设施带、绿化带等宽度，并应满足地下管线综合布置要求；特殊断面还应包括停车带、港湾式公交停靠站、路肩和排水沟的宽度。因此，应选择 ABCDE。

第三节　路线平面设计

【考试纲要】

1. 掌握平面设计线形要素的组合类型及其设计方法。
2. 熟悉平面设计中各线形要素的性质与作用。
3. 了解各线形要素主要技术指标的规定与运用。
4. 了解平面线形设计中超高、加宽、视距、回头曲线等的规定与运用。

【复习提示】

1. 复习要点

平面线形三要素；直线的特点、直线的最大长度与最小长度的规定、直线的运用；圆曲线的特点、圆曲线最小半径（含不设超高最小半径）规定、圆曲线的运用；回旋线的作用与性质、回旋线的最小长度与参数规定、回旋线的运用；平面线形设计要点、平面线形要素组合类型（基本形、S 形、卵形等）及其设计方法；超高及作用、超高值与超高过渡方式的规定、超高过渡段长度计算；平曲线加宽的规定、平曲线加宽过渡方式与过渡段长度；行车视距类型、行车视距的规定和各级道路对视距的要求、行车视距的保证；回头曲线的规定与运用。

重点：

平面线形要素组合类型的设置要求及其设计方法；直线、圆曲线、回旋线的性质与作用；超高、视距等的规定与运用。

难点：

平面线形要素组合类型设计方法；回旋线、超高过渡段、加宽过渡段的关系。

2. 规范提示

《公路工程技术标准》（JTG B01—2014）根据最大超高 4%、6%、8%、10%，重新规定了圆曲线最小半径，并对一般地区公路，积雪冰冻地区公路或路段，对于以通行中、小型客车为主的高速公路和一级公路，城镇区域公路的最大超高值做了规定。

《城市道路工程设计规范》（CJJ 37—2012）新增了 100km/h 的平面线形设计指标规定值，并对相关规定做了修订。

《城市道路路线设计规范》（CJJ 193—2012）根据《城市道路工程设计规范》（CJJ 37—

2012)中平面线形设计指标的相关规定，对平面线形中的直线、圆曲线、缓和曲线等技术指标和超高、加宽、视距等指标和设计做了详细的规定。

一、单项选择题

1. 当公路的圆曲线半径小于(　　)时，平曲线应设置超高。

A. 250m　　B. 一般最小半径

C. 极限最小半径　　D. 不设超高最小半径

2. 关于横向力系数，下列说法不正确的是(　　)。

A. 横向力的存在对行车产生种种不利影响，μ 越大越不利

B. 横向力系数 μ 应低于轮胎与路面之间所能提供的横向摩阻系数 φ_h

C. 汽车转弯时受到的横向力，可以衡量不同重量的汽车在弯道上的稳定程度

D. μ 的舒适界限，由 0.10 到 0.16 随行车速度而变化，设计中对高、低速路可取不同的数值

3. 关于圆曲线半径的运用，下列哪种说法是不正确的(　　)。

A. 极限最小半径是在特殊困难条件下不得已才使用的，一般不轻易采用

B. 一般最小半径是在通常情况下推荐采用的最小半径

C. 当圆曲线大于不设超高的最小半径时，可以不设缓和曲线和超高，因而，圆曲线半径越大越好

D. 在适应地形的情况下应选用较大的曲线半径

4. 某二级公路有三个右偏曲线，曲中点的横断面如图所示，则曲线半径从大到小的正确排列次序为(　　)。

A. a、b、c　　B. b、c、a

C. b、a、c　　D. c、b、a

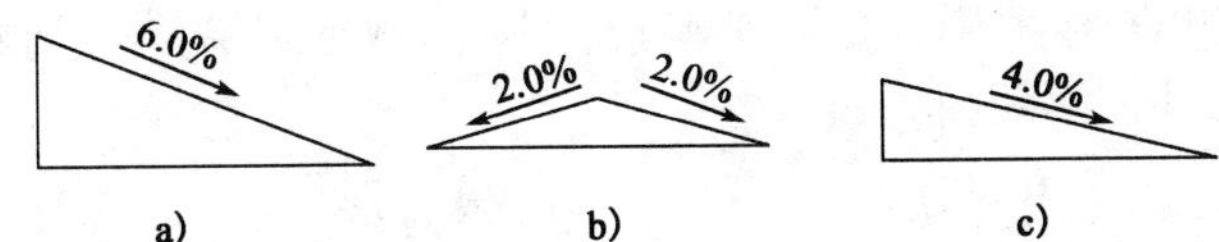

5. 缓和曲线采用回旋线线形时，回旋线参数 $A=60$m 时，则在曲率半径为 100m 处的点，距离回旋线起点的曲线长度是(　　)。

A. 36m　　B. 60m

C. 100m　　D. 160m

6. 从视觉要求出发，当缓和曲线很短使缓和曲线角 β 小于 3°时，则缓和曲线极不明显，在视觉上容易被忽略。如果缓和曲线过长使 β 大于 29°时，则圆曲线与缓和曲线将不能很好协调。从适宜的缓和曲线角值(3° ~29°)范围推导出适宜的 A 值关系式为(　　)。

A. $\frac{R}{3}=A$　　B. $\frac{R}{3}>A>R$　　C. $\frac{R}{3}\leqslant A\leqslant R$　　D. $A\leqslant R$

7. 关于缓和曲线的最小长度，下列说法不正确的是(　　)。

A. 车辆要在缓和曲线上完成不同曲率的过渡行驶，所以要求缓和曲线有足够的长度

B. 圆曲线上的超高和加宽的过渡也要求能在缓和曲线内完成

C. 缓和曲线的最小长度应能使驾驶员从容地打方向盘，乘客感觉舒适

D. 某公路设计速度 $V=80\text{km/h}$，缓和曲线最小长度为 70m，则不论平曲线半径的大小，缓和曲线长度均可取 70m

8. 当圆曲线半径 R 等于 600m 时，缓和曲线的设计长度在(　　)时视觉上比较协调。

A. 50 ~ 200m　　B. 60 ~ 300m

C. 70 ~ 600m　　D. 100 ~ 700m

9. 当公路的设计速度 $V=80\text{km/h}$ 时，若依驾驶员操作反应时间来要求，缓和曲线的最小长度宜不小于(　　)。

A. 50m　　B. 60m　　C. 70m　　D. 100m

10. 当路线的转角小于或等于 7°时，平曲线设计(　　)。

A. 可以省略

B. 可以不设加宽

C. 可以不设超高

D. 应设置较一般要求更长的平曲线

11. 为了不使驾驶员在过短的平曲线上操作困难，平曲线的最小长度至少要满足使汽车有(　　)的行驶时间。

A. 3s　　B. 6s　　C. 9s　　D. 12s

12. 下列对确定平面线形要素的要求，说法不正确的是(　　)。

A. 高速公路的平面线形要素有直线、圆曲线、回旋线三种

B. 平面线形必须与地形、地物、景观等环境相协调

C. 选用直线线形时，应根据路线所处地段的地形、地貌、地物选择

D. 直线线形路段越长越好

13. 在平面线形组合形式中，如果基本形中圆曲线长度为零，则将这种组合形式称为(　　)。

A. S 形　　B. 凸形　　C. 复合形　　D. 卵形

14. 下列平面线形组合类型中，除了(　　)外，其余都是在受到地形限制的条件下才使用。

A. S 形　　B. 凸形　　C. 复合形　　D. C 形

15. 公路弯道加宽一般在(　　)进行。

A. 弯道行车道外侧　　B. 弯道行车道内侧

C. 弯道行车道两侧同时　　D. 弯道行车道中心

16. 关于加宽过渡段的长度，下列说法不正确的是(　　)。

A. 对设有缓和曲线的平曲线，加宽过渡段应采用与缓和曲线相同的长度

B. 对于设有缓和曲线的平曲线,加宽缓和段可设置在缓和曲线后一段

C. 既不设缓和曲线,又不设超高的平曲线,加宽过渡段应按渐变率为 1∶15 且长度不小于 10m 的要求设置

D. 对于不设缓和曲线,但设有超高过渡段的平曲线,可采用与超高过渡段相同的长度

17. 高速公路、一级公路应满足(　　)的要求,双车道公路一般情况下应保证(　　)。

A. 行车视距　　B. 超车视距

C. 停车视距　　D. 会车视距

18. 各级道路都必须保证的视距是(　　)。

A. 超车视距　　B. 停车视距

C. 错车视距　　D. 会车视距

19. 关于视距检查,下列说法不正确的是(　　)。

A. 对于纵断面上的凸形竖曲线以及下穿式立体交叉凹形竖曲线上的视距问题,一般不考虑

B. 在视距检查中,应重点注意道路平面上的"暗弯",即曲线内侧有树林、房屋、边坡等阻碍驾驶员的视线,处于隐蔽地段的平曲线

C. 凡属"暗弯"都应该进行视距检查,若不能保证该级公路或城市道路的最短视距,则应该将阻碍视线的障碍物清除

D. 如果是因挖方边坡妨碍了视线,则应按所需净距绘制包络线(或称视距曲线)开挖视距台

20. 圆曲线上设置超高的目的主要是(　　)。

A. 克服离心力　　B. 路面排水

C. 美观　　D. 便于施工

21. 新建公路及以路肩边缘为设计高程的改建公路,设置超高的旋转方式应为(　　)。

A. 绕路肩内边缘旋转　　B. 绕内侧车道边缘旋转

C. 绕路基内边缘旋转　　D. 绕路中线旋转

22. 直线部分的路拱横坡度为 2%,则圆曲线部分最小超高横坡度应为(　　)。

A. 3%　　B. 2%　　C. 1.5%　　D. 非定值

23. 无中央分隔带的公路超高绕内边轴旋转时,是指(　　)的路面内侧边缘线保留在原来的位置不动。

A. 路基未加宽时　　B. 路面未加宽时

C. 路面加宽后　　D. 路基加宽后

24. 关于回头曲线,下列说法不正确的是(　　)。

A. 回头曲线是指山区道路为克服高差,在同一坡面上转角接近或大于 180°,由主曲线和辅曲线组合的形式

B. 回头曲线主要用于一般公路的山区越岭公路

C. 回头曲线的设计要求与一般平曲线的规定相同

D. 三、四级公路在自然展线无法争取到需要的距离以克服高差,或因地形、地质条件所限而不能采取自然展线时,可采用回头曲线。高差较大的山城道路也需要采取回头曲线

二、多项选择题

1. 确定缓和曲线的最小长度时，需要考虑的因素有（　　）。

A. 旅客感觉舒适　　B. 超高渐变率适中

C. 行驶时间不过短　　D. 地形地貌

E. 行车视距

2. 下列属于道路平面线形组合形式的有（　　）。

A. 基本形　　B. S 形

C. 卵形　　D. 凹形

E. 凸形

3. 关于 S 形曲线，下列说法正确的有（　　）。

A. 从行驶力学与线形协调、超高过渡考虑，S 形曲线相邻两回旋线参数 A_1 和 A_2 宜相等

B. 两圆曲线半径之比以满足 $R_2 / R_1 = 0.2 \sim 0.8$ 为宜

C. 当 S 形曲线相邻两回旋线采用不等参数时，A_1 与 A_2 之比应小于 2.0，有条件时以小于 1.5 为宜

D. S 形曲线的两个反向回旋线以径相连接为宜

E. S 形两圆曲线半径之比不宜过大，以 $R_2/R_1 = 1 \sim 1/3$ 为宜（R_1、R_2 分别为大、小圆半径）

4. 最小平曲线长度一般应考虑按下述哪些条件确定（　　）。

A. 转角 α 小于 7°时的平曲线长度应设置较短的平曲线

B. 使缓和曲线上离心加速度的变化率不超出定值

C. 转角 α 小于 7°时的平曲线长度应设置较长的平曲线

D. 汽车驾驶员在操纵方向盘时不感到困难

E. 满足平纵组合的要求

5. 下列对缓和曲线作用的描述，正确的是（　　）。

A. 曲率连续变化，便于车辆遵循

B. 离心加速度逐渐变化，旅客感觉舒适

C. 超高横坡度及加宽逐渐变化，行车更加平稳

D. 缓和竖向冲击

E. 与圆曲线配合，增加线形美观

6. 横向力的存在对行车产生种种不利影响，应从以下哪些方面考虑横向力系数（　　）。

A. 危及行车安全

B. 增加驾驶员操纵的困难

C. 增加燃料消耗和轮胎磨损

D. 行旅不舒适

E. 增加车辆振动

7. 在下列（　　）情况下，可不设缓和曲线。

A. 在公路的直线与圆曲线间，当圆曲线半径大于或等于“不设超高的最小半径”时

B. 在公路半径不同的同向圆曲线间,当小圆半径大于或等于"不设超高的最小半径"时

C. 当公路平面小圆半径大于临界曲线半径时,设计速度大于或等于 80km/h,大圆半径(R_1)与小圆半径(R_2)之比小于 2

D. 设计速度为 80km/h 的城市道路,当圆曲线半径大于 1000m 时

E. 当城市道路的圆曲线半径大于或等于"不设超高的最小半径"时

8. 为保持平面线形的均衡与连贯,在设计时应充分注意(　　)。

A. 长直线尽头可以接以小半径曲线

B. 若由于地形所限小半径曲线难免时,中间应插入中等曲率的过渡性曲线,并使纵坡不要过大

C. 高、低标准之间要有过渡

D. 不同标准路段相互衔接的地点,应选在驾驶员能明显判断前方需改变速度的地方

E. 采用运行速度进行检验

9. 关于路线转角 α 及平曲线长度,下列说法正确的是(　　)。

A. 当 $\alpha<2°$ 时,平曲线长度按 $\alpha=2°$ 计算

B. 当 $\alpha<2°$ 时,平曲线长度按 $\alpha=7°$ 计算

C. 当 $\alpha\leqslant7°$ 时,应设置较长的平曲线,以使视觉上不产生急弯的错觉

D. 当 $\alpha\leqslant7°$ 时,对平曲线长度没有特殊的要求

E. 当 $2°<\alpha\leqslant7°$ 时,平曲线长度按 $\alpha=7°$ 计算

10. 关于缓和曲线,下列说法正确的是(　　)。

A. 缓和曲线使离心加速度逐渐变化

B. 缓和曲线采用回旋线

C. 汽车匀加速行驶,同时以不变的角速度转动方向盘所产生的轨迹,即为回旋线

D. 汽车匀速行驶,同时以不变的角速度转动方向盘所产生的轨迹,即为回旋线

E. 缓和曲线长度应考虑超高过渡段的要求

11. 缓和曲线的作用有(　　)。

A. 可作为超高过渡段,起到超高缓和的作用

B. 使离心加速度逐渐变化,起到行车缓和的作用

C. 通过其曲率的逐渐变化,使整个公路线形能更好地适应汽车转向操作的需要

D. 有利于构成优美、协调的线形和创造良好的视觉效果,起到线形缓和的作用

E. 通过其曲率半径的逐渐变化,起到保证视距的作用

12. 加宽过渡的设置根据道路性质和等级可采用(　　)等方法。

A. 按比例加宽　　B. 按二次抛物线加宽

C. 按回旋曲线加宽　　D. 按直线与圆曲线相切法

E. 按高次抛物线加宽

13. 在高速公路设计中,因照顾线形的协调性,在平曲线中一般配置较长的缓和曲线。为了避免在缓和曲线全长范围内均匀过渡超高而造成路面横向排水不畅,超高过渡可采取下列哪些措施(　　)。

A. 若 L_S 大于计算出的 L_C,但只要超高渐变率 $p\leqslant1/330$,仍取 $L_C=L_S$

B. 超高的过渡仅在缓和曲线的某一区段内进行。即超高过渡起点可从缓和曲线起点($R=\infty$)至缓和曲线上不设超高的最小半径之间的任一点开始,至缓和曲线终点结束

C. 超高过渡在缓和曲线全长范围内按两种超高渐变率分段进行。即第一段从缓和曲线起点由双向路拱坡以超高渐变率 1/330 过渡到单向路拱横坡,第二段由单向路拱横坡过渡到缓和曲线终点处的超高横坡

D. 在缓和曲线全长范围内均匀过渡超高而造成路面横向排水不畅是当超高渐变率 $p \geqslant 1/330$ 时

E. 超高的过渡仅在缓和曲线的某一区段内进行时,超高过渡从缓和曲线的任一点开始均可

14. 关于加宽过渡段长度确定,下列说法正确的是(　　)。

A. 既不设缓和曲线,又不设超高过渡段,应按渐变率为 1∶15,且长度不小于 10m 的要求设置加宽过渡段

B. 设有缓和曲线的平曲线,加宽过渡段应采用与缓和曲线相同的长度

C. 不设缓和曲线,不设加宽过渡段

D. 不设缓和曲线,但设有超高过渡段的平曲线,可采用与超高过渡段相同的长度

E. 不设超高过渡段,不设加宽过渡段

15. 无中间带公路超高方式包括(　　)。

A. 绕两侧路面中心旋转

B. 绕路面未加宽时的内侧边缘线旋转(称为内边轴旋转)

C. 绕路面未加宽时的中心线旋转(称为中轴旋转)

D. 绕路面未加宽时的外侧边缘线旋转(称为外边轴旋转)

E. 绕路基边缘旋转

16. 有中间带公路超高形式包括(　　)。

A. 绕中间带中心线旋转

B. 绕中央分隔带边缘旋转

C. 绕路面未加宽时的外侧边缘线旋转

D. 分别绕行车道中线旋转

E. 绕弯道内侧路基边缘旋转

17. 确定超高过渡段长度 L_C 时,应考虑(　　)。

A. 一般情况下,在确定缓和曲线长度时,已经考虑了超高过渡段所需的最短长度,故一般取超高过渡段 L_C 与缓和曲线长度 L_S 相等,即 $L_C=L_S$

B. 若计算出的 $L_C>L_S$,此时应修改平面线形,使 $L_S \geqslant L_C$。当平面线形无法修改时,可将超高过渡起点前移,即超高过渡在缓和曲线起点前的直线路段开始,路面外侧以适当的超高渐变率逐渐抬高,使横断面在 ZH(或 HZ 点)渐变为向内倾斜的单向路拱横坡(临界断面)

C. 若 L_S 大于计算出的 L_C,但只要超高渐变率 $p \geqslant 1/330$,仍取 $L_C=L_S$

D. 若 L_S 大于计算出的 L_C,超高的过渡可在缓和曲线的某一区段内进行时,超高过渡

从缓和曲线的任一点开始均可

E. 四级公路不设缓和曲线，但若圆曲线上设有超高，则应设置超高过渡段，超高过渡段在直线和圆曲线上各分配一半

18. 下列路段中，可能存在视距不足的是(　　)。

A. 纵断面上的凸形竖曲线路段

B. 平曲线明弯路段

C. 平曲线内侧设置有人工构造物或挖方边坡的路段

D. 平曲线中间带上设置有防眩设施的路段

E. 下穿式立体交叉凹形竖曲线的路段

19. 关于各级道路对视距的要求，下列说法正确的是(　　)。

A. 各级道路的每条车道均应满足停车视距的要求

B. 高速公路、一级公路应采用会车视距

C. 当对向行驶的车辆有会车可能时，应采用会车视距，其长度不小于停车视距的 2 倍

D. 对以货运交通为主的道路，应验算下坡段货车的停车视距

E. 双车道公路应间隔设置满足超车视距的路段

三、案例题

1. 某公路设计速度 $V=60\text{km/h}$，路面宽度 $B=7.0\text{m}$，路拱横坡 $i_G=2.0\%$。有一弯道半径 $R=200\text{m}$，超高率 $i_y=7\%$，规范规定的缓和曲线长度为 50m，超高采用绕路中线旋转，最大超高渐变率 $p=1/175$，如要满足超高过渡的要求，缓和曲线长度应取(　　)。

A. 50m　　　　B. 40m

C. 60m　　　　D. 35m

2. 某平原区二级公路(设计速度为 80km/h，$R_{极限}=250\text{m}$，$R_{一般}=400\text{m}$，$R_{不设}=2500\text{m}$，$L_{S_{min}}=70\text{m}$)，如图已知 JD_2 到 JD_3 间的长度为 650m，JD_2 的切线长为 324.257m，$\alpha_{3左}=4°30'$，JD_3 曲线的半径可能的范围为(　　)。

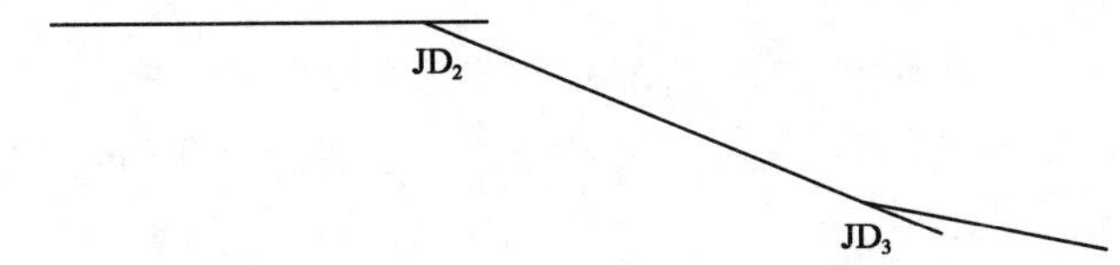

公路转角等于或小于 7°的平曲线长度

设计速度(km/h)	120	100	80	60	40
一般值	1400/θ	1200/θ	1000/θ	700/θ	500/θ
最小值	200	170	140	100	70

A. 1800 ~ 3600m　　　　B. 2830 ~ 4210m

C. 3800 ~ 5200m　　　　D. 4220 ~ 5800m

3. 某道路有一个交点，偏角 $\alpha_1=12°24'20''$(左偏)，圆曲线半径 $R_1=1200\text{m}$，如第一缓和曲

线、圆曲线及第二缓和曲线长度基本按 1∶1∶1 关系设计时，最有可能的缓和曲线长度是(　　)。

A. 130m　　B. 90m　　C. 160m　　D. 210m

4. 某公路有两个交点间距为 407.54m，交点 1 的偏角 $\alpha_1 = 12°24'20''$(左偏)，圆曲线半径 $R_1 = 1200$m，缓和曲线长度 $L_{S1} = 130$m；交点 2 为右偏，$\alpha_2 = 15°32'50''$，缓和曲线长度 $L_{S2} = 135$m，将交点 1 和交点 2 组合成 S 形曲线，交点 2 的圆曲线半径为(　　)。

A. 869.54m　　B. 1236.78m　　C. 1076.63m　　D. 1354.67m

5. 某一级公路设计速度为 80km/h，其标准横断面各个组成部分的尺寸分别为：中央分隔带 2.0m，左侧路缘带 2×0.50m，行车道 2×(3×3.75)m，硬路肩 2×3.0m，右侧路缘带 2×0.5m，土路肩 2×0.75m，路拱横坡为 2.0%。有一弯道超高横坡为 4.0%，若取缓和曲线长度为 150.0m，超高采用绕中央分隔带边缘旋转，其超高渐变率约为(　　)。

A. 1/175　　B. 1/330　　C. 01/294　　D. 1/150

习题参考答案及解析

一、单项选择题

1. D

【考核点】圆曲线

【解　析】规范规定：当圆曲线半径小于不设超高最小圆曲线半径时，应在曲线上设置超高。

2. C

【考核点】圆曲线

【解　析】为了衡量不同重量的汽车在弯道上的稳定程度采用的是横向力系数。

3. C

【考核点】圆曲线

【解　析】圆曲线半径过大，驾驶人在大半径圆曲线上行驶时，方向盘几乎与直线上一样无需调整，易驾驶疲劳，因此，圆曲线的最大半径值不宜超过 10000m。

4. B

【考核点】圆曲线

【解　析】圆曲线半径越大，超高横坡越小。

5. A

【考核点】缓和曲线

【解　析】利用回旋线的基本公式 $rl = A^2$。

6. C

【考核点】缓和曲线

【解　析】利用缓和曲线角公式 $\beta_0 = \frac{L_S}{2R} \cdot \frac{180°}{\pi}$进行推导，可得$\frac{R}{3} \leqslant A \leqslant R$。

7. D

【考核点】缓和曲线

【解 析】在确定缓和曲线最小长度时,行驶时间不过短是最低要求,还需要考虑旅客感觉舒适、超高和加宽过渡等要求。

8. C

【考核点】缓和曲线

【解 析】当$\frac{R}{3} \leqslant A \leqslant R$或$\frac{R}{9} \leqslant L_S \leqslant R$时,缓和曲线在视觉上比较协调,根据半径计算,选项C符合要求。

9. C

【考核点】缓和曲线

【解 析】在确定缓和曲线最小长度时,行驶时间不过短是最低要求,一般根据3s行程计算。

10. D

【考核点】小偏角平曲线

【解 析】当道路转角小于或等于7°时,为了使驾驶员感到这是和7°以上转角同样程度的曲线,在视觉上不产生急弯的错觉,应设置较长的平曲线。

11. B

【考核点】平曲线长度

【解 析】平曲线一般由前后缓和曲线和中间圆曲线共三段曲线组成。根据经验,在每段曲线上驾驶员操作方向盘不感到困难至少需要3s的时间,全长需要9s;如果中间的圆曲线长度为零,形成凸形曲线,至少也需要6s的行程。因此,按6s的通过时间来设置最小平曲线长度是适宜的。

12. D

【考核点】平面线形要素

【解 析】直线的最大长度应有所限制,尽量避免长直线。当地形条件及其他特殊情况限制而采用长直线时,为弥补长直线路段景观单调缺陷,应结合沿线具体情况采取相应的技术措施。

13. B

【考核点】平面线形要素组合类型

【解 析】两段同向缓和曲线之间不插入圆曲线而径相衔接的组合形式(圆曲线长度为零),称为凸形。

14. A

【考核点】平面线形要素组合类型

【解 析】S形曲线是平面线形组合类型中常用的类型。

15. B

【考核点】平面弯道加宽

【解 析】公路弯道加宽一般应设置在圆曲线的内侧。

16. B

【考核点】平面弯道加宽

【解　析】对设有缓和曲线的平曲线，加宽过渡段应采用与缓和曲线相同的长度。

17. C 和 D

【考核点】公路视距

【解　析】高速公路、一级公路的视距应采用停车视距，双车道的二级、三级、四级公路应满足会车视距要求（不小于 2 倍的停车视距）。因此，应分别选择 C 和 D。

18. B

【考核点】视距

【解　析】各级公路或道路都必须保证的视距是停车视距，是保证行车视距的最小要求。

19. A

【考核点】视距

【解　析】对于纵断面上的凸形竖曲线以及下穿式立体交叉凹形竖曲线上的视距不足问题，应通过增大竖曲线半径来保证。

20. A

【考核点】平曲线超高设计

【解　析】合理设置超高，可全部或部分抵消离心力，提高汽车在平曲线上行驶的稳定性和舒适性。

21. B

【考核点】平曲线超高设计

【解　析】绕内边线旋转因行车道内侧不降低，利于路基纵向排水，一般新建及以路肩边缘为设计高程的改建公路工程多用此法。

22. B

【考核点】平曲线超高设计

【解　析】圆曲线部分的最小超高横坡等于直线部分的路拱横坡。

23. B

【考核点】平曲线超高设计

【解　析】无中央分隔带的公路超高绕内边轴旋转时，先将外侧车道绕路中线旋转，待达到与内侧车道构成单向横坡后，整个断面再绕未加宽前的内侧车道边线旋转，直至超高值。

24. C

【考核点】回头曲线

【解　析】回头曲线路段可采用比一般平曲线路段低的技术指标。

二、多项选择题

1. ABC

【考核点】缓和曲线

【解　析】缓和曲线的最小长度从以下几方面考虑：旅客感觉舒适，汽车在缓和曲线上行驶，其离心加速度随缓和曲线曲率的变化而变化，如果变化过快将会使乘客感受到横向的冲击；超高渐变率适中，由于在缓和曲线上设置有超高过渡段，如果过渡段太短则会因路面急剧地由双坡变为单坡而形成一种扭曲的面，对行车和路容均不利；行驶时间不过短，一般认为汽车在缓和曲线上的行驶时间至少应有3s。因此，应选择ABC。

2. ABCE

【考核点】平面线形组合

【解　析】由直线、圆曲线和缓和曲线这三种基本线形要素组合的平面组合类型主要有：基本形、S形、卵形、凸形、C形和复合形等6种。因此，应选择ABCE。

3. ACDE

【考核点】平面线形组合

【解　析】S形两圆曲线半径之比不宜过大，以 $R_2/R_1 = 1 \sim 1/3$ 为宜，选项B是错误的。

4. BCD

【考核点】平曲线长度

【解　析】最小平曲线长度一般应考虑按下述条件确定：汽车驾驶员在操纵方向盘时不感到困难；使缓和曲线上离心加速度的变化率不超出定值；转角 α 小于7°时的平曲线长度，当道路转角小于或等于7°时，为了使驾驶员感到这是和7°以上转角同样程度的曲线，在视觉上不产生急弯的错觉，应设置较长的平曲线。因此，应选择BCD。

5. ABCE

【考核点】缓和曲线

【解　析】缓和曲线作用如下：曲率连续变化，便于车辆遵循；离心加速度逐渐变化，旅客感觉舒适；超高横坡度及加宽逐渐变化，行车更加平稳；与圆曲线配合，增加线形美观。因此，应选择ABCE。

6. ABCD

【考核点】圆曲线

【解　析】确定最大横向力系数，需考虑下列方面：危及行车安全；增加驾驶员操纵的困难；增加燃料消耗和轮胎磨损；行旅不舒适。因此，应选择ABCD。

7. AB

【考核点】缓和曲线

【解　析】直线与圆曲线或大半径圆曲线与小半径圆曲线之间应设置缓和曲线。公路平面中当圆曲线半径大于不设超高的最小半径时，城市道路平面中当圆曲线半径大于不设缓和曲线的最小圆曲线半径时，直线与圆曲线可直接连接。城市道路设计速度为80km/h时不设缓和曲线的最小圆曲线半径为2000m。因此，应选择AB。

8. BCDE

【考核点】平面线形设计

【解　析】为保持平面线形的均衡与连贯，长直线尽头应避免接以小半径曲线，若因地形所限小半径曲线难免时，中间应插入中等曲率的过渡性曲线，并使纵坡不要过大；相邻平曲线之间的设计指标应连续均衡；高、低标准之间要有过渡，不同标准路段相互衔接的地点，应选在交通量发生变化处或驾驶员能明显判断前方需改变速度的地方；应采用运行速度对平面线形的连续性和均衡性进行检验。因此，应选择 BCDE。

9. AC

【考核点】小转角平曲线

【解　析】当 $\alpha \leqslant 7°$ 时，应设置较长的平曲线，以使视觉上不产生急弯的错觉；当 $\alpha < 2°$ 时，平曲线长度按 $\alpha = 2°$ 计算。因此，应选择 AC。

10. ABDE

【考核点】缓和曲线

【解　析】缓和曲线采用回旋线，是一条汽车以不变角速度转动方向盘等速行驶所产生的轨迹。缓和曲线具有曲率连续变化、离心加速度逐渐变化、超高及加宽逐渐变化的特性。

11. ABCD

【考核点】缓和曲线

【解　析】A、B、C、D 选项均为缓和曲线的作用。

12. ACDE

【考核点】平曲线加宽

【解　析】加宽过渡的设置根据道路性质和等级可采用：①按比例加宽；②按高次抛物线加宽；③按回旋曲线加宽；④按直线与圆曲线相切法等。因此，应选择 ACDE。

13. BC

【考核点】超高

【解　析】在高速公路设计中，因照顾线形的协调性，在平曲线中一般配置较长的缓和曲线。为了避免在缓和曲线全长范围内均匀过渡超高而造成路面横向排水不畅，超高过渡可采取以下措施：①超高的过渡仅在缓和曲线的某一区段内进行。即超高过渡起点可从缓和曲线起点（$R = \infty$）至缓和曲线上不设超高的最小半径之间的任一点开始，至缓和曲线终点结束。②超高过渡在缓和曲线全长范围内按两种超高渐变率分段进行。即第一段从缓和曲线起点由双向路拱坡以超高渐变率 1/330 过渡到单向路拱横坡，第二段由单向路拱横坡过渡到缓和曲线终点处的超高横坡。因此，应选择 BC。

14. ABD

【考核点】平曲线加宽

【解　析】设置缓和曲线或超高过渡段时，加宽过渡段应采用与缓和曲线或超高过渡段相同的长度；即不设缓和曲线或超高过渡段时，应按渐变率为 1∶15，且长度不小于 10m 的要求设置加宽过渡段。因此，应选择 ABD。

15. BCD

【考核点】超高

【解　析】无中间带公路超高方式包括绕内侧车道边缘线旋转、绕路中心线旋转、绕外侧车道边缘线旋转。因此，应选择 BCD。

16. ABD

【考核点】超高

【解　析】有中间带公路超高方式包括绕中间带中心线旋转、绕中央分隔带边缘旋转、分别绕行车道中线旋转。因此,应选择 ABD。

17. ABCE

【考核点】超高

【解　析】若 L_S 大于计算出的 L_C,超高的过渡可在缓和曲线的某一区段内进行时,但超高过渡段起点应在不设超高最小半径处之前,选项 D 是错误的,其他选项均是正确的。

18. ACDE

【考核点】视距

【解　析】在道路平面上的暗弯(处于挖方路段的平曲线和内侧有障碍物的平曲线及中间带上设置有防眩设施的平曲线)、纵断面上的凸形竖曲线以及下穿式立体交叉的凹形竖曲线上都有可能存在视距不足的问题。因此,应选择 ACDE。

19. ACDE

【考核点】视距

【解　析】各级道路的每条车道均应满足停车视距的要求;高速公路、一级公路应采用停车视距;当对向行驶的车辆有会车可能时,应采用会车视距,其长度不小于停车视距的 2 倍;双车道公路应间隔设置满足超车视距的路段;对以货运交通为主的道路,应验算下坡段货车的停车视距。因此,应选择 ACDE。

三、案例题

1. C

解:超高过渡段长度为:

$$L_C = \frac{B'\Delta_i}{p} = \frac{3.5 \times (0.07 + 0.02)}{\frac{1}{175}} = 55.125\text{m}$$

缓和曲线长度如要满足超高过渡的要求,缓和曲线长度应大于等于超高过渡段长度,应取 60m。

2. B

解:JD_3 为小偏角曲线,应设置足够的曲线长。其值一般取

$$L_3 \geqslant \frac{1000}{\theta} = \frac{1000}{4.5} = 222.222\text{m}$$

假设不设缓和曲线,

$$L_3 = R_3\alpha_3 \frac{\pi}{180}$$

则:

$$R_3 \geqslant \frac{222.222}{4.5} \times \frac{180}{\pi} = 2829.42\text{m}$$

由于此半径值大于不设超高的最小半径,假设成立。

将 JD_2、JD_3 设计成反向曲线,则 JD_3 的切线长为:

$$T_3 = 650 - 2 \times 80 - 324.257 = 165.743\text{m}$$

假设不设缓和曲线,由 T_3 反算 R_3:

$$T_3 = R_3 \tan \frac{\alpha_3}{2}$$

$$R_3 = \frac{165.743}{0.03929} = 4218.44\text{m}$$

由于此半径值大于不设超高的最小半径，假设成立。

由上述计算可得，JD_3 不设缓和曲线，其半径一般在 2829.42 ~ 4218.44m 间取值均可，故答案 B 最符合要求。

3. A

解：基本形曲线中按 1 ∶ 1 ∶ 1 计算

未设缓和曲线时，圆曲线长度为 αR；对基本形曲线，设缓和曲线后，缓和曲线长度约占未设缓和曲线时圆曲线长度 αR 的一半，即 $\frac{\alpha R}{2}$，可保证第一缓和曲线、圆曲线及第二缓和曲线长度近似符合 1 ∶ 1 ∶ 1 关系。

$$L_S = \frac{\alpha R}{2} = 12°24'20'' \times \frac{\pi}{180} \times \frac{1200}{2} = 129.91$$

$$\beta_0 = \frac{L_S}{2R} \cdot \frac{180}{\pi} = \frac{129.91}{2 \times 1200} \times \frac{180}{\pi} = 3.1014°$$

$$L_{Y1} = (\alpha - 2\beta_0) \times \frac{\pi}{180} \times R = 6.2028 \times \frac{\pi}{180} \times 1200 = 129.91$$

$$L_{S1} : L_{Y1} : L_{S2} = 129.91 : 129.91 : 129.91 = 1 : 1 : 1$$

缓和曲线长度取 130m，第一缓和曲线、圆曲线及第二缓和曲线长度近似符合 1 ∶ 1 ∶ 1 关系。

4. C

解：（1）计算 JD_1 的切线长

$$p_1 = \frac{L_{S1}^2}{24R_1} = \frac{130^2}{24 \times 1200} = 0.587\text{m}$$

$$q_1 = \frac{L_{S1}}{2} - \frac{L_{S1}^3}{240R_1^2} = \frac{130}{2} - \frac{130^3}{240 \times 1200^2} = 65\text{m}$$

$$T_1 = (R_1 + p_1)\tan\frac{\alpha_1}{2} + q_1 = (1200 + 0.587)\tan\frac{12°24'20''}{2} + 65 = 195.484\text{m}$$

（2）计算 JD_1 的曲线的半径和缓和曲线长

由于 JD_1 到 JD_2 的距离为 407.54m，把 JD_1、JD_2 设计成 S 形曲线，则：

JD_2 的切线长为：$T_2 = 407.54 - 195.484 = 212.056\text{m}$

JD_2 的缓和曲线的长为 135m，设 JD_2 的半径为 R_2，则：

$$T_2 = (R_2 + p_2)\tan\frac{\alpha_2}{2} + q_2 = \left(R_2 + \frac{135^2}{24 \times R_2}\right)\tan\frac{15°32'50''}{2} + 65 = 212.056\text{m}$$

$$R_2 = 1076.63\text{m}$$

5. C

解： $L_C = \frac{B'\Delta_i}{p} = \frac{(0.5 + 7.5 + 0.5)(0.04 + 0.02)}{p} = 150$

$$p=\frac{8.5\times0.06}{150}=\frac{1}{294}$$

第四节 路线纵断面设计

【考试纲要】

1.掌握纵断面设计高程与路基设计洪水频率的有关规定。

2.熟悉纵断面的设计方法和步骤。

3.了解竖曲线、最大纵坡、最小坡长、桥隧两端路线纵坡、合成坡度等的一般规定与运用。

【复习提示】

1.复习要点

纵断面设计高程、路基设计洪水频率、纵断面的设计方法和步骤、解竖曲线、最大纵坡、最小坡长、桥隧两端路线纵坡、合成坡度。

重点:

设计高程与路基设计洪水频率。

难点:

纵断面的设计方法和步骤。

2.规范提示

与旧版标准相比,2014 版《公路工程技术标准》的相关变化如下:

(1)增加“一般地区公路,圆曲线最大超高应采用 8%”“积雪冰冻地区公路或路段,最大超高值应采取 6%”“对于以通行中、小型客车为主的高速公路和一级公路,最大超高可采用 10%”“城镇区域公路,最大超高值可采用 4%”。

(2)取消“最小坡长”表。

(3)取消“凸凹型竖曲线半径的‘一般值’和‘极限值’”的说法,统一采用“凸凹形竖曲线最小半径”。

(4)增加“对于高速公路和一级公路改扩建项目,竖曲线最小半径和最小长度可按比原设计速度降低一档(设计速度降低 20km/h)控制”。

一、单项选择题

1.关于最大纵坡规定值,下列说法不正确的是(　　)。

A.城市道路最大纵坡约相当于公路按设计速度计的最大纵坡减小 1%

B.除快速路外的其他等级道路,受地形条件或其他特殊情况限制时,经技术经济论证合理,最大纵坡极限值可增加 1%

C.位于海拔 2000m 以上或严寒冰冻地区,四级公路山岭、重丘区的最大纵坡不应大

于 8%

D. 设计速度为 120km/h 时,最大坡度为 5%

2. 关于隧道部分路线纵坡,下列说法不正确的是(　　)。

A. 隧道内纵坡一般不应大于 3%

B. 紧接隧道洞口的路线纵坡应与隧道内纵坡相同

C. 独立明洞和不短于 100m 的隧道内纵坡按一般路段纵坡进行设计

D. 长于 100m 的隧道内纵坡不应大于 3%

3. 规范规定:位于海拔(　　)以上的高原地区,各级公路的最大纵坡值应按表的规定予以折减。

A. 2000m　　B. 3000m　　C. 4000m　　D. 5000m

4. 关于合成坡度几何意义,下列说法不正确的是(　　)。

A. 合成坡度是指由路线纵坡与弯道超高横坡或路拱横坡组合而成的坡度,其方向即流水线方向

B. 汽车在设有超高的坡道上行驶时,只受离心力的影响

C. 当合成坡度不宜小于 0.5%,应采用综合排水措施,以保证路面排水畅通

D. 为了防止汽车沿合成坡度方向滑移,应将超高横坡与纵坡的组合控制在适当的范围以内

5. 设变坡点相邻两直坡段坡度后坡 i_1,前坡 i_2,它们的代数差用 ω 表示,即 $\omega = i_2 - i_1$。下列说法正确的是(　　)。

A. ω 为"+"时,表示凸形竖曲线

B. ω 为"-"时,表示凸形竖曲线

C. 后坡 i_1 为"+",前坡 i_2 为"-"

D. 后坡上坡 i_1 为"-",前坡下坡 i_2 为"+"

6. 对于竖曲线,《标准》规定最小值采用(　　)指标控制。

A. 竖曲线最小半径　　B. 竖曲线最小长度

C. 竖曲线最小半径或最小长度　　D. 竖曲线最小半径和最小长度

7. 某变坡点 I,桩号 K_I,后坡 i_1,前坡 i_2,选定竖曲线方程 R 值,计算设竖曲线后的切线 T,曲线 L,起点桩号、终点桩号表达式是(　　)。

A. 起点桩号 $= K_I - T$;终点桩号 $= K_I - T + L$

B. 起点桩号 $= K_I + T$;终点桩号 $= K_I - T$

C. 起点桩号 $= K_I - T$;终点桩号 $= K_I + T$

D. 起点桩号 $= K_I - T$;终点桩号 $= K_I - T$

8. "凸形竖曲线"段,任一桩号处设计高程表达式是(　　)。

A. 设计高程 = 切线高程 $+ h$　　B. 设计高程 = 切线高程 $- h$

C. 设计高程 = 切线高程 $\times h$　　D. 设计高程 = 切线高程 $\div h$

9. "爬坡车道"总长度不包括(　　)。

A. 分流渐变长度　　B. 爬坡车道长度

C. 正线　　D. 汇流渐变长度

10. 我国《城市道路路线设计规范》(CJJ 193—2012)采用(　　)作为竖曲线。

A. 圆曲线　　B. 抛物线

C. 二次抛物线　　D. 回旋曲线

11. 关于桥上及桥头路线的最大纵坡,下列说法不正确的是(　　)。

A. 小桥与涵洞处纵坡应按路线规定采用

B. 大、中桥上纵坡不宜大于3%

C. 紧接大、中桥桥头两端的引道纵坡应与桥上纵坡相同

D. 大、中桥上纵坡不宜大于4%

12. 关于缓和坡段,下列说法不正确的是(　　)。

A. 在纵断面设计中,当陡坡的长度达到限制坡长时,应设计一段缓坡,用以恢复车辆在陡坡上行驶而降低的速度

B. 从下坡的安全考虑,缓坡也是需要的

C. 缓和坡段的纵坡应不大于3%

D. 在缓坡上汽车将匀速行驶,理论上缓坡长度应适应这个加速过程需要

13. 关于最大纵坡长度限制,下列说法不正确的是(　　)。

A. 高速公路,纵坡为2%,其坡长不限制长度

B. 二级、三级、四级公路,当连续纵坡大于5%时,应在不大于规定的长度处设置连接缓和坡段

C. 在高速公路以及快慢车混合行驶的道路上,坡度大、坡长过长会影响行车速度和通行能力

D. 特别是当纵坡为5%以上时,汽车上坡时克服坡度阻力,采用低速挡行驶,坡长过长,长时间使用低速挡行驶,使发动机过热,水箱沸腾,行驶无力;而下坡时,则因坡度过陡,汽车在坡段过长频繁地制动,会使制动失灵影响行车安全

14. 关于平均纵坡,下列说法不正确的是(　　)。

A. 平均纵坡 i_p 是指在一定长度的路段内,路线在纵向所克服的高差值与该路段的距离之比,用百分率(%)表示

B. 任何相连3km路段的平均纵坡不宜大于5.0%

C. 越岭路线连续上坡(或下坡)路段,相对高差为200~500m时,平均纵坡不应大于5.5%

D. 相对高差大于500m时,平均纵坡不应大于5.0%

15. 关于合成坡度,下列说法不正确的是(　　)。

A. 在设有超高的平曲线上,超高与纵坡的合成坡度值不得超过规定值

B. 在积雪或冰冻地区,合成坡度值不应大于8%

C. 各级公路的最小合成坡度不宜小于0.5%

D. 各级公路的最大合成坡度不超过10%

16. “竖曲线设计限制因素”不包括(　　)。

A. 坡度代数差 ω 大小　　B. 视距的要求

C. 行驶时间不过短　　D. 缓和冲击

17.“变坡点”位置考虑因素不包括(　　)。

A.《路线规范》中纵坡设计有关要求及设计标准值

B. 施工方法

C. 路基、桥梁等工程量及造价，即填挖量大小或构造物设置情况

D. 几何计算方便，变坡点桩号一般为整数或 10 的整倍数

18. 关于设置爬坡车道，下列说法不正确的是(　　)。

A. 在陡坡段增设爬坡车道，把载重车从正线车流中分离出去，可提高小客车行驶的自由度，确保行车安全，增加路段的通行能力

B. 对需设置爬坡车道的路段，应与改善正线纵坡不设爬坡车道的方案进行技术经济比较

C. 上坡路段的设计通行能力大于设计小时交通量时，应设置爬坡车道

D. 沿上坡方向载重汽车的行驶速度降低到允许最低速度以下时，可设置爬坡车道

19. 竖曲线的作用不包括(　　)。

A. 将竖曲线与平曲线恰当组合，有利于路面排水和改善行车的视线诱导和舒适感

B. 满足公路上跨或下穿净空需要

C. 确保公路纵向行车视距

D. 缓和纵向变坡处行车动量变化而产生的离心力

20. 关于纵断面设计线上应标注设计高程，下列关于设计高程的基准位置的规定，说法不正确的是(　　)。

A. 新建公路的高速公路、一级公路宜采用中央分隔带的外侧边缘位置

B. 新建公路的二、三、四级公路宜采用路基边缘位置

C. 新建公路在设置超高或加宽的路段，应为设超高或加宽后边缘位置

D. 改建公路宜按照新建公路的规定执行，也可以视具体情况采用中央分隔带中线或行车道中线位置

21. 关于路基设计洪水位频率规定，下列说法不正确的是(　　)。

A. 沿河及可能受水侵淹的路段，按设计高程推算的最低侧路基边缘高程，应高出规定洪水频率计算水位加壅水高、波浪侵袭高和 0.50m 的安全高度

B. 沿水库上游岸边的路段，按设计高程推算的最低侧路基边缘高程应考虑水库水位升高后地下水壅升，以及水库淤积后壅水曲线抬高及浪高的影响

C. 大、中桥桥头引道的设计高程推算的最低侧路基边缘高程，应高于该桥设计洪水位至少 1.0m

D. 小桥涵附近按设计高程推算的最低侧路基边缘高程应高于前壅水水位至少 0.50m（不计浪高）

二、多项选择题

1. 关于最大纵坡规定，下列说法正确的是(　　)。

A. 小桥与涵洞处纵坡应随路线纵坡设计

B. 大、中桥上纵坡不宜大于 3%，紧接大、中桥桥头两端的引道纵坡应与桥上纵坡相同

C. 隧道内纵坡不应大于3%，但独立明洞和短于100m的隧道其纵坡不受此限

D. 隧道的纵坡宜设置成单向坡，地下水发育的隧道及特长、长隧道宜采用人字坡

2. 关于缓和坡段，下列说法正确的是(　　)。

A. 缓和坡段的纵坡应不大于5%，其长度应符合规范要求

B. 从下坡的安全考虑，缓坡设置也是需要的

C. 在缓坡上汽车将以加速行驶，理论上缓坡长度应适应这个加速过程需要

D. 在纵断面设计中，当陡坡的长度达到限制坡长时，应设计一段缓坡，用以恢复车辆在陡坡上行驶而降低的速度

3. 关于纵坡长度限制，下列说法正确的是(　　)。

A. 缓和坡段的纵坡应不大于3%，其长度应符合规定的最小坡长要求

B. 对高速公路，纵坡为2%，其坡长不限制

C. 二级、三级、四级公路，当连续纵坡大于5%时，应在不大于规定的长度处设置连接缓和坡段

D. 高速公路和一级公路纵坡及坡长的选用应充分考虑车辆运行质量的要求

4. 某相连两段纵坡，其中第一段长300m，坡度4%；第二段长700m，坡度6%。则两段纵坡高差为(　　)，平均纵坡为(　　)。

A. 高差54m　　　　B. 高差50m

C. 平均纵坡5.0%　　　　D. 平均纵坡5.4%

5. 关于公路合成坡度，《路线规范》规定正确的是(　　)。

A. 合成坡度最大值不超高10.5%

B. 合成坡度最大值不超高10.0%

C. 最小合成坡度不宜小于0.5%

D. 在积雪或冰冻地区，合成坡度值不应大于8%

6. 凹形竖曲线最小长度，应满足的视距要求(　　)。

A. 各级道路设计速度的3s行程

B. 保证跨线桥下有足够的视距

C. 保证夜间行车安全，前灯照明应有足够的距离

D. 在竖曲线异侧的路面不形成盲区

7. 计算设竖曲线后各桩号处的设计高时，设后坡 i_1，前坡 i_2，变坡点 I 高程 H_I 及桩号 K_I，选定竖曲线方程 R 值。则下列关系正确的是(　　)。

A. 起点桩号 $=K_I-T$；终点桩号 $=K_I+T$

B. 凸形竖曲线：起点高程 $=H_I-T\cdot i_1$；终点高程 $=H_I+T\cdot i_2$

C. 凹形竖曲线：起点高程 $=H_I+T\cdot i_1$；终点高程 $=H_I-T\cdot i_2$

D. 设计高程 = 切线高程 $\pm h$，凸形竖曲线取减；凹形竖曲线取加

8. 纵断面线形布置(或叫设计纵坡的确定)包括(　　)。

A. 平、纵配合　　　　B. 选定竖曲线方程 R 值

C. 设计高程的控制　　　　D. 设计纵坡和变坡点位置的决定

9. 高速公路、一级公路及双车道二级公路纵坡长度受限制的路段，应对载重汽车上坡行驶

速度的降低值和通行能力进行验算，符合下列（　　）情况之一者，可在上坡方向车道右侧设置爬坡车道。

A. 陡坡路段纵坡大于 5%

B. 沿上坡方向载重汽车的行驶速度降低规定允许最低速度以下时，可设置爬坡车道

C. 上坡路段的设计通行能力小于设计小时交通量时，应设置爬坡车道

D. 上坡路段的设计通行能力小于设计小时交通量时，必须设置爬坡车道

10. 可采用（　　）作为竖曲线。

A. 圆曲线　　B. 抛物线

C. 二次抛物线　　D. 回旋曲线

11. 竖曲线的作用是（　　）。

A. 满足地形变化

B. 缓和纵向变坡处行车动量变化而产生的离心力

C. 确保公路纵向行车视距

D. 将竖曲线与平曲线恰当组合，有利于路面排水和改善行车的视线诱导和舒适感

12. 路线纵断面图上的设计高程，即路基设计高程，对于“新建公路的路基设计高程”，规范规定（　　）。

A. 采用行车道中线处的高程

B. 采用路肩处的高程

C. 高速公路和一级公路采用中央分隔带的外侧边缘高程

D. 二、三、四级公路采用路基边缘高程，在设置超高、加宽地段为设超高、加宽前该处边缘高程

13. 在非机动车交通比例较大路段，为照顾其交通要求可根据具体情况将纵坡适当放缓：平原、微丘区一般不大于（　　）；山岭、重丘区一般不大于（　　）。

A. 1% ~2%　　B. 2% ~3%

C. 3% ~4%　　D. 4% ~5%

14. 在地形起伏较大的地区，“最大纵坡”直接影响（　　）。

A. 汽车动力特性　　B. 道路等级

C. 自然条件　　D. 工程和运营经济

15. 关于理想的最大纵坡和不限长度的最大纵坡，下列说法正确的是（　　）。

A. 理想的最大纵坡是指设计车型即载重汽车在油门全开的情况下，持续以 V（设计速度或设计车型的最高速度）等速行驶所能克服的坡度

B. 容许速度，一般不小于各级设计速度的 1/2 ~2/3（高速路取低限，低速路取高限）

C. 与 V（设计速度或设计车型的最高速度）对应的纵坡称为不限长度的最大纵坡

D. 凡是大于不限长度最大纵坡的坡段，则不限制其长度

16. 在（　　）的路段，为了保证排水，防止雨水渗入路基而影响路基的稳定性，应设置不小于 0.3% 的纵坡（一般情况下以采用不小于 0.5% 为宜）。

A. 长路堑路段　　B. 低填路段

C. 横向排水不畅　　D. 不产生路面积水

17. 最小坡长限制主要是指从(　　)考虑,通常以计算行车速度 9 ~ 15s 的行程作为规定值。

A. 汽车行驶平顺性　　B. 路容美观

C. 纵面视距　　D. 相邻竖曲线设置

18. 关于平均纵坡,下列说法正确的是(　　)。

A. 二级、三级、四级公路越岭路线连续上坡(或者下坡)路段,相对高差为 200 ~ 500m 时,平均纵坡不应大于 5.5%

B. 任何相连 3km 路段的平均纵坡不宜大于 5.5%

C. 相对高差大于 500m 时,平均纵坡不应大于 5.0%

D. 相对高差大于 500m 时,平均纵坡不应大于 5.5%

19. "高原纵坡折减"规定值正确的是(　　)。

A. 海拔高度 3000 ~ 4000m,折减值 1%

B. 海拔高度 4000 ~ 5000m,折减值 2%

C. 海拔高度 5000 ~ 6000m,折减值 3%

D. 海拔高度 >6000m,折减值 4%

20. 竖曲线最小半径及最小长度选择主要考虑的因素有(　　)。

A. 离心力冲击的影响

B. 时间行程的影响,最短满足 3s 行程

C. 视距要求。汽车行驶在竖曲线上,竖曲线不应阻挡驾驶员的视线

D. 与地形相适应

21. 纵断面设计时,变坡点位置考虑(　　)因素。

A. 平、纵配合原则

B. 标准中纵坡设计有关要求、设计标准值

C. 路基、桥梁等工程量及造价,即填挖量大小或构造物设置情况

D. 几何计算方便,变坡点桩号一般为整数或 10 的整倍数

三、案例题

1. 某城市主干路,设计速度 80km/h,标准凹形竖曲线最小半径规定:一般值 2700m;极限值 1800m。设计一段跨越线,其纵坡分别为 $i_1 = -2.3\%$, $i_2 = 1.5\%$,变坡点桩号为 K3 + 360,变坡点高程 H 为 405.55m。由于受地下管线和下穿地形限制,在竖曲线中点处的设计高程要求为不低于 405.85m 且不高于 405.95m。

试确定该竖曲线的半径 R 可能取值范围为(　　)。

A. $1800\text{m} \leqslant R \leqslant 2700\text{m}$

B. $1662.05\text{m} \leqslant R \leqslant 2216.07\text{m}$

C. $1800\text{m} \leqslant R \leqslant 2210\text{m}$

D. $1670\text{m} \leqslant R \leqslant 2220\text{m}$

2. 图中为某高速公路"路线纵断面图",四行表格:从上向下依次为坡度(%)/坡长(m)、里程桩号、直线及平曲线、超高。其中,设计高程与超高采用"中央分隔带两侧边缘";横断面

为双向 4 车道整体式断面，左（右）侧路缘带各 0.75m，车道宽度 3.75m。

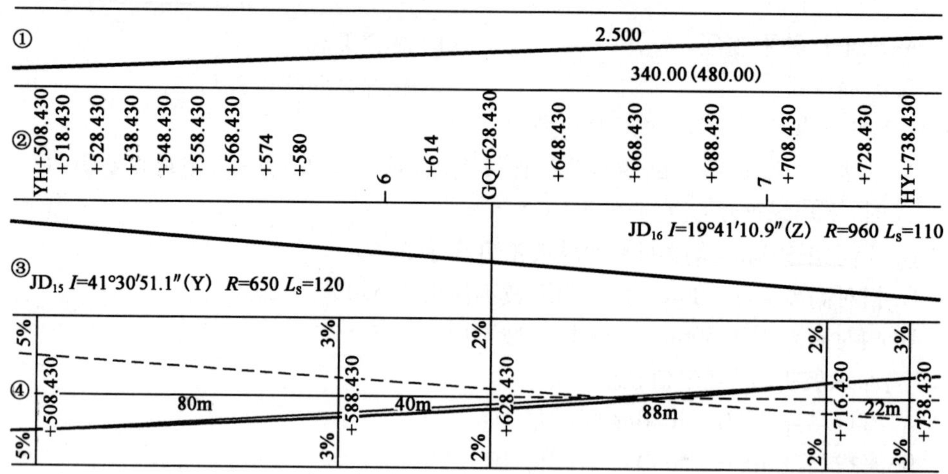

（1）试确定 +508.430 ~ +588.430 段落，长度 80m 范围，上行方向与下行方向左路缘带位置的"纵向坡度"分别为（　　）。

A. −2.725%，+2.275%

B. +2.725%，+2.275%

C. −2.725%，−2.275%

D. +2.725%，−2.275%

（2）该确定 +508.430 ~ +588.430 段路线的路面上最大合成坡度可能为（　　）。

A. 5.00%　　B. 2.50%

C. 5.59%　　D. 5.70%

（3）该确定段路线 +628.430 ~ +716.430 段落，长度 88m 范围，上行方向与下行方向左路缘带位置的"纵向坡度"分别为（　　）。

A. −2.909%，+2.109%

B. +2.909%，+2.109%

C. −2.909%，−2.109%

D. +2.909%，−2.109%

（4）该段路线 +628.430 ~ +716.430 路段的路面上最小合成坡度可能是在（　　）断面桩号处；另，其最小合成坡度为（　　）。

A. GQ +628.430，3.202%

B. +672.430，0%

C. +672.430，2.5%

D. +672.430，2.109%

3. 图中为某一级公路"路线纵断面图"，四行表格：从上向下依次为坡度（%）/坡长（m）、里程桩号、直线及平曲线、超高。其中，设计高程与超高采用"中央分隔带两侧边缘"；横断面为双向 4 车道整体式断面，左（右）侧路缘带各 0.75m，车道宽度 3.75m。

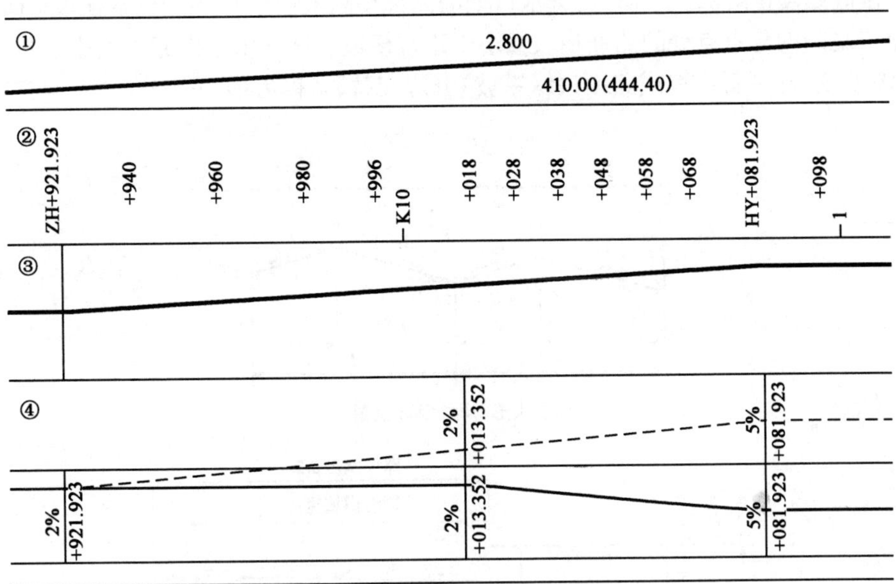

(1)请问起点该段“超高缓和段 L_c”范围路面内侧的“渐变率 p”变化为(　　)。

A. K9 +921.923 ~ K10 +013.923 段,0%;
K10 +013.923 ~ K10 +081.923 段,3.97%

B. K9 +921.923 ~ K10 +013.923 段,2%;
K10 +013.923 ~ K10 +081.923 段,5%

C. K9 +921.923 ~ K10 +013.923 段,0%;
K10 +013.923 ~ K10 +081.923 段, -2% ~ -5%

D. K9 +921.923 ~ K10 +013.923 段, -2% ~ -2%;
K10 +013.923 ~ K10 +081.923 段, -2% ~ -5%

(2)请确定该段“超高缓和段 L_c”范围路面外侧的“渐变率 p”变化为(　　)。

A. K9 +921.923 ~ K10 +013.923 段, -2% ~2%;
K10 +013.923 ~ K10 +081.923 段,2% ~5%

B. K9 +921.923 ~ K10 +013.923 段,0%;
K10 +013.923 ~ K10 +081.923 段,2% ~5%

C. K9 +921.923 ~ K10 +013.923 段,0.391%;
K10 +013.923 ~ K10 +081.923 段,0.397%

D. K9 +921.923 ~ K10 +013.923 段,2.8%;
K10 +013.923 ~ K10 +081.923 段,2.8%

4. 一般,城市道路中线纵坡小于0.3%时,可在道路两侧车行道边缘1 ~3m 宽度范围内设置锯齿形街沟。

锯齿形街沟设置的方法是保持侧石顶面线与路中心线平行(即两者纵坡相等)的条件下,交替地改变侧石顶面线与平石(或路面)之间的高度,即交替地改变侧石外露于路面的高度

(图 a)。在低处设置雨水进水口,使进水口处的路面横坡 i_4(图 b)大于正常横坡 i 横,而在两相邻进水口之间的分水点处的路面横坡 i_3 小于正常横坡。这样雨水由分水点流向两旁低处进水口,街沟纵坡(即平石纵坡或路面边缘纵坡)升降交替,呈锯齿形。

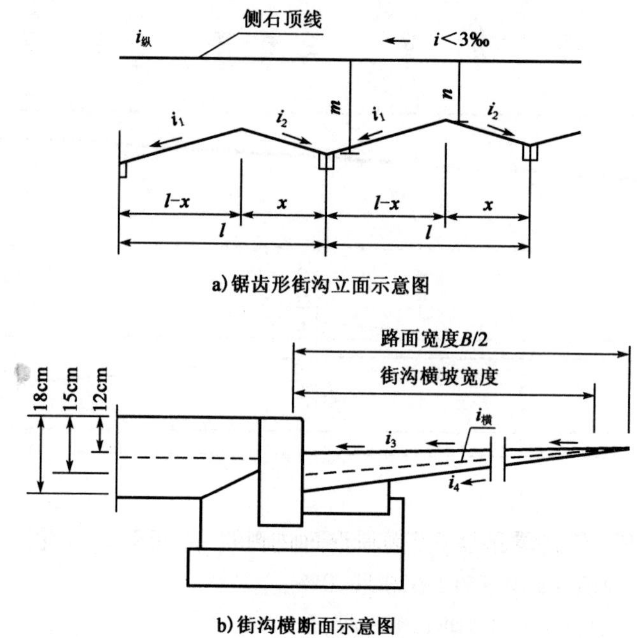

a)锯齿形街沟立面示意图

b)街沟横断面示意图

在图 a 中,已知 $i=0$,$m=0.18\text{m}$,$n=0.10\text{m}$,$l=40\text{m}$,$x=16\text{m}$ 时。试确定 i_1、i_2 分别为(　　)。

A. 0.30%;3.0‰　　B. 0%;0‰

C. 0.33%;0.50%　　D. 0.40%;0.40%

5. 城市道路中,锯齿形街沟(或称偏沟)设置的方法是保持侧石顶面线与路中心线平行(即两者纵坡相等)的条件下,交替地改变侧石顶面线与平石(或路面)之间的高度,即交替地改变侧石外露于路面的高度。

通常设计时,根据地物在沿线建筑物出入口,交叉口行人横道线上游,以及凹形竖曲线最低处已布置好雨水口,然后在每段长度上取进水口间距 $l=40\text{m}$,i 在纵断面设计时已确定为 0.15%,$m=0.15\text{m}$ 和 $n=0.10\text{m}$ 也已定。

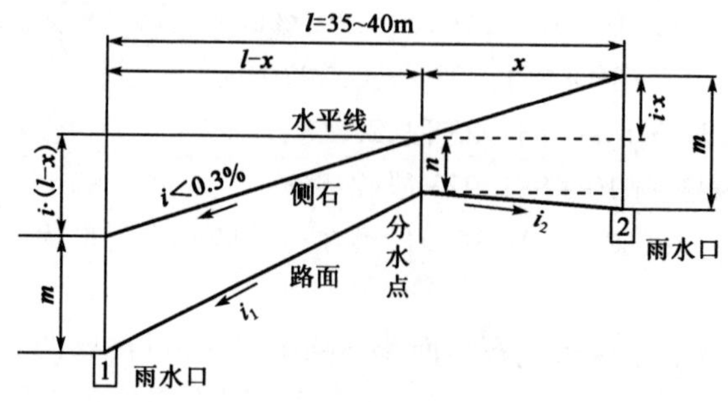

试合理确定 i_1 与 i_2 分别为(　　)。

A. 0.30% ;0.30%　　　　B. 0.15% ;0.15%

C. 0.32% ;0.30%　　　　D. 0.32% ;0.32%

习题参考答案及解析

一、单项选择题

1. D

【考核点】公路、城市道路最大纵坡

【解　析】各级公路最大纵坡的规定见下表:

设计速度(km/h)	120	100	80	60	40	30	20
最大纵坡(%)	3	4	5	6	7	8	9

2. C

【考核点】隧道最大纵坡

【解　析】隧道部分路线纵坡:隧道内纵坡不应大于3%,但独立明洞和短于100m的隧道其纵坡不受此限;紧接隧道洞口的路线纵坡应与隧道内纵坡相同。

3. B

【考核点】高原地区最大纵坡

【解　析】位于海拔3000m以上的高原地区,各级公路的最大纵坡值应按表的规定予以折减。

4. B

【考核点】合成坡度

【解　析】由于合成坡度是由纵向坡度与横向坡度组合而成的,其坡度值比原路线纵坡大,汽车在设有超高的坡道上行驶时,不仅要受坡度阻力的影响,而且还要受离心力的影响。

5. B

【考核点】竖曲线要素

【解　析】当 ω 为“+”时,表示凸形竖曲线;ω 为“-”时,表示凹形竖曲线。

6. D

【考核点】竖曲线指标

【解　析】《标准》规定最小值采用“竖曲线最小半径和最小长度”双指标控制。

7. C

【考核点】竖曲线几何关系

【解　析】起点桩号 $=K_I-T$;终点桩号 $=K_I+T$。

8. B

【考核点】竖曲线要素

【解　析】设计高程 = 切线高程 $\pm h$,凸形竖曲线取减;凹形竖曲线取加。

9. C

【考核点】爬坡车道

【解　析】爬坡车道由分流渐变长度、爬坡车道长度和汇流渐变长度组成。

10. A

【考核点】竖曲线形式

【解　析】《城市道路路线设计规范》(CJJ 193—2012)中规定,“各级道路纵坡变更处应设置竖曲线,竖曲线宜采用圆曲线”。《公路路线设计规范》(JTG D20—2006)中规定,“公路纵坡变更处应设置竖曲线,竖曲线宜采用圆曲线”。

11. B

【考核点】桥头处最大纵坡

【解　析】大桥的纵坡不宜大于4%,桥头引道纵坡不宜大于5%。引道紧接桥头部分的线形应于桥上线形相配合。

12. D

【考核点】缓和坡段

【解　析】在纵断面设计时,当纵坡的长度达到限制坡长时,按规定设置的较小纵坡路段称为缓和坡段。其作用是恢复在较大纵坡是上降低的速度;减小下坡制动次数,保证行车安全;确保道路通行质量。在缓和坡段上汽车加速行驶,缓和坡长应适应该加速过程的需要。《标准》规定缓和坡段的纵坡不应大于3%。其长度应符合纵坡长度规定。

13. A

【考核点】最大纵坡长度限制

【解　析】高速公路连续长大下坡路段,平均纵坡小于2%时,不限坡长,为长缓坡。

14. B

【考核点】平均纵坡

【解　析】二级、三级、四级公路越岭路线连续上坡(下坡)路段,相对高差为200~500m时,平均纵坡不应大于5.5%;相对高差大于500m时,平均纵坡不应大于5.0%,且任何相连3km路段的平均纵坡不宜大于5.5%。

15. D

【考核点】合成坡度

【解　析】合成坡度是指路线纵坡与弯道超高横坡或者路拱横坡组合而成的坡度,应控制在适当的范围内。高速、一级公路的最大合成坡度为10.5%。

16. D

【考核点】竖曲线设计

【解　析】竖曲线设计限制因素一般考虑离心力冲击的影响、时间行程的影响、视距要求等方面。

17. B

【考核点】变坡点

【解　析】尽可能使填挖工程量最小和线形最理想;使最大纵坡、最小纵坡、坡长限制、缓和坡段满足有关规定的要求;处理好平、纵面线形的相互配合和协调;为方便设计与计算，变坡点的位置一般应设在10m的整数桩号处。

18. C

【考核点】爬坡车道

【解　析】符合下列情况之一者，应考虑设置爬坡车道：①沿连续上坡方向的载重汽车的运行速度降低到容许最低速度以下时；②上坡路段的设计通行能力小于设计小时交通量时；③经设置爬坡车道与改善主线纵坡不设爬坡车道技术经济比较论证，设置爬坡车道的效益费用比、行车安全性较优时。

19. B

【考核点】竖曲线的作用

【解　析】将竖曲线与平曲线恰当组合，有利于路面排水和改善行车的视线诱导和舒适感；确保公路纵向行车视距；缓和纵向变坡处行车动量变化而产生的离心力。

20. C

【考核点】纵断面设计高程基准的规定

【解　析】新建公路在设置超高或则加宽的路段应为设超高或加宽前该处边缘位置。

21. C

【考核点】纵断面高程确定原则的规定

【解　析】大、中桥桥头引道的设计高程推算的最低侧路基边缘高程，应高于该桥设计洪水位至少0.50m。

二、多项选择题

1. ACD

【考核点】桥隧最大纵坡规定

【解　析】大、中桥上纵坡不宜大于4%，紧接大、中桥桥头两端的引道纵坡应与桥上纵坡相同。

2. BCD

【考核点】缓和坡段设置依据

【解　析】缓和坡段的纵坡应不大于3%，其长度应符合规范要求。

3. ACD

【考核点】纵坡长度限制规定

【解　析】对高速公路，即使纵坡为2%，其坡长也不宜过长。

4. AD

【考核点】平均纵坡计算方法

【解　析】平均纵坡 i_p 是指在一定长度的路段内，路线在纵向所克服的高差值与该路段的距离之比，用百分率(%)表示：$i_p = H/L$，式中：H 为相对高差(m)；L 为路线长度(m)。

5. ACD

【考核点】合成坡度

【解　析】在设有超高的平曲线上，超高与纵坡的合成坡度值不得超过规定值，在积雪或冰冻地区，合成坡度值不应大于8%。各级公路的合成坡度值见下表：

设计速度(km/h)	120	100	80	60	40	30	20
合成坡度值(%)	10.0	10.0	10.5	10.5	10.0	10.0	10.0

为了保证路面排水,《规范》还规定各级公路的最小合成坡度不宜小于0.5%;当合成坡度小于0.5%时,应采用综合排水措施,以保证路面排水畅通。

6. BC

【考核点】纵断面上视距要求

【解　析】凹形竖曲线最小长度,应满足两种视距的要求,一是保证夜间行车安全,前灯照明应有足够的距离;二是保证跨线桥下有足够的视距。

7. ABCD

【考核点】竖曲线计算

【解　析】计算设竖曲线后各桩号处的设计高时:

起点桩号 $=K_I-T$;终点桩号 $=K_I+T$。

凸形竖曲线:起点高程 $=H_I-T\cdot i_1$;终点高程 $=H_I+T\cdot i_2$。

凹形竖曲线:起点高程 $=H_I+T\cdot i_1$;终点高程 $=H_I-T\cdot i_2$。

设计高程 = 切线高程 $\pm h$,凸形竖曲线取减;凹形竖曲线取加。

8. CD

【考核点】纵断面线形布置

【解　析】纵断面线形布置(或叫设计纵坡的确定)包括:①设计高程的控制;②设计纵坡和变坡点位置的决定。

9. BC

【考核点】爬坡车道设置条件

【解　析】沿上坡方向载重汽车的行驶速度降低到表允许最低速度以下时,可设置爬坡车道;上坡路段的设计通行能力小于设计小时交通量时,应设置爬坡车道。

10. AC

【考核点】竖曲线线形

【解　析】竖曲线的线形有用圆曲线的,也有用抛物线形的。通常在公路使用范围内,圆弧和抛物线几乎没有差别,但在设计和计算上,抛物线则比圆曲线方便得多,因此设计上一般采用二次抛物线作为竖曲线。

11. BCD

【考核点】竖曲线作用

【解　析】竖曲线的作用是:①缓和纵向变坡处行车动量变化而产生的离心力,且行车平顺;②确保公路纵向行车视距;③将竖曲线与平曲线恰当组合,有利于路面排水和改善行车的视线诱导和舒适感。

12. CD

【考核点】设计高程

【解　析】①新建公路的路基设计高程:高速公路和一级公路采用中央分隔带的外侧边缘高程;二、三、四级公路采用路基边缘高程,在设置超高、加宽地段为设超高、加宽前该处边缘高程。②改建公路的路基设计高程:一般按新建公路的规定办理,也可视具体情况而采用行车道中线处的高程。

13. BD

【考核点】纵坡坡度

【解　析】平原、微丘区一般不大于2% ~3%;山岭、重丘区一般不大于4% ~5%。

14. ABCD

【考核点】最大纵坡影响因素

【解　析】确定最大纵坡时不仅要考虑汽车动力特性、道路等级、自然条件,还要考虑工程和运营的经济等。

15. AB

【考核点】理想最大纵坡

【解　析】大于不限长度最大纵坡的坡段,也应限制其长度。

16. ABC

【考核点】理想最大纵坡

【解　析】在长路堑、低填以及其他横向排水不畅地段,应设置不小于0.3%的最小纵坡,一般情况下宜不小于0.5%。

17. ABCD

【考核点】最小坡长限制

【解　析】从汽车行驶平顺性要求、从路容美观、相邻竖曲线的设置和纵面视距的要求坡长也要有一定最短长度。

18. ABC

【考核点】平均纵坡

【解　析】《规范》规定:二级、三级、四级公路越岭路线连续上坡(或者下坡)路段,相对高差为200 ~500m时,平均纵坡不应大于5.5%;任何相连3km路段的平均纵坡不宜大于5.5%;相对高差大于500m时,平均纵坡不应大于5.0%。

19. ABC

【考核点】高原地区纵坡

【解　析】《规范》规定:海拔高度3000 ~4000m,折减值1%,海拔高度4000 ~5000m,折减值2%,海拔高度5000m以上时纵坡折减3%。

20. ABC

【考核点】竖曲线半径

【解　析】竖曲线最小半径及最小长度一般考虑以下三方面的内容:①离心力冲击的影响;②时间行程的影响,最短满足3s行程;③视距要求。汽车行驶在竖曲线上,竖曲线不应阻挡驾驶员的视线。

21. ABCD

【考核点】变坡点知识。

【解　析】变坡点一般考虑到平、纵配合原则且变坡点桩号一般为10的整数倍。

三、案例题

1. C

解:要控制竖曲线中点处的高程,即控制竖曲线 E。

(1)控制 $E \geqslant 405.85 - 405.55 = 0.3\text{m}$

(2)控制 $E \leqslant 405.95 - 405.55 = 0.4\text{m}$

由(1)式得 $E = \dfrac{T^2}{2R} = \dfrac{(R \cdot \omega)^2}{2R} = \dfrac{R \cdot \omega^2}{8} \geqslant 0.3$,解得 $R \geqslant 1662.05\text{m}$

由(2)式得 $E = \dfrac{T^2}{2R} = \dfrac{(R \cdot \omega)^2}{2R} = \dfrac{R \cdot \omega^2}{8} \leqslant 0.4$,解得 $R \leqslant 2216.07\text{m}$

判断 R 取值范围:结合工程设置条件及规范要求,竖曲线的半径 R 可能取值范围为 $1800\text{m} \leqslant R \leqslant 2210\text{m}$。

2. (1)B

解:路线纵坡 i 即为 +2.5% 与附加坡度代数之和。

在 +508.430 ~ +588.430 段落,长度 80m 范围,内侧(上行方向)车道横坡度从 5% 抬高到 3%,附加坡度取"+"号;外侧(下行方向)车道横坡度从 5% 降低到 3%,附加坡度取"-"号。

①附加坡度 p:

$$p = \frac{(5\% - 2\%) \cdot B}{80} = \frac{(5\% - 2\%) \times (0.75 + 2 \times 3.75 + 0.75)}{80} = \pm 0.225\%$$

②纵向坡度

上行方向:$(+2.5 + 0.225)\% = +2.725\%$

下行方向:$(+2.5 - 0.225)\% = +2.275\%$

(2)D

解:最大合成坡度即平曲线路段最大"横坡度"与该段最大"纵坡度"的"合成"。最大"横坡度"为 $i_y = 5\%$;最大"纵坡度"则是"路线纵坡 $i = 2.5\%$ 与附加坡度代数之和"。

①附加坡度 p

在 +508.430 ~ +588.430 段落,长度 80m 范围,内侧车道横坡度从 5% 抬高到 3%,外侧车道横坡度从 5% 降低到 3%,则附加坡度为:

$$p = \frac{(5\% - 2\%) \cdot B}{80} = \frac{(5\% - 2\%)(0.75 + 2 \times 3.75 + 0.75)}{80} = \pm 0.225\%$$

②最大合成坡度 I_{max}

$$I_{max} = (\sqrt{5^2 + 2.725^2})\% = 5.70\%$$

(3)D

解:①附加坡度 p

在 +628.430 ~ +716.430 段落,长度 88m 范围,两侧车道横坡度从向右侧倾斜 2% 直接变化到向右侧倾斜 2%,即"S 形"平曲线超高过度处理。

则附加坡度为:

$$p=\frac{[+2\%-(-2\%)]\cdot B}{88}=\frac{4\%\times(0.75+2\times3.75+0.75)}{88}=0.409\%$$

②纵向坡度

上行方向:$(+2.5+0.409)\%=+2.909\%$

下行方向:$(+2.5-0.409)\%=+2.109\%$

(4)D

解:最小合成坡度即平曲线路段最小“横坡度”与该段最小“纵坡度”的“合成”。最小“横坡度”为 $i_y=0$,在 +628.430 ~ +716.430 中间位置;最小“纵坡度”则是“路线纵坡 $i=2.5\%$ 与附加坡度代数之和”。

①附加坡度 p

在 +628.430 ~ +716.430 段落,长度 88m 范围,两侧车道横坡度从向右侧倾斜 2% 直接变化到向右侧倾斜 2%,即“S 形”平曲线超高过度处理。

则附加坡度为:

$$p=\frac{[+2\%-(-2\%)]\cdot B}{88}=\frac{4\%\times(0.75+2\times3.75+0.75)}{88}=0.409\%$$

②纵向坡度

上行方向:$(+2.5+0.409)\%=+2.909\%$

下行方向:$(+2.5-0.409)\%=+2.109\%$

③最小合成坡度 I_{min}

$$I_{min}=(\sqrt{0^2+2.109^2})\%=2.109\%$$

3.(1)A

解:①K9 +921.923 ~ K10 +013.923 段,长度 92m 范围,横断面坡度没有变化,则渐变率 p 为 0%;

②K10 +013.923 ~ K10 +081.923 段,长度 68m 范围,横断面坡度从 2% 降低到 5%,则渐变率 p 为:

$$p=\frac{(5\%-2\%)\times(0.75+2\times3.75+0.75)}{68}=0.397\%$$

(2)C

解:①K9 +921.923 ~ K10 +013.923 段,长度 92m 范围,横断面坡度从 −2% 抬高到 2%,则渐变率 p 为:

$$p=\frac{[2\%-(-2\%)]\times(0.75+2\times3.75+0.75)}{92}=0.391\%$$

②K10 +013.923 ~ K10 +081.923 段,长度 68m 范围,横断面坡度从 2% 抬高到 5%,则渐变率 p 为:

$$p=\frac{(5\%-2\%)\times(0.75+2\times3.75+0.75)}{68}=0.397\%$$

4. C

解: $i_1=\frac{0.18-0.10}{40-16}\approx0.33\%$; $i_2=\frac{0.18-0.10}{16}=0.50\%$

5. D

解:第一次

(1)初步确定 $i_2=0.3\%$

由于:

$$n+i\cdot x+i_2\cdot x=m$$

则确定 x:

$$x=\frac{m-n}{i+i_2}=\frac{0.15-0.10}{0.15\%+0.30\%}\approx11.11\text{m}$$

(2)确定 i_1

由于:

$$i\cdot(l-x)+m=n+i_1\cdot(l-x)$$

则:

$$i_1=\frac{i\cdot(l-x)+m-n}{l-x}=\frac{0.15\%\times(40-11.11)+0.15-0.10}{40-11.11}\approx0.32\%$$

第二次

(1)初步确定 $i_2=0.32\%$

由于:

$$n+i\cdot x+i_2\cdot x=m$$

则确定 x:

$$x=\frac{m-n}{i+i_2}=\frac{0.15-0.10}{0.15\%+0.32\%}=10.64\text{m}$$

(2)确定 i_1

由于:

$$i\cdot(l-x)+m=n+i_1\cdot(l-x)$$

则:

$$i_1=\frac{i\cdot(l-x)+m-n}{l-x}=\frac{0.15\%\times(40-10.64)+0.15-0.10}{40-10.64}\approx0.32\%$$

综合判断,故选择 D。

第五节　横断面设计

【考试纲要】

1. 掌握各级道路路基标准横断面组成的特点和要求。

2. 熟悉路基宽度各个组成部分,如:车道、中间带、路肩、路拱坡度、加速车道、减速车道、紧急停车带、错车道、爬坡车道、避险车道等的一般规定与运用。

3. 了解横断面设计方法和要求。

【复习提示】

1. 复习要点

公路双幅多车道、单幅双车道和单车道的路基标准横断面组成的特点、要求及适用性;城市道路单幅路、双幅路、三幅路和四幅路的横断面组成的特点和要求及适用性;道路横断面各个组成部分,如:车道、中间带、路肩、路拱坡度和加速车道、减速车道、紧急停车带、错车道、爬坡车道、避险车道等附加车道的作用、一般规定与运用;公路和城市道路横断面设计方法和要求。

重点:

公路和城市道路横断面组成的特点和要求;道路横断面各主要组成部分的作用与运用。

难点:

城市道路横断面形式的合理选用;附加车道的作用与运用。

2. 规范提示

《公路工程技术标准》(JTG B01—2014)摒弃公路横断面设计"一刀切"的做法,以功能主导横断面组成及指标的选择与运用。"新标准"规定:8 车道及以上高速公路(含一级公路),在内侧一、二车道主要通行小型车辆时,其车道宽度可采用3.5m。对于以通行中、小型客运车辆为主的公路(如机场公路、旅游公路等)可论证采用3.5m 的车道宽度。"新标准"不再规定中央分隔带宽度推荐值,调整为"根据公路项目中央分隔带功能确定"。另外,高速公路和承担干线功能的一级公路其右侧硬路肩宽度一般值为3m,最小值为1.5m,主要通行小客车时右侧硬路肩也可采用2.5m。同时,"新标准"取消了路基总宽度指标值。

《城市道路工程设计规范》(CJJ 37—2012)修订了《城市道路设计规范》(CJJ 37—90)中关于横断面形式选择和横断面各组成部分宽度指标(机动车道、非机动车道、人行道、分车带、设施带、绿化带、应急车道、路肩等)的相关规定。

《城市道路路线设计规范》(CJJ 193—2012)根据《城市道路上程设计规范》(CJJ 37—2012)中横断面形式和横断面组成及宽度的相关规定,对城市道路横断面布置和等指标和横断面各组成部分指标做了详细的规定。

习题精练

一、单项选择题

1. 路幅的几何要素主要包括路幅范围内各组成部分的(　　)。

A. 行车道与高程　　B. 宽度与横向坡度

C. 横向坡度和圆曲线半径　　D. 宽度与纵坡

2. 公路横断面类型不包括(　　)。

A. 单幅单车道　　B. 单幅双车道

C. 双幅双车道　　D. 双幅多车道

3. 城市道路横断面类型如下:

①单幅路俗称“一块板”断面。②双幅路俗称“两块板”断面。

③三幅路俗称“三块板”断面。④四幅路俗称“四块板”断面。

各种类型断面交通组织如下:

⑤用中间分车带将中间机动车车道分隔为二,分向行驶,两侧为靠右侧行驶的非机动车车道,机动车和非机动车车道之间用分隔带或分隔墩分隔。

⑥中间为双向行驶的机动车车道,两侧为靠右侧行驶的非机动车车道,机动车和非机动车车道之间用分隔带或分隔墩分隔。

⑦在车道中心用分隔带或分隔墩将行车道分为两部分,上、下行车辆分向行驶。

⑧各种车辆在行车道上混合行驶。

请问横断面类型与交通组织对应正确的是(　　)。

A. ①~②,③~④,⑤~⑥,⑦~⑧

B. ①~⑤,②~⑥,③~⑦,④~⑧

C. ①~⑧,②~⑦,③~⑤,④~⑥

D. ①~⑧,②~⑦,③~⑥,④~⑤

4. 下列对一条道路机动车行车道描述正确的是(　　)。

A. 车道宽度由设计车辆宽度确定

B. 车道宽度由设计车辆宽度和弯道加宽确定

C. 车道宽度由设计车辆宽度和富余宽确定

D. 公路一条车道比城市道路一条车道宽度大

5. 下列对城市道路车道宽度描述正确的是(　　)。

A. 机动车道宽度 = 车道数 × 设计车辆宽度

B. 行车道宽度 = 所需要的车道数 × 车道宽度

C. 非机动车的单一车道宽度,是根据车身宽度和车身两侧所需的横向安全距离确定

D. 一条自行车车道的宽度为1.5m,两条车道的宽度为3.0m,三条车道的宽度为4.5m,四条车道的宽度为6.0m,依此类推

6. 下列对路肩描述不正确的是(　　)。
   A. 行车道外缘至路基边缘之间的带状部分称为路肩
   B. 高速公路、一级公路当采用分离式断面时,行车道左侧应设硬路肩
   C. 高速公路、一级公路应采用 <2.5m 的右侧硬路肩
   D. 路肩从构造上又可分为硬路肩、土路肩
7. 下列对硬路肩描述不正确的是(　　)。
   A. 高速公路、一级公路当采用分离式断面时,行车道左侧应设硬路肩
   B. 高速公路、一级公路,一般应采用≥2.50m 的右侧硬路肩
   C. 高速公路、干线一级公路,当右侧硬路肩的宽度小于 2.50m 时,应设紧急停车带。紧急停车带的设置间距不宜大于 500m
   D. 城市道路的设计速度大于或等于 40km/h 时,应设置硬路肩
8. 下列对路肩作用描述不正确的是(　　)。
   A. 由于路肩紧靠在路面的两侧设置,具有保护及支撑路面结构的作用
   B. 供发生故障的车辆临时停放、提供道路养护作业、埋设地下管线的场地之用
   C. 作为侧向余宽的一部分,能增加驾驶的安全和舒适感
   D. 对未设人行道的道路,不允许行人及非机动车使用
9. 道路设置路拱的主要目的是(　　)。
   A. 保证道路路容美观　　B. 保证道路横向排水顺畅
   C. 保证行车的舒适性　　D. 控制合成坡度大小
10. 中间带最主要的作用是(　　)。
   A. 美观　　B. 分隔上、下行行车道
   C. 行车方便　　D. 提高舒适性
11. 下列对中间带的描述不正确的是(　　)。
   A. 四条和四条以上车道的公路应设置中间带
   B. 中央分隔带由两条左侧路缘带和中间带组成
   C. 中间带的表面形式有凹形和凸形两种
   D. 凹形用于宽度 >4.5m 的中间带,凸形用于宽度≤4.5m 的中间带
12. 下列对中间带开口描述不正确的是(　　)。
   A. 为了便于养护作业、临时调整行车方向和某些车辆在必要时掉头,中央分隔带应按一定距离设置开口部
   B. 对于窄的分隔带($M<3.0$m)中间带开口端部的形状可采用半圆形
   C. 对于宽的分隔带($M\geq3.0$m)中间带开口端部的形状可采用半圆形
   D. 城市道路可根据横向交通(车辆和行人)的需要设置中间带开口
13. 人行道横坡宜采用(　　)。
   A. 双面坡　　B. 与非机动车道横坡相同
   C. 与机动车车道横坡相同　　D. 单面坡,坡度为 1% ~2%
14. 高速公路、一级公路中央分隔带不得采用(　　)路缘石。
   A. 平齐式　　B. 斜式

C. 栏式　　D. 曲线式

15. 城市道路车辆驶出或驶入主路、立交匝道及集散车道出入口处，均应设置(　　)。

A. 紧急停车带　　B. 变速车道

C. 爬坡车道　　D. 辅助车道

16. 高速公路、一级公路互通式立体交叉、服务区、停车区、管理设施等出入口处，均应设置(　　)。

A. 减速车道　　B. 变速车道

C. 加速车道　　D. 过渡段

17. 高速公路、一级公路以及二级公路的连续上坡路段，当通行能力、运行安全受到影响时，应设置供载重汽车行驶的专用车道为(　　)。

A. 爬坡车道　　B. 避险车道

C. 减速车道　　D. 错车道

18. 在连续长、陡下坡路段行车道外侧增设的供速度失控车辆驶离正线安全减速的专用车道为(　　)。

A. 爬坡车道　　B. 避险车道

C. 减速车道　　D. 错车道

19. 土石方调配时，(　　)是确定借土和调运的界限。

A. 经济运距　　B. 平均运距

C. 超运运距　　D. 免费运距

20. 公路横断面设计方法如下：

①根据综合排水设计，画出路基边沟、截水沟、排水沟等位置和断面形式，必要时须注明各部分尺寸。此外，对于取土坑、弃土堆、绿化等也应尽可能画出。

②根据现场调查所得来的“土壤、地质、水文资料”，参照“标准横断面图”，画出路幅宽度，填或挖的边坡坡线，在需要设置各种支挡工程和防护工程的地方画出该工程结构的断面示意图。

③一般在计算纸上绘制横断面的地面线。

④从“路基设计表”中抄入路基中心填挖高度，对于有超高和加宽的曲线路段，还应抄入“左高”、“右高”、“左宽”、“右宽”等数据。

请问横断面设计方法正确顺序是(　　)。

A. ①②③④　　B. ③④①②

C. ③④②①　　D. ③①②④

二、多项选择题

1. 关于城市道路横断面类型的适用性，下列说法正确的是(　　)。

A. 单幅路适用于交通量不大的次干路、支路以及用地不足、拆迁困难的旧城区道路

B. 双幅路适用于专供机动车行驶的快速路、非机动车较多的主干路或次干路。双幅路单向机动车车道数不应少于2条

C. 三幅路适用于机动车流量较大、车速较高、非机动车较多的主干路或次干路

D. 四幅路适用于机动车流量大、车速高、非机动车多的快速路或主干路。四幅路主路单向机动车车道数不应少于2条

E. 对横向高差较大的特殊地形路段,宜采用上下分行的双幅路

2. 关于公路横断面类型的特点,下列说法正确的是(　　)。

A. 单幅双车道公路适应的交通量范围大,设计速度范围宽

B. 单幅双车道公路混合行驶车辆间相互干扰较大

C. 双幅多车道公路适应的车速高、通行能力大

D. 双幅多车道公路行车顺适、事故率高、造价高

E. 单车道公路造价低,但适应的交通量小、车速低

3. 关于城市道路三幅路,下列说法正确的是(　　)。

A. 中间为双向行驶的机动车车道,两侧为靠右侧行驶的非机动车车道

B. 机动车和非机动车车道之间采用分隔带或分隔墩分隔

C. 在分隔带上可以布置绿带,有利于夏天遮阳防晒、布置照明和减少噪音等

D. 对于机动车流量较大、车速较高、非机动车较多的主干路或次干路宜优先考虑采用

E. 对红线宽度要求不高

4. 关于单幅双车道公路,下列说法正确的是(　　)。

A. 单幅双车道公路指的是整体式的供双向行车的双车道公路

B. 二级、三级公路和一部分四级公路均属这一类

C. 这类公路的安全性好

D. 这类公路适应的交通量范围大,最高达15000小客车/昼夜

E. 这类公路在我国公路总里程中占的比重大

5. 下列说法正确的是(　　)。

A. 二、三、四级公路的行车道供机动车行驶

B. 供自行车、三轮车等非机动车行驶的部分称为非机动车道

C. 城市道路中供汽车、无轨电车、摩托车等机动车行驶的部分称为机动车道

D. 高速公路、快速路的行车道专供汽车行驶

E. 行车道是道路上供各种车辆行驶的路面部分的统称

6. 关于高速公路、一级公路硬路肩,下列说法正确的是(　　)。

A. 高速公路、一级公路当采用分离式断面时,行车道左侧应设硬路肩

B. 高速公路、一级公路硬路肩宽度不包括右侧路缘带宽度

C. 高速公路、一级公路右侧硬路肩的宽度小于2.50m时,应设紧急停车带

D. 高速公路、干线一级公路以通行小客车为主时,右侧硬路肩宽度可采用2.5m

E. 高速公路、一级公路,正常情况下应采用3.0m的右侧硬路肩

7. 下列哪些是高速公路路肩的功能(　　)。

A. 为路面提供支撑

B. 为行车提供侧向宽度,保证行驶速度和通行能力

C. 紧急情况下临时停车

D. 救援通道

E. 交通拥堵时,供车辆行驶

8. 关于城市道路路侧带及组成,下列说法正确的是(　　)。

A. 路侧带可由人行道、绿化带、设施带等组成

B. 为了使街道各部分宽度相互协调,符合视觉上的正常比例,将路侧带宽度与整个街道宽度相比较。一般认为街道宽与单侧路侧带宽之比在 1:1 ~2:1 的范围内是比较合理的

C. 设施带宽度应满足设置护栏、照明灯柱、标志牌、信号灯、城市公共服务设施等的要求

D. 车行道两侧的绿化带应满足侧向净宽度的要求,并不得侵入道路建筑限界和影响视距

E. 人行道宽度必须满足行人安全顺畅通过的要求,并应设置无障碍设施

9. 关于公路中间带开口规定,下列说法正确的是(　　)。

A. 开口部一般情况下以每 2km 的间距设置为宜,太密将会造成交通的紊乱

B. 整体式路基、分离式路基的分离(汇合)处,不应设置中央分隔带开口

C. 中央分隔带开口应设置在通视良好的路段,若开口设于曲线路段,该圆曲线半径的超高值不宜大于 3%

D. 在互通式立体交叉、隧道、特大桥、服务区等设施的前后必须设置开口

E. 分离式路基应在适当位置设置横向连接道,以供维修或抢险时使用

10. 关于公路中间带,下列说法正确的是(　　)。

A. 四条和四条以上车道的公路应设置中间带

B. 中间带由两条左侧路缘带和中央分隔带组成

C. 凸形中央分隔带用于宽度 >4.5m 的中间带

D. 凹形中央分隔带用于宽度≤4.5m 的中间带

E. 中央分隔带表面只能栽灌木

11. 关于中间带作用,下列说法正确的是(　　)。

A. 分隔对向行车、排除纵向干扰、防止对向车辆碰撞

B. 减轻夜间车灯眩光

C. 清晰显示内侧边缘,引导驾驶员视线

D. 可设置防撞护栏、标志及绿化

E. 保证行车视距

12. 关于路拱,下列说法正确的是(　　)。

A. 是为了利于路面横向排水,将路面做成由中央向两侧倾斜的拱形

B. 倾斜的大小以百分率表示

C. 设置路拱,对行车有利

D. 形式有抛物线形、直线接抛物线形、折线形等

E. 路拱坡度可根据不同类型的路面,再考虑当地的自然条件选用

13. 关于城市非机动车道,下列说法正确的是(　　)。

A. 非机动车道是专供自行车、三轮车、平板车及兽力车等行驶的车道

B. 在城市规划设计中,宜考虑设置专用的非机动车道路系统
C. 各类混合行驶的非机动车车道宽度,是根据车辆横向布置的不同排列组合要求来确定的,其宽度必须保证最宽车辆有超车或并行的可能
D. 与机动车道合并设置的非机动车道,车道数单向不应小于2条,宽度不应小于2.5m
E. 非机动车专用道路面宽度只有车道宽度

14. 关于横坡度大小,下列说法正确的是(　　)。
A. 人行道横坡宜采用单面坡,坡度为1%~2%
B. 硬路肩与路面采用同一横坡
C. 土路肩的排水性远低于路面,其横坡度较路面宜增大1.0%~2.0%
D. 路面为高级路面时,路拱横坡应采用较大值
E. 高速公路和一级公路处于降雨强度较大的地区时,路拱应采用大的横坡度值

15. 下列属于爬坡车道作用的是(　　)。
A. 提高行车安全
B. 将载重车从正线车流中分离出去,可提高小客车行驶的自由度
C. 提高大货车的速度
D. 增加路段的通行能力
E. 减少大货车与小客车间的相互干扰

16. 关于爬坡车道,下列说法正确的是(　　)。
A. 高速公路、一级公路以及二级公路的连续上坡路段,当通行能力、运行安全受到影响时,应设置爬坡车道
B. 当上坡路段的设计通行能力大于设计小时交通量时,宜在上坡方向行车道右侧设置爬坡车道
C. 高速公路、一级公路的爬坡车道应紧靠车道的外侧设置,可利用硬路肩宽度,爬坡车道的外侧应设置路缘带和土路肩
D. 爬坡车道的超高坡度应比主线的超高坡度大
E. 爬坡车道的终点,应设于载重汽车爬经陡坡路段后恢复至"容许最低速度"处

17. 关于避险车道,下列说法正确的是(　　)。
A. 砂堆型避险车道减速快,安全性最好
B. 避险车道的平面线形宜为直线
C. 正线为直线时,避险车道流出角宜为3°~5°
D. 上坡道型避险车道长度与坡床材料滚动系数和坡床面的坡度有关
E. 避险车道坡床材料为松散材料,避险车道坡床不需要考虑排水

18. 土石方调配后,应按公式(　　)进行复核检查。
A. 横向调运+纵向调运+弃方=填方
B. 横向调运+纵向调运+借方=填方
C. 横向调运+纵向调运+弃方=挖方
D. 挖方+借方=填方+弃方

E. 横向调运 + 纵向调运 + 弃方 = 借方

◈ 习题参考答案及解析 ◈

一、单项选择题

1. B

【考核点】横断面组成

【解　析】道路路幅为两侧路肩外缘(城市道路为规划红线)之间的部分,路幅的几何要素主要包括各组成部分的宽度、横向坡度。

2. C

【考核点】公路横断面类型

【解　析】公路横断面类型包括双幅多车道、单幅双车道和单车道。在备选答案中,只有 C 不是公路横断面类型。

3. D

【考核点】城市道路横断面布置类型

【解　析】①单幅路俗称"一块板"断面。各种车辆在行车道上混合行驶。②双幅路俗称"两块板"断面。在车道中心用分隔带或分隔墩将行车道分为两部分,上、下行车辆分向行驶。③三幅路俗称"三块板"断面。中间为双向行驶的机动车车道,两侧为靠右侧行驶的非机动车车道,机动车和非机动车车道之间用分隔带或分隔墩分隔。④四幅路俗称"四块板"断面。在三幅路的基础上,再用中间分车带将中间机动车车道分隔为二,分向行驶。

4. C

【考核点】横断面组成

【解　析】一条道路机动车行车道宽度包括设计车辆宽度和富余宽度。

5. C

【考核点】横断面组成

【解　析】双向行车道宽度 = 所需要的车道数 × 车道宽度。在城市道路设计中,不能单纯依靠该公式的计算结果来定,因为它只是考虑了高峰小时交通量的交通需要,并没有反映出不同的道路等级、道路红线宽度、交通组织、横断面布置型式等的要求,所以,还必须根据具体情况全面考虑以上各种因素,做出不同设计方案进行比较后择优取用。对于混合行驶的交通,其行车道宽度也不能机械地用上述方法来确定,而应该从机动车与非机动车的横向排列组合来确定其宽度。非机动车的单一车道宽度,是根据车身宽度和车身两侧所需的横向安全距离确定。自行车车把宽 0.50m,加上两侧各 0.25m 的横向摆动安全距离,故一条自行车车道的宽度为 1.0m,自行车车道两侧还应各留 0.25m 的安全距离。一条自行车车道的宽度为 1.5m,两条车道的宽度为 2.5m,三条车道的宽度为 3.5m,四条车道的宽度为 4.5m,依此类推。

6. C

【考核点】横断面组成

【解　析】高速公路、一级公路一般应采用 3.0m 的右侧硬路肩;当通行以小客车为主时,可采用 2.50m 的右侧硬路肩。

7. D

【考核点】横断面组成

【解　析】城市道路的设计速度大于或等于 40km/h,且采用边沟排水的道路应在路面外侧设路肩。

8. D

【考核点】横断面组成

【解　析】对未设人行道的道路,可供行人及非机动车使用。

9. B

【考核点】横断面组成

【解　析】道路设置路拱的主要目的是利于路面横向排水。

10. B

【考核点】横断面组成

【解　析】中间带最主要的作用是分隔上、下行车流,防止车辆驶入对向车道,减少道路交通干扰,提高通行能力和行车安全。

11. B

【考核点】横断面组成

【解　析】四条及四条以上车道的道路应设置中间带。中间带由两条左侧路缘带和中央分隔带组成。中间带的表面形式有凹形和凸形两种,凹形用于宽度 >4.5m 的中间带,凸形用于宽度≤4.5m 的中间带。

12. C

【考核点】横断面组成

【解　析】为了便于养护作业、临时调整行车方向和某些车辆在必要时掉头,中央分隔带应按一定距离设置开口部。开口端部的形状,常用的有半圆形和弹头形两种。对于窄的分隔带($M<3.0$m)可用半圆形,宽的($M\geq3.0$m)可用弹头形。城市道路可根据横向交通(车辆和行人)的需要设置。

13. D

【考核点】横断面组成

【解　析】人行道横坡宜采用单面坡,坡度为 1% ~2%。

14. C

【考核点】横断面组成

【解　析】《路线规范》规定:中央分隔带宽度大于或等于 3.0m 时宜采用平齐式;中央分隔带宽度小于 3.0m 时可采用平齐式或斜式。高速公路、一级公路中央分隔带不得采用栏式路缘石。

15. B

【考核点】横断面组成

【解　析】城市道路车辆驶出或驶入主路、立交匝道及集散车道出入口处均应设置变速车道,变速车道的宽度应与主路车道宽度相同。

16. B

【考核点】横断面组成

【解　析】高速公路、一级公路互通式立体交叉、服务区、停车区、公共汽车停靠站、管理设施等出入口应设置加(减)速车道,即变速车道。

17. A

【考核点】横断面组成

【解　析】高速公路、一级公路以及二级公路的连续上坡路段,当通行能力、运行安全受到影响时,应设置爬坡车道。六车道高速公路可不是爬坡车道。

18. B

【考核点】横断面组成

【解　析】避险车道是指在连续长陡下坡路段行车道外侧增设的供速度失控车辆驶离正线安全减速的专用车道。

19. A

【考核点】土石方计算与调配

【解　析】经济运距是确定借土或调运的限界及距离。当调运距离小于经济运距时,采取纵向调运是经济的,反之,则可考虑就近借土。

20. C

【考核点】横断面设计方法

【解　析】③④②①顺序为传统横断面设计方法。

二、多项选择题

1. ACDE

【考核点】横断面类型

【解　析】双幅路适用于专供机动车行驶的快速路、非机动车较少的主干路或次干路;对横向高差较大的特殊地形路段,宜采用上下分行的双幅路。选择项中 ACD 分别为单幅路、三幅路及四幅路的适用性。因此,应选择 ACDE。

2. ABDE

【考核点】横断面类型

【解　析】双幅多车道公路适应车速高、通行能力大,每条车道能担负的交通量比一条双车道公路还多,且行车顺适、事故率低,但造价高。AB 选项为单幅双车道公路的特点,E 选项为单车道公路的特点。因此,应选择 ABDE。

3. ABCD

【考核点】横断面类型

【解　析】三幅路俗称“三块板”断面。中间为双向行驶的机动车车道,两侧为靠右侧行驶的非机动车车道。机动车和非机动车车道之间用分隔带或分隔墩分隔。三幅路将机动车与非机动车分开,对交通安全有利;在分隔带上可以布置绿带,有利于夏天遮阳防晒、布置照明和减少噪声等。对于机动车流量较大、车速较高、非机动车较多的主干路或次干路宜优先考虑采用。但三幅式断面占地较多,只有当红线宽度等于或大于 40m 时,才能满足车道布置的要求。因此,应选择 ABCD。

4. ABDE

【考核点】横断面类型

【解　析】单幅双车道公路是指整体式供双向行车的双车道公路。在我国公路总里程中双车道占的比重最大,适用于二级、三级公路和一部分四级公路。这类公路适应的交通量范围大,最高达 15000 小客车/昼夜。这类公路混合行驶相互干扰较大,交通安全性较差。因此,应选择 ABDE。

5. BCDE

【考核点】横断面组成

【解　析】行车道是道路上供各种车辆行驶的路面部分的统称。城市道路中供汽车、无轨电车、摩托车等机动车行驶的部分称为机动车道;供自行车、三轮车等非机动车行驶的部分称为非机动车道。高速公路、城市道路快速路的行车道专供汽车行驶;二、三、四级公路的行车道供各种车辆(机动车和非机动车)混合行驶。因此,应选择 BCDE。

6. ACDE

【考核点】横断面组成

【解　析】高速公路、一级公路,正常情况下应采用 3.0m 的右侧硬路肩,以通行小客车为主时,右侧硬路肩宽度可采用 2.5m;高速公路、一级公路应在右侧硬路肩宽度内设置右侧路缘带;高速公路、一级公路当采用分离式断面时,行车道左侧应设硬路肩;当右侧硬路肩的宽度小于 2.50m 时,应设紧急停车带。因此,应选择 ACDE。

7. ABCD

【考核点】横断面组成

【解　析】总结高速公路硬路肩的作用,其功能主要在于如下四个方面:①为路面提供支撑;②为行车提供侧向宽度,保证行驶速度和通行能力;③紧急情况下临时停车;④救援通道。因此,应选择 ABCD。

8. ACDE

【考核点】横断面组成

【解　析】为了使街道各部分宽度相互协调,符合视觉上的正常比例,一般认为街道宽与单侧人行道宽之比在 5 ∶1 ~7 ∶1 的范围内是比较合理的。因此,应选择 ACDE。

9. ACDE

【考核点】横断面组成

【解　析】互通式立体交叉、隧道、特大桥、服务区设施前后,以及整体式路基、分离式路基的分离(汇合)处,应设置中央分隔带开口;中央分隔带开口间距应视需要而定,最小间距应不小于 2km;中央分隔带开口应设置在通视良好的路段,若开口设于曲线路段,该圆曲线半径的超高值不宜大于 3%;中央分隔带开口端部的形状:中央分隔带宽度小于 3.0m 时可采用半圆形;中央分隔带宽度大于或等于 3.0m 时宜采用弹头形。因此,应选择 ACDE。

10. AB

【考核点】横断面组成

【解　析】四条和四条以上车道的公路应设置中间带。中间带由两条左侧路缘带和中央分隔带组成。中央分隔带宽度大于或等于3.0m时宜用凹形；中央分隔带宽度小于3.0m时可采用凸形。中央分隔带宽度大于或等于3.0m时宜植草皮；中央分隔带宽度小于3.0m时可栽灌木或铺面封闭。因此，应选择AB。

11. ABCD

【考核点】横断面组成

【解　析】中间带主要是为了分隔对向行车、排除纵向干扰、防止对向车辆碰撞；减轻夜间车灯眩光；清晰显示内侧边缘，引导驾驶员视线；防止行车任意转弯掉头；并可作为设置防撞护栏、标志及绿化等使用。因此，应选择ABCD。

12. ABDE

【考核点】横断面组成

【解　析】为了利于路面横向排水，将路面做成由中央向两侧倾斜的拱形，称为路拱。其倾斜的大小以百分率表示。路拱的形式有抛物线形、直线接抛物线形、折线形等。可根据路面宽度及路面类型采用：低等级公路可采用抛物线形路拱，高等级公路一般采用直线接抛物线形路拱，多车道的水泥混凝土路面可采用折线形路拱。对于不同类型的路面由于其表面的平整度和透水性不同，再考虑当地的自然条件可选用不同的路拱坡度。路拱对排水有利，但对行车不利。因此，应选择ABDE。

13. ABCD

【考核点】横断面组成

【解　析】非机动车专用道路面宽度应包括车道宽度及两侧路缘带宽度，只有E选项不正确。

14. ACE

【考核点】横断面组成

【解　析】直线路段的硬路肩应设置向外倾斜的横坡，其坡度值应与车道横坡值相同；曲线路段内、外侧硬路肩横坡的横坡值及其方向：当曲线超高小于或等于5%时，其横坡值和方向应与相邻车道相同；当曲线超高大于5%时，其横坡值应不大于5%，且方向相同。路面为高级路面时，路拱横坡可采用较小值。因此，应选择ACE。

15. ABDE

【考核点】横断面组成

【解　析】在连续上坡段增设爬坡车道，把载重车从正线车流中分离出去，可提高小客车行驶的自由度，减少大货车与小客车间的相互干扰，确保行车安全，增加路段的通行能力。因此，应选择ABDE。

16. ACE

【考核点】横断面组成

【解　析】当上坡路段的设计通行能力小于设计小时交通量时，宜在上坡方向行车道右侧设置爬坡车道；爬坡车道上大货车的行驶速度较主线低，其超高坡度较主线的超高坡度小。因此，应选择ACE。

17. BCD

【考核点】横断面组成

【解 析】砂堆型避险车道因砂堆减速过于强烈,易发生二次事故,安全性较差;在寒冷季节,冰冻会破坏制动车道,不通畅的排水会导致细粒土堆积以至填充、污染材料缝隙。制动车道周围应做好排水沟,不让车道外侧水进入。避险车道的平面线形宜为直线,正线为直线时,避险车道流出角宜为3°~5°;上坡道型避险车道长度与坡床材料滚动系数和坡床面的坡度有关。因此,应选择BCD。

18. BCD

【考核点】土石方计算与调配

【解 析】土石方调配后,应按下式复核检查:横向调运+纵向调运+借方=填方;横向调运+纵向调运+弃方=挖方;挖方+借方=填方+弃方。因此,应选择BCD。

第六节 线 形 设 计

【考试纲要】

1. 掌握线形设计的原则、要求和内容。

2. 熟悉平、纵、横线形设计及其组合设计,线形与桥隧的配合、与沿线设施的配合及其与环境的协调等的一般规定与运用。

【复习提示】

1. 复习要点

平面线形设计要点、线形要素组合设计及组合形式;纵断面线形设计要点、一般原则和桥涵、通道以及隧道等对路线纵断面的控制;平纵线形组合设计原则和设计方法。

重点:

平面线形设计要点;平面线形要素组合设计;平纵线形组合设计的设计原则以及基本要求。

难点:

平面要素组合类型;桥涵、通道及隧道对路面纵断面的控制;平纵线形组合设计的设计方法。

2. 规范提示

2014版《公路工程技术标准》以及2006版《公路路线设计规范》中,对前几版旧规范中的一些规定数据做了修正,特别是平纵组合的设计原则以及平纵线形设计时考虑线形与桥涵工程的配合。

一、单项选择题

1. 下列哪一条是衡量平、纵线形组合最基本问题(　　)。

A. 应在视觉上能自然地引导驾驶员的视线,并保持视觉的连续性

B. 注意保持平、纵线形的技术指标大小应均衡

C. 选择组合得当的合成坡度,以利于路面排水和行车安全

D. 注意与道路周围环境的配合

2. 下列说法不正确的是(　　)。

A. 当竖曲线与平曲线组合时,平曲线宜包含在竖曲线之内,且竖曲线应稍长于平曲线

B. 要保持平曲线与竖曲线大小的均衡

C. 当平曲线缓而长、纵断面坡差较小时,可不要求平、竖曲线一一对应,平曲线中可包含多个竖曲线或竖曲线略长于平曲线

D. 要选择适当的合成坡度

3. 在进行平、纵面线形组合时,如条件可能,最好使合成坡度不大于(　　)。

A. 5%　　B. 6%　　C. 8%　　D. 10%

4. 关于平坦地区的高速公路线形组合设计,下列说法正确的是(　　)。

A. 平曲线半径大于不设超高半径

B. 平曲线半径不大于 1000m

C. 平曲线宜包含在竖曲线之内,且竖曲线应稍长于平曲线

D. 可不要求平、竖曲线一一对应,平曲线中可包含多个竖曲线或竖曲线略长于平曲线

5. 条件受限制时选用平面、纵断面的各接近或最大(最小)值及其组合时,应考虑前后地形、技术指标运用等对实际行驶速度的影响,其运行速度与设计速度之差不应大于(　　)。

A. 25km/h　　B. 20km/h

C. 15km/h　　D. 10km/h

6. 基本型曲线从线形的协调性而言,回旋线、圆曲线、回旋线的长度之比宜设计成(　　)。

A. 1 : 1 : 1 ~ 1 : 2 : 1　　B. 1 : 1 : 1 ~ 1 : 3 : 1

C. 1 : 1 : 1 ~ 1 : 4 : 1　　D. 1 : 1 : 1 ~ 1 : 5 : 1

7. 基本型曲线应注意满足设置几何条件,路线转角与回旋线角应满足(　　)。

A. $\alpha \geqslant 2\beta$　　B. $\alpha \geqslant 3\beta$

C. $2\alpha \geqslant \beta$　　D. $3\alpha \geqslant \beta$

8. S 形曲线的两圆曲线半径之比不宜过大,以(　　)为宜。

A. $R_2/R_1 = 1 \sim 1/2$　　B. $R_2/R_1 = 1 \sim 1/3$

C. $R_2/R_1 = 1 \sim 1/4$　　D. $R_2/R_1 = 1 \sim 1/5$

9. 复合曲线相邻回旋线参数之比以小于(　　)为宜。

A. 1.0　　B. 1.5　　C. 2.0　　D. 3.0

10. 回头曲线中上线辅曲线半径 R_1 与主曲线半径 R_0 比值不宜大于(　　)。

A. 1.0　　B. 1.5　　C. 2.0　　D. 3.0

11. 按(　　)的行程时间确定最小平曲线的长度是适宜的。

A. 3s　　B. 6s　　C. 9s　　D. 12s

12. 卵形曲线公用回旋线参数 A 宜在 $R_2/2 \leqslant A \leqslant R_2$ 范围内(R_2 为小圆半径),两圆之比宜

满足 R_2/R_1 为(　　)。

A. 0.1 ~ 0.6　　B. 0.1 ~ 0.8

C. 0.2 ~ 0.6　　D. 0.2 ~ 0.8

13. 断背曲线是指(　　)。

A. S 形曲线间夹短直线

B. 回头曲线间夹短直线

C. 两反向曲线间夹短直线

D. 两同向曲线间夹短直线

14. 平曲线与竖曲线组合时,所谓"平包竖"是指(　　)。

A. 一个平曲线包含一个竖曲线

B. 竖曲线的起、终点分别放在平曲线的两个缓和曲线内

C. 竖曲线的起、终点在圆曲线上

D. 竖曲线的起、终点分别放在平曲线的两端直线上

15. 回头展线的优点是(　　)。

A. 平面线形好

B. 避让地质不良地段比较容易

C. 施工方便

D. 纵坡均匀

16. 对于 S 形曲线,如果已确定了其中一个半径值,则确定另一个半径值的控制条件一般应为(　　)。

A. 外距控制　　B. 纵坡控制

C. 曲线长控制　　D. 切线长控制

17. 在越岭展线布局中,平面线形较好,里程短,纵坡均匀的展线是(　　)。

A. 环形展线　　B. 回头展线

C. 螺旋展线　　D. 自然展线

18. 在平面线形组合形式中,如果基本型中圆曲线长度为零,则将这种组合形式称为(　　)。

A. S 形　　B. 凸形

C. 复合型　　D. 卵形

19. 当公路路线的转角小于等于 7°时,平曲线设计(　　)。

A. 可以省略

B. 可以不设加宽

C. 可以不设超高

D. 应设置较一般要求更长的平曲线

二、多项选择题

1. 道路平、纵线形组合设计原则是(　　)。

A. 当竖曲线与平曲线组合时,竖曲线宜包含在平曲线之内,且平曲线应稍长于竖曲线

B. 应在视觉上能自然地引导驾驶员的视线，并保持视觉的连续性

C. 注意保持平、纵线形的技术指标大小应均衡

D. 选择组合得当的合成坡度，以利于路面排水和行车安全

2. 确定回旋曲线最小参数 A 值的条件有(　　)。

A. 离心加速度变化率　　B. 行驶时间

C. 超高渐变率　　D. 视觉条件

3. 在 S 形曲线中，设 R_1、R_2 分别为大小圆半径，A_1、A_2 分别为大小圆的缓和曲线参数，以下说法中正确的有(　　)。

A. 两圆曲线半径之比不宜过大，以 $R_2/R_1=1/6\sim1/5$ 为宜

B. 两圆曲线半径之比不宜过大，以 $R_2/R_1=1\sim1/3$ 为宜

C. A_1 和 A_2 之比应小于 3.0，有条件时以小于 2.5 为宜

D. S 形的两个反向回旋线以径相连接为宜。当受地形或其他条件限制而不得不插入短直线时，其短直线长度 $L\leqslant(A_1+A_2)/40$

4. 平、纵线形协调的设计方法包括(　　)。

A. 小半径竖曲线与回旋线重合

B. 平、竖曲线半径的大小要均衡

C. 平、竖曲线对应，竖曲线包平曲线

D. 平、竖曲线对应，平曲线包竖曲线

5. 平、纵线形组合设计效果较好的做法是(　　)。

A. 竖曲线宜包含在平曲线范围之内

B. 平曲线应包含在竖曲线之内

C. 竖曲线半径与平曲线半径的大小应相等或接近

D. 小半径平曲线内不宜设变坡点

6. 平、纵线形组合设计时，以下组合中(　　)是合理的组合设计方法。

A. 缓和曲线应与较大半径的竖曲线对应

B. 长直线段上应设置短的竖曲线

C. 小半径的平曲线中部应设置变坡点

D. 直线段上纵断面线形不应多次凹凸

7. 公路线形设计时，平曲线与竖曲线的良好组合类型有(　　)。

A. 平曲线长度稍大于竖曲线

B. 明弯与凹形竖曲线组合

C. 暗弯与凹形竖曲线组合

D. 长直线端头与凹形竖曲线组合

8. 以下说法错误的有(　　)。

A. 回头曲线地段不应设竖曲线

B. 大、中桥上可设置竖曲线

C. 小桥上不宜设置凹形竖曲线

D. 交叉口中心可设置竖曲线

9. 为保持平面线形的均衡与连续,应注意(　　)。

A. 直线与平曲线的组合

B. 平曲线与平曲线的组合

C. 高低标准之间有过渡

D. 直线与纵断面设计相协调

10. 最小平曲线长度一般应考虑按下列(　　)条件确定。

A. 平面线形组合的类型

B. 平曲线与平曲线之间的组合

C. 驾驶员操作从容、乘客感觉舒适要求的平曲线最小长度

D. 转角 α 小于 7°时的平曲线长度

11. 在桥梁对路线纵断面的控制中,当桥下净空高度或路基高程不足时,可采用下列(　　)方案进行比选。

A. 适当提高路基高度

B. 采用建筑高度小的桥梁上部结构

C. 适当加大桥梁跨径以降低壅水,或改用多孔较小跨径的桥涵以降低结构高度

D. 洪水位对路基填土高度的要求

12. 下列线形组合形式,正确的有(　　)。

A. 平面为直线,纵断面为直坡线

B. 平面为曲线,纵断面为直坡线

C. 平面为曲线,纵断面为凸形竖曲线

D. 平面为曲线,纵断面为凹形竖曲线

13. 关于平纵线形,下列说法正确的有(　　)。

A. 竖曲线的顶底部不宜出现小半径的平曲线

B. 小半径的平曲线起讫点设在或接近竖曲线的顶部或底部

C. 竖曲线的顶底部与反向平曲线的拐点重合

D. 小半径的竖曲线不宜与缓和曲线重合

14. 平曲线与竖曲线进行组合设计时,比较合理的组合方式是(　　)。

A. 平曲线范围应大于竖曲线

B. 平曲线应包含在竖曲线之内

C. 保持平、竖曲线大小均衡

D. 一个平曲线包含几个竖曲线

15. 下列说法正确的有(　　)。

A. 卵形曲线大圆应能包住小圆

B. 复合型曲线相邻回旋线参数之比以小于 2.0 为宜

C. S 形曲线相邻两回旋线参数宜相等

D. 基本型曲线中当两回旋线参数相等时,称为简单型

16. 在纵断面上进行竖曲线设计时,下列理解正确的是(　　)。

A. 确定凸形竖曲线和凹形竖曲线最小半径的影响因素是相同的

B. 凸形竖曲线和凹形竖曲线的最小半径的指标是不同的

C. 公路和城市道路的竖曲线指标是不同的

D. 在竖曲线部分：$2T - L = 0$

17. 关于竖曲线，下列说法正确的有(　　)。

A. 各级公路在纵坡变更处均应设置竖曲线

B. 竖曲线的形式只能采用抛物线

C. 竖曲线的形式只能采用圆曲线

D. 竖曲线的形式可采用抛物线或圆曲线

三、案例题

1. 图中为某二级公路"路线纵断面图"，四行表格：从上向下依次为坡度(%)/坡长(m)、里程桩号、直线及平曲线、超高。其中，《标准》值见下表。

设计速度(km/h)	设最大超高(%)最小半径(m)				不设超高(%)最小半径(m)		横向力系数 μ
	10	8	6	4	路拱≤2.0	路拱>2.0	
80	220	250	270	300	2500	3350	0.13

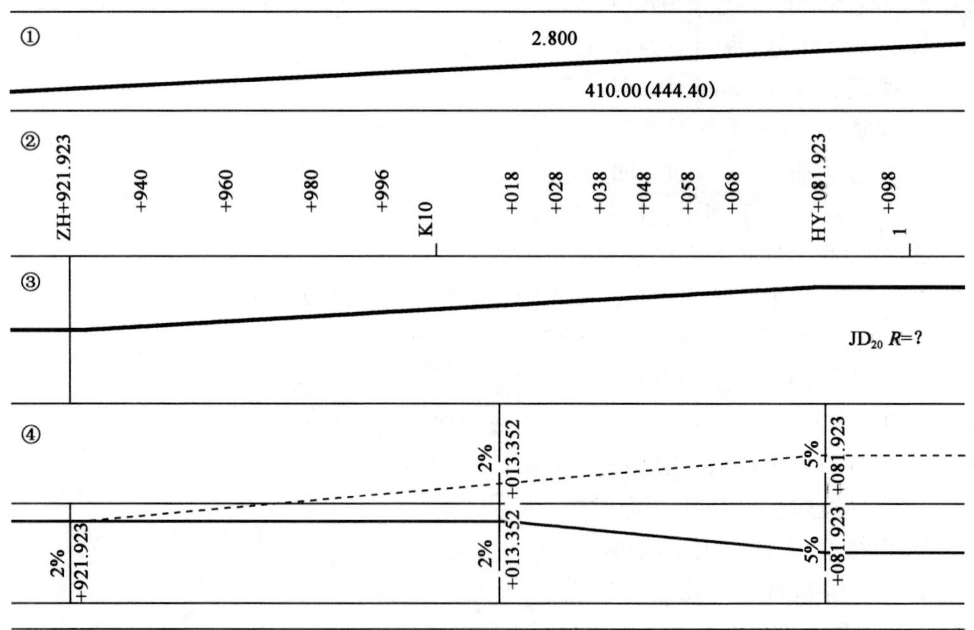

试推断该段路线平面曲线指标中，缓和曲线长度是(　　)及 JD_{20} 半径可能是(　　)。

A. 160m，270m　　B. 160m，300m

C. 160m，295m　　D. 160m，280m

2. 图中为某改建二级公路"路线纵断面图"，四行表格：从上向下依次为坡度(%)/坡长(m)、里程桩号、直线及平曲线、超高。平曲线范围为 K1044 + 960.644 ~ K1045 + 286.613。其中，《标准》值见下表。

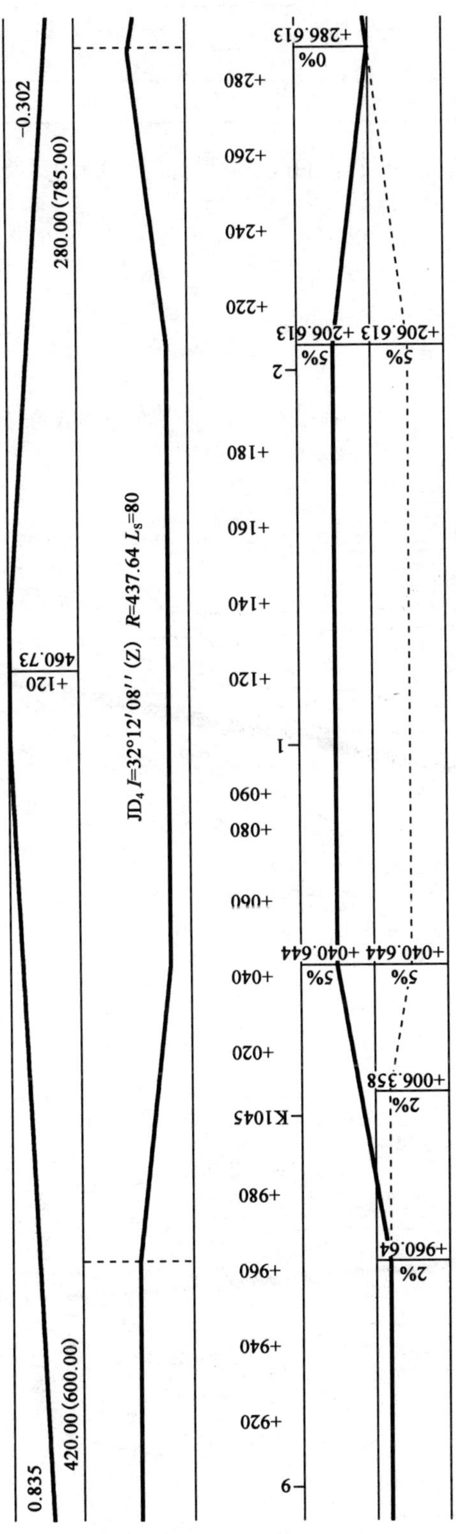

设计速度 (km/h)	凸形竖曲线 最小半径(m)	凹形竖曲线 最小半径(m)	竖曲线 最小长度(m)
80	3000	2000	70

基于“平面、纵断面组合设计”,良好的线形设计时,应考虑“竖曲线”半径 R 可取值范围是(　　)。

A. 2000 ~ 3000m

B. 14600 ~ 28600m

C. 大于 3000m

D. 不限制,越大越好

3. 根据下面二幅平面图,在下表中有六幅高速公路分离式断面的纵断面图片,可连接成完整含义的纵断面图。

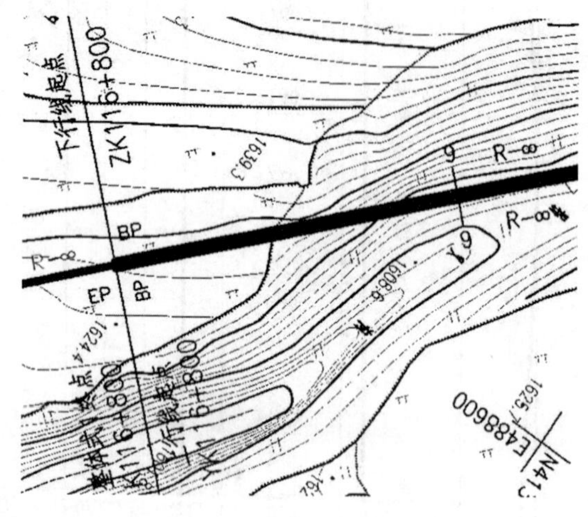

图 1　分叉点图

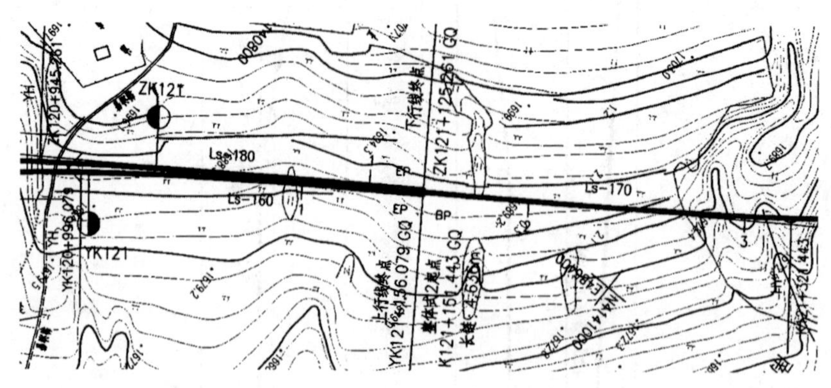

图 2　合并点图

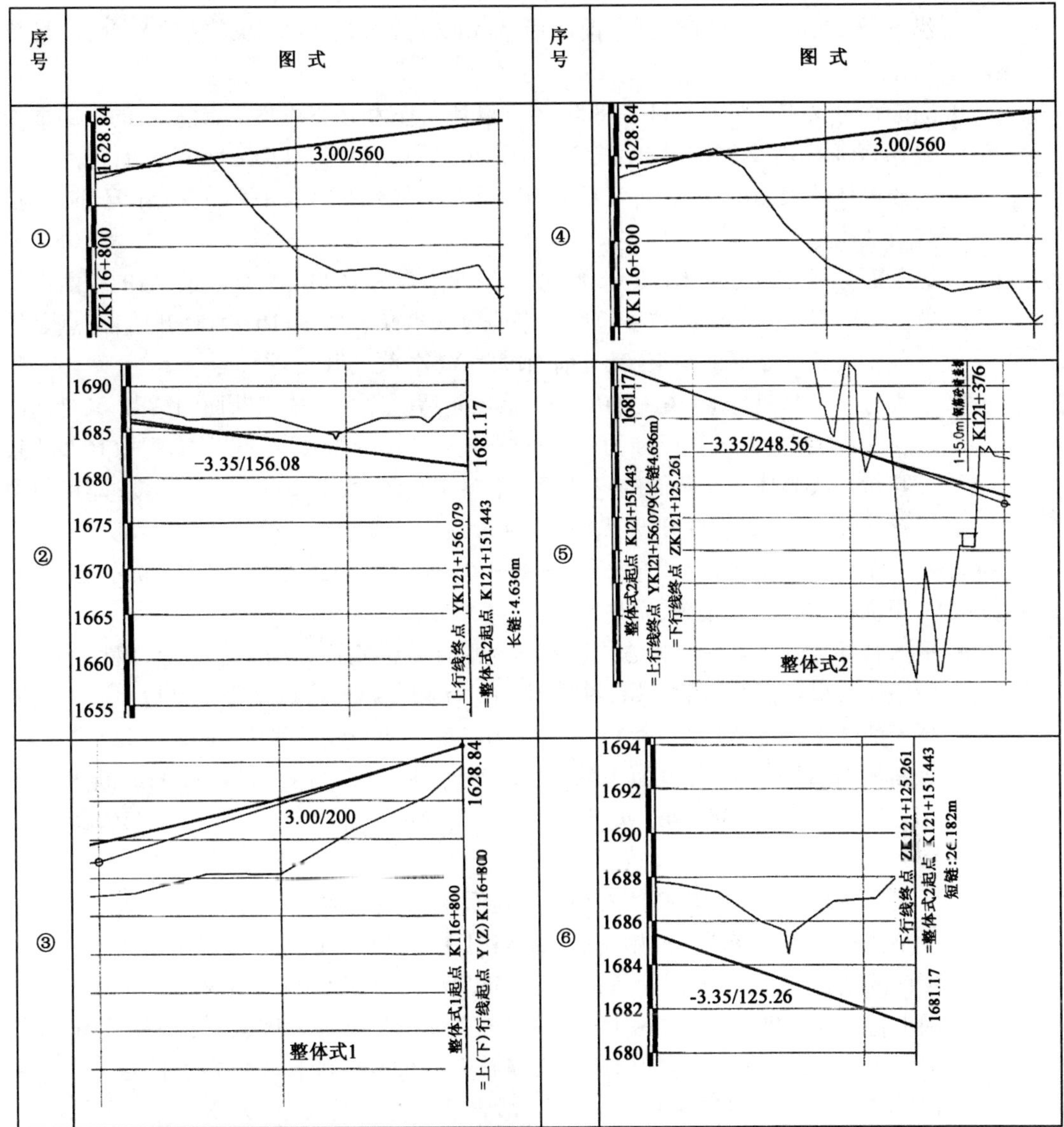

(1)试确定上行线纵断面图正确的顺序是(　　)。

A. ①→②→③　　B. ⑤→④→②→③

C. ④→②→③　　D. ③→④→②→⑤

(2)试确定下行线纵断面图正确的顺序是(　　)。

A. ①→②→③　　B. ③→①→⑥→⑤

C. ⑤→①→⑥→③　　D. ③→④→②→⑤

(3)其中,上行线纵断面图的顺序是③→④→②→⑤,下行线纵断面图的顺序是③→①→⑥→⑤。下面描述分叉点正确、完整的是(　　)。

A. 平面分叉点在桩号 K116 + 800,该点是后一段整体式横断面的结束,又是前面段落 Y(Z)线的开始;平面分叉点位于前、后都是直线段上。纵断面分叉点桩号在 K116

+800，该点设计高程为1628.84；该点后一段整体式横断面的纵断面设置3.00%纵坡及200m坡度长度；该点前面段落Y(Z)线各设置3.00%纵坡及560m坡度长度

B. 纵断面分叉点桩号在K116+800，该点设计高程为1628.84；该点前、后的纵断面设置3.00%纵坡及760m坡度长度。平面分叉点从桩号K116+800开始，该点是后一段整体式横断面的结束，又是前面段落Y(Z)线的开始；平面分叉点位于前、后都是直线段上

C. 纵断面分叉点桩号在K116+800，该点设计高程为1628.84；该点前、后的纵断面设置3.00%纵坡及560m坡度长度。平面分叉点从桩号K116+800开始，该点是后一段整体式横断面的结束，又是前面段落Y(Z)线的开始

D. 平面分叉点从桩号K116+800开始，该点是后一段整体式横断面的结束，又是前面段落Y(Z)线的开始。纵断面分叉点桩号在K116+800，该点设计高程为1628.84；该点后一段整体式横断面的纵断面设置3.00%纵坡及200m坡度长度；该点前面段落Y(Z)线各设置3.00%纵坡及560m坡度长度

(4)其中，上行线纵断面图的顺序是③→④→②→⑤，下行线纵断面图的顺序是：③→①→⑥→⑤。下面描述合并点正确、完整的是(　　)。

A. 平面合并点处于前一段整体式横断面与后面分离式横断面交汇点上，该点是前一段整体式横断面路线的开始，桩号为K121+151.443；该点又分别是后面分离式横断面的结束，上行线桩号为YK121+156.079和下行线桩号为ZK121+125.261。纵断面合并点设计高程为1681.17m；该点前一段整体式横断面的纵断面设置-3.35%纵坡及248.56m坡度长度；该点前面段落Y线设置-3.35%纵坡及156.08m坡度长度，Z线设置-3.35%纵坡及126.26m坡度长度

B. 平面合并点处于前一段整体式横断面与后面分离式横断面交汇点上，该点是前一段整体式横断面路线的开始，桩号为K121+151.443；该点又分别是后面分离式横断面的结束，上行线桩号为YK121+156.079和下行线桩号为ZK121+125.261。因上行线终点桩号YK121+156.079比桩号K121+151.443大，故产生“长链”，长度为YK121+156.079～K121+151.443=4.636m；因下行线终点桩号ZK121+125.261比桩号K121+151.443小，故产生“短链”，长度为ZK121+125.261～K121+151.443=26.182m

纵断面合并点设计高程为1681.17m；该点前一段整体式横断面的纵断面设置-3.35%纵坡及248.56m坡度长度；该点前面段落Y线设置-3.35%纵坡及156.08m坡度长度，Z线设置-3.35%纵坡及126.26m坡度长度

C. 平面合并点处于前一段整体式横断面与后面分离式横断面交汇点上，该点是前一段整体式横断面路线的开始，桩号为K121+151.443；该点又分别是后面分离式横断面的结束，上行线桩号为YK121+156.079和下行线桩号为ZK121+125.261。因上行线终点桩号YK121+156.079比桩号K121+151.443大，故产生“长链”，长度为YK121+156.079～K121+151.443=4.636m；因下行线终点桩号ZK121+125.261比桩号K121+151.443小，故产生“短链”，长度为ZK121+125.261～

K121 +151.443 =26.182m

D. 纵断面合并点设计高程为 1681.17m；该点前一段整体式横断面的纵断面设置 -3.35% 纵坡及 248.56m 坡度长度；该点前面段落 Y 线设置 -3.35% 纵坡及 156.08m坡度长度，Z 线设置 -3.35% 纵坡及 126.26m 坡度长度

◈ 习题参考答案及解析 ◈

一、单项选择题

1. A

【考核点】平、纵线形组合原则

【解析】任何使驾驶员感到茫然、迷惑和判断失误的线形，必须尽力避免。在视觉上能自然地诱导视线，是衡量平、纵线形组合最基本问题。

2. A

【考核点】平面线形设计要点

【解析】当竖曲线与平曲线组合时，竖曲线宜包含在平曲线之内，且平曲线应稍长于竖曲线。这种布置通常称为平曲线与竖曲线的对应。其优点是：当车辆驶入凸形竖曲线的顶点之前，即能清楚地看到平曲线的始端，辨明转弯的走向，不致因判断错误而发生事故。

3. C

【考核点】平纵线形组合的基本要求

【解析】在进行平、纵面线形组合时，如条件可能，最好使合成坡度小于 8%，最小合成坡度不应小于 0.5%。

4. D

【考核点】平坦地区高速公路线形组合设计的基本要求

【解析】在进行平坦地区的高速公路线形组合设计时，当平曲线缓而长、纵断面坡差较小时，可不要求平、竖曲线一一对应，平曲线中可包含多个竖曲线或竖曲线略长于平曲线。这对平坦地区的高速公路设计是重要的。

5. B

【考核点】基于运行速度的线形连续性评价标准

【解析】条件受限制时选用平面、纵断面的各接近或最大（最小）值及其组合时，应考虑前后地形、技术指标运用等对实际行驶速度的影响，其运行速度与设计速度之差不应大于 20km/h。

6. A

【考核点】基本线形的线形协调性要求

【解析】基本型曲线从线形的协调性，回旋线、圆曲线、回旋线的长度之比宜设计成 1 : 1 : 1 ~ 1 : 2 : 1，并注意满足设置基本型曲线的几何条件路线转角 $\alpha \geqslant 2\beta$ 回旋线角。

7. A

【考核点】基本型曲线的几何设置条件

【解析】同上题。

8. B

【考核点】S形曲线的两圆半径要求

【解析】S形曲线的两圆曲线半径之比不宜过大，以 $R_2/R_1 = 1 \sim 1/3$ 为宜。

9. B

【考核点】复合型曲线的回旋线参数要求

【解析】复合曲线相邻回旋线参数之比以小于1.5为宜。

10. C

【考核点】回头曲线的基本设计要求

【解析】回头曲线中上线辅曲线半径 R_1 与主曲线半径 R_0 比值不宜大于2.0。

11. B

【考核点】最小平曲线的最小长度要求

【解析】按6s的行程时间确定最小平曲线的长度是适宜的。

12. D

【考核点】卵形曲线的基本设计特征

【解析】卵形曲线形曲线公用回旋线参数 A 宜在 $R_2/2 \leqslant A \leqslant R_2$ 范围内（R_2 为小圆半径），两圆之比以满足 $R_2/R_1 = 0.2 \sim 0.8$ 为宜，两圆曲线的间距以 $D/R_2 = 0.003 \sim 0.03$ 为宜（D 为圆曲线间的最小间距）。

13. D

【考核点】断背曲线的基本特征

【解析】断背曲线是指两同向曲线间夹短直线。

14. B

【考核点】平包竖的定义

【解析】平曲线与竖曲线组合时，所谓“平包竖”是指竖曲线的起、终点分别放在平曲线的两个缓和曲线内。

15. B

【考核点】回头展线的特点

【解析】回头展线的优点是避让地质不良地段比较容易。

16. D

【考核点】S形曲线设计的基本控制要素

【解析】S形曲线，如果已确定了其中一个半径值，则确定另一个半径值的控制条件一般应为切线长控制。

17. D

【考核点】平面要素组合类型的应用

【解析】在越岭展线布局中，平面线形较好，里程短，纵坡均匀的展线是自然展线。

18. B

【考核点】凸形曲线的特征

【解析】凸形曲线为两个同向回旋线间不插入圆曲线而径相连接的组合形式。

19. D

【考核点】小偏角曲线的平曲线设计

【解析】当公路路线的转角小于等于7°时，平曲线设计应设置较一般要求更长的平曲线。

二、多项选择题

1. BCD

【考核点】道路平、纵线形组合设计原则

【解析】道路平、纵线形组合设计原则是：应在视觉上能自然地引导驾驶员的视线，并保持视觉的连续性；注意保持平、纵线形的技术指标大小应均衡；选择组合得当的合成坡度，以利于路面排水和行车安全；注意与道路周围环境的配合。

2. ABC

【考核点】确定回旋曲线最小参数 A 值的条件

【解析】确定回旋曲线最小参数 A 值的条件有离心加速度变化率，行驶时间，超高渐变率。

3. BD

【考核点】S形曲线设计的基本参数

【解析】在S形曲线中，设 R_1、R_2 分别为大小圆半径，A_1、A_2 分别为大小圆的缓和曲线参数，两圆曲线半径之比不宜过大，以 $R_2/R_1=1\sim1/3$ 为宜，S形的两个反向回旋线以径相连接为宜。当受地形或其他条件限制而不得不插入短直线时，其短直线长度 $L\leqslant(A_1+A_2)/40$。

4. BD

【考核点】平、纵线形协调的设计方法

【解析】平、纵线形协调的设计方法有平、竖曲线半径的大小要均衡，平、竖曲线对应，平曲线包竖曲线。

5. ACD

【考核点】平、纵线形组合设计的基本要求

【解析】竖曲线应包含在平曲线之内。

6. AD

【考核点】平、纵线形组合设计的基本要求

【解析】长直线段上不能设置短的竖曲线，小半径的平曲线中部不应设置变坡点。

7. ABD

【考核点】平曲线与竖曲线的良好组合类型

【解析】公路线形设计时，平曲线与竖曲线的良好组合类型有平曲线长度稍大于竖曲线且明弯与凹形竖曲线组合，长直线端头与凹形竖曲线组合。

8. BCD

【考核点】桥涵对路线纵断面的控制

【解析】大中桥一般不适宜设置竖曲线，小桥涵允许在纵坡或竖曲线上，交叉口中心不宜设置竖曲线。

9. ABC

【考核点】平面线形的均衡与连续

【解析】保持平面线形的均衡与连续应注意以下几点:①直线与平曲线的组合;②平曲线与平曲线的组合;③高低标准之间有过渡。

10. CD

【考核点】平曲线应有足够的长度

【解析】最小平曲线长度一般应考虑按下列条件确定:①驾驶员操作从容、乘客感觉舒适要求的平曲线最小长度;②转角 α 小于7°时的平曲线长度。

11. ABC

【考核点】桥梁对路线纵断面的控制

【解析】在桥梁对路线纵断面的控制中,当桥下净空高度或路基高程不足时,可采用下列方案进行比选:①适当提高路基高度;②采用建筑高度小的桥梁上部结构;③适当加大桥梁跨径以降低壅水,或改用多孔较小跨径的桥涵以降低结构高度。

12. ABCD

【考核点】平纵线形的组合形式

【解析】平纵线形有6种组合形式:①平面为直线,纵断面为直坡线;②平面为直线,纵断面为凸形竖曲线;③平面为直线,纵断面为凹形竖曲线;④平面为曲线,纵断面为直坡线;⑤平面为曲线,纵断面为凸形竖曲线;⑥平面为曲线,纵断面为凹形竖曲线。

13. AD

【考核点】平纵线形中应避免的组合

【解析】小半径的平曲线起讫点应避免设在或接近竖曲线的顶部或底部,此外,还应避免竖曲线的顶底部与反向平曲线的拐点重合。

14. AC

【考核点】平曲线与竖曲线进行组合设计要点

【解析】平曲线与竖曲线宜相互重合,平曲线应稍长于竖曲线,且平竖曲线大小保持均衡。

15. AC

【考核点】平面要素的组合类型以及其基本特点

【解析】复合型曲线相邻回旋线参数之比以小于1.5为宜,基本型曲线中当两回旋线参数相等时,称为对称基本型。

16. ABD

【考核点】在纵断面上进行竖曲线设计时,竖曲线的基本特点

【解析】公路和城市道路的竖曲线指标是相同的。

17. AD

【考核点】竖曲线的基本应用

【解析】竖曲线的形式可采用抛物线或圆曲线。

三、案例题

1. D

解:(1)缓和曲线长度

$$ZH\sim HY\text{长度}=K10+081.923-K9+921.923=160m$$

(2)JD_{20}半径

$$R=\frac{V^2}{127(\mu+i)}=\frac{80^2}{127\times(0.13+0.05)}\approx 280m$$

2. B

解:平曲线中,圆曲线长度 K1045 +040.644 ~ K1045 +206.613,长度为 165.969m;缓和曲线长度 2 ×80 =160m。

(1)取竖曲线长度 $L\geqslant 165.969m$ 时:

$$R\geqslant\frac{L}{\omega}=\frac{165.969}{|-0.302\%-0.835\%|}\approx 14597.1m$$

(2)取竖曲线长度 $L\leqslant 325.969m$ 时:

$$R\leqslant\frac{L}{\omega}=\frac{325.969}{|-0.302\%-0.835\%|}\approx 28669.2m$$

综合判断,故选项 B 正确。

3. (1)D

解:根据图中信息分析,有上、下行线,则可判断是一段“分离式横断面”的路线纵断面;上行线标注“Y”,即沿路线右侧半幅路线纵断面;再根据桩号大小排序,综合判断,故选项 D 正确。

(2)B

解:根据图中信息分析,有上、下行线,则可判断是一段“分离式横断面”的路线纵断面;下行线标注“Z”,即沿路线左侧半幅路线纵断面;再根据桩号大小排序,综合判断,故 B 正确。

(3)A

解:从平面图中信息分析,有上、下行线,则可判断是一段“分离式横断面”的路线平面图,根据标注阅读;根据上行线的顺序是③→④→②→⑤,下行线的顺序是③→①→⑥→⑤条件,阅读图中信息,综合判断,故选项 A 正确。

(4)B

解:从平面图中信息分析,有上、下行线,则可判断是一段“分离式横断面”的路线平面图,根据标注阅读;根据上行线的顺序是③→④→②→⑤,下行线的顺序是③→①→⑥→⑤条件,阅读图中信息,综合判断,故选项 B 正确。

第七节　选　　线

【考试纲要】

1. 掌握不同设计阶段选线所必须遵循的原则与要点。

2. 熟悉选线所包括的确定路线基本走向、路线走廊带、路线方案以至选定线位等全过程的基本设计要求和内容。

3. 了解道路选线采用遥感、航测、GPS、数字技术等新技术的方法和步骤。

【复习提示】

1. 复习要点

道路选线方法与步骤（选线全过程基本设计要求和内容）、路线控制点、路线方案比选原则与方法；平原区、山岭区和丘陵区路线布设要点；路选线采用遥感、航测、GPS、数字技术等新技术的方法和步骤；纸上定线的方法和步骤。

重点：

不同设计阶段选线所必须遵循的原则与要点；平原区、山岭区选线原则与路线布设要点；纸上定线的方法和步骤。

难点：

纸上定线的方法和步骤。

2. 规范提示

《公路路线设计规范》（JTG D20—2006）规定了选线过程、路线控制点、选线原则与选线方法。

一、单项选择题

1. 下列不是选线工作内容的是（　　）。

A. 路线带选择　　B. 地形图测量

C. 具体定线　　D. 路线方案选择

2. 路线带选择的目的是（　　）。

A. 主要是解决起、终点间路线基本走向的问题

B. 根据技术标准和路线方案，进行平、纵、横综合设计，具体定出路线中线

C. 在基本走向的基础上，结合地形、地质、水文等自然条件在大的控制点之间选定一些细部控制点

D. 确定路线的据点

3. 路线起、终点必须连接的城镇、工矿企业，以及特定的特大桥、特长隧道等的位置，应为（　　）的控制点。

A. 路线走向　　B. 路线基本走向

C. 细部　　D. 一般

4. 平原区公路布线时，在处理路线与城镇的联系方面，不包括（　　）。

A. 高速公路、具干线功能的一级公路同作为路线控制点的城镇相衔接时，以接城市环线或以支线连接为宜，并与城市发展规划相协调

B. 新建的二级公路、三级公路应结合城镇周边路网布设，避免穿越城镇

C. 平原地区通常有较宽的人行大路或等级不高的公路，当设计交通量很大，需要新建公路时，应分别情况处理好新、旧路的关系

D. 路线应尽量避开重要的电力、电讯设施。当必须靠近或穿越时，应保持足够的距离和净空，尽量不拆或少拆各种电力，电讯设施

5. 平原区公路布线时，下列关于处理路线与桥位关系的论述，不正确的是(　　)。

A. 特大桥是路线基本走向的控制点，应强调桥位选择和正交桥位，即使造成路线过多地迂绕，也可作为选择方案

B. 路线通过洪泛区时，对桥涵应根据水文资料留有足够的孔跨和高度，以免造成洪水淹没村庄和农田

C. 中、小桥和涵洞位置应服从路线走向，但遇到斜交过大(一般在桥轴线与洪水流向的夹角小于45°时)或河沟过于弯曲的情况，可采取改河措施或改移路线，调整桥轴线与流向的夹角，以免过分增加施工困难和加大工程投资，选线时应全面比较确定

D. 特大桥是路线基本走向的控制点，大桥原则上应服从路线总方向并满足桥头接线的要求，桥路综合考虑

6. 沿河(溪)线的路线布局时，河岸选择主要考虑的问题不包括(　　)。

A. 根据河岸地形条件，选择路基断面采用路堤、路堑或半填半挖

B. 根据河岸地形、地质和水文条件，选择路线布局

C. 根据气候条件，考虑积雪和冰冻地区的选岸选择

D. 考虑居民点分布、城乡建设、工农业发展和其他交通、水利设施相配合

7. 沿河(溪)线的路线布局时，下列对“高线”论述不正确的是(　　)。

A. 优点是不受洪水侵袭，废方较易处理

B. 优点是山坡地形平顺，路线线形较好，工程小

C. 缺点是遇缺口时，常需设置较高的挡土墙或其他构造物

D. 缺点是避让不良地质和路线跨河，都较低线困难

8. 沿河(溪)线的路线布局，主要的问题不包括(　　)。

A. 路线选择走河流的哪一岸

B. 路线线位放在什么高度

C. 路线采用哪一种展线方式

D. 路线在什么地点跨河换岸

9. 沿河(溪)线的路线布局时，下列对“桥位”论述不正确的是(　　)。

A. 按路线与河流的关系，有跨支流和跨主流两类桥位

B. 跨支流的桥位选择，一般属于局部方案问题，而跨主河的桥位选择多属于路线布局的问题

C. 跨主河的桥位往往是确定路线走向的控制点，它与河岸选择相互依存，互相影响，进行河岸选择的同时要认真研究好跨河桥位的选择

D. 当路线由于地形、地质原因需要换岸布线时，桥位选择不是主要考虑因素

10. 越岭线选线路线布局时，下列对“垭口选择”论述不正确的是(　　)。

A. 垭口位置选择　　　　B. 垭口地貌选择

C. 垭口高程选择　　　　D. 垭口的地质条件选择

11. 越岭线选线路线布局时,“展线控制点”不包括(　　)。

A. 位置和高程都不能改变的控制点

B. 回头曲线控制点

C. 位置、高程都有活动余地的控制点

D. 位置固定,高程可以活动控制点

12. 对于“回头展线”描述不正确的是(　　)。

A. 回头展线的缺点是在同一坡面上,上、下线重叠,尤其是靠近回头曲线前后的上、下线相距很近,对于行车、施工、养护都不利,因此不得已时方可采用这种展线方式

B. 回头展线是以适当的坡度,顺着自然地形,绕山咀、侧沟来延展距离,克服高差

C. 回头展线的优点是便于利用有利地形,避让不良地形、地质和难点工程

D. 当控制点间的高差大,靠自然展线无法取得需要的距离以克服高差,或因地形、地质条件限制,不宜采用自然展线时,路线可利用有利地形设置回头曲线进行展线

13. 越岭线选线路线布局时,主要应解决的问题中,不正确的是(　　)。

A. 垭口选择　　　　B. 过岭高程选择

C. 隧道穿越　　　　D. 垭口两侧路线展线的拟定

14. 越岭线路线布局时,不是越岭线过岭方式的是(　　)。

A. 浅挖低填　　　　B. 垭口位置选择

C. 隧道穿越　　　　D. 深挖垭口

15. 越岭线选线路线布局时,关于“隧道穿越”论述不正确的是(　　)。

A. 当垭口挖深在30m以上时,应与隧道方案进行比较

B. 垭口瘦薄时,采用不长的隧道能大大降低路线爬升高度,缩短里程,提高路线线形指标,在经济上非常合算

C. 临界高程就是隧道造价和路线造价总和最小的过岭高程

D. 设计高如低于临界高程,可节约造价、运营费用等,这对交通量大的路线意义尤大,应作为比选的因素

16. 越岭线选线路线布局时,展线方式不包括(　　)。

A. 展线布局必须从纵坡展线开始

B. 自然展线

C. 回头展线

D. 螺旋展线

17. 按照地形特征,属于山区公路的基本布局形式的是(　　)

A. 丘陵线　　　　B. 导向线

C. 越岭线　　　　D. 匀坡线

18. 越岭线中,过岭高程越低(　　)。

A. 路线越短　　　　B. 路线越长

C. 平均坡度越小　　　　D. 填方通过垭口

19. 当路线受到限制,需要在某处集中提高或降低某一高度时,才能充分利用前后有利地

形,可考虑采用(　　)。

A. 回头展线　　B. 螺旋展线

C. 自然展线　　D. 高次抛物线

20. 越岭线展线布局时,利用有利地形,避让不良地形和地质,主要是通过合理(　　),并设置必要的回头来实现的。

A. 设置平曲线　　B. 采用垭口高程

C. 调整纵坡度　　D. 设置路基宽度

21. 某越岭线用5%的平均纵坡进行放坡,采用深挖垭口的过岭方式,挖深为12m,则路线可缩短(　　)。

A. 240m　　B. 360m　　C. 600m　　D. 480m

22. 下列哪一个不是山脊线路线布局主要解决的问题(　　)

A. 控制垭口的选择　　B. 侧坡选择

C. 村镇布局问题　　D. 试坡布线

23. 丘陵区地形选择布线方式不包括(　　)。

A. 平坦地带——走直线

B. 起伏地带——走直连线和匀坡线之间

C. 具有较陡横坡的地带——按5% ~5.5%沿匀坡线布线

D. 具有较陡横坡的地带——沿匀坡线布线

24. 选线应重视环境保护,注意由于修建道路及汽车运行所产生的影响和污染等问题,重丘山岭区公路选线重点论证不包括(　　)影响因素。

A. 爆破作业等噪声

B. 高填、深挖对自然景观、植被

C. 公路的分隔与隔阻对珍稀动植物资源

D. 对水土流失

25. 纸上定线时,当地形图比例尺为1 ∶2000,等高距为2m,平均坡度取5.0%时,则平距a在该地形图上的长度应为(　　)。

A. 2cm　　B. 3cm　　C. 4cm　　D. 5cm

26. 越岭线纸上定线过程中,导向线是一条(　　)。

A. 具有平均坡度的折线

B. 具有理想纵坡,中线上不填不挖的折线

C. 利用了有利地形,避开了不利地形,具有理想坡度的折线

D. 具有理想纵坡、横断面位置最佳的折线

27. 某段路线起点桩号为K1 +380,终点桩号为K27 +394.58,中间有两处断链,一处长链57.94m,一处短链43.36m,则该路线总长为(　　)。

A. 26029.16m　　B. 27380m　　C. 26000m　　D. 27563m

28. 纸上定线是指在大比例尺[一般为(　　)]地形图上确定公路中线。

A. 1 ∶1000　　B. 1 ∶5000

C. 1 ∶500 ~1 ∶2000　　D. 1 ∶5000 ~1 ∶10000

29. 纸上定线中横断面的控制，主要为了控制(　　)。

A. 路基设计高程　　B. 经济点最佳位置

C. 路线的纵坡度　　D. 路基中心的最佳位置

30. 按照平均纵坡在等高线上所截取的长度的各个连线为(　　)。

A. 自由型路线　　B. 均坡线

C. 导向线　　D. 修正导向线

31. 纸上定线的操作方法包括(　　)

A. 道路专业软件定线　　B. 纸上放线

C. AutoCAD 定线　　D. 直线形定线

32. 下列关于"直线形定线方法"的描述，不正确的是(　　)。

A. 根据控制点或导向线和相应的技术指标，试穿出一系列与地形相适应的直线作为基本线形单元

B. 路线在两直线转折处用曲线予以连接

C. 山岭、重丘区以布局确定的控制点为依据确定路线上每一条直线的方向

D. 平原、微丘区以布局确定的控制点为依据确定路线上每一条直线的方向

33. 平原、微丘区定线步骤包括：①确定中间控制点；②偏角和交点间距确定；③确定交点；④纵断面设计；⑤构造物的布置；⑥按标准图式绘制平面图与纵断面图；⑦选配平曲线半径和缓和曲线长度并计算曲线要素；⑧确定地面高程并绘制地面线；⑨路线里程推算并标定中桩；⑩纵断面分段落实。

正确的顺序是(　　)。

A. ①②③④⑤⑥⑦⑧⑨⑩　　B. ①③②⑦⑨⑧④⑩⑤⑥

C. ①③②⑦⑨④⑧⑩⑤⑥　　D. ①③②⑦⑨④⑧⑩⑥⑤

二、多项选择题

1. 下列哪些是选线的工作内容(　　)。

A. 路线带选择　　B. 地形图测量

C. 具体定线　　D. 路线方案选择

2. 下列哪些控制点是路线基本走向的控制点(　　)。

A. 路线起、终点　　B. 互通式立体交叉

C. 特大桥　　D. 必须连接的城镇

3. 平原区处理好路线与桥位的关系，包括(　　)。

A. 特大桥是路线基本走向的控制点，大桥原则上应服从路线总方向并满足桥头接线的要求，桥路综合考虑

B. 中、小桥和涵洞位置应服从路线走向

C. 路线通过洪泛区时，对桥涵、路基应根据水文资料留有足够的孔跨和高度，以免造成洪水淹没村庄和农田

D. 路线跨河修建渡口时，应在路线走向基本确定后选择渡口位置

4. 沿河(溪)线的路线布局，主要的问题包括(　　)

A. 山嘴、河弯段如何布线　　B. 线位放在什么高度
C. 路线在什么地点跨河　　D. 路线选择走河流的哪一岸

5. 沿河(溪)线的路线布局时,关于"桥位选择"的论述正确的是(　　)。
A. 跨支流的桥位选择,一般属于局部方案问题,跨主河的桥位选择多属于路线布局的问题
B. 跨主河的桥位往往是确定路线走向的控制点,它与河岸选择相互依存,互相影响,进行河岸选择的同时要认真研究好跨河桥位的选择
C. 路线跨越主河,由于路线与河流接近平行,桥头布线一般比较困难,因此,在选择桥位时,除应考虑桥位本身水文、地质条件外,还要注意桥头路线的舒顺,处理好桥位与路线的关系
D. 当路线由于地形、地质原因需要换岸布线时,如果桥位选择不好,勉强跨河,不是造成桥头线形差,就是增大桥梁工程

6. 越岭线"垭口选择"的工作内容主要包括(　　)。
A. 垭口高程　　B. 垭口展线条件
C. 垭口的地质条件　　D. 垭口位置

7. 关于越岭线"垭口高程选择",论述正确的是(　　)。
A. 在高寒地区,特别是积雪、结冰地区,海拔高的路线对行车很不利
B. 垭口海拔高低及其与山下控制点的高差,对路线长短、工程量大小和运营条件有直接的影响,一般应选择高程较低的垭口
C. 过岭高程是越岭线布局的重要控制因素,不同的过岭高程就有不同的展线方案
D. 如积雪、结冰不是太严重,对于基本符合路线走向,展线条件较好,接线方向较顺,地质条件较好的垭口,即使稍高,也不应轻易放弃

8. 越岭线"展线布局"工作步骤分为(　　)。
A. 确定路线交点　　B. 拟定路线大致走法
C. 试坡布线　　D. 分析、落实控制点,决定布局方案

9. 越岭线回头展线方式可以利用的地形条件包括(　　)等。
A. 地形开阔,横坡较缓的山沟或山坳
B. 开阔河谷
C. 地质、水文地质良好的平缓山坡
D. 直径较大、横坡较缓、相邻有较低鞍部的山包或平坦的山脊

10. 沿河(溪)线的路线布局时,河岸选择主要考虑的问题包括(　　)。
A. 考虑居民点分布、城乡建设、工农业发展和其他交通、水利设施相配合时的河岸选择问题
B. 在积雪和冰冻地区的河岸选择问题
C. 考虑采用低线或高线时的河岸选择问题
D. 考虑地形、地质和水文条件时的河岸选择问题

11. 沿河(溪)线的路线布局时,关于低线的论述正确的是(　　)。
A. 路线随山势曲折弯曲,线形差,工程大

B. 避让不良地质和路线跨河，都较困难

C. 低线最大缺点是受洪水威胁，防护工程较多

D. 低线一般是指高出设计水位（包括浪高加安全高度）不多，路基临水一侧边坡常受洪水威胁的路线

12. 越岭线选线主要应解决的问题是（　　）。

A. 试坡布线　　B. 垭口两侧路线展线的拟定

C. 过岭高程选择　　D. 垭口选择

13. 对于越岭线，论述正确的是（　　）。

A. 越岭线特点是路线需要克服很大的高差，地形、地质条件复杂，工程艰巨、集中

B. 越岭线路线的长度和平面位置主要取决于路线纵坡的安排

C. 在越岭线的选线中，须以路线纵断面为主导

D. 沿分水岭一侧山坡爬上山脊，在适当地点穿过垭口，再沿另一侧山坡下降的路线，称为越岭线

14. 对于越岭线垭口位置选择，论述正确的是（　　）。

A. 垭口位置在基本符合路线走向的前提下，与两侧山坡展线方案结合一起考虑

B. 遇到过岭地段山坡平缓，垭口宽而厚（有的达到 1 ~ 2km，有时还有沼泽出现）的地形，展线容易，只宜采用浅挖低填的方式过岭，过岭高程基本上就是垭口高程

C. 山坡线是越岭线的主要组成部分

D. 垭口位置选择工作首先考虑高差较小，而且展线降坡后能与山下控制点顺直连接，不需无效延长路线；其次再考虑稍微偏离路线方向，但接线较顺，且不致过于增长里程的其他垭口

15. 越岭线过岭方式分为（　　）几种。

A. 浅挖低填　　B. 桥隧结合

C. 隧道穿越　　D. 深挖垭口

16. 对于越岭线深挖垭口过岭方式，论述正确的是（　　）。

A. 当垭口比较瘦削时，常用深挖的方式过岭

B. 地质条件良好时，一般挖深在 40m 以内

C. 垭口越瘦，越宜深挖

D. 深挖垭口工程量集中，往往要处理大量废方，施工条件差，影响施工期限，这些都应在选定过岭高程时充分考虑

17. 越岭线的展线方式分为（　　）等几种方式。

A. 直线或曲线　　B. 自然展线

C. 回头展线　　D. 螺旋展线

18. 关于山脊线，论述正确的是（　　）。

A. 大体上沿分水岭布设的路线，称为山脊线

B. 选择控制垭口是山脊线选线的关键

C. 分水岭是山脊线的主要布线地带

D. 路线穿过支脉，要在支脉上选择合适垭口作为中间控制点

19. 纸上定线的"直线形定线方法",下列论述正确的是(　　)。

A. 直线形定线方法是根据控制点或导向线和相应的技术指标,试穿出一系列与地形相适应的直线作为基本线形单元,然后在两直线转折处用曲线予以连接的定线方法,即传统的以直线为主的穿线交点定线法

B. 应用直接采集法或定前后直线间接推算法采集各交点的坐标

C. 路线上每一条直线的方向,平原、微丘区和山岭、重丘区都应参照导向线试定

D. 曲线设置是在定出直线和交点组成的路线导线后进行,主要工作任务是确定圆曲线半径 R 及缓和曲线长度 l_s

20. 关于越岭线纸上定线导向线,下列论述正确的是(　　)。

A. 导向线是一条利用了有利地形,避开了不利地形,具有理想坡度的折线

B. 一次修正导向线是具有理想纵坡、中线上不填不挖的折线

C. 导向线是按照平均纵坡在等高线上所截取的长度的各个连线

D. 二次修正导向线是具有理想纵坡、横向位置最佳的平面折线

习题参考答案及解析

一、单项选择题

1. B

【考核点】选线工作内容

【解　析】选线应包括确定路线基本走向、路线走廊带、路线方案至选定线位的全过程。选项 ACD 均是工作内容。

2. C

【考核点】选线工作内容

【解　析】在路线基本走向选定的基础上,按地形、地质、水文等自然条件选定出一些细部控制点,连接这些控制点,即构成路线带,也称路线布局。

3. B

【考核点】路线控制点

【解　析】路线起、终点,必须连接的城镇、工矿企业,以及特定的特大桥、特长隧道等的位置,应为路线基本走向的控制点。大桥、长隧道、互通式立体交叉、铁路交叉等的位置,应为路线走向控制点,原则上应服从路线基本走向。

4. C

【考核点】平原区公路选线

【解　析】"平原地区通常有较宽的人行大路或等级不高的公路,当设计交通量很大,需要新建公路时,应分别视情况处理好新、旧路的关系"为处理新、旧路的关系的布设要点。

5. A

【考核点】平原区公路选线

【解　析】在处理路线与特大桥桥位的关系时,要注意防止两种偏向:一种是单纯强调

桥位,造成路线过多地迂绕,或过分强调正交桥位,出现桥头急弯影响行车安全;另一种只顾线形顺直,不顾桥位,造成桥位不合适或斜交过大,增加建桥困难。

6. A

【考核点】山岭区公路选线

【解　析】河岸选择考虑:①地形、地质和水文条件;②积雪和冰冻地区的选岸;③考虑居民点分布、城乡建设、工农业发展和其他交通、水利设施相配合等。

7. B

【考核点】山岭区公路选线

【解　析】高线是指高出设计水位较多,基本不受洪水威胁的路线,一般多用在利用大段较高台地,或傍山临河低线易被积雪掩埋以及为避让艰巨工程而提高线位等情况。其优点是不受洪水侵袭,废方较易处理。但由于高线一般位于山坡上,路线必然随山势曲折弯曲,线形差,工程大;遇缺口时,常需设置较高的挡土墙或其他构造物;此外如避让不良地质和路线跨河,都较低线困难。

8. C

【考核点】山岭区公路选线

【解　析】沿河(溪)线的路线布局,主要解决河岸选择、高度选择和桥位选择三个问题。

9. D

【考核点】山岭区公路选线

【解　析】按路线与河流的关系,有跨支流和跨主流两类桥位。跨支流桥位选择,一般属于局部方案问题,而跨主流桥位选择多属于路线布局的问题。跨主流桥位常是决定路线走向的控制点,应与河岸选择同时考虑。当路线因地形、地质需换岸布线时,若桥位选择不当,会造成桥头线形差,或增大桥梁工程。

10. B

【考核点】山岭区公路选线

【解　析】垭口选择包括:①垭口位置选择;②垭口高程选择;③垭口展线条件选择;④垭口的地质条件选择。

11. B

【考核点】山岭区公路选线

【解　析】展线控制点有固定和活动之分:①位置和高程都不能改变;②位置固定,高程可以活动;③位置、高程都有活动余地等。

12. B

【考核点】山岭区公路选线

【解　析】自然展线是以适当的坡度,顺着自然地形,绕山咀、侧沟来延展距离,克服高差。回头曲线又名“之字线”或“发针形曲线”,它是在合适地点,以180°左右的转角急剧改变方向,并具有一定纵坡度的小半径平曲线。

13. B

【考核点】山岭区公路选线

【解　析】越岭线选线主要解决垭口选择、过岭高程选择和垭口两侧路线展线三个问题。

14. B

【考核点】山岭区公路选线

【解　析】越岭线过岭方式有浅挖低填、深挖垭口、隧道穿越。

15. D

【考核点】山岭区公路选线

【解　析】临界高程是隧道造价和路线造价总和最小的过岭高程。设计高程如高于临界高程,则路线展长费用将多于隧道缩短的费用,设计高程如低于临界高程,则隧道加长费用将多于路线缩短费用。设计高程降低,可节约运营费用,对交通量大的路线为重点考虑的因素。

16. A

【考核点】山岭区公路选线

【解　析】越岭线的展线方式主要有自然展线、回头展线、螺旋展线三种。

17. C

【考核点】山岭区公路选线

【解　析】按照地形特征,属于山区公路的基本布局形式可分为沿河(溪)线、越岭线、山坡线、山脊线等。

18. A

【考核点】山岭区公路选线

【解　析】过岭高程越低,路线越短,但路堑或隧道就越深、越长,工程量也越大。

19. B

【考核点】山岭区公路选线

【解　析】螺旋展线是当路线受到限制,需要在某处集中提高或降低某一高度才能充分利用前后有利地形或位置,而采用的螺旋状展线方式。

20. C

【考核点】山岭区公路选线

【解　析】越岭线的高程主要是通过垭口两侧山坡上的展线来克服的,路线布局应以纵坡为主导。越岭线利用有利地形、地质,避让不良地形、地质,是通过合理调整纵坡和设置必要的回头实现的,而回头曲线的布置,也要根据纵坡选定。

21. D

【考核点】山岭区公路选线

【解　析】路线在垭口两侧均缩短了长度,应为 240m × 2 = 480m。

22. C

【考核点】山岭区公路选线

【解　析】山脊线布局主要解决控制垭口选择、侧坡选择和试坡布线三个问题。

23. C

【考核点】丘陵区公路选线

【解　析】具有较陡横坡的地带沿匀坡线布线，但不一定是5% ~5.5%的坡度。

24. A

【考核点】公路选线

【解　析】重丘山岭区公路选线应着重论证以下影响因素：①高填、深挖对自然景观、植被的影响；②公路的分隔与隔阻对珍稀动植物资源的影响；③对水土流失的影响；④开挖、弃方堆砌、爆破作业等诱发地质灾害的影响。

25. A

【考核点】纸上定线

【解　析】由等高距 h 和选用的平均纵坡 $i_{均}$（5.0% ~5.5%，视地形曲折程度和高差而定），按 $a=h/i_{均}$ 计算等高线间平距 $a=40$m，使两脚规的张开度等于 a（按地形图比例尺 1 ：2000为 2cm）。

26. C

【考核点】纸上定线

【解　析】越岭线纸上定线过程中，导向线是一条利用了有利地形，避开了不利地形，具有理想坡度的折线。

27. A

【考核点】纸上定线

【解　析】路线的总里程应为：路线总里程 = 终点桩里程 - 起点桩里程 + Σ长链 - Σ短链 =27394.58 -1380 +57.94 -43.36 =26029.16m。

28. C

【考核点】纸上定线

【解　析】纸上定线是在大比例尺（一般用 1 ：500 ~1 ：2000）地形图上确定道路中线的具体位置，再将纸上路线通过实地放线敷设到地面上，供详细测量和施工之用。

29. B

【考核点】纸上定线

【解　析】纸上定线中横断面的控制，主要为了控制横断面最佳位置，找出最经济或起控制作用的横断面位置，即经济点最佳位置。

30. B

【考核点】纸上定线

【解　析】按照平均纵坡在等高线上所截取的长度的各个连线为称为坡度线（均坡线），它验证了一种走法的成立，并可发现一些中间控制点为下一步工作提供依据。

31. D

【考核点】纸上定线

【解　析】纸上定线按操作方法可分为直线形定线法和曲线形定线法。

32. C

【考核点】纸上定线

【解　析】路线上每一条直线的方向，平原、微丘区应以布局确定的控制点为依据；山岭、重丘区应参照导向线试定，最终路线要经过多方面分析比较才能确定。直线形定线方法一般适用于地形简易的平原、微丘地区。

33. B

【考核点】纸上定线

【解 析】选项B是平原、微丘区定线的步骤。

二、多项选择题

1. ACD

【考核点】选线工作内容

【解 析】选线应包括确定路线基本走向、路线走廊带、路线方案至选定线位的全过程。选项ACD均是工作内容。

2. ACD

【考核点】路线控制点

【解 析】路线起、终点必须连接的城镇、工矿企业，以及特定的特大桥、特长隧道等的位置，应为路线基本走向的控制点。大桥、长隧道、互通式立体交叉、铁路交叉等的位置，应为路线走向控制点，原则上应服从路线基本走向。

3. ABCD

【考核点】平原区公路选线

【解 析】①特大桥是路线基本走向的控制点，大桥原则上应服从路线总方向并满足桥头接线的要求，桥路综合考虑。②中、小桥和涵洞位置应服从路线走向，但遇到斜交过大(一般在桥轴线与洪水流向的夹角小于45°时)或河沟过于弯曲的情况，可采取改河措施或改移路线，调整桥轴线与流向的夹角，以免过分增加施工困难和加大工程投资，选线时应全面比较确定。③路线通过洪泛区时，对桥涵、路基应根据水文资料留有足够的孔跨和高度，以免造成洪水淹没村庄和农田。如有条件，线路应位于洪水泛滥线以外。④路线跨河修建渡口时，应在路线走向基本确定后选择渡口位置。渡口要避开浅滩、暗礁等不良地段，两岸地形应适宜修建码头。

4. BCD

【考核点】山岭区选线

【解 析】沿河(溪)线的路线布局，主要的问题是:①路线选择走河流的哪一岸;②线位放在什么高度;③在什么地点跨河。这三个问题往往是互相联系和互相影响的，选线时要抓主要矛盾，结合路线性质、等级标准，因地制宜地去解决。

5. ABCD

【考核点】山岭区选线

【解 析】按路线与河流的关系，有跨支流和跨主流两类桥位。跨支流的桥位选择，一般属于局部方案问题，而跨主河的桥位选择多属于路线布局的问题。跨主河的桥位往往是确定路线走向的控制点，它与河岸选择相互依存，互相影响，进行河岸选择的同时，要认真研究好跨河桥位的选择。当路线由于地形、地质原因需要换岸布线时，如果桥位选择不好，勉强跨河，不是造成桥头线形差，就是增大桥梁工程。因此，在选择河岸的同时，要研究处理好桥位及桥头路线的布设问题。

6. ABCD

【考核点】山岭区选线

【解　析】垭口选择包括:①垭口位置选择;②垭口高程选择;③垭口展线条件选择;④垭口的地质条件选择。

7. ABD

【考核点】山岭区选线

【解　析】垭口海拔高低及其与山下控制点的高差,对路线长短、工程量大小和运营条件有直接的影响,一般应选择高程较低的垭口。在高寒地区,特别是积雪、结冰地区,海拔高的路线对行车很不利。因此,有时为了走低垭口,即使方向有些偏离,距离有些绕远,也应注意比较。但如积雪、结冰不是太严重,对于基本符合路线走向,展线条件较好,接线方向较顺,地质条件较好的垭口,即使稍高,也不应轻易放弃。

8. BCD

【考核点】山岭区选线

【解　析】越岭线的高程主要是通过垭口两侧山坡上的展线来克服的。展线布局必须从纵坡的安排开始,其工作步骤如下:①拟定路线大致走法;②试坡布线;③分析、落实控制点,决定布局方案。因此,应选择 BCD。

9. ACD

【考核点】山岭区选线

【解　析】回头曲线的形状取决于回头地点的地形,一般利用以下三种地形设置:①直径较大、横坡较缓、相邻有较低鞍部的山包或平坦的山脊;②地质、水文地质良好的平缓山坡;③地形开阔,横坡较缓的山沟或山坳。因此,应选择 ACD。

10. ABD

【考核点】山岭区选线

【解　析】沿河(溪)线的路线布局时,河岸选择主要考虑的问题包括:地形、地质和水文条件;积雪和冰冻地区的选岸;考虑居民点分布、城乡建设、工农业发展,并与其他交通、水利设施相配合。因此,应选择 ABD。

11. CD

【考核点】山岭区选线

【解　析】低线是指高出设计水位(包括浪高加安全高度)不多,路基临水一侧边坡常受洪水威胁的路线。低线的优点是平、纵面线形比较顺直、平缓,易争取到较高标准;土石方数量较小,边坡低,易稳定;路线活动范围较大,便于利用有利地形和避让不良地形、地质;跨支流方便,必须跨越主流时也易处理。缺点是受洪水威胁,防护工程较多。因此,应选择 CD。

12. BCD

【考核点】山岭区选线

【解　析】越岭线选线主要解决垭口选择、过岭高程选择和垭口两侧路线展线三个问题。因此,应选择 BCD。

13. ABCD

【考核点】山岭区选线

【解　析】越岭线指翻越山岭布设的路线。其特点是需克服很大高差，路线长度和平面位置主要取决于路线纵坡的安排。在越岭线选线中，须以安排路线纵坡为主导，处理好平面和横断面的布设。因此，应选择 ABCD。

14. AD

【考核点】山岭区选线

【解　析】垭口位置在基本符合路线走向的前提下，与两侧山坡展线方案结合考虑。先考虑高差较小，且展线降坡后能与山下控制点顺直连接，不无效延长路线。再考虑稍微偏离路线方向，但接线较顺，且不过于增长里程的其他垭口。因此，应选择 AD。

15. ACD

【考核点】山岭区选线

【解　析】越岭线过岭方式有浅挖低填、深挖垭口、隧道穿越。因此，应选择 ACD。

16. ACD

【考核点】山岭区选线

【解　析】当垭口比较瘦削时，常用深挖的方式过岭。地质条件良好时，一般挖深在 30m 以内。垭口越瘦，越宜深挖。深挖垭口工程量集中，要处理大量废方，施工条件差，影响施工期限，运营期边坡病害较多，稳定性差，这些都应在选定过岭高程时充分考虑。因此，应选择 ACD。

17. BCD

【考核点】山岭区选线

【解　析】越岭线的展线方式主要有自然展线、回头展线、螺旋展线三种。因此，应选择 BCD。

18. ABD

【考核点】山岭区选线

【解　析】大体上沿分水岭布设的路线，称为山脊线；选择控制垭口是山脊线选线的关键；侧坡是山脊线的主要布线地带；两控制垭口间，地形、地质无大障碍时，应以均匀坡度沿侧坡布线；路线穿过支脉，要在支脉上选择合适垭口作为中间控制点。因此，应选择 ABD。

19. ABD

【考核点】纸上定线

【解　析】路线上每一条直线的方向，平原、微丘区应以布局确定的控制点为依据，山岭、重丘区应参照导向线试定，最终路线要经过多方面分析比较才能确定，选择项 C 是错误的。

20. ABD

【考核点】纸上定线

【解　析】均坡线是按照平均纵坡在等高线上所截取的长度的各个连线，选项 C 是错误的。

第八节　环境保护与景观设计

【考试纲要】

1. 熟悉道路各分项专业环保要求。
2. 了解环境保护技术、道路环境影响评价的主要内容以及景观设计的内容。

【复习提示】

1. 复习要点

道路各分项专业环保要求、环境保护技术及环境影响评价的内容、景观设计的内容。

重点：

道路各分项专业环保要求。

难点：

道路各分项专业环保要求和环境影响评价的内容。

2. 规范提示

《公路工程技术标准》(JTG B01—2014)和《公路路线设计规范》(JTG D20—2006)这两本规范中涉及了公路绿化和景观设计的内容。

一、单项选择题

1. 下列关于公路工程项目建设的各个阶段环境保护设计，描述不正确的是(　　)。
   A. 在可行性研究阶段应进行环境影响评价
   B. 在初步设计阶段应针对环境影响评价报告书(表)中的环境保护评价意见，拟定环境保护总体设计方案并进行论证
   C. 在施工图设计阶段应根据审定意见做出环境保护工程设计
   D. 对施工与营运期阶段应进行环境保护工程养护管理
2. 公路环境保护应贯彻(　　)的原则。
   A. 经济效益、社会效益与环境效益统一
   B. 以防为主、以治为辅、综合治理
   C. 技术可行、经济合理、效益显著
   D. 结合工程设计开发利用环境，尽可能地改善和提高公路环境质量
3. 下列(　　)不属于"公路环境保护总体设计要求"。
   A. 公路工程与自然环境融为一体
   B. 提供良好的视觉环境
   C. 对沿线农田水利设施与水土保持的影响

D. 公路环境保护设计宜结合不同的区域环境分段做出相应的建筑风格的设计

4. 下列(　　)不属于“绕城线或接城市出入口的公路应着重论证的影响因素”。

A. 拆迁、阻隔出行、交往　　B. 对农田水利排灌系统

C. 交通噪声　　D. 环境空气污染

5. 下列(　　)不属于“平原、微丘区公路应着重论证的环境影响因素”。

A. 开挖与填筑路基对自然植被覆盖的影响

B. 路面径流对养殖业水体的影响

C. 对农田水利排灌系统的影响

D. 填方、取土、弃土对农业资源、土壤耕作条件的影响

6. 下列关于“互通式立交环境保护设计”的论述,不正确的是(　　)。

A. 根据路线总体景观设计方案,做好立交区绿化设计

B. 综合考虑互通式立交区周围自然环境进行上跨主线与下穿主线的方案比较,合理确定桥上纵坡及桥头路基高度

C. 满足互通式立交使用功能

D. 立交区综合排水系统应与路线综合排水系统统一考虑

7. 下列关于“服务区、管理设施环境保护设计”的论述,不正确的是(　　)。

A. 对生活废水、废弃物等进行综合治理

B. 防污染设施应论证并确定实施年限,一次实施

C. 污染防治措施应进行多方案比选

D. 有条件时,结合周围环境进行景观设计

8. 社会环境保护设计应重点考虑的内容是(　　)。

A. 土地利用、农田水利设施、拆迁与安置、出行与交往、人文景观等

B. 土地资源、农田水利设施、建筑物、行政区划、人文景观等社会环境

C. 公路环境保护设计所称的社会环境,是指公路沿线范围内,人类在自然环境基础上,经过长期有意识地社会劳动所创造的人工环境

D. 公路社会环境保护设计应立足于对社会环境的开发和利用,使公路建设产生更多的社会效益

9. 生态环境保护设计重点考虑的内容不包括(　　)。

A. 水资源、自然水流形态的保护　　B. 植物保护

C. 水土保持　　D. 生物及其栖境的保护

10. 生态环境保护设计中,关于“水资源、自然水流形态的保护”描述不正确的是(　　)。

A. 应调查和搜集公路中心线两侧各 200m 范围内的地表水资源分布、容量以及水体的主要功能

B. 不得占用居民集中地区的饮用水体;当路基边缘距饮用水体小于 100m、距养殖水体小于 100m 时,应采取绿化带或者其他隔离防护措施

C. 在作饮用水的地下水水源保护区设置的排、渗水构造物可能造成地下水水质污染时,应采取措施隔离地表污水

D. 路面径流不得直接排入饮用水体和养殖水体

11. 下列关于“生态环境保护设计”，描述不正确的是（　　）。

A. 公路环境保护设计所称的生态环境是指公路中心线两侧各 200m 范围内的自然保护区、水源保护地、森林、草原、湿地和野生生物及其栖息地等

B. 公路应绕避生态环境中所列的保护对象

C. 公路对生态环境中的保护对象产生干扰时，应结合受保护对象的特性提出保护方案，将不利影响减少到最低的限度

D. 公路中心线距省级以上自然保护区边缘宜不小于 200m

12. 关于“公路环境污染防治措施”，描述不正确的是（　　）。

A. 利用山丘、高地、林地、草地等保护声环境和环境空气

B. 利用临路建筑、仓库、堤岸、围墙等降低噪声

C. 结合地形，利用路堑等，降低噪声，改善环境

D. 远离饮用水源地、养殖水体等或设置隔离设施

13. 关于“公路建设项目应主要防治环境污染的内容”，描述不正确的是（　　）。

A. 施工作业噪声对声环境的污染

B. 公路营运车辆的尾气、搅拌站（场）的烟尘和施工扬尘对环境空气的污染

C. 公路服务区等的生活污水、路面径流、施工废水和工业废渣等对水环境的污染

D. 施工中的废弃物对景观环境的污染

14. “生物防护技术的工程途径”不包括（　　）。

A. 边坡防护植物的选择

B. 土壤改良和种植工艺的选择

C. 生物防护与工程防护相结合

D. 三维网植草新技术

15. “环境保护途径”不包括（　　）。

A. 完善环境保护法规及政策

B. 高速公路网规划与环境协调

C. 生物防护

D. 汽车内燃机的改进

16. “公路的社会影响分析”的内容不包括（　　）。

A. 高速公路立交设置的影响分析

B. 土地资源的利用与地区资源的开发

C. 居民生活环境的分析

D. 区域经济布局及产业结构的影响

17. 景观造型要点不包括（　　）。

A. 道路平面、立面与横断面造型

B. 交叉口造型

C. 结构物与附属设施景观造型

D. 绿化与雕塑景观造型

18. 绿化功效及绿化设计中，从改善环境方面考虑，“表现景观”功能不包括（　　）。

A. 遮蔽功能
B. 强化功能
C. 眺望功能
D. 提示功能

19. 道路景观造型中最基本的原则是(　　)。
A. 必须尽量减少对自然和景观的影响
B. 平衡道路对自然和景观的影响
C. 道路平面与立面造型
D. 结构物与附属设施景观造型

20. 绿化功效及绿化设计中,从“交通安全”方面考虑,不包括(　　)。
A. 协助休憩栽植
B. 调整景观栽植
C. 防止事故栽植
D. 诱导栽植

二、多项选择题

1. 实现公路规划与环境协调的技术体现在(　　)几个方面。
A. 完善环境保护法规及政策
B. 公路网规划方案的优化
C. 路线走向与环境的协调
D. 通过交通土地使用规划降低污染

2. 隧道设计应结合地质、水文、气象、地震等情况,考虑施工和营运环境进行多方案论证,并符合(　　)要求。
A. 通过施工和环境监测进行信息反馈及预测预报,优化施工组织设计,指导现场施工,确保隧道施工的安全与质量和工程项目的社会、经济、环境效益
B. 隧址的选择应综合考虑接线设计、洞内外排水系统、弃渣处理、施工和营运管理等,并提出必要的环境保护措施
C. 隧址通过含有有害气体的地层时,应预测对施工、营运的影响,并提出防治措施
D. 隧址应避开或保护储水结构层和蓄水层,保护地下水径流和地表植被

3. 生态环境保护设计中,关于“生物及其栖境的保护”的论述,正确的是(　　)。
A. 公路中心线距省级以上自然保护区边缘宜不小于100m。当公路必须进入自然保护区时,应遵照国家有关规定执行
B. 公路用地范围内,应按绿化设计要求进行栽植。有条件时,填方边坡的植被覆盖率在秦岭、淮河以南地区应达到70%以上;秦岭、淮河以北地区应达到50%以上
C. 公路经过草原时,应注意保护草原植被。取、弃土场地应选择在牧草生长差的地方
D. 在有国家级保护的野生动物出没路段,应设置预告、禁止鸣笛等标志,并为动物横向过路设置兽道

4. 在公路选线时,由于受地理环境约束,出现难以避免的一些生态走廊,为了避免和减少

污染的程度,需采取环境设计与公路设计协调。其主要措施包括(　　)。

A. 避免和减少侵害

B. 生物防护

C. 补偿损失

D. 平衡生态系统

5. 公路的社会影响中,"土地资源的利用与地区资源的开发"的内容包括(　　)。

A. 拆迁及安置

B. 建设用地

C. 地区资源开发

D. 促进地区农业产品的发展

6. 公路的社会影响中,公路对区域经济的影响体现在(　　)几个方面。

A. 促使沿线产业结构优化

B. 促进经济(工业)小区的兴起和建设

C. 促使沿线商业的繁荣

D. 促进地区农业产品的发展

7. 关于"噪声影响分析",描述正确的是(　　)。

A. 对于公路建设项目而言,存在建设期和营运期两个阶段的噪声影响

B. 影响区域主要是敏感地区(学校、住宅区、商、业区、公园等)

C. 影响程度通过分贝值来描述

D. 我国公路交通噪声预测模式是采用美国 FHWA 公路交通噪声预测模式

8. 工程项目主要通过(　　)途径影响生态系统。

A. 填路堤、构筑物

B. 发生塌方和滑坡等地质病害

C. 施工活动对自然环境造成非污染性破坏,使环境发生物理变化而对生物产生影响

D. 由于排放的污染物通过大气、水体、土壤等环境介质,进入生物体产生危害

9. "生态系统的影响分析"其影响主要表现在(　　)方面。

A. 建设项目对植物的影响

B. 建设项目对野生动物及家畜的影响

C. 对生态系统的生存环境、种群、数量的影响做出判断和预测

D. 公路营运后,由于汽车排放废气、产生噪声影响及路体本身分割所在地生物数代生存的空间,影响种群繁衍

10. 公路的社会影响中,公路对区域经济的影响体现在(　　)几个方面。

A. 促使沿线产业结构优化

B. 促进经济(工业)小区的兴起和建设

C. 促使沿线商业的繁荣

D. 促进地区农业产品的发展

11. "交通噪声影响分析"中,影响程度测算可以通过(　　)来描述。

A. 噪声分贝值

B. 噪声污染源

C. 噪声影响人数的百分比

D. 噪声影响指数

12. 关于“道路平面造型”,论述正确的是(　　)。

A. 在平原、沙漠和戈壁滩,路线以方向为主导,线形应以直线为主;在山岭地区,路线以纵坡为主导,线形则应以曲线为主

B. 在曲线外侧种植树木可以使曲线变化看起来非常明显

C. 从路堤到结构物的过渡段,通过植树既可以增强识别特征,又能使造型与景观恰当地配合

D. 由路堤到路堑的变化段,通过植树可以防止光线明暗急剧变化,对驾驶员视线起过渡作用

13. 公路绿化对环境保护的作用包括(　　)。

A. 遮蔽功能、调和景观

B. 减缓灾害、边坡保护

C. 形成绿荫、提供休憩

D. 自然环境调和、生活环境调和

14. “景观造型”的内容包括(　　)。

A. 道路平面、立面、横断面造型

B. 绿化、雕塑造型

C. 结构物景观、附属设施的景观造型

D. 交叉口造型

15. 公路绿化对改善环境的作用包括(　　)。

A. 遮蔽功能、调和景观

B. 强化功能、眺望功能、提示功能

C. 形成绿荫、提供休憩

D. 视线诱导、线形预告

◇ 习题参考答案及解析 ◇

一、单项选择题

1. D

【考核点】环境保护设计的内容

【解　析】公路工程项目建设的各个阶段环境保护设计内容包括:①在可行性研究阶段应进行环境影响评价;②在初步设计阶段应针对环境影响评价报告书(表)中的环境保护评价意见,拟定环境保护总体设计方案并进行论证;③在施工图设计阶段应根据审定意见做出环境保护工程设计。

2. B

【考核点】公路环境保护的原则

【解 析】公路环境保护应贯彻以防为主、以治为辅、综合治理的原则,并结合工程设计开发利用环境,尽可能地改善和提高公路环境质量。

3. C

【考核点】公路环境保护总体设计要求

【解 析】公路环境保护总体设计应符合下列要求:①公路工程与自然环境融为一体;②公路的各种构造物同周围环境相协调并成为新的人文景观;③提供良好的视觉环境;④对施工与营运期将产生的污染应采取相应措施,进行综合治理;⑤公路环境保护设计宜结合不同的区域环境分段做出相应的建筑风格的设计。

4. B

【考核点】公路环境保护设计的总体要求

【解 析】绕城线或接城市出入口的公路应着重论证以下影响因素:①拆迁的影响;②阻隔出行、交往的影响;③交通噪声的影响;④环境空气污染的影响。

5. A

【考核点】公路环境保护设计要点

【解 析】平原、微丘区公路应着重论证以下影响因素:①填方、取土、弃土对农业资源、土壤耕作条件的影响;②对农田水利排灌系统的影响;③路面径流对养殖业水体的影响。

6. C

【考核点】公路环境保护设计要点

【解 析】互通式立交设计应针对互通式立交区地形、地质条件,以及互通式立交区周围自然环境、社会环境等特点,结合互通式立交主体工程考虑立交区环境设计方案,并符合下列规定:①在满足互通式立交使用功能的同时,应考虑交叉形式、布局的美观;②综合考虑互通式立交区周围自然环境进行上跨主线与下穿主线的方案比较,合理确定桥上纵坡及桥头路基高度;③立交桥结构形式、跨径、桥长本身应成比例,应与立交区周围环境相协调;④根据路线总体景观设计方案,做好立交区绿化设计;⑤立交区综合排水系统应与路线综合排水系统统一考虑。

7. B

【考核点】公路环境保护设计要点

【解 析】服务区、管理设施设计应结合自然景观选择适宜的位置,并符合下列要求:①对生活废水、废弃物等进行综合治理;②污染防治措施应进行多方案比选;③拟分期实施的防污染设施应论证并确定实施年限;④有条件时,结合周围环境进行景观设计。

8. A

【考核点】社会环境保护设计

【解 析】社会环境保护设计重点考虑的内容包括土地利用、农田水利设施、农田水利设施、拆迁与安置、出行与交往、人文景观等。

9. B

【考核点】生态环境保护设计的内容

【解 析】生态环境保护设计主要包括生物及其栖境的保护、水资源、自然水流形态的保护和水土保持三个方面的内容。

10. B

【考核点】生态环境保护设计

【解　析】不得占用居民集中地区的饮用水体；当路基边缘距饮用水体小于100m、距养殖水体小于20m时，应采取绿化带或者其他隔离防护措施。

11. D

【考核点】生态环境保护设计的内容

【解　析】生态环境保护的一般规定是：①公路环境保护设计所称的生态环境是指公路中心线两侧各200m范围内的自然保护区、水源保护地、森林、草原、湿地和野生生物及其栖息地等。②公路应绕避生态环境中所列的保护对象。公路对生态环境中的保护对象产生干扰时，应结合受保护对象的特性提出保护方案，将不利影响减少到最低的限度。有条件时，宜进行环境补偿。

12. D

【考核点】环境污染防治的内容

【解　析】公路环境污染防治措施应充分利用自然条件，并结合工程特点综合考虑：①利用山丘、高地、林地、草地等保护声环境和环境空气；②利用临路建筑、仓库、堤岸、围墙等降低噪声；③结合地形，利用路堑等，降低噪声，改善环境。

13. A

【考核点】环境污染防治的规定

【解　析】公路建设项目应主要防治下列环境污染：①公路交通噪声、施工作业噪声对声环境的污染；②公路营运车辆的尾气、搅拌站（场）的烟尘和施工扬尘对环境空气的污染；③公路服务区等的生活污水、路面径流、施工废水和工业废渣等对水环境的污染；④施工中的废弃物对景观环境的污染。

14. D

【考核点】公路环境保护技术

【解　析】生物防护技术的工程途径主要有以下几种：湿式喷播技术、客土喷播技术、三维网植草技术和岩土边坡植被护坡绿化技术。

15. C

【考核点】公路环境保护技术

【解　析】环境保护途径包括：①完善环境保护法规及政策；②高速公路网规划与环境协调；③公路设计与环境设计协调；④汽车内燃机的改进。

16. A

【考核点】道路环境影响评价

【解　析】公路的社会影响分析包括：①路线走向影响分析；②土地资源的利用与地区资源的开发；③居民生活环境的分析；④区域经济布局及产业结构的影响。

17. D

【考核点】公路景观设计的内容

【解　析】景观造型要点包括：①道路平面造型；②道路立面造型；③道路横断面造

型;④交叉口造型;⑤结构物景观造型;⑥附属设施的景观造型。

18. A

【考核点】公路景观设计的内容

【解　析】表现景观功能包括:①强化功能;②眺望功能;③提示功能。

19. A

【考核点】公路景观设计的内容

【解　析】道路路线及其结构物景观造型的目的,是为了平衡道路对自然和景观的影响,使道路和景观联系在一起。道路的新建和改造,必须尽量减少对自然和景观的影响,这是道路景观造型中最基本的原则。

20. B

【考核点】公路景观设计的内容

【解　析】绿化功效及绿化设计中,从交通安全的角度,应考虑:①诱导栽植;②防止事故栽植;③协助休憩栽植。

二、多项选择题

1. BCD

【考核点】公路环境保护技术

【解　析】实现公路规划与环境协调的技术体现在以下几个方面:

(1)通过交通土地使用规划降低污染。交通规划与土地使用规划有着密切的关系,不同的土地利用形态产生不同的交通需求,通过协调交通与土地使用关系,降低敏感区域内交通需求,减少污染产生的基础,将交通产生的不利影响降到最低。

(2)路线走向与环境的协调。在规划区域内,进行空间敏感性调查,按照其生态环境划分敏感区域。根据各敏感区域在生态环境中的保护价值确定其敏感程度。通过各区域敏感度的叠加,获得规划区域敏感等级分布图,使规划的路线走向尽量避免敏感等级高的地区,从而避免了生态系统的过大影响。

2. BCD

【考核点】公路环境保护设计要点

【解　析】隧道设计应结合地质、水文、气象、地震等情况,考虑施工和营运环境进行多方案论证,并符合下列要求:①隧址的选择应综合考虑接线设计、洞内外排水系统、弃渣处理、施工和营运管理等,并提出必要的环境保护措施;②隧址通过含有有害气体的地层时,应预测对施工、营运的影响,并提出防治措施;③隧址应避开或保护储水结构层和蓄水层,保护地下水径流和地表植被。

3. ABCD

【考核点】生态环境保护设计的内容

【解　析】生物及其栖境的保护相关要求:①公路中心线距省级以上自然保护区边缘宜不小于100m。当公路必须进入自然保护区时,应遵照国家有关规定执行。②公路通过林地时,应严格控制林木的砍伐数量,严禁砍伐公路用地范围之外不影响视线的林木。③公路用地范围内,应按绿化设计要求进行栽植。有条件时,填方边坡的植被覆盖率在秦岭、淮河以南地区应达到70%以上;秦岭、淮河以北地区应达到50%以上。④公路经过草原时,应注意保护草原植被。取、弃土场地应选择在牧草生长差的地方。⑤公路进入法定保护的湿地时,工程方案应避免造成生态环境的重大改变。施工废料应弃于湿地之外。⑥在有国家级保护的野生动物出没路段,应设置预告、禁止鸣笛等标志,并为动物横向过路设置兽道。

4. ACD

【考核点】公路环境保护技术的内容

【解　析】主要措施包括:①避免和减少侵害;②平衡生态系统;③补偿损失。

5. BC

【考核点】公路环境影响评价的主要内容

【解　析】土地资源的利用与地区资源的开发包括:①建设用地分析;②地区资源开发分析。

6. ABCD

【考核点】公路环境影响评价的主要内容

【解　析】公路对区域经济的影响体现在以下四个方面:①促进地区农业产品的发展;②促进经济(工业)小区的兴起和建设;③促使沿线商业的繁荣;④促使沿线产业结构优化。

7. ABC

【考核点】公路环境影响评价的主要内容

【解　析】噪声是现代生活方式中产生的对人们的生活、工作及心理、生理上有不利影响的声音。对于公路建设项目而言,存在建设期和营运期两个阶段的噪声影响,影响区域主要是敏感地区(学校、住宅区、商、业区、公园等),其影响程度通过分贝值来描述。

我国公路交通噪声预测模式是在美国FHWA公路交通噪声预测模式基础上,根据我国国情对其中一些参数做了相应的修正,形成了我国目前广泛使用的交通噪声预测模型。

8. CD

【考核点】公路环境影响评价的主要内容

【解　析】公路建设对生态造成的影响应综合下述两条途径进行分析:第一条途径是施工活动对自然环境造成非污染性破坏,使环境发生物理变化而对生物产生影响;第二条途径是由于排放的污染物通过大气、水体、土壤等环境介质,进入生物体产生危害。

9. AB

【考核点】公路环境影响评价的主要内容

【解　析】生态系统影响主要表现在以下两个方面:①建设项目对植物的影响;②建设项目对野生动物及家畜的影响。

10. ABCD

【考核点】道路环境影响评价的主要内容

【解　析】公路对区域经济的影响体现在以下四个方面:①促进地区农业产品的发展;②促进经济(工业)小区的兴起和建设;③促使沿线商业的繁荣;④促使沿线产业结构优化。

11. CD

【考核点】道路环境影响评价的主要内容

【解　析】无论是施工造成的短期影响，还是车辆运行造成的永久性影响，都可以通过噪声分贝值反映，对其影响程度测算可以通过噪声影响人数的百分比或噪声影响指数来描述。

12. ABCD

【考核点】公路景观设计的内容

【解　析】道路平面应与环境相协调，尽量避开受保护的景观空间，如自然保护区和文物古迹等。在平原、沙漠和戈壁滩，路线以方向为主导，线形应以直线为主；在山岭地区，路线以纵坡为主导，线形则应以曲线为主。在设计中，线形应顺畅连续，具有诱导性和可预知性，避免割断生态景观空间或视觉景观空间的错误做法。

种植树木是补救景观的有效措施。在曲线外侧，种植树木可以使曲线变化看起来非常明显。从路堤到结构物的过渡段，通过植树既可以增强识别特征，又能使造型与景观恰当地配合。由路堤到路堑的变化段，通过植树可以防止光线明暗急剧变化，对驾驶员视线起过渡作用。

13. BD

【考核点】公路景观设计的内容

【解　析】环境保护的作用包括：①防止灾害（减缓灾害、边坡保护）；②环境调和（自然环境调和、生活环境调和）。

14. ACD

【考核点】公路景观设计的内容

【解　析】景观造型要点：①道路平面造型；②道路立面造型；③道路横断面造型；④交叉口造型；⑤结构物景观造型；⑤附属设施的景观造型。

15. AB

【考核点】公路景观设计的内容

【解　析】公路的绿化的作用主要有以下几个方面：(1)交通安全包括：①诱导栽植—视线诱导，线形预告；②防止事故—遮光过渡，隔离进出，缓冲功能；③协助休憩—形成绿荫，提供休憩。(2)改善环境包括：①调整景观—遮蔽功能，调和景观；②表现景观—强化功能，眺望功能，提示功能。(3)环境保护包括：①防止灾害—减缓灾害，边坡保护；②环境调和。

第九节　城市管线综合

【考试纲要】

1. 掌握城市地上、下管线的类型、覆土厚度要求。

2. 熟悉城市地上、下管线布置原则、管线间及管线与其他构筑物之间的最小水平距离及垂直净距。

3. 掌握城市防洪与排水对道路工程的要求。

【复习提示】

1. 复习要点

城市地上、地下管线的类型、覆土厚度要求、布置原则、管线间及管线与其他构筑物之间的最小水平距离及垂直净距。

重点：

管线覆土深度。

难点：

管线间及管线与其他构筑物之间的最小水平距离及垂直净距。

2. 规范提示

本节内容主要以《城市工程管线综合规划规范》(GB 50289—1998)的规定为主线条，结合学习《室外排水设计规范》(GB 50014—2006)(2011 年版)。

习题精练

一、单项选择题

1. 下列说法不正确的是(　　)。

A. 严寒或寒冷地区给水、排水、燃气等工程管线应根据土壤冰冻深度确定管线覆土深度

B. 热力、电信、电力电缆等工程管线以及严寒或寒冷地区以外的地区的工程管线应根据土壤性质和地面承受荷载的大小确定管线的覆土深度

C. 各种工程管线在垂直方向上可重叠直埋敷设。

D. 河底敷设的工程管线应选择在稳定河段，埋设深度应按不妨碍河道的整治和管线安全的原则确定

2. 关于综合管沟内管线敷设，下列说法不正确的是(　　)。

A. 相互免干扰的工程管线可设置在管沟的同一个小室

B. 相互有干扰的工程管线应分别设在管沟的不同小室

C. 电信电缆管线与高压输电电缆管线不分开设置

D. 给水管线与排水管线可在综合管沟一侧布置，排水管线应布置在综合管沟的底部

3. 下列说法不正确的是(　　)。

A. 某些工厂厂区内或相对独立地区为了本身设计和施工的需要可以自设坐标系统

B. 工厂厂区内或相对独立地区在与城市工程管线系统连接处，可以采用不同的坐标系统和高程系统

C. 工厂厂区内或相对独立地区在与城市工程管线系统连接处，应取得不同坐标系统换算关系，采用统一的坐标系统和高程系统

D. 工程管线的平面位置和竖向位置均应采用城市统一的坐标系统和高程系统

4. 下列说法不正确的是(　　)。

A. 城市工程管线应地下敷设

B. 城市工程管线地下敷设是为了使城市环境美观以及城市空间的合理利用，同时也是为保证城市设施及人身安全的需要

C. 各城市都在着手对城市道路，特别是景观路环境进行整治，其中很重要的一项就是将架空敷设的工程管线转入地下敷设

D. 实践证明，城市工程管线在地下敷设是城市发展的必然要求

5. 压力管线与重力自流管线在道路交叉口处发生交叉时，宜按(　　)规定处理。

A. 压力管线与重力自流管线保持一定竖向间距

B. 压力管线与重力自流管线保持一定水平间距

C. 压力管线让重力自流管线

D. 重力自流管线让压力管线

6. 不易弯曲管线与可弯曲管线在道路交叉口处发生交叉时，宜按(　　)规定处理。

A. 不易弯曲管线与可弯曲管线保持一定竖向间距

B. 可弯曲管线与不易弯曲管线保持一定水平间距

C. 不易弯曲管线让可弯曲管线

D. 可弯曲管线让不易弯曲管线

7. 主干管线与分支管线在道路交叉口处发生交叉时，宜按(　　)规定处理。

A. 分支管线让主干管线

B. 主干管线让分支管线

C. 分支管线与主干管线保持一定竖向间距

D. 分支管线让主干管线保持一定水平间距

8. 建筑红线较宽，给水、燃气、热力、通信、电力的分配管线与排水管可沿道路(　　)敷设。

A. 两侧双排　　B. 单侧双排

C. 两侧单排　　D. 单侧单排

9. 当燃气管线可在建筑物两侧中任一侧引人均满足要求时，燃气管线应布置在管线(　　)。

A. 两侧同时布设　　B. 较少的一侧

C. 较多的一侧　　D. 随意布设

10. 当工程管线与铁路、公路交叉时宜采用(　　)方式布置。

A. 小于30°交叉　　B. 大于30°小于60°交叉

C. 垂直交叉　　D. 随意交叉，不用考虑角度

11. 热力等管道不得在(　　)与(　　)上空架设。

A. 主干路；快速路　　B. 支路；主干路

C. 支路；快速路　　D. 主集散道路；支路

12. 热力、电信、电力电缆等工程管线以及严寒或寒冷地区以外的地区的工程管线应根据(　　)确定管线的覆土深度。

A. 土壤性质和外界温度

B. 土壤性质和地面承受荷载的大小

C. 外界温度和地面承受荷载的大小

D. 地面承受荷载的大小和热力、电信、电力电缆等工程管线的承载能力

13. 10kV 以下直埋电力电缆管线的覆土深度(　　)。

A. 不应小于 2.0m　　B. 不应大于 1.5m

C. 应小于 1.0m　　D. 不应小于 1.0m

14. 沿城市道路架空敷设的工程管线，其位置应根据(　　)确定，并应保障交通畅通、居民的安全以及工程管线的正常运行。

A. 规划道路的纵断面　　B. 规划道路的平面线形

C. 规划道路的横断面　　D. 管线布设的便捷

15. 架空线线杆宜设置在人行道上距路缘石(　　)的位置。

A. 不大于 1m　　B. 大于 1m

C. 大于 1.5m　　D. 不大于 1.5m

16. 工程管线跨越河流时，宜采用(　　)进行设置。

A. 水中穿过　　B. 地下敷设

C. 管道桥或利用交通桥梁　　D. 以上三项均可

17. 管道转弯和交接处，其水流转角(　　)。

A. 必须大于 60°小于 90°

B. 必须大于 30°小于 60°

C. 不应大于 90°

D. 不应小于 90°

18. 道路红线宽度超过(　　)的城镇干道，宜在道路两侧布置排水管道。

A. 30m　　B. 40m　　C. 50m　　D. 60m

19. 城市工程管线综合规划的主要内容不包括(　　)。

A. 定城市工程管线在地下敷设时的排列顺序和工程管线间的最小水平净距、最小垂直净距

B. 定城市工程管线在地下敷设时的最小覆土深度

C. 定城市工程管线在架空敷设时管线及杆线的平面位置及周围建(构)筑物、道路、相邻工程管线间的最小水平净距和最小垂直净距

D. 视近期建设规划，并应考虑远景发展的需要

20. 严禁天然气输送管道利用公路桥梁跨越河流。原油、天然气输送管道穿(跨)越河流时，管道距大桥的距离，不应小于(　　)；距中桥不应小于(　　)。

A. 100m；50m　　B. 75m；50m

C. 100m；75m　　D. 150m；150m

二、多项选择题

1. 城市工程管线综合规划的主要内容包括(　　)。

A. 确定城市工程管线在地下敷设时的排列顺序和工程管线间的最小水平净距、最小垂直净距

B. 确定城市工程管线在地下敷设时的最小覆上深度

C. 确定城市工程管线在架空敷设时管线及杆线的平面位置及周围建(构)筑物、道路、

相邻工程管线间的最小水平净距和最小垂直净距

D. 城市工程管线综合规划的前提是要有较准确、完善的城市基础设施现状资料

2. 地下工程管线综合规划要符合下列(　　)规定。

A. 应结合城市道路网规划,在不妨碍工程管线正常运行、检修和合理占用土地的情况下,使线路短捷

B. 应充分利用现状工程管线。当现状工程管线不能满足需要时,经综合技术、经济比较后,可废弃或抽换

C. 平原城市宜避开土质松软地区、地震断裂带、沉陷区以及地下水位较高的不利地带;起伏较大的山区城市,应结合城市地形的特点合理布置工程管线位置,并应避开滑坡危险地带和洪峰口

D. 工程管线的布置应与城市现状及规划的地下铁道、地下通道、人防工程等地下隐蔽性工程协调配合

3. 直埋敷设确定地下工程管线覆土深度一般考虑(　　)因素。

A. 保证工程管线在荷载作用下不损坏,正常运行

B. 在严寒、寒冷地区,保证管道内介质不冻结

C. 满足竖向规划要求

D. 满足水平布置规划要求

4. 直埋敷设工程管线在道路下面的规划位置,应布置在(　　)下面。

A. 人行道　　　　B. 非机动车道

C. 分车带　　　　D. 路侧带

5. 下列说法正确的是(　　)。

A. 工程管线在道路下面的规划位置宜相对固定

B. 从道路红线向道路中心线方向平行布置的次序,应根据工程管线的性质、埋设深度等确定

C. 分支线少、埋设深、检修周期短和可燃、易燃和损坏时对建筑物基础安全有影响的工程管线应远离建筑物

D. 排水管必须设置在路侧带下面

6. 下列说法正确的是(　　)。

A. 沿城市道路规划的工程管线应与道路中心线平行,其主干线应靠近分支管线多的一侧,工程管线不宜从道路一侧转到另一侧

B. 道路红线宽度超过 30m 的城市干道宜两侧布置给水配水管线和燃气配气管线

C. 道路红线宽度超过 50m 的城市干道应在道路两侧布置排水管线

D. 当工程管线与铁路、公路交叉时宜采用垂直交叉方式布置

7. 当在河道下面敷设工程管线时,应符合(　　)规定。

A. 满足在通航河道净空要求

B. 在一至五级航道下面敷设,应在航道底设计高程 2m 以下

C. 在其他河道下面敷设,应在河底设计高程 1m 以下

D. 当在灌溉渠道下面敷设,应在渠底设计高程 0.5m 以下

8. 下列关于地上杆线布置原则，说法正确的是（ ）。
A. 有条件时应将明线改为地下电缆
B. 地上杆线应按照规划纵断面布置，平行道路中线安设，并满足道路建筑限界的要求
C. 杆柱宜布置在路侧带内。多幅路道路的部分杆柱可布置在分隔带内，并注意街景美观
D. 热力等管道不得在快速路与主干路上空架设

9. 管线按性质和用途，可以划分为（ ）。
A. 管道
B. 地下管道
C. 电缆
D. 地上杆线

10. 对于道路管线工程设计提出原则性要求，下列说法正确的是（ ）。
A. 符合总体规划才能协调各管线单位意见，符合专业规划才能满足管线专业技术要求
B. 指管廊路幅分配和管线交叉的处理应符合相关专业规范对管线排列顺序、覆土深度、水平和垂直净距、防干扰等方面的规定
C. 为保证行车安全舒适，便于管道检修维护，管线应优先考虑布置在非车行道下
D. 其余车行道上的井盖通常由于与路面不齐平、井盖盗失、承载力不足或松动等原因，对行车的安全和舒适性有较大影响

11. 关于排水管渠的布置和设计原则，下列说法正确的是（ ）。
A. 排水管渠（包括输送污水和雨水的管道、明渠、盖板渠、暗渠）的系统设计，应按城镇总体规划和分期建设情况，全面考虑，统一布置，逐步实施
B. 管渠一般使用年限较长，改建困难，如仅根据当前需要设计，不考虑规划，在发展过程中会造成被动和浪费
C. 为减少扩建时废弃管渠的数量，排水管渠的断面尺寸应根据排水规划，并考虑城镇远景发展需要确定
D. 本条对排水管渠的设计期限作了重要规定，即需要考虑“近景”水量

12. 关于管渠具体设计时在平面布置和高程确定上应考虑的原则，下列说法正确的是（ ）。
A. 污水管渠通常布置在道路人行道、绿化带或慢车道下，尽量避开快车道
B. 一般情况下，管渠布置应与其他地下设施综合考虑
C. 污水管渠通常布置在道路人行道、绿化带或慢车道下，尽量避开快车道，如不可避免时，应充分考虑施工对交通和路面的影响
D. 敷设的管道应是可巡视的，要有巡视养护通道

13. 当遇下列情况之一时，工程管线宜采用综合管沟集中敷设的有（ ）。
A. 交通运输繁忙或工程管线设施较多的机动车道、城市主干道以及配合兴建地下铁道、立体交叉等工程地段
B. 不宜开挖路面的路段
C. 道路与铁路或河流的交叉处
D. 道路宽度难以满足直埋敷设多种管线的路段

14. 管道基础应根据(　　)确定。

A. 气候条件　　B. 管道材质

C. 接口形式　　D. 地质条件

15. 综合管沟内宜敷设的电力电信设施有(　　)。

A. 低压配电电缆管线　　B. 给水管线

C. 热力管线　　D. 污雨水排水管线

16. 关于综合管沟的缺点,下列说法正确的有(　　)。

A. 建设综合管沟宜分期修建

B. 各工程管线组合在一起,容易发生干扰事故,如电力管线打火就有引起燃气爆炸的危险,所以必须制定严格的安全防护措施

C. 必须正确预测远景发展规划,以免造成容量不足或过大,致使浪费或在综合管沟附近再敷设地下管线,而这种预测较困难

D. 由于各工程管线的主管单位不同,不便管理

17. 关于架空敷设,下列说法正确的有(　　)。

A. 同一性质的工程管线不宜合杆架设

B. 架空热力管线不宜与架空输电线、电气化铁路的馈电线交叉敷设

C. 电力架空杆线与电信架空杆线宜分别架设在道路两侧,且与同类地下电缆位于同侧

D. 当架空热力管线与其他管线必须交叉时,应采取保护措施

18. 排水管道与其他地下管渠、建筑物、构筑物等相互间的位置,应符合下列(　　)要求。

A. 排水管道与其他地下管渠、建筑物、构筑物宜交叉布设

B. 敷设和检修管道时,不应互相影响

C. 排水管道与其他地下管渠、建筑物、构筑物等相互间互不影响

D. 排水管道损坏时,不应影响附近建筑物、构筑物的基础,不应污染生活饮用水

19. 当工程管线竖向位置发生矛盾时,宜按下列(　　)规定处理。

A. 压力管线让重力自流管线　　B. 可弯曲管线让不易弯曲管线

C. 分支管线让主干管线　　D. 小管径管线让大管径管线

◈ 习题参考答案及解析 ◈

一、单项选择题

1. C

【考核点】管道定线原则

【解　析】各种工程管线不应在垂直方向上重叠直埋敷设。

2. C

【考核点】综合管沟内管线敷设原则

【解　析】电信电缆管线与高压输电电缆管线必须分开设置。

3. B

【考核点】工程管线坐标系统采用原则

【解　析】采用城市统一的坐标系统和高程系统是为了避免工程管线在平面位置和竖向高程上系统之间的相互混乱和互不衔接，避免混乱。

4. A

【考核点】工程管线地下敷设要求

【解　析】城市工程管线宜地下敷设。

5. C

【考核点】工程管线地下敷设交叉时的处理原则

【解　析】编制工程管线综合规划设计时，应减少管线在道路交叉口处交叉。当工程管线竖向位置发生矛盾时，宜按"压力管线让重力自流管线"处理。压力管线与重力自流管线交叉发生冲突时，压力管线容易调整管线高程，以解决交叉时的矛盾。从各城市实践来看，工程管线交叉时，大都采取本条原则来进行的。实践证明其规定是科学合理的。

6. D

【考核点】工程管线地下敷设交叉时的处理原则

【解　析】编制工程管线综合规划设计时，应减少管线在道路交叉口处交叉。当工程管线竖向位置发生矛盾时，宜按"可弯曲管线让不易弯曲管线"处理。给水、供热、燃气等工程管线多使用易弯曲材质管道，可以通过一些弯曲方法来调整管线高程和坐标，从而解决工程管线交叉矛盾。从各城市实践来看，工程管线交叉时，大都采取本条原则来进行的。实践证明其规定是科学合理的。

7. A

【考核点】工程管线地下敷设交叉时的处理原则

【解　析】编制工程管线综合规划设计时，应减少管线在道路交叉口处交叉。当工程管线竖向位置发生矛盾时，宜按"分支管线让主干管线"处理。主干管径较大，调整工程管线弯曲度较难，另外过多的调整主干管线的弯曲度将增加系统阻力，降低输送压力，增加运行费用。从各城市实践来看，工程管线交叉时，大都采取本条原则来进行的。实践证明其规定是科学合理的。

8. A

【考核点】城市地上、下管线布置原则地下管线布置原则

【解　析】建筑红线较宽，给水、燃气、热力、通信、电力的分配管线与排水管可沿道路两侧双排敷设。

9. B

【考核点】管线间及管线与其他构筑物之间的最小水平距离及垂直净距

【解　析】当燃气管线可在建筑物两侧中任一侧引人均满足要求时，燃气管线应布置在管线较少的一侧。

10. C

【考核点】管线间及管线与其他构筑物之间的最小水平距离及垂直净距

【解　析】沿铁路、公路敷设的工程管线应与铁路、公路线路平行。当工程管线与铁

路、公路交叉时宜采用垂直交叉方式布置；受条件限制，可倾斜交叉布置，其最小交叉角宜大于3°。

11. A

【考核点】城市地上、下管线布置原则

【解　析】地上杆线布置原则：热力等管道不得在快速路与主干路上空架设。

12. B

【考核点】直埋敷设

【解　析】严寒或寒冷地区给水、排水、燃气等工程管线应根据土壤冰冻深度确定管线覆土深度；热力、电信、电力电缆等工程管线以及严寒或寒冷地区以外的地区的工程管线应根据土壤性质和地面承受荷载的大小确定管线的覆土深度。

13. D

【考核点】直埋敷设

【解　析】工程管线的最小覆土深度应符合下表的规定：

工程管线的最小覆土深度(m)

序　号		1		2		3		4	5	6	7
管线名称		电力		电信		热力		燃气	给水	雨水排水	污水排水
		直埋	管沟	直埋	管沟	直埋	管沟				
最小覆土深度(m)	人行道下	0.50	0.40	0.70	0.40	0.50	0.20	0.60	0.60	0.60	0.60
	车行道下	0.70	0.50	0.80	0.70	0.70	0.20	0.80	0.70	0.70	0.70

注：10kV以下直埋电力电缆管线的覆土深度不应小于1.0m。

14. C

【考核点】架空敷设

【解　析】沿城市道路架空敷设的工程管线，其位置应根据规划道路的横断面确定，并应保障交通畅通、居民的安全以及工程管线的正常运行。

15. A

【考核点】架空线线杆的设置与人行道的关系

【解　析】架空线线杆宜设置在人行道上距路缘石不大于1m的位置；有分车带的道路，架空线线杆宜布置在分车带内。

16. C

【考核点】工程管线跨越河流的方式

【解　析】工程管线跨越河流时，宜采用管道桥或利用交通桥梁进行架设，并应符合下列规定：

(1)可燃、易燃工程管线不宜利用交通桥梁跨越河流。

(2)工程管线利用桥梁跨越河流时，其规划设计应与桥梁设计相结合。

17. D

【考核点】管道转弯和交接处，其水流转角的范围

【解　析】管道转弯和交接处,其水流转角不应小于90°。(注:当管径小于或等于300mm,跌水水头大于0.3m时,可不受此限制。)

18. B

【考核点】城镇干道在道路两侧布置排水管道的条件

【解　析】道路红线宽度超过40m的城镇干道,宜在道路两侧布置排水管道。

19. D

【考核点】城市工程管线综合规划

【解　析】城市工程管线综合规划的主要内容包括:确定城市工程管线在地下敷设时的排列顺序和工程管线间的最小水平净距、最小垂直净距;确定城市工程管线在地下敷设时的最小覆土深度;确定城市工程管线在架空敷设时管线及杆线的平面位置及周围建(构)筑物、道路、相邻工程管线间的最小水平净距和最小垂直净距。

20. A

【考核点】原油、天然气输送管道穿(跨)越河流时,管道距大桥的距离

【解　析】严禁天然气输送管道利用公路桥梁跨越河流。原油、天然气输送管道穿(跨)越河流时,管道距大桥的距离,不应小于100m;距中桥不应小于50m。

二、多项选择题

1. ABC

【考核点】管线综合规划的主要内容

【解　析】在地下、地上建(构)筑物周围和道路间的有限空间各工程管线敷设时必然存在位置上的矛盾。城市工程管线综合就是按照一定的规划原则和排列顺序,通过规定其最小水平净距和最小垂直净距以及最小覆土深度等参数来满足不同管线在城市空间中位置上的要求,保证城市工程管线顺利施工及正常运转。

2. ABCD

【考核点】地下工程管线综合规划要求

【解　析】4个选项均是规范条目。

3. ABC

【考核点】地下工程管线综合规划要求

【解　析】严寒或寒冷地区给水、排水、燃气等工程管线应根据土壤冰冻深度确定管线覆土深度;热力、电信、电力电缆等工程管线以及严寒或寒冷地区以外的地区的工程管线应根据土壤性质和地面承受荷载的大小确定管线的覆土深度。

4. ABD

【考核点】直埋敷设工程管线在道路下面的规划位置要求

【解　析】为了减少工程管线在施工或日常维修时与城市道路交通相互影响,节省工程投资和日常维修费用。我国大多数城市在工程管线综合规划时,都考虑首先将工程管线敷设在人行道或非机动车道下面。

5. ABC

【考核点】直埋敷设工程管线在道路下面的规划位置要求

【解　析】从道路红线向道路中心线方向平行布置的次序宜为电力电缆、电信电缆、燃气输气、给水配水、热力干线、燃气输气、给水输水、雨水排水、污水排水。

6. ABCD

【考核点】直埋敷设工程与道路、铁路位置关系要求

【解　析】沿铁路、公路敷设的工程管线应与铁路、公路线路平行。当工程管线与铁路、公路交叉时宜采用垂直交叉方式布置；受条件限制，可倾斜交叉布置，其最小交叉角宜大于30°。

7. BCD

【考核点】直埋敷设工程管线在河道下面敷设要求

【解　析】河底敷设的工程管线应选择在稳定河段，埋设深度应按不妨碍河道的整治和管线安全的原则确定。考虑在通航河道清淤或整治河道时与工程管线使用时不相互影响。

8. ACD

【考核点】地上杆线布置原则

【解　析】地上杆线布置原则如下：

(1)地上杆线应按照规划横断面布置，平行道路中线安设，并满足道路建筑限界的要求。

(2)杆柱宜布置在路侧带内。多幅路道路的部分杆柱可布置在分隔带内，并注意街景美观。

(3)有条件时应将明线改为地下电缆。

(4)各种架空线宜合杆架设，但应保证各种线路的功能不受干扰。

(5)热力等管道不得在快速路与主干路上空架设。

B选项应该是：地上杆线应按照规划横断面布置。

9. AC

【考核点】城市地上、下管线的类型按性质和用途划分

【解　析】城市地上、下管线的类型按性质和用途划分：①管道（给水管、污水管、雨水管、煤气管、暖气管、天然气管等）；②电缆（电力线、电讯线、无轨电车及地下铁道等电力交通电缆等）。

10. ABCD

【考核点】道路管线工程设计的原则性要求

【解　析】道路管线工程设计的原则性要求：①符合总体规划才能协调各管线单位意见，符合专业规划才能满足管线专业技术要求；②管廊路幅分配和管线交叉的处理应符合相关专业规范对管线排列顺序、覆土深度、水平和垂直净距、防干扰等方面的规定；③为保证行车安全舒适，便于管道检修维护，管线应优先考虑布置在非车行道下。快速路主路上车速较快，井盖可能影响行车，管线管理维护难度大；其余车行道上的井盖通常由于与路面不齐平、井盖盗失、承载力不足或松动等原因，对行车的安全和舒适性有较大影响；人行道上的井盖和其他地上设施由于设置位置不合理以及上述原因，会影响盲人、残疾人轮椅的通行和正常人在光线较暗情况下的通行。

11. ABC

【考核点】排水管渠的布置和设计原则

【解　析】排水管渠(包括输送污水和雨水的管道、明渠、盖板渠、暗渠)的系统设计,应按城镇总体规划和分期建设情况,全面考虑,统一布置,逐步实施。

管渠一般使用年限较长,改建困难,如仅根据当前需要设计,不考虑规划,在发展过程中会造成被动和浪费;但是如按规划一次建成设计,不考虑分期建设,也会不适当地扩大建设规模,增加投资拆迁和其他方面的困难。为减少扩建时废弃管渠的数量,排水管渠的断面尺寸应根据排水规划,并考虑城镇远景发展需要确定;同时应按近期水量复核最小流速,防止流速过小造成淤积。规划期限应与城镇总体规划期限相一致。

本条对排水管渠的设计期限作了重要规定,即需要考虑“远景”水量。

12. BCD

【考核点】排水管渠在城镇道路下的埋设位置

【解　析】一般情况下,管渠布置应与其他地下设施综合考虑。污水管渠通常布置在道路人行道、绿化带或慢车道下,尽量避开快车道,如不可避免时,应充分考虑施工对交通和路面的影响。敷设的管道应是可巡视的,要有巡视养护通道。排水管渠在城镇道路下的埋设位置应符合 GB 50289《城市工程管线综合规划规范》的规定。

13. ABCD

【考核点】工程管线宜采用综合管沟集中敷设

【解　析】当遇下列情况之一时,工程管线宜采用综合管沟集中敷设:①交通运输繁忙或工程管线设施较多的机动车道、城市主干道以及配合兴建地下铁道、立体交叉等工程地段。②不宜开挖路面的路段。③广场或主要道路的交叉处。④需同时敷设两种以上工程管线及多回路电缆的道路。⑤道路与铁路或河流的交叉处。⑥道路宽度难以满足直埋敷设多种管线的路段。

14. BCD

【考核点】管道基础的布设

【解　析】管道基础应根据管道材质、接口形式和地质条件确定。

15. ABCD

【考核点】综合管沟敷设

【解　析】综合管沟内宜敷设电信电缆管线、低压配电电缆管线、给水管线、热力管线、污雨水排水管线。

16. BCD

【考核点】综合管沟的缺点

【解　析】综合管沟的缺点有:

(1)建设综合管沟不便分期修建。一次投资昂贵,而且各单位如何分担费用的问题较复杂。当管沟内敷设的工程管线较少时,管沟建设费用所占比重火。

(2)由于各工程管线的主管单位不同,不便管理。

(3)必须正确预测远景发展规划,以免造成容量不足或过大,致使浪费或在综合管沟附近再敷设地下管线,而这种预测较困难。

(4)在现有道路下建设时,现状工程管线与规划新建工程管线将花费较多费用而造成施工上困难。

(5)各工程管线组合在一起,容易发生干扰事故,如电力管线打火就有引起燃气爆炸的危险,所以必须制定严格的安全防护措施。

综合管沟对路面、交通和人民生活的干扰较少,具有经济上和使用上的合理性。我国大多数城市都在积极创造条件规划建设综合管沟。

17. BCD

【考核点】架空敷设

【解　析】①电力架空杆线与电信架空杆线宜分别架设在道路两侧,且与同类地下电缆位于同侧。②同一性质的工程管线宜合杆架设。③架空热力管线不应与架空输电线、电气化铁路的馈电线交叉敷设。当必须交叉时,应采取保护措施。

18. BD

【考核点】排水管道与其他地下管渠、建筑物、构筑物等相互间的位置的关系

【解　析】排水管道与其他地下管渠、建筑物、构筑物等相互间的位置,应符合下列要求:

(1)敷设和检修管道时,不应互相影响。

(2)排水管道损坏时,不应影响附近建筑物、构筑物的基础,不应污染生活饮用水。

19. ABCD

【考核点】当工程管线竖向位置发生矛盾的处理原则

【解　析】当工程管线竖向位置发生矛盾时,宜按下列规定处理:

(1)压力管线让重力自流管线;

(2)可弯曲管线让不易弯曲管线;

(3)分支管线让主干管线;

(4)小管径管线让大管径管线。

第二章　路 基 工 程

第一节　总　　论

【考试纲要】

1. 掌握路基设计的基本内容，路基土的工程性质。

2. 熟悉路基干湿类型的划分与确定方法，公路自然区划，路基设计指标 CBR 回弹模量（动态和静态）及压应变。

3. 了解路基的破坏形式与原因。

【复习提示】

1. 复习要点

路基的概念、路基设计的内容、路基的组成、路基结构和路基设施的概念、路基土分类依据与类型、公路自然区划原则、潮湿系数、路基土潮湿来源、路基湿度状况类型及评价方法、路基工作区、承载比（CBR）概念及测试方法、路基动态回弹模量概念及测试方法、路基的主要病害及其原因。

重点：

路基干湿类型、路基设计指标、路床厚度。

难点：

路基干湿类型判断、回弹模量设计值的确定。

2. 规范提示

对于干湿类型划分，《公路路基设计规范》（JTG D30—2015）做了全新的规定，不再采用临界高度或平均稠度划分干湿类型，而采用饱和度来表征路基土的干湿类型。此外，对路基设计指标进行了调整，规定 CBR 为路基施工控制指标，而路床顶面回弹模量为路基设计指标，以路床顶面竖向压应变为验算指标。

一、单项选择题

1. 路基是按照路线位置和一定技术要求修筑的（　　）。

　A. 层状结构物　　　　B. 带状构造物
　C. 带状建筑物　　　　D. 层状建筑物

2. 路基由路基结构和(　　)组成。

A. 路床　　B. 路堤

C. 路基设施　　D. 支挡结构

3. 沥青路面(　　)顶面竖向压应变的计算值应满足沥青路面永久变形的控制要求。

A. 路基工作区　　B. 路堤

C. 基层　　D. 路床

4. (　　)路面路床顶面竖向压应变可不作控制。

A. 沥青混凝土　　B. 沥青表处

C. 水泥混凝土　　D. 沥青灌入式

5. 新建公路路床不能处于(　　)状态。

A. 干燥　　B. 中湿

C. 潮湿　　D. 过湿

6. 路基结构的设计指标是(　　)。

A. 路床顶面回弹模量　　B. 路床顶面竖向压应变

C. CBR 值　　D. 路床压实度

7. 路基结构设计的验算指标是(　　)。

A. 路床顶面回弹模量　　B. 路床顶面竖向压应变

C. CBR 值　　D. 路床压实度

8. 地下水控制类的路基的平衡湿度状态为(　　)。

A. 干燥　　B. 中湿

C. 潮湿　　D. 过湿

9. 气候因素控制类的路基的平衡湿度状态为(　　)。

A. 干燥　　B. 中湿

C. 潮湿　　D. 过湿

10. 兼受地下水和气候因素影响的路基的平衡湿度状态为(　　)。

A. 干燥　　B. 中湿

C. 潮湿　　D. 过湿

二、多项选择题

1. 路基的基本要求有(　　)。

A. 承载力　　B. 稳定性

C. 刚度　　D. 耐久性

2. 路基的干湿状态有(　　)。

A. 干燥　　B. 中湿

C. 潮湿　　D. 过湿

3. 我国公路路基用土类型划分依据(　　)。

A. 颗粒组成　　B. 塑性指标

C. 有机质含量　　D. 含水率

4. 我国公路用土可分为(　　)。

A. 巨粒土　　B. 粗粒土

C. 细粒土　　D. 特殊土

5. 用于表征土基承载力的参数指标有(　　)。

A. 回弹模量　　B. 地基反应模量

C. 加州承载比(CBR)　　D. 竖向应力

6. 2015 版《公路路基设计规范》规定标准状态下路基回弹模量的确定方法有(　　)。

A. 动态回弹模量试验

B. 根据土组别和粒料类型查经验表

C. 根据填料的 CBR 值估算

D. 承载板试验

7. 路基由(　　)组成。

A. 路床　　B. 路基结构

C. 路基设施　　D. 排水系统

8. (　　)的高路堤陡坡路堤和深路堑等均应采用动态设计。

A. 高速公路　　B. 一级公路

C. 二级公路　　D. 三级公路

9. 路堤的变形破坏形式有(　　)。

A. 沉陷　　B. 滑坡

C. 沿地基滑动　　D. 崩塌

10. 路基沉降由(　　)构成。

A. 路堤沉降　　B. 地基沉降

C. 边坡沉降　　D. 边坡滑塌

11. 确定路基高度时,要综合考虑(　　)等因素。

A. 设计洪水位

B. 中湿状态的临界高度

C. 路基工作区深度

D. 路基冻结深度

习题参考答案及解析

一、单项选择题

1. B

【考核点】路基的概念

【解　析】路基是按照路线位置和一定技术要求修筑的带状构造物,是路面的基础,承受由路面传来的行车荷载。路面是层状构造物。

2. C

【考核点】路基的组成

【解　析】依据《公路路基设计规范》(JTG D30—2015)，路基由路基结构和路基设施组成。

3. D

【考核点】路基设计控制标准

【解　析】依据《公路路基设计规范》(JTG D30—2015)，强调根据路面结构分析与设计中对路基的要求。沥青路面路床顶面竖向压应变的计算值应满足沥青路面永久变形的控制要求。

4. C

【考核点】路基设计控制标准

【解　析】依据《公路路基设计规范》(JTG D30—2015)，水泥混凝土路面路床顶面竖向压应变可不做控制。

5. C

【考核点】路基干湿类型

【解　析】新建公路路床应处于干燥或者中湿状态；2015 版《公路路基设计规范》无过湿类型的划分。

6. A

【考核点】路基结构设计指标

【解　析】依据《公路路基设计规范》(JTG D30—2015)，路基结构的设计指标是路床顶面回弹模量。

7. B

【考核点】路基结构设计指标

【解　析】依据《公路路基设计规范》(JTG D30—2015)，路基结构设计验算指标是路床顶面竖向压应变 。

8. C

【考核点】路基干湿类型

【解　析】依据《公路路基设计规范》(JTG D30—2015)，地下水控制类的路基的平衡湿度状态为潮湿。

9. A

【考核点】路基干湿类型

【解　析】依据《公路路基设计规范》(JTG D30—2015)，气候因素控制类的路基的平衡湿度状态为干燥。

10. B

【考核点】路基干湿类型

【解　析】依据《公路路基设计规范》(JTG D30—2015)，兼受地下水和气候因素影响的路基的平衡湿度状态为中湿。

二、多项选择题

1. ABD

【考核点】路基基本要求

【解　析】规范规定,路基的基本要求有承载力、稳定性和耐久性。刚度包含在承载力之中。

2. ABC

【考核点】路基干湿类型

【解　析】依据《公路路基设计规范》(JTG D30—2015),较2007版规范干湿状态少了过湿的类型。

3. ABC

【考核点】路基土类型

【解　析】我国公路路基用土类型划分的依据是:颗粒组成、塑性指标、有机质含量。

4. ABCD

【考核点】路基土类型

【解　析】我国公路用土可分为巨粒土、粗粒土、细粒土、特殊土。

5. ABC

【考核点】路基承载力指标

【解　析】用于表征土基承载力的参数指标有:回弹模量、地基反应模量、加州承载比。

6. ABC

【考核点】路基动态模量

【解　析】依据《公路路基设计规范》(JTG D30—2015),标准状态下路基回弹模量的确定方法有:动态回弹模量试验、根据土组别和粒料类型查经验表、根据填料的CBR值估算。

7. BC

【考核点】路基组成

【解　析】依据《公路路基设计规范》(JTG D30—2015),路基由路基结构和路基设施组成。

8. AB

【考核点】特殊路基动态设计理念

【解　析】依据《公路路基设计规范》(JTG D30—2015),高速公路、一级公路的高路堤陡坡路堤和深路堑等均应采用动态设计。

9. ABC

【考核点】路基病害

【解　析】路堤的变形破坏形式有:沉陷、滑坡、沿地基滑动。崩塌为路堑病害。

10. AB

【考核点】路基沉降

【解　析】路基沉降由路堤沉降和地基沉降变形两者组成。

11. ABCD

【考核点】填方路基高度

【解　析】确定路基高度时，要综合考虑：设计洪水位、中湿状态的临界高度、路基工作区深度、路基冻结深度等因素。

第二节　一般路基设计

【考试纲要】

1. 掌握路基、高路堤、一般路堤及深路堑和一般路堑的设计原则及要点；以及路床（路基结构）设计要点。

2. 熟悉路基填料选择的原则及最小强度和最大粒径要求；路基最小填土高度要求及原因。

3. 了解路基边坡坡度的确定依据；填石路基、砌石路基、护肩、护脚的构造与使用条件；轻质材料路堤的用途、适用条件及常用轻质材料种类；工业废渣路堤的使用条件；路基压实的影响因素、压实度测定方法与压实标准。

4. 了解路基拓宽改建时的主要工程问题、拓宽形式及适用条件。

【复习提示】

1. 复习要点

路堤、路堑、填挖结合路基的设计原则及要点；路基的基本构造、路基的附属设施组成；路床（路基结构）设计要点；路基填料选择的原则及最小强度和最大粒径要求；路基最小填土高度要求及原因；路基边坡坡度的确定依据；填石路基、砌石路基、护肩、护脚的构造与使用条件；轻质材料路堤的用途、适用条件及常用轻质材料种类；工业废渣路堤的使用条件；路基压实的影响因素、压实度测定方法与压实标准；路基拓宽改建时的主要工程问题、拓宽形式及适用条件；路基工后沉降要求。

重点：

高路堤、一般路堤及深路堑和一般路堑的设计原则及要点；路基填料选择的原则及最小承载比和最大粒径要求；基底处理、路基压实的影响因素。

难点：

路堤最小填土高度要求及计算、新建路基回填模量设计值及其计算、路床设计流程。

2. 规范提示

2015 版《公路路基设计规范》对路床厚度、干湿类型和路基高度的确定等方面做较大的修订。规范规定：路床厚度根据交通等级确定路床厚度；路基压实度应根据公路技术等级、填挖深度、交通荷载等级和填料特点等因素确定；确定路基高度时要综合考虑设计洪水位、中湿状态的临界高度、路基工作区深度、路基冻结深度等因素；路堤边坡形式和坡率应根据填料的物理力学性质、边坡高度和工程地质条件确定；高路堤与陡坡路堤进行路基稳定性分析时，应考虑三种工况。

习题精练

一、单项选择题

1.《公路路基设计规范》(JTG D30—2015)的路基设计指标为(　　)。

A. 压实度　　B. CBR

C. 路床顶面回弹模量　　D. 路床顶面竖向压应变

2. 填方路基应优先选用级配较好的砾类土、砂类土等粗粒土作为填料,填料最大粒径应小于(　　)。

A. 150mm　　B. 160mm　　C. 170mm　　D. 180mm

3. 液限大于50%的(　　),不得直接作为路堤填料。

A. 细粒土　　B 粗粒土

C. 巨粒土　　D. 黏性土

4. 路堤填筑时,当路堤基底横坡陡于(　　)时,基底坡面应挖成台阶。

A. 1 ∶0.5　　B. 1 ∶1.5　　C. 1 ∶2.5　　D. 1 ∶3.5

5. 判断新建高速公路路基干湿类型宜采用的指标是(　　)。

A. 分界相对含水率　　B. 分界稠度

C. 路基临界高度　　D. 饱和度

6.《公路路基设计规范》(JTG D30—2015)规定,路基设计验算指标为(　　)。

A. 压实度　　B. CBR

C. 路床顶面回填模量　　D. 路床顶面竖向应变

7. 对于原地基处理,下列说法不正确的是(　　)。

A. 路基用地范围内的树木、灌木丛等均应在施工前砍伐或移植清理

B. 原地面的坑、洞、墓穴等应用原地土或砂性土回填

C. 当路堤填土高度小于路床厚度(80cm)时,路床压实度不宜小于基底压实度标准

D. 路堤原地基横坡陡于1 ∶5时,原地基应挖成台阶

8. 高路堤断面形式宜采用台阶式,降水量较大的地区,平台上应加设(　　)。

A. 排水沟　　B. 截水沟

C. 边沟　　D. 盲沟

9. 路基填料的强度要求是按(　　)来确定的。

A. 抗折强度　　B. 最小强度

C. CBR　　D. 抗弯拉强度

10. 低路堤是指填土高度小于(　　)的路堤。

A. 路基工作区　　B. 路床

C. 0.8m　　D. 1.2m

11. 边坡稳定性评价应遵循(　　)的原则。

A. 以定性分析为基础、定量计算为手段

B. 以定量分析为基础、定性计算为手段

C. 以地质类比为基础、理论计算为手段

D. 以理论为基础、数值分析为手段

12. 填石路堤压实质量控制宜用(　　)作为控制指标。

A. 压实度　　B. 空隙率

C. 压实沉降差　　D. 弯沉

13. 土工泡沫塑料路堤设计应进行材料(　　)的验算。

A. 抗拉强度　　B. 抗压强度

C. 抗剪强度　　D. 抗折强度

14. 某二级公路路堤高度为5m,与该路堤相接的桥台过渡段的长度不宜小于(　　)。

A. 12m　　B. 13m　　C. 14m　　D. 15m

15. 当一条四级公路铺筑沥青混凝土路面时,其路基土的压实度应该满足(　　)公路的压实度要求。

A. 一级　　B. 二级

C. 三级　　D. 四级

二、多项选择题

1. 下列材料可直接用于路堤填料的有(　　)。

A. 有机质土　　B. 碎石土

C. 细砂质粉土　　D. 冻土

2. 路床厚度应根据(　　)确定。

A. 交通量　　B. 轴载组成

C. 气候分区　　D. CBR

3. 用于公路路基的土质填料,应通过取样试验确定填料的(　　)。

A. 最小强度　　B. 级配

C. 抗弯拉强度　　D. 最大粒径

4. 关于采用不同性质的填料填筑路堤,下列说法正确的有(　　)。

A. 应水平分层填筑,不得混填

B. 应将不同性质的填料进行拌和,在同水平层路基全宽范围混合填筑

C. 不易受潮湿或冻融影响而改变体积的优良土应填在上层

D. 以透水性较小的土填筑路堤下层时,应做成4%的双向横坡

5. 粉煤灰路堤的组成除路堤主体部分外,还包括(　　)。

A. 边坡盲沟　　B. 包边土

C. 封顶层　　D. 隔离层

6. 对于土石路堤基底处理要求,除需满足土质路堤地基表层处理要求外,在陡、斜坡地段,土石路堤靠山一侧应按设计要求,做好(　　)处理。

A. 压实度　　B. 承载力

C. 排水　　D. 防渗

7. 高路堤与陡坡路堤稳定性分析时，地基土的强度参数 c、φ 值宜采用( )试验获得。

A. 直剪固结快剪　　B. 三轴不固结不排水

C. 三轴固结不排水　　D. 三轴固结排水

8. 对于填石路堤填料，下列说法正确的是( )。

A. 膨胀岩石、易溶性岩石不宜直接用于路堤填筑

B. 强风化石料、崩解性岩石和盐化岩石不得直接用于路堤填筑

C. 路堤填料粒径应不大于 500mm，并不宜超过层厚的 2/3，不均匀系数宜为 15 ~ 20

D. 路床底面以下 500mm 范围内，填料粒径应小于 150mm

9. 关于土质路堤地基表层处理要求，下列说法正确的有( )。

A. 取土坑范围内的树根应全部挖除

B. 原地面的坑、洞、穴等，应在清除沉积物后，用合格填料分层回填分层压实

C. 泉眼或露头地下水，应按设计要求，采取有效导排措施后方可填筑路堤

D. 二级及二级以上公路路堤基底的压实度应不小于 85%

10. 当地面横坡为 1 ：5 ~ 1 ：2.5 时，下面说法错误的是( )。

A. 原地面应挖台阶处理

B. 可直接在天然地面上填筑路堤

C. 台阶宽度不应小于 2m

D. 当覆盖层较厚且稳定时，宜先清除覆盖层再挖台阶

11. 路基高度应满足以下条件( )。

A. 设计洪水位　　B. 不宜小于中湿状态的临界高度

C. 不宜小于当地冻深　　D. 路基工作区厚度

12. 高路堤设计稳定性计算时，应考虑的工况为( )。

A. 路基投入运营后经常发生或持续时间长的工况

B. 路基处于暴雨或联系降雨状态下的工况

C. 路基遭遇地震等荷载作用的工况

D. 路基土饱和状态的工况

13. 当轻质土路基抗浮稳定系数小于抗浮安全系数时，应采取( )等措施。

A. 调整轻质材料填筑区厚度

B. 增加填土荷重

C. 采用锚固的方式

D. 降低地下水位

14. 路基填料应满足( )的要求。

A. 路基强度　　B. 回弹模量

C. 强度指标　　D. 密度

15. 减少高路堤工后沉降的措施有( )。

A. 增强补压　　B. 铺设土工合成材料

C. 预留一个雨季的沉降期　　D. 采用填石路基

◈ 习题参考答案及解析 ◈

一、单项选择题

1. C

【考核点】路基设计指标

【解　析】依据2015版《公路路基设计规范》3.2.4规定，路基设计指标为路床顶面回填模量。

2. A

【考核点】填方路基填料的最大粒径

【解　析】填方路基应优先选用级配较好的砾类土、砂类土等粗粒土作为填料，填料最大粒径应小于150mm。

3. A

【考核点】路堤填料选择

【解　析】液限大于50%、塑性指数大于26的细粒土，不得直接作为路堤填料。

4. B

【考核点】路堤基底要求

【解　析】路堤填筑时，当路堤基底横坡陡于1∶1.5时，基底坡面应挖成台阶。

5. C

【考核点】路基土的干湿类型

【解　析】原有公路路基土的干湿类型，可以根据路基的分界相对含水率或分界稠度划分；新建公路路基的干湿类型可用路基临界高度来判别。

6. D

【考核点】路基设计验算指标

【解　析】2015版《公路路基设计规范》规定，路基设计验算指标为路床顶面竖向应变。

7. C

【考核点】基底处理

【解　析】基底应在填筑前进行压实。高速公路、一级公路、二级公路路堤基底的压实度应不小于90%，当路堤填土高度小于路床厚度(0.8m)时，基底的压实度不宜小于路床的压实度标准。

8. B

【考核点】高路堤边坡的断面形式

【解　析】高路堤断面形式宜采用台阶式，降水量较大的地区，平台上应加设截水沟。

9. C

【考核点】路基填料

【解　析】用于公路路基的填料要求挖取方便，压实容易，强度高，水稳定性好。其中，强度要求是按 CBR 值确定的，应通过取土试验确定填料最小强度和最大粒径。

10. A

【考核点】低路堤的概念

【解 析】依据规范，路堤填土是指高度小于路基工作区深度的路堤。

11. A

【考核点】边坡稳定性计算原则

【解 析】边坡稳定性评价应遵循“以定性分析为基础、定量计算为手段”的原则。

12. B

【考核点】填石路堤压实质量

【解 析】填石路堤压实质量控制宜用空隙率作为控制指标。施工压实质量采用空隙率、压实沉降差或者施工参数联合控制。

13. B

【考核点】轻质填料路堤设计

【解 析】土工泡沫塑料路堤设计应进行材料抗压强度的验算。

14. B

【考核点】路堤过渡段长度

【解 析】依据 2015 版《公路路基设计规范》要求，过渡段长度要求 $L=(2\sim3)H+(3\sim5)$m。

15. B

【考核点】压实度要求

【解 析】依据 2015 版《公路路基设计规范》要求，三、四及公路如果采用水泥混凝土路面或沥青混凝上路面，则其的压实度应满足二级公路压实度标准。

二、多项选择题

1. BC

【考核点】路堤填料的使用

【解 析】有机质土、冻土不能直接用于路堤填料。

2. AB

【考核点】路床的厚度

【解 析】依据 2015 版《公路路基设计规范》，路床厚度由交通量及轴载组成确定。

3. AD

【考核点】公路路基的填料的性质

【解 析】用于公路路基的填料要求挖取方便，压实容易，强度高，水稳定性好。其中，强度要求是按 CBR 值确定，应通过取土试验确定填料最小强度和最大粒径。

4. ACD

【考核点】土质路堤的性质

【解 析】不同性质的填料填筑路堤：不同土质混合填筑路堤，以透水性较小的土填筑路堤下层时，应做成 4% 的双向横坡，水平分层填筑，不得混填；不易受潮湿或冻融影响而改变体积的优良土应填在上层,强度较小的土应填在下层。

5. ABCD

【考核点】粉煤灰路堤的组成

【解　析】粉煤灰路堤组成包括:主体部分、包边土、边坡盲沟、封顶层、隔离层、护坡、排水系统。

6. CD

【考核点】土石路堤基底的要求

【解　析】本题考查的是土石路堤基底处理要求。除满足土质路堤地基表层处理要求外,在陡、斜坡地段,土石路堤靠山一侧应按设计要求,做好排水和防渗处理。

7. AC

【考核点】地基土强度参数的确定方法

【解　析】地基土的强度参数 c、φ 值宜采用直剪固结快剪或三轴固结不排水剪试验获得。

8. ABC

【考核点】路基填料的选择

【解　析】膨胀岩石、易溶性岩石不宜直接用于路堤填筑。强风化石料、崩解性岩石和盐化岩石不得直接用于路堤填筑。路堤填料粒径应不大于500mm,并不宜超过层厚的2/3,不均匀系数宜为15~20。路床底面以下400mm范围内,填料粒径应小于150mm。路床填料粒径应小于100mm。

9. ABC

【考核点】土质路堤地基表层的要求

【解　析】在一般土质地段,高速公路、一级公路和二级公路基底的压实度(重型)不应小于90%;三、四级公路不应小于85%。

10. BD

【考核点】地面横坡的处理

【解　析】地面横坡为1:5~1:2.5时,原地面应挖台阶,台阶宽度不应小于2m。当基岩面上的覆盖层较薄时,宜先清除覆盖层再挖台阶;当覆盖层较厚且稳定时,可予保留。

11. ABC

【考核点】路堤高度

【解　析】2015版《公路路基设计规范》对路堤高度进行了修订,路堤高度应满足:设计洪水位、不宜小于中湿状态的临界高度、不宜小于当地冻深。

12. ABC

【考核点】路基稳定性计算工况

【解　析】2015版《公路路基设计规范》对路基稳定性设计工况进行了修订,路基稳定性设计工况为:路基投入运营后经常发生或持续时间长的工况、路基处于暴雨或联系降雨状态下的工况、路基遭遇地震等荷载作用的工况。

13. ABD

【考核点】轻质土路堤抗浮稳定性

【解 析】2015 版《公路路基设计规范》扩大的轻质材料范围,包括气泡土、粉煤灰、EPS 块等。当轻质土路基抗浮稳定系数小于抗浮安全系数时,应采取调整轻质材料填筑区厚度、增加填土荷重、降低地下水位等措施。

14. AB

【考核点】路基填料要求

【解 析】依据 2015 版《公路路基设计规范》,路基填料应满足路基强度和回弹模量的要求。

15. ABC

【考核点】高路堤沉降控制

【解 析】依据 2015 版《公路路基设计规范》,减少高路堤工后沉降的措施有增强补压、铺设土工合成材料、预留一个雨季的沉降期等。

第三节 路基边坡稳定性设计

【考试纲要】

1. 掌握边坡稳定性验算所需土体的参数及确定原则。

2. 了解边坡稳定性分析的三种工况及使用条件,工程地质比拟法、简化 Bishop 法及不平衡推力法的适用条件。

【复习提示】

1. 复习要点

边坡稳定性验算所需土性参数及确定原则、边坡稳定性分析的三种工况及使用条件、工程地质比拟法、简化 Bishop 法及不平衡推力法的适用条件。

重点:

稳定性分析的三种工况、简化 Bishop 法、不平衡推力法。

难点:

简化 Bishop 法及不平衡推力法的应用。

2. 规范提示

2015 年《公路路基设计规范》主要对边坡稳定性评价方法与控制标准、计算工况、岩土体参数确定方法等方面进行了修订。规范规定:边坡稳定性评价要遵循以定性分析为基础、以定量计算为重要辅助手段的综合评价原则。边坡稳定性分析应考虑正常工况、非正常工况Ⅰ和非正常工况Ⅱ等三种工况。路堤堤身稳定性、路堤和地基整体稳定性采用简化 Bishop 法,路堤沿斜坡地基或软弱带滑动的稳定性分析采用不平衡推理法;路堑边坡稳定性计算方法,应根据边坡类型和可能的破坏形式,采用简化 Bishop 法、平面滑动解析法、不平衡推力法、赤平投影法和实体比例投影法、数值分析法等。

习题精练

一、单项选择题

1. 边坡稳定性计算时，应考虑的正常工况为（　　）。

A. 边坡处于天然状态下的工况　　B. 边坡处于暴雨下的工况

C. 边坡处于连续降雨状态下的工况　　D. 考虑边坡冻融的工况

2. 无黏性土边坡的稳定性（　　）。

A. 与坡高无关，与坡角无关　　B. 与坡高无关，与坡角有关

C. 与坡高有关，与坡角有关　　D. 与坡高有关，与坡角无关

3. 某无黏性土坡坡角 $\beta = 24°$，内摩擦角 $\varphi = 36°$，则稳定安全系数为（　　）。

A. $K = 1.46$　　B. $K = 1.50$

C. $K = 1.63$　　D. $K = 1.70$

4. 分析砂性土边坡稳定时，一般假定滑动面为（　　）。

A. 斜平面　　B. 中点圆

C. 坡面圆　　D. 坡角圆

5.（　　）边坡在自然稳定状态下的极限坡角，称为自然休止角。

A. 黏性土　　B. 无黏性土

C. 饱和黏性土　　D. 黄土

6. 滑坡的稳定性分析一般采用（　　）方法。

A. Bishop 法　　B. 简化 Bishop 法

C. 不平衡推力法　　D. 赤平投影法

7. 分析黏性土坡稳定时，假定滑动面为（　　）。

A. 斜平面　　B. 水平面

C. 圆弧面　　D. 曲面

8. 由（　　）构成的土坡进行稳定分析时，需要采用条分法。

A. 细砂土　　B. 粗砂土

C. 碎石土　　D. 黏性土

9. 影响无黏性土坡稳定性的主要因素为（　　）。

A. 土坡高度　　B. 土坡坡角

C. 土的重度　　D. 土的黏聚力

10. 下列因素中，导致土坡失稳的因素是（　　）。

A. 坡脚挖方　　B. 动水力减小

C. 土的含水率降低　　D. 土体抗剪强度提高

11. 黏性土坡的稳定性与土体的（　　）等指标有关。

A. 抗剪强度指标，土的重度，坡高，土坡坡角

B. 抗剪强度指标,土的重度,安全系数,土坡坡角

C. 土的含水率,土体饱和度,坡高,土坡坡角

D. 土的含水率,土体重度,安全系数,坡高

12. 土质边坡按水土分算原则计算时,地下水以下的土宜采用土的(　　)指标。

A. 固结不排水抗剪强度　　B. 有效抗剪强度

C. 土固结排水抗剪强度　　D. 抗剪强度

13. 简化 Bishop 公式忽略了(　　)。

A. 土条间的作用力　　B. 土条间的剪应力

C. 土条间的法向作用力　　D. 土条间的切向作用力

14. 不平衡推力传递系数法适用于(　　)。

A. 非圆弧滑动面　　B. 圆弧滑动面

C. 折线滑动面　　D. 转动破坏面

二、多项选择题

1. 影响路基边坡稳定性的因素有(　　)。

A. 边坡土质、水的活动　　B. 地震及其他震动荷载

C. 边坡的几何形状　　D. 活荷载的增加

2. 对于无黏性土边坡稳定性分析,下列说法正确的有(　　)。

A. 由于无黏性土土粒之间缺少黏聚力,只要位于坡面上的土体单元保持稳定,则整个边坡就是稳定的

B. 滑动力与抗滑力的比值称为稳定系数

C. 无黏性土边坡的稳定度与坡高无关,与坡角有关

D. 无黏性土边坡的稳定度与坡高有关,与坡角无关

3. 对于黏性土边坡稳定性分析,下列说法正确的有(　　)。

A. 黏性土实际滑动面位置总是发生在受力情况最不利的地方

B. 滑动面常常是一曲面,通常近似于圆柱面

C. 黏性土常用的稳定分析方法有直线法、圆弧法、条分法和不平衡推力传递系数法

D. 对于黏性土边坡,当土的内摩擦角 $\varphi=0$ 时,其最危险滑动面常通过坡角

4. 关于瑞典条分法,下列说法不正确的有(　　)。

A. 瑞典条分法假定滑动面为圆柱面及滑动土体为不变形的刚体

B. 瑞典条分法忽略了土条两侧面上的法向力

C. 瑞典条分法的计算精度高于 Bishop 条分法

D. 瑞典条分法稳定性系数的计算估计会比其他较严格的方法小

5. 土坡滑动面成非圆弧状时,不适用(　　)方法。

A. 瑞典条分法　　B. Bishop 条分法

C. 杨布条分法　　D. 不平衡推力传递系数法

6. 浸水路堤稳定性影响因素有(　　)。

A. 稳定性受水位降落的影响　　B. 稳定性与路堤填料透水性有关

C. 稳定性与路堤压实度有关　　D. 稳定性与地质条件有关

7. 高路堤稳定性验算时，路基填土的强度参数，可采用(　　)获得。

A. 直剪快剪　　B. 固结试验

C. 三轴排水剪切试验　　D. 三轴不排水剪切试验

8. 陡坡路堤稳定性计算时，应考虑的工况为(　　)。

A. 路基投入运营后经常发生或持续时间长的工况

B. 路基处于暴雨或联系降雨状态下的工况

C. 路基遭遇地震等荷载作用的工况

D. 路基土饱和状态的工况

9. 对于结构复杂的岩质边坡，稳定性分析可采用(　　)。

A. 简化 Bishop 法　　B. 赤平投影法

C. 实体比例投影法　　D. 数值分析法

10. (　　)的挖方边坡应进行施工监测。

A. 高速公路深路堑　　B. 一级公路深路堑

C. 不良地质路段　　D. 特殊岩土地段

11. 边坡土体的力学参数的确定可采用(　　)。

A. 原位剪切试验　　B. 原状土室内剪切试验

C. 反算分析　　D. 原状土三轴试验

三、案例题

1. 某一陡坡路堤，其横断面如图所示。根据路堤边坡和堤底原地面形状，将路堤分为 4 块，土块 1 到 4 的面积依次为 3.18m², 36.99m², 105.58m², 14.82m²；已知填料重度 $\gamma = 18.7\text{kN/m}^3$，内摩擦角 $\varphi = 20°53'$，不计黏聚力 c，车辆荷载换算高度 $h_0 = 0.93\text{m}$。若要求安全系数 $K = 1.25$。

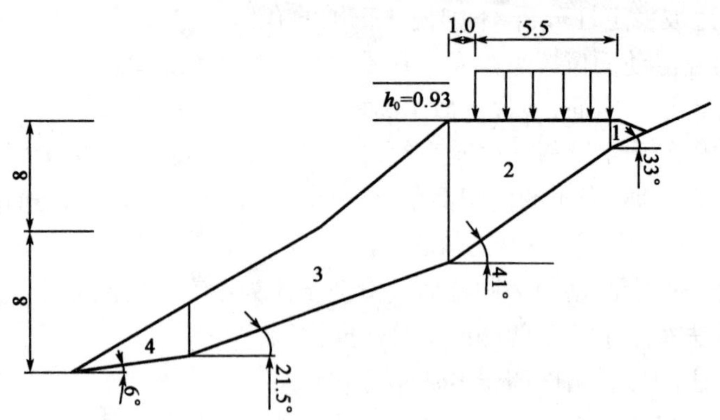

(1) 该路堤第 2 块对第 3 块每米的推力为(　　)。

A. 0kN/m　　B. 212.8kN/m　　C. 312.8kN/m　　D. 412.8kN/m

(2) 路堤第 4 块的剩余每米下滑力为(　　)。

A. 0kN/m　　B. 114.2kN/m　　C. 214.2kN/m　　D. 314.2kN/m

2. 一均质无黏性土坡，其饱和重度为 $\gamma_{sat}=19.5kN/m^3$，内摩擦角 $\varphi=30°$，若要求该土坡的稳定安全系数为1.25，则在干坡无渗流浸润或完全浸水情况下边坡滑裂面水平倾斜角 ω 为( )。

A. 24.8° B. 32.6°

C. 22.2° D. 30.3°

3. 某挖方边坡，已知 $\varphi=25°$，$c=14.7kPa$，$\gamma=17.64kN/m^3$，$H=6.0m$。现拟采用1：0.5的边坡，则其稳定性系数为( )。

A. 1.42 B. 1.48

C. 1.53 D. 1.60

习题参考答案及解析

一、单项选择题

1. A

【考核点】边坡稳定性分析的工况

【解　析】依据《公路路基设计规范》(JTG D30—2015)，边坡稳定性分析应考虑正常工况、非正常工况Ⅰ和非正常工况Ⅱ等三种工况。其中，边坡处于天然状态下的工况属于正常工况。

2. B

【考核点】无黏性土边坡稳定性分析

【解　析】对于均质无黏性土坡，理论上土坡的稳定性与坡高无关，只要坡角小于土的内摩擦角，并且 $K>1$，土坡就是稳定的。

3. C

【考核点】无黏性土边坡稳定系数计算

【解　析】无黏性土的边坡稳定系数 $K=\frac{T_f}{T}=\frac{\tan\varphi}{\tan\beta}$，通过此公式可计算出稳定系数应为1.63。

4. A

【考核点】砂性土边坡滑动面

【解　析】砂性土坡进行稳定性分析时，假定滑动面为斜平面。

5. B

【考核点】自然休止角概念

【解　析】自然休止角的概念是无黏性土边坡处于极限平衡状态，相应的坡角就等于土的内摩擦角。

6. C

【考核点】稳定性分析方法

【解　析】路堤稳定性一般采用简化 Bishop 法，沿斜坡地基或软弱滑动带的稳定性分析一般采用不平衡推力法。

7. C

【考核点】黏性土坡假定滑动面

【解　析】黏性土坡的滑动面为曲面，为简化计算，黏性土坡进行稳定分析时，假定滑动面为圆弧面（圆筒面）。

8. D

【考核点】条分法的适用范围

【解　析】黏性土坡的滑动面为圆弧形，采用条分法进行稳定分析。

9. B

【考核点】影响无黏性土稳定性的主要因素

【解　析】无黏性土坡稳定性仅取决于土坡坡角 β。而黏性土坡的稳定性与土坡坡角 β、坡高 H、土的重度 γ、土的抗剪强度指标黏聚力 c 和土的内摩擦角 φ 有关。

10. A

【考核点】影响土坡失稳因素

【解　析】影响土坡失稳的不利因素有：土坡作用力发生变化，土体抗剪强度降低，静水压力作用，动水力增大。坡脚挖方会导致土坡坡角增大，从而引起土坡失稳。

11. A

【考核点】影响黏性土稳定性的土体指标

【解　析】黏性土土坡稳定性与土坡的抗剪强度指标 c、φ，土体重度 γ，坡高 H 及坡角 β 有关。

12. B

【考核点】边坡岩土土参数

【解　析】土质边坡按水土分算原则计算时，地下水以下的土宜采用土的有效抗剪强度指标；采用水土合算时，地下水以下的土宜采用固结不排水抗剪强度指标。

13. D

【考核点】简化 Bishop 法的假设条件

【解　析】简化 Bishop 公式只考虑了土条间的法向作用力而忽略切向作用力。

14. C

【考核点】不平衡推力传递系数法的适用条件

【解　析】山区一些土坡往往覆盖在起伏变化的岩基面上，土坡失稳多数沿这些界面发生，形成折线滑动面。对于岩质边坡，坡面沿断层或裂隙发生，一般为折线滑动面。对这类边坡的稳定性分析可采用不平衡推力传递系数法。

二、多项选择题

1. ABCD

【考核点】影响路基边坡稳定性的因素

【解　析】根据土力学原理，路基边坡滑坍是由于边坡土体中的剪应力超过其抗剪强度所产生的剪切破坏。因此凡是使土体剪应力增加或抗剪强度降低的因素，都可能会引起边坡的滑坍。选项 A、B、C、D 都是影响路基边坡稳定性的因素。

2. AC

【考核点】无黏性土边坡稳定性分析

【解 析】无黏性土抗滑力比滑动力的比值 K 称为稳定系数,其中 $K=\frac{T_f}{T}=\frac{\tan\varphi}{\tan\beta}$,故选项 B 错误。理论上,土坡稳定性与坡高无关,只要坡角小于土的内摩擦角,$K>1$,那么土坡就是稳定的。因此选项 D 错误。

3. ABD

【考核点】黏性土坡稳定性分析

【解 析】黏性土常用的稳定性分析方法有整体圆弧滑动法、条分法(包括瑞典条分法、Bishop 条分法和杨布条分法)和不平衡推力传递系数法。直线法适用于砂性土、以摩阻力为主、滑动面为平面的路堤或路堑边坡,以及原地面为单一倾斜的陡坡路堤的稳定性验算。ABD 的说法都是正确的。

4. BC

【考核点】瑞典条分法

【解 析】瑞典条分法计算出的稳定性系数一般比其他较严格的方法低 10% ~20%。稳定性系数计算值估计也会比其他较严格的方法小一半,因此这种方法是偏于安全的。Bishop 条分法计算精度高于瑞典条分法。瑞典条分法忽略了土条间的作用力。故 BC 选项错误。

5. AB

【考核点】条分法的适用条件

【解 析】瑞典条分法和 Bishop 条分法的滑动面都是圆柱状,杨布条分法适用于滑动面呈非圆弧状,不平衡推力传递系数法一般适用于折线滑动面。

6. AB

【考核点】浸水路堤稳定性影响因素

【解 析】影响涉水路堤稳定性因素主要为受水位降落的影响和路堤填料透水性的影响。所以 AB 选项正确。

7. AD

【考核点】稳定性计算参数选取

【解 析】依据规范,高路堤稳定性验算时,路基填土的强度参数可采用直剪快剪、三轴不排水剪切试验获得。

8. ABC

【考核点】路基稳定性计算工况

【解 析】2015 版《公路路基设计规范》对路基稳定性设计工况进行了修订,路基稳定性设计工况为:路基投入运营后经常发生或持续时间长的工况、路基处于暴雨或联系降雨状态下的工况、路基遭遇地震等荷载作用的工况。

9. BCD

【考核点】边坡稳定性计算方法

【解 析】依据 2015 版《公路路基设计规范》,对于结构复杂的岩质边坡,稳定性分析可采用赤平投影法、实体比例投影法和楔形滑动面法；对于破坏机理复杂的边坡，可采用数值分析法。

10. ABCD

【考核点】边坡稳定性施工监测

【解　析】依据2015版《公路路基设计规范》，对高速公路深路堑、一级公路深路堑、不良地质路段、特殊岩土地段的边坡应进行施工监测。

11. ABCD

【考核点】边坡土体参数

【解　析】边坡土体参数的确定强度要采用原状土，而不能是重塑土。依据公路路基设计规范，边坡土体的力学参数的确定可采用原位剪切试验、原状土室内剪切试验、反算分析。另外，从土力学试验可知，原状土三轴试验也可以获得强度参数。

三. 案例题

1.（1）C；（2）D

解：计算过程如下表所示：

土块号	A_i (m^2)	$Q_i=\gamma_i A_i$ (kN/m)	α_i	$\alpha_{i-1}-\alpha_i$	$Q_i\sin\alpha_i$ (kN/m)	$\frac{Q_i\sin\alpha_i\tan\varphi}{K}$ (kN/m)	$E_{i-1}\cos(\alpha_{i-1}-\alpha_i)$ (kN/m)	$E_{i-1}\sin(\alpha_{i-1}-\alpha_i)\tan\varphi$ (kN/m)	E_i (kN/m)
1	3.18	59.5	33°	—	32.4	15.2	—	—	17.2
2	36.99	691.7	41°	−8°	453.8	158.7	17	−0.91	312.8
3	105.58	1974.3	21.5°	19.5°	713.7	558.4	294.8	39.68	418.3
4	14.82	277.1	6°	15.5°	28.9	83.8	403.1	42.48	314.2

2. A

解：干坡（无渗流浸润）或完全浸水情况下，根据无黏性土坡稳定系数计算公式：

$$F_s=\frac{\tan\varphi}{\tan\omega}\Rightarrow\tan\omega=\frac{\tan\varphi}{F_s}=\frac{\tan30°}{1.25}=0.462$$

$$\omega=24.8°$$

3. C

解：由 $\cot\alpha=0.5\Rightarrow\alpha=63°26'$，$\csc\alpha=1.1181$

$$f=\tan25°=0.4663,\ a=\frac{2c}{\gamma H}=0.2778$$

代入公式 $K_{min}=(2a+f)\cdot\cot\alpha+2\sqrt{a(f+a)}\cdot\csc\alpha$

得 $K_{min}=1.53$

第四节 路基排水设计

【考试纲要】

1. 掌握边沟、截水沟、排水沟的构造以及加固类型;渗沟的类型、构造及适用条件。

2. 熟悉路基地面排水设施和地下排水设施的使用条件;排水系统综合设计的内容与要求。

3. 了解路基排水设计的目的与一般原则;排水明沟的水力计算方法。

【复习提示】

1. 复习要点

边沟、截水沟、排水沟的构造以及加固类型;渗沟的类型、构造及适用条件;路基地面排水设施和地下排水设施的使用条件;排水系统综合设计的内容与要求;路基排水设计的目的与一般原则;排水明沟的水力计算方法。

重点:

各类地面、地下排水设施的构造以及适用条件。

难点:

排水系统综合设计的内容。

2. 规范提示

公路路基排水设计包括地表排水和地下排水两个部分。《公路路基设计规范》(JTG D30—2015)新增了各类明沟最大允许流速、挖方边沟盖板、季节性冻土区暗埋管的埋设深度规定;增加了下挖式通道排水、立交区路基排水及中央分隔带排水要求;增加了渗井、排水隧洞的设计要求。

一、单项选择题

1. (　　)既可以用于排除地面水,也可以用于排除地下水。

A. 排水沟　　B. 截水沟

C. 渗井　　D. 边沟

2. 在排水沟与水道连接时,两者水流流向应(　　)。

A. 垂直相交　　B. 小于45°相交

C. 大于45°相交　　D. 平行

3. 截水沟的纵坡坡度不宜小于(　　)。

A. 0.1%　　B. 0.2%　　C. 0.3%　　D. 0.4%

4. 在选用边沟冲刷加固措施时,既要考虑加固措施的耐久性,也要考虑与环境的协调性;在边沟水流的最大允许流速范围内,优先选用下列哪种方式加固(　　)。

A. 植物防护　　B. 换填砂砾　　C. 加设挡土梗　　D. 浆砌石

5. 当山坡覆盖层较薄而又松散时，截水沟的沟底应设置在(　　)上。

A. 松散土壤　　B. 弱风化岩层

C. 基岩　　D. 都可以

6. 在路基排水中，在土质地段的边沟纵坡大于(　　)时，应采取加固措施。

A. 1%　　B. 2%　　C. 3%　　D. 5%

7. 设置在挖方路基路肩外侧或低路堤坡脚外侧的排水设施是(　　)。

A. 排水沟　　B. 截水沟

C. 边沟　　D. 急流槽

8. 汇集路基下含水层的水并将它引致更下一层含水层，用于疏干路基的地下排水设施是(　　)。

A. 暗沟　　B. 渗沟

C. 盲沟　　D. 渗井

9. 常用于陡坡地段排水的路基地面排水设施是(　　)。

A. 急流槽　　B. 边沟

C. 排水沟　　D. 渡水槽

10. 路基汇水无法自流排出时，可设置排水泵站，在下挖的两端，应设置泄水口、(　　)等排水设施。

A. 排水沟　　B. 边沟

C. 截水沟　　D. 下挖通道

11. 矩形边沟用于(　　)。

A. 人工施工的坚硬岩石路堑地段

B. 机械化施工的土质边坡

C. 沙漠灾害地区

D. 机械化施工的弱风化岩层地区

12. 地表排水设施的沟顶应高出沟内设计水面(　　)以上。

A. 0.1m　　B. 0.2m　　C. 0.3m　　D. 0.4m

13. 边沟沟底纵坡宜与路线纵坡一致，不宜小于(　　)。

A. 0.1%　　B. 0.2%　　C. 0.3%　　D. 0.4%

14. 挖方路基的堑顶截水沟应设置在坡口的(　　)开外。

A. 3m　　B. 4m　　C. 5m　　D. 6m

15. 将取土场和路基附近低洼的水引向路基以外时，应设置(　　)。

A. 边沟　　B. 截水沟

C. 盲沟　　D. 排水沟

16. 有地下水出露的挖方路基、斜坡路堤、路基填挖交界结合部，以及地下水位埋深小于0.5m的低路堤路段，应设置(　　)。

A. 渗沟　　B. 渗井

C. 暗沟　　D. 渡水槽

17. 下列选项中不属于综合排水设计要求的是(　　)。

A. 流向路基的地面水和地下水需要在路基范围以外的地点,设置截水沟和排水沟进行拦截

B. 对于明显的天然沟槽,一般应依沟设置涵洞,不必勉强改沟与合并

C. 各种排水设施必须地基稳固,不渗漏或滞留,并具有适当纵坡,以控制保持适当的流速

D. 为了提高截留效果,减少工程量,地面沟渠宜大体沿等高线布置,尽可能使沟渠平行于流水方向

二、多项选择题

1. 路基防排水设计中,当地下水埋深较深或为固定含水层时,可采用(　　)。

A. 排水隧洞　　B. 排水槽

C. 渗水暗沟　　D. 渗井

2. 下列属于地下路基排水设施的有(　　)。

A. 蒸发池　　B. 渗沟

C. 排水泵　　D. 渗井

3. 根据材料的形式,可将渗沟分成(　　)。

A. 填石渗沟　　B. 管式渗沟

C. 洞式渗沟　　D. 有压力渗沟

4. 公路排水中,地表排水主要是排除路基范围内的(　　)。

A. 地表径流　　B. 边坡雨水

C. 地表积水　　D. 地下水

5. 下挖式通道排水方式主要有(　　)。

A. 自流排水式　　B. 泵站排水式

C. 渗井排水式　　D. 蒸发池排水式

6. 边沟可以设置在挖方路基的(　　)。

A. 路肩外侧　　B. 路肩内侧

C. 低路堤坡脚外侧　　D. 低路堤坡脚内侧

7. 当地下埋藏浅或者无固定含水层的时,可采用(　　)排水设施。

A. 隔离层　　B. 排水垫层

C. 暗沟　　D. 渗沟

8. 沟渠的水力计算法包括(　　)。

A. 表解法　　B. 试算法

C. 最佳断面法　　D. 都可以

9. 由于水力计算时设计因素较多,计算条件不同,计算时需要(　　)。

A. 满足设计流量的需要

B. 流速介于最大、最小容许值之间

C. 断面尺寸经济合理,便于满足施工与养护

D. 进行分段计算

10. 路基排水设计的原则有(　　)。

A. 路基排水设计应遵循总体规划、合理布局、少占农田、环境保护的原则

B. 路界地表水不宜流入桥面,隧道及其排水系统

C. 低填浅挖路基及排水困难路段,应采取防、排、截相结合措施,保证路基处于干燥或者中湿状态

D. 沿河路基防排水措施应依据河流水文特性、设计洪水位、流量以及河道地形地质条件,合理布置排水设施

11. 当路基边坡高度不大时,汇水面积较小时,优先采用(　　)边沟。

A. 三角形　　B. U 形

C. 梯形　　D. 浅碟形

12. 截水沟根据所处的位置,可分为(　　)。

A. 路堤截水沟　　B. 路堑截水沟

C. 平台截水沟　　D. 环形截水沟

13. 关于排水沟下列说法正确的是(　　)。

A. 尽可能远离路基

B. 尽量保持顺直

C. 一般是排除路基横断面上流向路基的地表水

D. 转弯处应为圆滑的弧形

14. 在布置跌水和急流槽时,应注意(　　)。

A. 急流槽槽底的纵坡应与地形相结合

B. 进水口应采取消能措施,出水口应采取防护加固

C. 为防止基底滑动,急流槽可设置防滑平台

D. 急流槽通常设置在陡坡涵洞的进出水口,截水沟和边沟的出水口处

15. 为了提高截留效果,减少工程量,地表沟渠宜大体沿等高线布置,尽可能使沟渠(　　)。

A. 垂直于水流方向

B. 转弯处以圆曲线连接

C. 平行于水流方向

D. 转弯处直角连接

习题参考答案及解析

一、单项选择题

1. A

【考核点】排水沟的适用条件

【解　析】依据《公路路基设计规范》(JTG D30—2015)4.2.6,排水沟是将边沟、截水

沟和路基附近低洼处汇集的水引离路基,排入附近天然的沟谷以形成完整的路基排水系统。排水沟既可以排除地下水,也可以排除地下水。C选项是排除地下水的,B、D选项是排除地表水的。

2. B

【考核点】排水沟的构造

【解 析】水流入河道或者沟渠时,为防止对原水道产生冲刷和淤积,两者水流应成小于45°的锐角相交。

3. C

【考核点】截水沟的构造

【解 析】依据《公路路基设计规范》(JTG D30—2015)4.2.5,截水沟的沟底纵坡坡度不宜小于0.3%。

4. A

【考核点】边沟的加固

【解 析】依据《公路路基设计规范》(JTG D30—2015)4.2.4,该情况下通常采用植物防护。

5. C

【考核点】截水沟的设置

【解 析】当山坡覆盖层较薄而又松散时,截水沟的沟底应设置在基岩或稳定土层上,以防止水冲刷沟底。

6. C

【考核点】排水沟适用条件

【解 析】在路基排水中,纵坡小于1%时,一般不加固;纵坡坡度在1%~3%之间时,土质不好的应采取加固措施。

7. C

【考核点】边沟的适用条件

【解 析】边沟设置在挖方路基路肩外侧或低路堤坡脚外侧,走向与路中线平行,用于汇集和排除路基范围内和流向路基的少量地面水。

8. D

【考核点】渗井的适用条件

【解 析】依据《公路路基设计规范》(JTG D30—2015)4.3.7第一条,渗井可用于拦截、引排有固定含水层的深层地下水,以及排除下挖式通道的地表水。

9. A

【考核点】急流槽的适用条件

【解 析】急流槽是路基路面排水沟渠的特殊形式,用于陡坡段排水,沟底纵坡坡度可达到45°。

10. A

【考核点】排水泵站设计要求

【解 析】依据《公路路基设计规范》(JTG D30—2015)4.2.11第三条,在下挖段两端应设置泄水口和排水沟。

11. A

【考核点】边沟的类型及适用条件

【解　析】矩形边沟主要用于人工施工的坚硬岩石路堑地段，三角形边沟主要用于机械化施工的土质边沟，流线型边沟用于沙漠、雪害地区。

12. B

【考核点】排水设施的构造

【解　析】依据《公路路基设计规范》(JTG D30—2015)4.2.1，各类地表排水设施的断面尺寸应满足设计排水量的要求，沟顶应高出沟底设计水面0.2m以上。

13. C

【考核点】边沟的布置

【解　析】依据《公路路基设计规范》(JTG D30—2015)4.2.4，边沟的布置应符合下列要求：边沟沟底纵坡宜与路线纵坡一致，不宜小于0.3%，困难情况下可减少至0.1%。

14. C

【考核点】截水沟的布置

【解　析】依据《公路路基设计规范》(JTG D30—2015)4.2.5 第一条，挖方路基上的堑顶截水沟应布置在坡口5m 开外。设计时考虑边坡的土质情况及边坡坍塌后对公路运营的危害程度，所以将截水沟布置在坡口5m 开外。

15. D

【考核点】排水沟的使用条件

【解　析】依据《公路路基设计规范》(JTG D30—2015)4.2.6，将边沟、截水沟、取土场以及路基附近低洼处的水引向路基以外时，应设置排水沟。

16. A

【考核点】渗沟的使用条件

【解　析】依据《公路路基设计规范》(JTG D30—2015)4.3.5，渗沟的设计要求：有地下水出露的挖方路基、斜坡路堤、路基填挖交界结合部，以及地下水位埋深小于0.5m 的低路堤路段，应设置排水渗沟。

17. D

【考核点】排水综合设计要求

【解　析】D 选项中，地面沟渠大体沿等高线布置，尽可能使沟渠垂直于水流方向。

二、多项选择题

1. AD

【考核点】排水设施的适用条件

【解　析】依据《公路路基设计规范》(JTG D30—2015)4.3.7 条，渗井可以用于引排有固定含水层的深层地下水；4.3.8 条，排水隧洞可以用于截断和引排深层地下水。

2. BD

【考核点】地下路基排水设施种类

【解 析】依据《公路路基设计规范》(JTG D30—2015)4.3.2,常见的地下路基排水设施,有暗沟、渗井、渗沟。依据4.2.2条,蒸发池和排水泵属于地面排水设施。

3. ABC

【考核点】渗沟的类型

【解 析】依据《公路路基设计规范》(JTG D30—2015)4.3.5,渗沟按材料和结构形式可分为填石渗沟、无砂混凝土渗沟、管式渗沟、洞式渗沟、边坡渗沟、支撑渗沟。

4. ABC

【考核点】公路排水的内容

【解 析】依据《公路路基设计规范》(JTG D30—2015)4.2.1,地表排水主要是排除路基范围内的地表径流、地表积水、边坡雨水,而地下排水用于排除流向地基的地下水。

5. ABCD

【考核点】下挖式排水通道方式

【解 析】依据《公路路基设计规范》(JTG D30—2015)表4.2.10,下挖式通道排水通道有自流排水式、泵站排水式、渗井排水式、蒸发池排水式四种方式。

6. AC

【考核点】边沟的布置

【解 析】依据《公路路基设计规范》(JTG D30—2015)4.2.4,边沟可设置在挖方路基的路肩外侧或者低路堤坡脚外侧,走向与路中线平行,用以汇集排除路基范围内流向路基的少量地面水。

7. ABCD

【考核点】地下排水设施的适用条件

【解 析】依据《公路路基设计规范》(JTG D30—2015)4.3.2第一条,当地下水埋藏浅或无固定含水层时,可采用隔水层、排水垫层、暗沟、渗沟等。

8. BC

【考核点】明渠的水力计算

【解 析】沟渠的水力计算方法根据主要目的和已知条件的不同,分为试算法和最佳断面法两种,其中试算法又称为选择法。

9. ABC

【考核点】明渠的水力计算

【解 析】对于D选项,只有在沟渠较长的时候,且流量沿长度有所变化,才进行分段计算。

10. ABCD

【考核点】路基排水设计的原则

【解 析】依据《公路路基设计规范》(JTG D30—2015)4.1.1、4.1.2、4.1.3、4.1.4的要求。

11. AD

【考核点】边沟的形式选择

【解 析】依据《公路路基设计规范》(JTG D30—2015),当路基边坡高度不大时,汇水面积较小时，优先采用三角形、浅碟形边沟。

12. ABC

【考核点】截水沟的类型

【解　析】截水沟根据所处的位置，可分为路堤截水沟、路堑截水沟、平台截水沟。

13. ABD

【考核点】排水沟的构造

【解　析】C 选项是截水沟的作用。

14. ACD

【考核点】急流槽的构造

【解　析】依据《公路路基设计规范》(JTG D30—2015)4.2.7 的四条要求，其中第三条是要求进水口应采取防护措施，出水口应采取消能措施，故 B 选项错。

15. AB

【考核点】综合排水设计要求

【解　析】为了提高截留效果，减少工程量，地表沟渠宜大体沿等高线布置，尽可能使沟渠垂直于流水方向，且应力求短捷，水流通畅。沟渠转弯处要求以圆曲线相接，以减少水流的阻力。

第五节　路基防护、加固与支挡结构设计

【考试纲要】

1. 掌握植物防护与工程防护的作用；重力式挡墙的构造要求和稳定性验算。

2. 熟悉路基坡面主要防护与支挡工程的类型与适用条件；各种挡墙的使用条件与场合；重力式挡土墙土压力计算方法。

3. 了解加筋土挡墙和钢筋混凝土轻型挡墙的构造；路基冲刷防护工程的类型与适用条件。

【复习提示】

1. 复习要点

植物防护与工程防护的作用；重力式挡墙的构造要求和稳定性验算；路基坡面主要防护与支挡工程的类型与适用条件；各种挡墙的使用条件与场合；重力式挡土墙土压力计算方法；加筋土挡墙和钢筋混凝土轻型挡墙的构造；路基冲刷防护工程的类型与适用条件。

重点：

植物防护与工程防护的作用；重力式挡墙的构造要求；路基坡面主要防护与支挡工程的类型与适用条件；各种挡墙的使用条件与场合。

难点：

重力式挡墙的稳定性验算；重力式挡土墙土压力计算。

2. 规范提示

路基防护可分为坡面防护和沿河路基冲刷防护。挡土墙设计应采用极限状态设计的分项系数为主的设计方法，车辆荷载计算采用附加荷载强度法。挡土墙应进行极限状态计算和正

常使用极限状态验算，以及挡土墙抗滑稳定、抗倾覆稳定性和整体稳定性验算。《公路路基设计规范》(JTG D30—2015)，修订了路基防护分类及各类防护形式的适用条件；新增了“石笼挡土墙”等新型柔性支挡结构、预应力锚杆的适用条件、锚作用力简化方法、锚杆防腐要求等；修订了土钉的适用条件，新增土钉现场试验和监测设计要求；新增了预应力锚索抗滑桩结构、材料、受力计算、抗滑桩监测设计等规定。

习题精练

一、单项选择题

1. (　　)属于对沿河河堤、河岸冲刷的间接防护。

A. 砌石　　B. 植物
C. 石笼　　D. 丁坝

2. 某二级公路土质路堤边坡稳定，坡面只有雨水的轻微冲刷，最适合于此处的坡面防护措施是(　　)。

A. 石砌护坡　　B. 种草防护
C. 植树防护　　D. 抹面防护

3. 易受水流侵蚀的土质边坡、严重剥落的软质岩石边坡、周期性浸水及受水流冲刷较轻(流速小于2~4m/s)的河岸或水库岸坡的坡面防护宜采用(　　)。

A. 石笼　　B. 抛石
C. 干砌片石　　D. 锚杆铁丝网喷浆

4. 锚杆总长度由(　　)组成。

A. 锚固段长度　　B. 自由段长度
C. 外露段长度　　D. 选项 A + C

5. (　　)属于砌石防护。

A. 抹面防护　　B. 喷浆防护
C. 勾缝防护　　D. 护面墙

6. 仰斜式挡土墙墙背坡度一般为(　　)。

A. 1 : 0.5　　B. 1 : 0.75
C. 1 : 1.5 ~ 1 : 1.75　　D. 1 : 0.15 ~ 1 : 0.4

7. 设置在受水冲刷影响的土质地基上的挡墙，基底埋置深度一般应在冲刷线以下至少(　　)。

A. 0.5m　　B. 0.8m
C. 1m　　D. 1.5m

8. 挡土墙稳定性验算不应包括(　　)。

A. 抗倾覆验算　　B. 地基承载力验算
C. 地基变形验算　　D. 整体滑动验算

9. 重力式挡土墙上应设置泄水孔及反滤层，设置目的不包括(　　)。

A. 使泄水孔不被堵塞　　B. 墙后土的细颗粒不被带走

C. 防止墙后产生静水压力　　D. 防止墙后产生动水压力

10. 挡土墙的排水措施通常由(　　)组成。

A. 墙身排水和墙趾排水　　B. 墙身排水和地表排水

C. 墙趾排水和地表排水　　D. 墙底排水和地表排水

11. 不属于岩土支挡与锚固工程设计方法的是(　　)。

A. 工程类比法　　B. 永久值系数法

C. 安全系数法　　D. 概率极限状态设计法

12. 进行挡土墙设计时，(　　)不是计算土压力的必要参数。

A. 填土高度　　B. 填土的内摩擦角

C. 填土对挡土墙背的摩擦角　　D. 填土的含水率

13. 下列(　　)条件适用于半重力式挡土墙。

A. 地下水较多的土质、风化破碎岩石路段

B. 石料缺乏、地基承载力较低的填方路段

C. 不宜采用重力式挡土墙的，地下水位较高或较软弱的地基上，墙高不宜超过 8m 时

D. 表土及强风化层较薄的均质岩石地基

14. 挡土墙设计应采用(　　)为主的设计方法。

A. 容许应力法　　B. 破坏阶段法

C. 概率设计法　　D. 极限状态设计的分项系数法

15. 挡土墙构造设计时，墙身应设置倾向墙外，且坡度不小于(　　)的排水孔。

A. 0.3%　　B. 1%　　C. 2%　　D. 4%

16. 冲刷防护工程中，(　　)可用于允许流速为 5 ~ 8m/s 的峡谷急流和水流冲刷严重的河段。

A. 植物防护　　B. 土工膜袋

C. 石笼防护　　D. 浸水挡墙

17. 悬臂式支护结构适用于(　　)的基坑工程。

A. 土质较好、开挖深度较深　　B. 土质一般、开挖深度较深

C. 土质一般、开挖深度较浅　　D. 土质较好、开挖深度较浅

18. 下面说法中，不属于重力式挡土结构的优点的是(　　)。

A. 施工少环境污染　　B. 使用年限长

C. 造价低廉　　D. 防渗性能好

19. 直立挡土墙向前移动，当墙后填土处于极限平衡状态时，作用于挡土墙上的土压力属于(　　)。

A. 主动土压力　　B. 被动土压力

C. 库仑土压力　　D. 静止土压力

20. 挡土墙后有三层不同的砂土，其主动土压力的分布形式如下图所示。由土层 1 与土层 2 交界面处的土压变化可知(　　)。

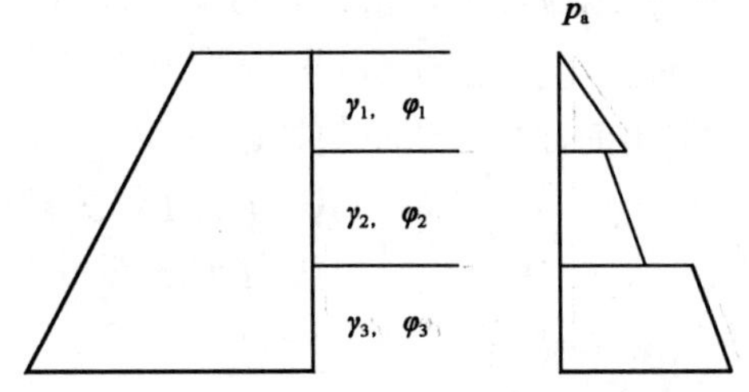

A. $\gamma_1 > \gamma_2$　　B. $\gamma_1 < \gamma_2$

C. $\varphi_1 > \varphi_2$　　D. $\varphi_1 < \varphi_2$

21. 顺坝设计中坝顶宽度应根据稳定计算确定,坝根应嵌入稳定河岸内不小于(　　)。

A. 1.5m　B. 2m　C. 2.5m　D. 3m

22. 植物防护中,植草的最小土层厚度不应该小于(　　)。

A. 0.1m　　B. 0.15m

C. 0.2m　　D. 0.25m

23. 下列(　　)情况适用于石笼式挡土墙。

A. 地下水较多的土质、风化破碎岩石路段

B. 石料缺乏、地基承载力较低的填方路段

C. 不宜采用重力式挡土墙的,地下水位较高或较软弱的地基上,墙高不宜超过8m时

D. 表土及强风化层较薄的均质岩石地基

24. 悬臂、扶壁式挡土墙设计时,立壁的顶宽不应小于0.2m,地板厚度不应小于(　　)。

A. 0.1m　　B. 0.2m

C. 0.3m　　D. 0.4m

25. 下列(　　)情况不宜使用土钉支护。

A. 弱胶结的粉土　　B. 砂土

C. 软岩　　D. 膨胀土

26. 挡土墙设计中,车辆荷载计算应采用的计算方法是(　　)。

A. 附加荷载强度法　　B. 弹性力学法

C. 经验法　　D. 极限平衡法

27. 挡土墙基础的埋置要求位于纵向斜坡上的挡土墙,当基底纵坡大于5%时,基底应设计为(　　)。

A. 弧形　　B. 直线形

C. 按原地面线设计　　D. 台阶式

28. 当土层类别为硬质岩石时,斜坡地面基础墙趾最小埋入深度为(　　)。

A. 0.6m　　B. 1.0m

C. ≥1.0m　　D. 0.5m

29. 重力式挡土墙墙顶宽度设计应符合下列(　　)要求。

A. 当墙身为浆砌片石时,不应小于0.4m

B. 当墙身为混凝土浇筑时,不应小于0.4m

C. 当墙身为干砌片石时,不应小于0.5m

D. 当墙身为浆砌片石时,不应小于0.6m

30. 重力式挡土墙土压力常用的计算方法不包括(　　)。

A. 朗肯土压力理论　　B. 库仑土压力理论

C. 规范方法　　D. 静力法

二、多项选择题

1. 路基防护与加固工程设施按其作用不同,可以分为(　　)等。

A. 边坡坡面防护

B. 冲刷防护

C. 排除地表水的设施

D. 排除地下水的设施

2. 路基冲刷防护工程的间接防护包括(　　)。

A. 石笼　　B. 丁坝

C. 顺坝　　D. 改移河道

3. 框格防护适用于对土质或风化岩石边坡进行防护,它可采用(　　)等做骨架。

A. 混凝土　　B. 浆砌块石

C. 卵石　　D. 砾石

4. 下列情况适于采用护面墙的形式来防护的是(　　)。

A. 易产生滑动的边坡

B. 陡于1 : 0.5 的挖方边坡

C. 坡面易受侵蚀的土质边坡

D. 软质岩层

E. 较破碎的挖方边坡

5. 沿河路基抢修工程常采用抛石直接防护,其作用是(　　)。

A. 防护护坡基础

B. 改移河道

C. 防护浸水路基坡脚

D. 防护浸水路基边坡

6. 下列坡面防护形式中,属于圬工防护的有(　　)。

A. 锚杆钢丝网喷浆

B. 浆砌片石骨架植草护坡

C. 干砌片护坡

D. 浆砌片石护坡

7. 根据墙背倾斜情况,重力式挡墙可分为(　　)等。

A. 俯斜式挡墙　　B. 直立式挡墙

C. 衡重式挡墙　　D. 钢筋混凝土挡墙

E. 仰斜式挡土墙

8. 常用的重力式挡土墙通常由(　　)部分构成。

A. 墙身　　B. 基础

C. 挡板　　D. 排水设施

9. 路基冲刷防护中,属于间接防护的有(　　)。

A. 丁坝　　B. 抛石防护

C. 顺坝　　D. 格坝

10. 加筋土挡土墙通常由(　　)组成。

A. 填料　　B. 筋带

C. 墙面板　　D. 基础

E. 锚杆

11. 下列哪些挡土墙属于轻型挡土墙(　　)。

A. 重力式挡土墙　　B. 锚杆挡土墙

C. 悬臂式挡土墙　　D. 锚碇板挡土墙

12. 工程防护包括(　　)。

A. 喷护　　B. 挂网喷护

C. 干砌片石护坡　　D. 浆砌片石护坡

13. 土钉支护的结构计算包括(　　)。

A. 抗倾覆稳定性验算　　B. 内部整体稳定性验算

C. 外部整体稳定性验算　　D. 坡面构件计算

14. 关于冲刷防护工程类型及适用条件,下列说法正确的是(　　)。

A. 石笼防护可用于允许流速为 5 ~ 8m/s 的峡谷急流和水流冲刷严重的河段

B. 排桩防护可用于局部冲刷深度过大的河湾或宽浅性河流的防护

C. 丁坝可用于宽浅性河段,保护河岸或路基不受水流直接冲蚀而产生破坏

D. 砌石或混凝土护坡可用于局部冲刷深度过大的河湾或宽浅性河流的防护

15. 挡土墙的稳定性验算项目包括(　　)。

A. 滑动稳定性　　B. 倾覆稳定性

C. 基地应力　　D. 偏心距

E. 墙身截面强度

16. 下列荷载属于可变荷载的是(　　)。

A. 车辆荷载引起的土侧压力

B. 流水压力

C. 温度影响力

D. 填土侧压力

三、案例题

1. 某一挡土墙,墙背光滑垂直、墙后填土面水平,填土面上受均布荷载 $q = 15\text{kPa}$,填土分两层,如图所示。第一层土:$\gamma_1 = 18\text{kN/m}^3$,$c_1 = 10\text{kPa}$,$\varphi_1 = 20°$;第二层土:$\gamma_2 = 19.8\text{kN/m}^3$,$c_2 = 15\text{kPa}$,$\varphi_2 = 15°$。请问按水土分算法计算挡土墙的主动土压力为(　　)。

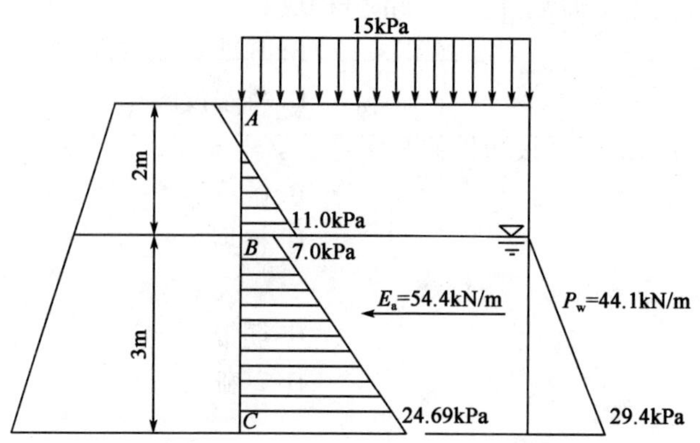

A. 27.21kN/m　　B. 54.41kN/m

C. 108.82kN/m　　D. 163.23kN/m

2. 两挡土墙高均为 5m(如图所示),土的重度 $\gamma = 17.5\text{kN/m}^3$,内摩擦角 $\varphi = 30°$,墙背摩擦角 $\delta = 20°$。请问用库仑法计算墙背 AB 所受的主动土压力为(　　)。

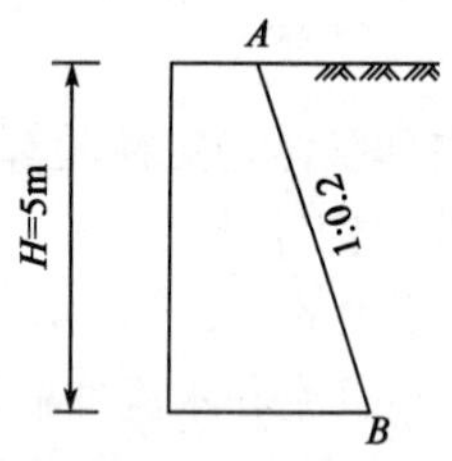

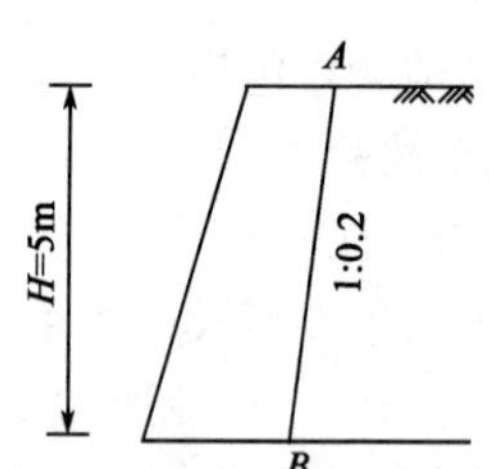

A. 52.15kN/m　　B. 104.3kN/m

C. 156.45kN/m　　D. 417.2kN/m

3. 某公路设置了一段挡墙,墙高为 12m,墙背填土的重度 $\gamma = 18.0\text{kN/m}^3$,换算成等代均布土层厚度为(　　)。

A. 0.667m　　B. 1.333m

C. 0.556m　　D. 1.111m

4. 某一级公路,作用于基底形心的弯矩组合设计值为 100MPa,作用于基底上的垂直力组合设计值为 60kN/m。其基底合力的偏心距 e_0 为(　　)。

A. 0.6m　　B. 0.3m

C. 0.1m　　D. 0.2m

5. 已知浆砌片石路肩挡土墙,$\gamma = 17\text{kN/m}^3$,$\varphi = 35°$,$\delta = 20°$,$H = 6\text{m}$,地基土为砾石土,容许承载力$[\sigma] = 686\text{kPa}$,基底摩擦系数 $f = 0.45$,砌体重度 $\gamma_{砌} = 23\text{kN/m}^3$,墙身及路基断面尺寸如图所示。破裂面角度 $\theta = 26°$,竖直方向分力 E_X 和水平方向分力 E_Y 的作用点距离墙趾的水平距离 Z_X 和竖直距离 Z_Y 分别为 $Z_X = 2.19\text{m}$,$Z_Y = 1.55\text{m}$,$G_{砌}$ 的作用点(质心)距离墙趾的水平距离 Z_G 为 $Z_G = 0.74\text{m}$。

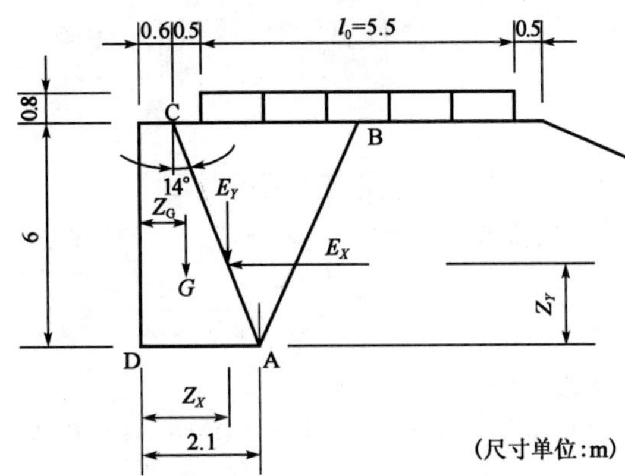

请问该每延米挡土墙受到的主动土压力为(　　)。

A. 135.72kN　　B. 102.43kN

C. 98.37kN　　D. 145.28kN

6. 题干已知同上第 5 小题,请问每延米挡土墙的抗滑力为(　　)。

A. 128.26kN　　B. 143.25kN

C. 123.26kN　　D. 97.25kN

7. 题干已知同上第 5 小题,请问每延米挡土墙的倾覆力矩为(　　)。

A. 109.78kN·m　　B. −64.35kN·m

C. 112.59kN·m　　D. −90.45kN·m

习题参考答案及解析

一、单项选择题

1. D

【考核点】冲刷防护的类型

【解　析】间接防护包括丁坝、顺坝、防洪堤等导流构造物以及改移河道。

2. B

【考核点】植物防护的适用条件

【解　析】植物防护适用于边坡稳定,坡面只有雨水的轻微冲刷,且易于草类生长的路堤与路基和边坡。

3. C

【考核点】冲刷防护工程的类型与适用条件

【解　析】干砌片石适用于易受水流侵蚀的土质边坡、严重剥落的软质岩石边坡、周期性浸水及受水流冲刷较轻(流速小于 2 ~4m/s)的河岸或水库岸坡的坡面防护。

4. D

【考核点】边坡锚固的设置

【解　析】《公路路基设计规范》(JTG D30—2015)中规定,锚杆总长度由锚固长度及外露段长度组成。

5. D

【考核点】路基坡面主要防护与支挡工程的类型

【解　析】抹面防护、喷浆防护和勾缝防护属于矿料防护。砌石防护包括有石砌防护和护面墙。

6. D

【考核点】重力式挡墙的构造要求

【解　析】俯斜式挡土墙背坡度一般为1∶0.15～1∶0.4。

7. C

【考核点】挡墙的适用条件

【解　析】设置在土质地基上的挡墙,基底埋置深度一般应在天然地面以下至少1.0m;受水冲刷时,应在冲刷线以下至少1.0m。

8. C

【考核点】重力式挡墙的稳定性验算

【解　析】挡土墙稳定性验算包括:抗滑稳定性验算、抗倾覆稳定性验算、基底应力及合力偏心距验算以及墙身截面强度验算。

9. D

【考核点】重力式挡墙的构造要求

【解　析】重力式挡土墙上应设置泄水孔及反滤层,设置目的包括使泄水孔不被堵塞、墙后土的细颗粒不被带走,以及防止墙后产生静水压力。

10. B

【考核点】挡土墙排水设施

【解　析】《公路路基设计规范》(JTG D30—2015)中规定,挡土墙的排水措施通常由墙身排水和地表排水组成。

11. B

【考核点】加固与支挡结构设计方法

【解　析】岩土支挡与锚固工程设计方法包括工程类比法、概率极限状态设计法和安全系数法,永久值系数法不属于岩土支挡与锚固工程设计方法。

12. D

【考核点】挡土墙设计参数

【解　析】进行挡土墙设计时,计算土压力的必要参数包括填土高度、填土的内摩擦角、填土对挡土墙墙背的摩擦角,不包括填土的含水率。

13. C

【考核点】挡土墙的适用条件。

【解　析】《公路路基设计规范》(JTG D30—2015)中规定,在不宜采用重力式挡土墙,地下水位较高或较软弱的地基上,墙高不宜超过8m时,宜适用半重力式挡土墙。

14. D

【考核点】挡土墙设计方法

【解 析】《公路路基设计规范》(JTG D30—2015)中规定,挡土墙设计应采用以极限状态设计的分项系数法为主的设计方法,车辆荷载计算应采用附加荷载强度法。

15. D

【考核点】重力式挡墙的构造要求

【解 析】《公路路基设计规范》(JTG D30—2015)中规定,挡土墙构造设计时,墙身应设置倾向墙外,且坡度不小于4%的排水孔,墙背应设置反滤层。

16. D

【考核点】路基冲刷防护工程的类型与适用条件

【解 析】《公路路基设计规范》(JTG D30—2015)中规定,在冲刷防护工程中,浸水挡墙可用于允许流速为5~8m/s的峡谷急流和水流冲刷严重的河段。

17. D

【考核点】挡土墙的适用条件

【解 析】悬臂式支护结构适用于土质较好、开挖深度较浅的基坑工程。

18. B

【考核点】重力式挡墙的特点

【解 析】重力式挡土结构的优点的是:造价低廉、施工方便减少环境污染而且防渗性能好。

19. A

【考核点】重力式挡土墙土压力计算方法

【解 析】直立挡土墙向前移动,当墙后填土处于极限平衡状态时,作用于挡土墙上的土压力属于主动土压力。

20. D

【考核点】重力式挡土墙土压力计算方法

【解 析】根据图中主动土压力的分布形式,可以判断土压力变化处 $\varphi_1 < \varphi_2$。

21. C

【考核点】重力式挡土墙土压力计算方法

【解 析】顺坝设计中坝顶宽度应根据稳定计算确定,坝根应嵌入稳定河岸内不小于2.5m。

22. B

【考核点】植物防护与工程防护的作用

【解 析】植物防护中,植草的最小土层厚度不应该小于0.15m。

23. A

【考核点】挡土墙的适用条件

【解 析】地下水较多的土质、风化破碎石路段适用于石笼式挡土墙。

24. C

【考核点】挡墙的适用条件

【解　析】悬臂、扶壁式挡土墙设计中立壁的顶宽不应小于0.2m,底板厚度不应小于0.3m。

25. D

【考核点】挡土墙的适用条件

【解　析】《公路路基设计规范》(JTG D30—2015)中规定,在腐蚀性地层、膨胀土、软黏土、土质松散、地下水较发育及存在不利结构面的边坡,不宜采用土钉支护。

26. A

【考核点】重力式挡墙的稳定性验算

【解　析】《公路路基设计规范》(JTG D30—2015)中规定,挡土墙设计应采用以极限状态设计的分项系数法为主的设计方法,车辆荷载计算应采用附加荷载强度法。

27. D

【考核点】重力式挡墙的构造要求

【解　析】挡土墙基础的埋置要求位于纵向斜坡上的挡土墙,当基底纵坡大于5%时,基底应设计为台阶式。

28. A

【考核点】支挡工程的类型与适用条件

【解　析】当土层类别为硬质岩石时,斜坡地面基础墙趾最小埋入深度为0.6m。

29. B

【考核点】重力式挡墙的构造要求

【解　析】重力式挡土墙当墙身为混凝土浇筑时,墙顶宽度不应小于0.4m。

30. D

【考核点】重力式挡土墙土压力计算方法

【解　析】静力法通常用于地震土压力计算。

二、多项选择题

1. AB

【考核点】路基防护与加固工程设施分类

【解　析】路基防护与加固工程设施按其作用不同,可以分为边坡坡面防护、冲刷防护、支挡建筑物及湿软地基加固四大类。

2. BCD

【考核点】路基冲刷防护工程的类型

【解　析】石笼属于直接防护。

3. ABCD

【考核点】路基防护与支挡

【解　析】框格防护适用于对土质或风化岩石边坡进行防护,它可采用混凝土、浆砌片(块)石、卵(砾)石等做骨架。

4. CDE

【考核点】路基防护与支挡

【解 析】护面墙可用于封闭各种软质岩层、较破碎的挖方边坡,以及坡面易受侵蚀的土质边坡。

5. ACD

【考核点】路基防护与支挡

【解 析】抛石可用于经常浸水且水深较大的路基边坡或坡脚,以及挡土墙、边坡的基础防护。

6. ACD

【考核点】路基防护与支挡

【解 析】圬工防护包括喷浆和喷射混凝土防护、干砌片石护坡、浆砌片(卵)石护坡、护面墙防护、锚杆钢丝网喷浆或喷射混凝土护坡、抹面防护。

7. ABCE

【考核点】重力式挡土墙类型

【解 析】根据墙背倾斜情况,重力式挡墙可分为俯斜式挡墙、直立式挡墙、衡重式挡墙和仰斜式挡土墙等,不包括钢筋混凝土挡墙。

8. ABD

【考核点】重力式挡土墙类型

【解 析】常用的重力式挡土墙,一般由墙身、基础、排水设施和伸缩缝等几部分构成。

9. ACD

【考核点】冲刷防护分类

【解 析】间接防护一般可分为丁坝、顺坝和格坝。

10. ABCD

【考核点】加筋土挡墙的构成

【解 析】加筋土挡土墙由填料、筋带、墙面板和基础构成。

11. BCD

【考核点】轻型挡土墙

【解 析】轻型挡土墙常用钢筋混凝土构件组成,主要包括:锚杆挡土墙、悬臂式挡土墙和锚碇板挡土墙。

12. ABCD

【考核点】工程防护的内容

【解 析】工程防护包括喷护、挂网喷护、干砌片石护坡和浆砌片石护坡等。

13. BCD

【考核点】土钉墙的计算

【解 析】《公路路基设计规范》(JTG D30—2015)规定,土钉支护的结构计算包括:支护的内部整体稳定性验算、外部整体稳定性验算、坡面构件以及坡面构件与土钉的连接计算。

14. BC

【考核点】冲刷防护类型及适用条件

【解 析】依据《公路路基设计规范》(JTG D30—2015)规定,浸水挡墙可用于允许流速为 5~8m/s 的峡谷急流和水流冲刷严重的河段；排桩防护可用于局部冲刷深度过大的河湾或宽浅性河流的防护；丁坝可用于宽浅性河段，保护河岸或路基不受水流直接冲蚀而产生破坏；砌石或混凝土护坡可用于允许流速为 2~8m/s 的路堤边坡防护。

15. ABCDE

【考核点】挡土墙的稳定性验算

【解　析】挡土墙稳定性验算包括抗滑稳定性验算、抗倾覆稳定性验算、基底应力及合力偏心距验算，以及墙身截面强度验算。

16. ABC

【考核点】挡土墙的荷载定义

【解　析】《公路路基设计规范》(JTG D30—2015)规定，可变荷载包括车辆荷载引起的土侧压力、流水压力和温度影响力。

三、案例题

1. B

解：(1)本题符合朗肯土压力公式的应用条件，采用朗肯土压力公式计算。

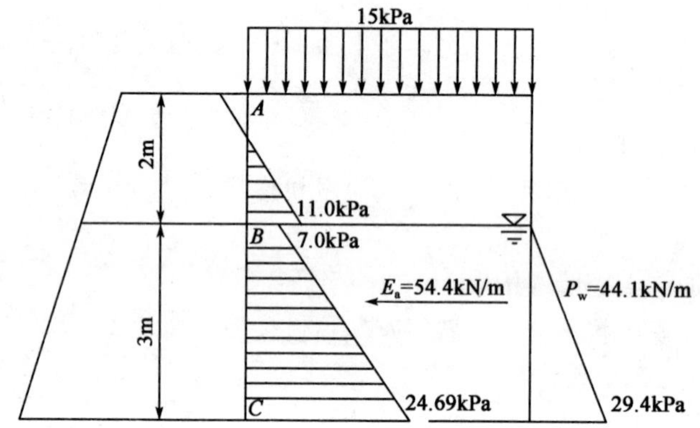

(2)各层土的主动土压力系数。

第一层土：

$$K_{at}=\tan^2\left(45°-\frac{\varphi}{2}\right)=\tan^2\left(45°-\frac{20°}{2}\right)=0.49$$

第二层土：

$$K_{at}=\tan^2\left(45°-\frac{\varphi}{2}\right)=\tan^2\left(45°-\frac{15°}{2}\right)=0.59$$

(3)计算墙顶处的主动土压力强度 p_a。

A 点：

$$\begin{aligned}p_{a1}&=(\gamma\cdot z+q)\cdot K_{a1}-2\cdot c_1\cdot\sqrt{K_{a1}}\\&=(18\times2+15)\times0.49-2\times10\times0.7=-6.6\text{kPa}<0\end{aligned}$$

B 点(上)：

$$p'_{a2}=(\gamma\cdot z+q)\cdot K_{a1}-2\cdot c_1\cdot\sqrt{K_{a1}}$$
$$=(18\times2+15)\times0.49-2\times10\times0.7=11.0\text{kPa}$$

B 点(下):

$$p''_{a2}=(\gamma\cdot z+q)\cdot K_{a2}-2\cdot c_2\cdot\sqrt{K_{a2}}$$
$$=(18\times2+15)\times0.59-2\times15\times0.77=7.00\text{kPa}$$

C 点:

$$p_{a3}=(\gamma\cdot z+q)\cdot K_{a2}-2\cdot c_2\cdot\sqrt{K_{a2}}$$
$$=(18\times2+10\times3+15)\times0.59-2\times15\times0.77=24.69\text{kPa}$$

(4)计算临界深度:

$$z_0=\frac{2c_1\cdot\sqrt{K_{a1}}-q\cdot K_{a1}}{\gamma\cdot K_{a1}}=\frac{2\times10\times0.7-15\times0.49}{18\times0.49}=0.75\text{m}$$

(5)计算主动土压力值。

主动土压力值按分布面积计算如下:

$$E_a=\frac{1}{2}\times11.0\times(2-0.75)+\frac{1}{2}\times(7.00+24.69)\times3=54,41\text{kN/m}$$

2. B

解:(1)按下列式子计算主动土压力系数:

$$\lambda_a=\frac{\cos^2(\varphi+\alpha)}{\cos^2\alpha\cdot\cos(\delta-\alpha)\left[1+\sqrt{\frac{\sin(\varphi+\delta)\sin(\varphi-i)}{\cos(\delta-\alpha)\cos(\alpha+i)}}\right]^2}$$

代入数据得到 $\lambda_a=0.331$。

(2)计算土压力 E:

$$E_\alpha=\frac{1}{2}\gamma H^2\lambda_\alpha$$

代入数据得到 $E=104.3\text{kN/m}$。

3. C

解:《公路路基设计规范》(JTG D30—2015)规定,车辆荷载作用在挡土墙墙背填土上所引起的附加土体侧压力,可换算成等代均布土层厚度计算:

$$h_0=\frac{q}{\gamma}$$

式中:h_0——换算土层厚度(m);

q——车辆荷载附加荷载强度,墙高小于 2m,取 20kN/m^2;墙高大于 10m,取 10kN/m^2;墙高在 2~10m 之内时,附加荷载强度用直线内插法计算。作用于墙顶或墙后填土上的人群荷载强度规定为 3kN/m^2;作用于挡墙栏杆顶的水平推力采用 0.75kN/m,作用于栏杆扶手上的竖向力采用 1kN/m。

γ——墙背填土的重度(kN/m^3)。

本题中,$h_0=\frac{10}{18}=0.556\text{m}$,故选 C。

4. A

解:基底合力的偏心距 e_0 的计算公式为:

$$e_0=\frac{M_d}{N_d}$$

式中:N_d——作用于基底上的垂直力组合设计值(kN/m);

M_d——作用于基底形心的弯矩组合设计值(MPa)。

5. A

解:$H=6.0\text{m}, a=0\text{m}, h_0=0.8\text{m}, b=0\text{m}, d=0.5\text{m}$

$l_0=5.5\text{m}, \varphi=35°, \alpha=14°, \delta=20°$

$\psi=\varphi+\alpha+\delta=35°+14°+20°=69°$

$$A_0=\frac{1}{2}(a+H+2h_0)(a+A)=\frac{1}{2}(0+6+2\times0.8)\times(0+6)=22.8\text{m}$$

$$B_0=\frac{1}{2}ab+(b+d)h_0-\frac{1}{2}H(H+2a+2h_0)\tan\alpha$$

$$=\frac{1}{2}\times0\times0+(0+0.5)\times0.8-\frac{1}{2}\times6\times(6+2\times0+2\times0.8)\tan14°$$

$$=-5.2847$$

因此,破裂棱体的重力为:

$$G=\gamma(A_0\tan\theta-B_0)$$

$$=17\times[22.8\times0.4877-(-5.2847)]$$

$$=278.872\text{kN/m}$$

所以,库仑主动土压力为:

$$E_a=G\frac{\cos(\theta+\varphi)}{\sin(\theta+\psi)}$$

$$=278.872\times\frac{\cos(26°+35°)}{\sin(26°+69°)}$$

$$=135.72\text{kN/m}$$

6. C

解:水平方向分力 E_Y 的大小为:

$$E_Y=E_a\sin(\alpha+\delta)=135.72\times\sin(14°+20°)=75.89\text{kN/m}$$

挡土墙截面面积 S 为:

$$S=\frac{1}{2}\times(0.6+2.1)\times6=8.10\text{m}^2$$

所以每延米挡土墙自重为:

$$G_{砌}=S\times\gamma_{砌}=8.1\times23=186.30\text{kN/m}$$

为保证挡土墙抗滑稳定性,应验算在土压力及其他外力作用下基底摩阻力抵抗挡土墙滑移的能力,由规范有:

$$\alpha_0=(0.9G+r_{Q1}E_Y)\text{f}+0.9G\tan\alpha_0$$

其中，分项系数根据 2015 版《公路路基设计规范》附录表 H.0.1-5 查得为 1.4。

将值代入式中，得：

$$\alpha_0 = (0.9 \times 186.30 + 1.4 \times 75.89) \times 0.45 + 0 = 123.2622\text{kN/m}$$

7.D

解：沿着竖直方向分力 E_X 和水平方向分力 E_Y 的大小分别为：

$$E_X = E_a \cos(\alpha + \delta) = 135.72 \times \cos(14° + 20°) = 112.52\text{kN/m}$$

$$E_Y = E_a \sin(\alpha + \delta) = 135.72 \times \sin(14° + 20°) = 75.89\text{kN/m}$$

为保证挡土墙抗倾覆稳定性，验算它抵抗墙身绕墙趾向外转动倾覆的能力，由规范有：

$$\begin{aligned}\text{每延米倾覆力矩} &= 0.9GZ_G + r_{Q1}(E_Y Z_X - E_X Z_Y)\\ &= 0.9 \times 186.30 \times 0.74 + 1.4 \times (75.89 \times 2.19 - 112.52 \times 1.55)\\ &= 112.59\text{kN} \cdot \text{m}\end{aligned}$$

第六节　特殊路基工程

【考试纲要】

1. 熟悉软土路基设计；滑坡防治措施和综合治理。

2. 了解红黏土与高液限土、黄土、膨胀土、盐渍土、季节冻土、崩塌、泥石流、岩溶、风沙、雪害等地段路基工程问题。

【复习提示】

1. 复习要点

软土路基设计；滑坡防治措施和综合治理；红黏土与高液限土、黄土、膨胀土、盐渍土、季节冻土、崩塌、泥石流、岩溶、风沙、雪害等地段路基工程问题。

重点：

软土路基设计；滑坡防治措施和综合治理。

难点：

软土地基沉降计算、滑坡稳定性计算。

2. 规范提示

滑坡稳定性分析应考虑三种工况；滑坡的处理方法有排水、减载、抗滑桩、预应力锚索等措施。软土地基应针对稳定性和沉降进行设计和对地基进行处理。软基处理包括浅层处理、排水固结、粒料桩、加固土桩和 CFG 桩等措施。《公路路基设计规范》(JTG D30—2015)补充了滑坡稳定性分析的工况，修订了滑坡稳定安全系数；对软土地确路基，补充了 CFG 桩、强夯置换处理、刚性桩复合地基等设计要求；补充了膨胀土地基变形预估方法及地基分类、膨胀土填料分类、膨胀土边坡柔性支护、膨胀土路基排水设计；补充了湿陷性黄土地基湿陷量的计算方法、各类湿陷性黄土地基常用处理措施的适用条件与范围、湿陷性黄土的处理深度。

习题精练

一、单项选择题

1. 在地形条件许可时，路基优先采用(　　)形式通过滑坡。

A. 路肩　　B. 路堑

C. 路堤　　D. 无明显区别

2. 路基表面引起大量的沉陷主要是由于(　　)引起。

A. 路基没有充分压实　　B. 地基软弱

C. 填料不均匀　　D. 风蚀

3. 软土路基钻孔深度一般根据压缩层厚度确定，即按附加应力与自重应力的比值小于(　　)来控制。

A. 0.1　　B. 0.2　　C. 0.3　　D. 0.4

4. 下列属于加固法的是(　　)。

A. 落石平台　　B. 排水

C. 疏导沟　　D. 拦石墙

5. 计算沉降的经验法是把一维计算结果乘以经验系数，该经验系数的可能取值为(　　)。

A. 大于 1　　B. 小于 1

C. 等于 1　　D. 以上均有可能

6. 特殊路基设计应遵循(　　)的原则。

A. 预防为主，力图根治　　B. 预防为主，防治结合

C. 预防为主，防止结合，力图根治　　D. 因地制宜，综合考虑

7. 抗滑挡土墙是整治滑坡的有效措施之一，一般采用(　　)。

A. 重力式挡土墙　　B. 锚定式挡土墙

C. 加筋土挡土墙　　D. 薄壁式挡土墙

8. 真空联合堆载预压在水平方向产生负压，从而能够抵消堆载引起的(　　)。

A. 向外挤压　　B. 向内收缩

C. 向下沉降　　D. 向上隆起

9. 用塑料排水板加固地基时，在地面上铺筑砂砾垫层主要是为了(　　)。

A. 提高地基承载力　　B. 排水

C. 施工需要　　D. 扩散路基应力

10. 依软土地基的沉降规律，拟合曲线可选用(　　)。

A. 双曲线　　B. 抛物线

C. 指数曲线　　D. 选项 A 和 C

11. 填方路基设计应符合的要求为(　　)。

A. 边坡高度不大于 10m 的路堤边坡坡率宜为 1 ：1.5 ~ 1 ：1.2

B. 经物理措施处治的红黏土填筑路堤高度不宜大于 6m

C. 经物理措施处治的红黏土填筑路堤底部应设置垫层厚度不宜小于 0.6m

D. 边坡高度不大于 10m 的路堤边坡坡率宜为 1 ∶1.5 ~1 ∶1.15

12. 稳定的岩堆地段路基，当位于岩堆上部时，下列处治措施正确的是(　　)。

A. 采用全挖式路基，并放缓边坡

B. 采用台口式路基，并放缓边坡

C. 挖方边坡宜设置挡土墙等支挡构造物

D. 宜采用填方路基通过岩堆

13. 对于重力式挡土墙，当其地基承载力不足且墙趾处地形平坦时，为减小基底压力和增加抗倾覆稳定性，一般要采用(　　)。

A. 拱形基础　　B. 扩大基础

C. 台阶基础　　D. 杯形基础

14. 刚性桩复合地基设计应符合的要求为 (　)。

A. 刚性桩桩帽可采用圆柱体、台体或倒锥台体，桩帽平面尺寸宜为 1.0 ~1.5

B. 刚性桩处理地基的最终沉降量计算，需要考虑桩间土压缩变形对沉降的影响

C. 刚性桩处理地基的稳定性采用不平衡推力法进行验算

D. 桩体抗剪强度可取 14d 无侧限抗压强度的 1/2

15. 不应作为路堤填筑的膨胀土是(　)。

A. 强膨胀土　　B. 中等膨胀土

C. 弱膨胀土　　D. 以上都不能使用

16. 软土路基设计应符合(　　)要求。

A. 直接快剪指标不考虑固结时稳定安全系数容许值为 1.2

B. 直接快剪指标考虑固结时稳定安全系数容许值为 1.2

C. 对于一级公路在一般路段处路基工后沉降要小于等于 0.5

D. 对于高速公路在一般路段处路基工后沉降要小于等于 0.2

17. 在软土地基处理施工技术中，砂垫层的主要作用是(　　)。

A. 提高路基强度　　B. 减小路基沉降

C. 路基竖向排水　　D. 路基浅层水平排水

18. 关于抛石挤淤施工，下列说法错误的是(　　)。

A. 该方法适用于常年积水的洼地，排水困难的地方

B. 该方法适用于淤积处表层无硬壳，片石能沉达底部的泥沼地

C. 抛投片石的大小由泥炭或软土的稠度确定

D. 抛投顺序一般情况下应先从路堤两侧向中间进行

19. 为保证湿陷性黄土路基的稳定，宜采取的加固措施是(　　)。

A. 强夯法　　B. 换填法

C. 排水固结法　　D. 堆载预压法

20. 关于抛石挤淤的软土处理方法，下列说法错误的是(　　)。

A. 该法主要用于常年积水且不易抽干的地方

B. 抛填的片石不小于30cm

C. 自中线向两侧展开抛填,横坡陡于1 ∶10时,自低向高展开

D. 片石抛出水面后应用小块石填塞垫平

21 导风板分为下导风板和侧导风板,下列说法正确的是(　　)。

A. 下导风板用于路线与主导风向的交角大于40°的路段

B. 下导风板用于迎风山体坡度小于30°的路段

C. 下导风板宜设置在迎风侧的路肩边缘以外0.75m处

D. 侧导风板宜设置在迎风侧的路肩边缘以外不小于0.75m处

二、多项选题

1. 膨胀土地区路基设计应符合原则为(　　)。

A. 膨胀土地区路基宜采用低路堤

B. 膨胀土地基设计应以防水、控湿、防风化为主

C. 膨胀土路基不应连续施工,用作路基填料时需要通过室内试验确定处理方案

D. 膨胀土地区路基避免高路堤和浅路堑

2. 以下属于特殊路基的是(　　)。

A. 软土路基　　B. 采空区路基

C. 水库地段路基　　D. 杂填土地段路基

3. 软土地基上路堤横断面设计时,应考虑因素有(　　)。

A. 地基沉降　　B. 路堤顶面凹陷

C. 顶底和底边收缩　　D. 边坡放缓

4. 抗滑挡土墙防滑设计应符合下列(　　)要求。

A. 抗滑挡土墙应设置在滑坡前缘,可与排水、减载、锚固等措施联合使用

B. 抗滑挡土墙应根据滑坡剩余下滑力值设计

C. 抗滑挡土墙基础埋深较大、土体稳定性较差时,应采取临时支挡措施

D. 以上都不对

5. 关于软土地区地基沉降计算,下列说法错误的有(　　)。

A. 对用于计算沉降压缩层,其底面应在附加应力与有效自重应力之比不大于0.5处

B. 行车荷载对沉降的影响,对于高路堤不能忽略不计

C. 主固结沉降应采用分层总和计算法

D. 行车荷载对沉降的影响,对于高路堤可以忽略不计

6. 关于滑坡地段路基施工要求,下列说法正确的有(　　)。

A. 滑坡体未处理之前,严禁在滑坡体上增加荷载,严禁在滑坡前缘减载

B. 采用加填压脚方案整治滑坡时,只能在抗滑段加重反压

C. 滑坡整治宜在春季施工

D. 采用削坡减载方案整治滑坡时,减载应自上而下进行

7. 滑坡防治监测包括(　　)。

A. 施工安全监测　　B. 施工管理监测

C. 防治效果监测　　D. 营运期监测

8. 排水固结法处理可以采用的方法有(　　)。

A. 砂垫层预压　　B. 塑料排水板预压

C. 粉喷桩　　D. 真空预压

9. 滨海路基设计高程应符合下列(　　)规定。

A. 滨海路基设计高程要高出规定高潮水位频率计算水位加波浪侵袭高度及0.5m的安全高度之和

B. 不小于中湿的临界高度

C. 路基工作区厚度

D. 不能满足高潮位波浪高度时,应修筑挡土墙

10. 料粒桩处理地基设计应符合的要求有(　　)。

A. 振冲料粒桩可用于加固十字板抗剪强度大于15kPa的地基土

B. 沉管粒料桩可以用于加固十字板抗剪强度大于20kPa的地基土

C. 振冲料粒桩可用于加固十字板抗剪强度大于20kPa的地基土

D. 沉管粒料桩可以用于加固十字板抗剪强度大于15kPa的地基土

11. 软土路基在较大荷载作用下,地基易发生(　　)破坏。

A. 整体剪切　　B. 局部剪切

C. 刺入剪切　　D. 整体拉弯

12. 岩堆地段设计有应符合的原则为(　　)。

A. 路线应避绕面积大的大型岩堆

B. 岩堆地段路基应采用低路堤或浅路堑

C. 路线通过岩堆地段时,要调查岩堆地段地形、地貌、地质情况

D. 岩堆地段路基设计选择合适位置及断面形式后可不进行路基稳定性验算

13. 对路基有危害的危岩体,应采取的措施有(　　)。

A. 清除　　B. 绕避

C. 采取支撑　　D. 预应力锚固

14. 岩堆路基遇到下列(　　)情况时,需设置支挡措施。

A. 当岩堆地基表面或岩堆床存在斜坡,路堤填筑引起基底失稳

B. 岩堆床坡度较陡,路基开挖深度大尤其是切穿岩堆时可能引起岩堆整体失稳

C. 岩堆地基处于地震频发地段,可能引起岩堆失稳

D. 沿河岩堆路基受水流冲刷,可能诱发路基或岩堆失稳

15. 路线通过泥石流堆积区时,可设置(　　)等排导工程来约束泥石流。

A. 排导沟　　B. 导流堤

C. 急流槽　　D. 缓流槽

16. 关于盐渍土地基土设计要求,下列说法正确的有(　　)。

A. 地基盐胀率和溶限量符合规定要求的盐渍土路段,应对盐渍土地基表层积聚的盐霜、盐壳以及生长的耐盐碱植被进行清理,并换填砂砾,清除深度宜为0.2~0.5m

B. 盐胀率不符合规定的盐渍土路段,可采取加大清除深度、换填非盐胀土、适当提高

路基高度等措施

C. 溶限量不符合规定要求的盐渍土路段,可采取清表、冲击压实、浸水预溶、地基置换、强夯等处理措施,并做好地基排水设计

D. 盐渍化软弱地基,可采取换填、水泥稳定碎石层、强夯置换、砾(碎)石桩等地基处理措施

三、案例题

1. 对于开口的岩溶地貌可参照自然边坡来判别其稳定性及其对路基的影响。若有一溶洞顶板厚度为2m,安全系数为1.2,岩石内摩擦角为45°,则溶洞距路基的安全距离为(　　)。

A. 1.24m　　B. 1.58m　　C. 1.34m　　D. 1.48m

习题参考答案及解析

一、单项选择题

1. C

【考核点】通过滑坡的路基形式

【解析】在地形条件许可时,路基优先采用路堤形式通过滑坡。

2. B

【考核点】地基表面沉陷

【解析】①高而松软的路堤,未经压实或压实度不够,由于路堤的沉缩达到危险的程度,使路基在局部或者大面积沉陷。②由于路基处于软弱地基上,地基的沉降使路基表面出现大量沉陷,并且可能同时引起地基的土从路堤两旁隆起。③由于路堤内部形成过度饱水区(泥泞)所引起。故本题选B。

3. A

【考核点】附加应力和自重应力

【解析】软土路基钻孔深度一般根据压缩层厚度确定,即按附加应力与自重应力的比值小于0.1来控制。

4. B

【考核点】加固方法

【解析】加固法包括:危岩锚固、坡面固网、锚喷、支撑、嵌补、排水等。

5. A

【考核点】沉降系数

【解析】计算沉降的经验法是把一维计算结果乘以经验系数,该经验系数可能取大于1。

6. B

【考核点】特殊路基设计遵循原则

【解析】见《公路路基设计规范》(JTG D30—2015)第7.1.3条。

7. A

【考核点】滑坡整治措施

【解析】抗滑挡土墙是整治滑坡的有效措施之一，一般采用重力式挡土墙。

8. B

【考核点】真空联合堆载

【解析】《公路路基设计规范》(JTG D30—2015)中提及排水固结法中常用措施，详见规范第7.7.6条。

9. B

【考核点】软土地基加固方法

【解析】塑料排水板法加固软土地基是指将塑料排水板用机械插入不同深度的软土层中，形成排水通道，以增加土体的有效排水途径，缩短排水距离，然后通过预压荷载的作用，使软土地基内孔隙水沿塑料板向上渗入地面砂垫层中，达到加固软土地基，从而增大地基整体承载力的一种工艺、技术。

10. D

【考核点】软土地基沉降规律

【解析】依软土地基的沉降规律，拟合曲线可选用双曲线和指数曲线。

11. A

【考核点】红黏土路基设计

【解析】根据《公路路基设计规范》(JTG D30—2015)第7.8.4条：边坡高度不大于10m的路堤边坡坡率宜为1：1.5~1：1.2，经物理措施处治的红黏土填筑路堤高度不宜大于10m，经物理措施处治的红黏土填筑路堤底部应设置垫层厚度不宜小于0.5m

12. A

【考核点】岩堆地段路基的处理措施

【解析】稳定的岩堆地段路基，当位于岩堆上部时，采用全挖式路基，并放缓边坡。

13. B

【考核点】挡土墙基础

【解析】当重力式挡土墙受基底应力和偏心距、倾覆稳定控制时，可采用扩大基础方法来解决。

14. A

【考核点】刚性桩复合地基设计

【解析】刚性桩桩帽可采用圆柱体、台体或倒锥台体，桩帽平面尺寸宜为1.0~1.5；刚性桩处理地基的最终沉降量计算，不需要考虑桩间土压缩变形对沉降的影响；刚性桩处理地基的稳定性采用圆弧滑动面法验算；桩体抗剪强度可取28d无侧限抗压强度的1/2。

15. A

【考核点】膨胀土的性质

【解析】能作为路堤填筑的膨胀土有中等膨胀土、弱膨胀土。

16. B

【考核点】软土地基稳定性要求

【解析】根据《公路路基设计规范》(JTG D30—2015)表7.7.1-1和表7.7.1-2，直接快剪指标考虑固结时，稳定安全系数容许值为1.2，对于一级公路在一般路段处路基工后沉降要小于等于0.3。

17. D

【考核点】特殊路基设计

【解析】砂垫层主要起浅层水平排水作用，使软土中的水分在路堤自重的压力作用下，加速沉降发展，缩短固结时间。其形式有排水砂垫层、换土砂垫层、砂垫层和土工布混合使用等形式。

18. D

【考核点】软弱地基处理方法

【解析】抛石挤淤法适用常年积水的洼地，排水困难，泥炭呈流动状态，厚度较薄，表层无硬壳，片石能沉达底部的泥沼或厚度为3~4m的软土；在特别软弱的地面上施工由于机械无法进入，或是表面存在大量积水无法排除时；抛投顺序应先从路堤中间开始，中部向前突进后再渐次向两侧扩展，以使淤泥向两旁挤出。

19. A

【考核点】湿限性黄土路基的稳定

【解析】在保障湿限性黄土路基的稳定前提下，宜采取的加固措施是强夯法。

20. C

【考核点】抛石挤淤的软土处理

【解析】自中线向两侧展开抛填，横坡陡于1∶10时，自高向低展开，才能将挤出淤泥。

21. C

【考核点】导风板的设计原则

【解析】根据规范要求，下导风板用于路线与主导风向的交角大于30°的路段；下导风板用于迎风山体坡度小于40°的路段；下导风板宜设置在迎风侧的路肩边缘以外0.75m处；侧导风板宜设置在迎风侧的路肩边缘以外不小于15m处。

二、多项选择题

1. AB

【考核点】膨胀土路基设计

【解析】见《公路路基设计规范》(JTG D30—2015)第7.9.1条，膨胀土地区路基应避免高路堤和深长路堑，宜采用低路堤或浅路堑；膨胀土地基设计应以防水、控湿、防风化为主；膨胀土路基应连续施工，用作路基填料时需要通过室内试验确定处理方案。

2. ABC

【考核点】特殊路基

【解析】A属于特殊岩土路基，B属于不良地质路基，C属于特殊条件下路基，故ABC正确。

3. ABCD

【考核点】软土路基横断面设计

【解析】见《公路路基设计规范》(JTG D30—2015)第7.7.12条。

4. AC

【考核点】抗滑挡土墙设计

【解析】见《公路路基设计规范》(JTG D30—2015)第7.2.6条,抗滑挡土墙应设置在滑坡前缘,可与排水、减载、锚固等措施联合使用;抗滑挡土墙应根据滑坡剩余下滑力和库仑土压力两者之中的最大值设计;抗滑挡土墙基础埋深较大、土体稳定性较差时,应采取临时支挡措施。

5. AB

【考核点】软土路基沉降计算

【解析】见《公路路基设计规范》(JTG D30—2015)7.7.2条:对用于计算沉降压缩层,其底面应在附加应力与有效自重应力之比不大于0.15处;行车荷载对沉降的影响,对于高路堤可以忽略不计;主固结沉降应采用分层总和计算法。

6. ABD

【考核点】滑坡地段的施工要求

【解析】滑坡整治宜在旱季施工,选项C错误。选项ABDE均对滑坡的受力有利。

7. ACD

【考核点】滑坡防治监测

【解析】见《公路路基设计规范》(JTG D30—2015)第7.2.10条。

8. ABD

【考核点】排水固结法处理

【解析】见《公路路基设计规范》(JTG D30—2015)第7.7.6条;排水固结法处理可采用砂垫层预压、袋装砂井或塑料排水板预压、真空预压或联合堆载预压。

9. ABCD

【考核点】滨海路基高度确定

【解析】依据《公路路基设计规范》(JTG D30—2015),路基高度应考虑设计洪、路基的干湿类型、路基工作区厚度等方面。滨海路基设计高程要高出规定高潮水位频率计算水位加波浪侵袭高度及0.5m的安全高度之和;路基高度不能满足洪水高度时需要修筑防浪墙。

10. AB

【考核点】粒料桩处理地基设计

【解析】见《公路路基设计规范》(JTG D30—2015)第7.7.7条;振冲料粒桩可用于加固十字板抗剪强度大于15kPa的地基土;沉管粒料桩可以用于加固十字板抗剪强度大于20kPa的地基土。

11. ABC

【考核点】起软土路基失稳类型

【解析】软土路基在较大荷载情况下,易发生的破坏有整体剪切破坏、局部剪切破坏和刺入破坏。

12. ABC

【考核点】岩堆地段路基设计

【解析】见《公路路基设计规范》(JTG D30—2015)第7.4.1和7.4.2条;路线应避绕面积大、堆积床坡度陡、稳定性查的大型岩堆;岩堆地段路基应采用低路堤或浅路堑;路线通过岩堆地段时,要调查岩堆地段地形、地貌、地质情况;岩堆地段路基设计选择合适位置及断面形式后进行路基稳定性验算

13. ACD

【考核点】路基危岩处治措施

【解析】见《公路路基设计规范》(JTG D30—2015)第7.3.4条。

14. ABD

【考核点】岩堆路基设置支挡情况

【解析】见《公路路基设计规范》(JTG D30—2015)第7.4.6条。

15. ABC

【考核点】泥石流堆积区路线设计

【解析】见《公路路基设计规范》(JTG D30—2015)第7.5.3条。

16. BCD

【考核点】盐渍土地基土设计

【解析】见《公路路基设计规范》(JTG D30—2015)第7.11.4条。地基盐胀率和溶限量符合规定要求的盐渍土路段,应对盐渍土地基表层积聚的盐霜、盐壳、生长的耐盐碱植被进行清理,并换填砂砾,清除深度宜为0.3~0.5m。

三、案例题

1. C

解:根据《公路路基设计规范》(JTG D30—2015)式(7.6.3-1)和式(7.6.3-2):

$$L = H\cot\beta$$

$$\beta = \frac{45^\circ + \frac{\varphi}{2}}{K}$$

式中:H——溶洞顶板厚度(m);

β——坍塌扩散角(°);

K——安全系数,取1.10~1.25(高速公路、一级公路应取大值);

φ——岩石内摩擦角。

依题意代入公式中,可算得安全距离为1.34m。

第三章　路 面 工 程

第一节　总　　论

【考试纲要】

1. 掌握路面基本性能要求及影响因素；路面的结构层次与功能；路面的分级、分类及相应面层类型。

2. 熟悉汽车荷载和环境影响因素对路面的影响；路面排水设计。

【复习提示】

1. 复习要点

路面的功能，路面的使用性能，对路面的基本要求，路面各结构层的分类，作用及特点，路面的分级和分类以及划分依据，运动车辆对路面的作用，标准轴载，湿度及温度对路面的影响，行车荷载，当量轴载，标准轴载，路面排水系统等。

重点：

路面的功能、路面的使用性能、对路面的基本要求、路面各结构层的作用、路面的分级和分类。

难点：

运动车辆对路面的作用、环境影响因素对路面的影响。

2. 规范提示

《公路工程技术标准》(JTG B01—2014)，对路面结构设计荷载做了新的调整，路面结构设计标准轴载仍为双轮组单轴轴载 100kN，轮胎压力 0.7MPa；但重载交通条件下可根据实际调查的轴载谱，灵活选择路面设计轴载标准，采用分向、分道方式进行路面结构设计。高速公路路面不应分期修建，位于软土、高填方等工后沉降较大的局部路段，面层可一次设计、分期实施。路面类型应根据公路功能、技术等级、交通量、环境保护、工程造价等因素进行综合论证后选用，取消根据公路等级选用路面面层的规定。按照“以防为主、防排结合”的原则，增加关于路面结构设计应进行防水设计的要求。

习题精练

一、单项选择题

1. 在路面结构层中,对使用品质要求最高的结构层是(　　)。
或:在路面结构层中,要求高强、耐久、耐磨、水温稳定性好的结构层是(　　)。
或:在路面结构层中,对行车舒适性及安全性影响最大的路面结构层是(　　)。
或:对行车抗滑性影响最大的路面结构层是(　　)。

A. 面层　　B. 基层　　C. 土基　　D. 垫层

2. 在路面结构中,主要用于改善路面结构水温稳定性的结构层是(　　)。

A. 面层　　B. 基层　　C. 垫层　　D. 土基

3. 路拱的作用主要是(　　)。

A. 方便行车　　B. 利于排水
C. 增加美观　　D. 与环境相适应

4. 高级路面平整度和水稳定性好,透水性小,一般采用(　　)的路拱横坡度。

A. 较小　　B. 纵坡大时较小　　C. 较大　　D. 固定

5. 以下材料可用作路面垫层的是(　　)。

A. 泥结碎石　　B. 沥青稳定土　　C. 沥青碎石　　D. 天然砂砾

6. 路面结构分层铺筑是因为行车荷载和自然因素对路面的影响,其随深度的增加而(　　)。

A. 逐渐减弱　　B. 不变化
C. 逐渐增大　　D. 先减小后增大

7. 通常按路面的使用品质、材料组成类型及结构强度和稳定性,将路面分为(　　)等级。

A. 两个　　B. 三个　　C. 四个　　D. 五个

8. 行驶中的汽车对路面施加的荷载有瞬时性,不同车速下沥青路面和水泥混凝土路面的变形量不同。车速越快,路面的变形量(　　)。

A. 越小　　B. 越大　　C. 先大后小　　D. 先小后大

9. 刚性路面传递给地基上的单位压力较柔性路面(　　)。

A. 小得多　　B. 大得多　　C. 一样大　　D. 没有可比性

10. 对路面材料的强度、抗变形能力的要求随深度的增加而(　　)。

A. 逐渐降低　　B. 逐渐增加　　C. 不变化　　D. 与深度无关

11. 动荷载作用下路面变形量的减小,可以理解为路面结构(　　)。

A. 强度相对增大　　B. 强度相对减小
C. 稳定性相对提高　　D. 平整度相对提高

12. 我国路面结构设计中所采用的标准轴载一般为(　　)。

A. 单轴单轮组轴载 50kN　　B. 单轴双轮组轴载 70kN
C. 单轴双轮组轴载 100kN　　D. 单轴单轮组轴载 130kN

13. 以下路面结构层材料,属于柔性材料的是(　　)。

A. 水泥混凝土　　B. 水泥稳定碎石

C. 沥青混凝土　　D. 石灰稳定碎石结构层

14. 影响路面行驶质量最主要的因素是(　　)。

A. 路面表面的平整度特性

B. 车辆悬挂系统的振动性

C. 人对振动的反应能力

D. 人对振动的接受能力

15. 车辆在路面上行驶的安全性主要指路面表面的(　　)。

A. 路面表面的平整度特性

B. 路面表面的抗滑能力

C. 路面的耐久性

D. 路面的承载能力

二、多项选择题

1. 路面结构层一般分为(　　)。

A. 面层　　B. 垫层　　C. 磨耗层　　D. 基层

2. 以下路面结构,最适合做一级公路路面面层的是(　　)。

A. 块石路面　　B. 沥青表面处治

C. 沥青混凝土　　D. 水泥混凝土

3. 路面的基本性能包括(　　)。

A. 强度及稳定性　　B. 不透水性

C. 表面平整度　　D. 表面抗滑性

4. 以下路面结构层材料应用于路面面层时,属于次高级路面的是(　　)。

A. 沥青表面处治　　B. 沥青贯入式

C. 石灰稳定土　　D. 路拌沥青碎石

5. 以下因素中,与路面的行驶质量有关的是(　　)。

A. 路面表面的平整度特性

B. 人对振动的反应和接受能力

C. 车辆悬挂系统的振动性

D. 路面结构的承载能力

6. 路肩的作用是(　　)。

A. 供车辆临时或紧急停靠

B. 作为临时车道供车辆行驶

C. 加强排水

D. 节约路面材料,降低成本

7. 路面排水系统主要由(　　)组成。

A. 路面表面排水　　B. 中央分隔带排水

C. 路面结构内部排水　　D. 路基地下排水

8. 城市道路的排水一般采用管渠形式，主要由(　　)构成，设计时应根据当地材料和道路类别选择。

A. 偏沟　　B. 拦水坝　　C. 连接管　　D. 雨水口

9. 路面内部排水系统主要由(　　)组成。

A. 边缘排水系统

B. 中央分隔带排水系统

C. 排水基层排水系统

D. 路面表面排水系统

10. 按照路面结构的力学特性和设计方法的相似性，路面通常划分为(　　)。

A. 半柔性路面　　B. 刚性路面

C. 柔性路面　　D. 半刚性路面

11. 以下路面结构，属于刚性路面的是(　　)。

A. 块石路面　　B. 水泥混凝土路面

C. 沥青玛蹄脂碎石路面　　D. 水泥混凝土做基层的沥青路面

12. 以下几种路面基层材料中，属于半刚性材料的是(　　)。

A. 石灰粉煤灰碎石　　B. 级配碎石

C. 泥结碎石　　D. 水泥稳定碎石

13. 垫层位于土基和基层之间，下列(　　)情况需要设置垫层。

A. 地下水位较高的路基上

B. 可能发生冻胀的路基上

C. 土质不良或冻深较大的路基上

D. 路面厚度较大的道路

14. 垫层材料应符合以下要求(　　)。

A. 高强　　B. 水稳定性好　　C. 隔温性好　　D. 刚度高

15. 路拱的形式选择，应满足以下(　　)要求。

A. 美观　　B. 造价低

C. 利于路面排水　　D. 保证行车平稳

16. 根据道路等级，路面横断面可以选择不同的形式。通常路面横断面形式有(　　)。

A. 槽式　　B. 设中间带式

C. 不设中间带式　　D. 全铺式

17. 以下路面结构层用于路面面层时，属于中级路面的是(　　)。

A. 半整齐石块路面　　B. 级配碎石

C. 泥结碎石　　D. 水泥稳定碎石

18. 以下路面结构，属于柔性路面的是(　　)。

A. 水泥稳定粒料基层和沥青面层组成的路面结构

B. 级配碎石基层和沥青混合料面层组成的路面结构

C. 填隙碎石、级配碎石基层和沥青混合料面层组成的路面结构

D. 石灰稳定碎石、工业废渣基层和沥青混凝土组成的路面结构

19. 车辆轮迹横向分布情况与以下(　　)因素有关。

A. 交通组织类型　　B. 车道宽度

C. 交通组成　　D. 车道数

20. 影响路面结构内温度状况的因素有(　　)。

A. 气温　　B. 太阳辐射

C. 路面材料的导热系数　　D. 路表面的粗糙度

习题参考答案及解析

一、单项选择题

1. A

【考核点】面层的功能及对面层的要求

【解　析】面层是直接承受行车荷载反复作用,并将荷载传递到基层的路面结构层。同其他层次相比,面层应具备较高的结构强度和刚度、良好的稳定性,而且应当耐磨、不透水,其表面还应有良好的抗滑性和平整度。

2. C

【考核点】垫层的定义

【解　析】垫层是指为改善土基的湿度和温度状况,以保证面层和基层的强度、刚度和稳定性不受土基水温状况变化所造成的不良影响,而在基层和土基之间采用水稳性或隔热性好的材料修筑成的结构层。

3. B

【考核点】路拱的作用

【解　析】为了保证路面上雨水及时排出,减少雨水对路面的浸润和渗透而减弱路面结构强度,路表面应做成直线形或抛物线形的路拱。

4. A

【考核点】路拱横坡度

【解　析】选择路拱横坡度,应充分考虑有利于行车平稳和有利于横向排水两方面的要求。高级路面平整度和水稳定性好,透水性小,一般采用较小的路拱横坡度。

5. D

【考核点】路面垫层的材料类型

【解　析】常用的垫层材料分为两类:一类是由松散粒料,如砂、砾石、炉渣等组成的透水性垫层;另一类是用水泥或工业废渣稳定土等修筑的稳定类垫层。

6. A

【考核点】行车荷载、自然环境因素对路面的作用和影响

【解　析】行车荷载和自然因素对路面的影响,随深度的增加而逐渐减弱。因此,对路面材料的强度、抗变形能力和稳定性的要求也随深度的增加而逐渐降低。为了适应这一特点,

路面结构通常是采用分层铺筑的。

7. C

【考核点】路面的等级

【解 析】通常按路面的使用品质、材料组成类型及结构强度和稳定性,将路面分为四个等级,即:高级、次高级、中级、低级。

8. A

【考核点】汽车荷载对路面的瞬时性影响

【解 析】行驶的汽车对路面施加的荷载有瞬时性,车轮通过路面上任一点,路面承受荷载的时间是很短的,大约只有0.01~0.10s。由于路面结构中应力传递是通过相邻的颗粒来完成的,若应力出现的时间很短,则来不及传递分布,动荷载作用下路面变形量将减小。

9. A

【考核点】刚性路面的特点

【解 析】刚性路面主要指用水泥混凝土作面层或基层的路面结构。在车辆荷载作用下,水泥混凝土结构层处于板体工作状态,竖向弯沉较小,路面结构主要靠水泥混凝土板的抗弯拉强度承受车辆荷载,通过板体的扩散分布作用,传递给基础上的单位压力较柔性路面小得多。

10. A

【考核点】路面结构分层的原因

【解 析】行车荷载和自然因素对路面的影响,随深度的增加而逐渐减弱。因此,对路面材料的强度、抗变形能力和稳定性的要求也随深度的增加而逐渐降低。为了适应这一特点,路面结构通常是分层铺筑的。

11. A

【考核点】车辆荷载的瞬时性对路面的影响

【解 析】行驶的汽车对路面施加的荷载有瞬时性,车轮通过路面上任一点,路面承受荷载的时间是很短的,大约只有0.01~0.10s。在路面以下一定深度处,应力作用的持续时间略长一点,但仍很短。由于路面结构中应力传递是通过相邻的颗粒来完成的,若应力出现的时间很短,则来不及传递分布,其变形便不能像静载呈现得那样完全。动荷载作用下路面变形量的减小,可以理解为路面结构强度相对增大。

12. C

【考核点】标准轴载

【解 析】我国《公路工程技术标准》(JTG B01—2014)对路面结构设计荷载做了新的调整,路面结构设计标准轴载仍为双轮组单轴100kN,轮胎压力0.7MPa;但重载交通条件下可根据实际调查的轴载谱,灵活选择路面设计轴载标准,采用分向、分道方式进行路面结构设计。

13. C

【考核点】柔性路面的概念

【解 析】柔性路面的整体结构刚度较小,在车辆荷载作用之下产生较大的弯沉变形,路面结构本身的抗拉强度较低,它通过各结构层将车辆荷载传递给土基,使土基承受较大的单位压力。路面结构主要靠抗压强度和抗剪强度承受车辆荷载的作用。柔性路面主要包括各种未经处理的粒料基层和各类沥青面层、碎(砾)石面层或块石面层组成的路面结构。

14. A

【考核点】路面的功能性能

【解 析】路面的行驶质量同路面表面的平整度特性、车辆悬挂系统的振动性、人对振动的反应和接受能力三方面因素有关。其中,平整度是影响路面行驶质量最主要的因素。

15. B

【考核点】路面的功能性能

【解 析】功能性能要求路面表面平整、抗滑,能迅速排水,且尽可能将车辆与路面表面产生的噪声降低到要求限度。安全性主要指路面表面的抗滑能力。

二、多项选择题

1. ABD

【考核点】路面结构层划分

【解 析】按照使用要求、受力状况、土基支承条件和自然因素影响程度的不同,可将路面分成若干层次。通常按照各个层位功能的不同,划分为三个层次,即面层、基层和垫层。

2. CD

【考核点】路面等级与使用

【解 析】高级路面的特点是强度高,刚度大,稳定性好,使用寿命长,能适应较繁重的交通量,路面平整,无尘埃,能保证高速行车。高级路面养护费用少,运输成本低,但初期建设投资高,需要用质量高的材料来修筑。通常一级公路采用高级路面,主要有水泥混凝土路面、沥青混凝土路面。

3. ABCD

【考核点】对路面的要求

【解 析】为了保证道路最大限度地满足车辆运行的要求,提高行车速度,增强安全性和舒适性,降低运输成本和延长道路使用年限,路面应满足足够的强度、一定的刚度、良好的平整度、耐久性、不透水性、抗滑性等要求。

4. ABD

【考核点】次高级路面类型

【解 析】次高级路面与高级路面相比,强度和刚度较差,使用寿命较短,所适应的交通量较小,行车速度也较低,常用的有沥青表面处治、沥青贯入式、路拌沥青碎石路面等。

5. ABC

【考核点】路面的功能性能

【解 析】路面的行驶质量同路面表面的平整度特性、车辆悬挂系统的振动性、人对振动的反应和接受能力三方面因素有关。

6. AB

【考核点】路肩的作用

【解 析】路肩设在行车道两侧,供车辆临时或紧急停靠,或者在路面大、中修期间,作为临时车道供车辆行驶。

7. ABC

【考核点】路面排水系统

【解　析】为使渗入路面的表面水降至最小程度及迅速排除路面结构内的水分，所采用的路面排水系统主要由路面表面排水、中央分隔带排水、路面结构内部排水三部分组成。

8. ACD

【考核点】城区道路路面表面排水

【解　析】城市道路的排水一般采用管渠形式，主要由偏沟、连接管、雨水口构成，设计时应根据当地材料和道路类别选择。

9. AC

【考核点】路面内部排水系统

【解　析】路面内部排水系统主要由边缘排水系统和排水基层的排水系统组成。

10. BCD

【考核点】路面的类型

【解　析】从路面结构的力学特性和设计方法的相似性出发，可将路面划分为柔性路面、刚性路面和半刚性路面三类。

11. BD

【考核点】刚性路面的定义

【解　析】刚性路面主要指用水泥混凝土作面层或基层的路面结构。

12. AD

【考核点】半刚性基层

【解　析】半刚性基层是指用水泥、石灰等无机结合料处治的土或碎(砾)石及含有水硬性结合料的工业废渣修筑的基层，在前期具有柔性路面的力学性质，后期的强度和刚度均有较大幅度的增长，但是最终的强度和刚度仍远小于水泥混凝土。由于这种材料的刚性处于柔性路面与刚性路面之间，因此把这种基层和铺筑在它上面的沥青面层统称为半刚性路面。

13. ABC

【考核点】垫层设置的条件

【解　析】垫层设置于土基与基层之间，用来改善土基的湿度和温度状况，保证面层和基层的强度、刚度和稳定性不受土基的影响。同时垫层还起到将基层传递下来的车辆荷载应力进一步加以扩散，从而减小土基顶面压应力和竖向变形的作用。在地下水位较高的路基上、可能发生冻胀的路基上、土质不良或冻深较大的路基上都应该设置。

14. BC

【考核点】垫层材料的要求

【解　析】垫层的功能要求其不一定要高强，但必须水稳定性好、隔温性好。

15. CD

【考核点】路拱设置的要求

【解　析】路拱设置的主要目的是为了及时排除路面水，并且能满足行车稳定性要求。

16. CD

【考核点】路面横断面的类型

【解　析】根据道路等级,路面横断面可以选择不同的形式。通常路面横断面形式有槽式、全铺式两种。

17. ABCD

【考核点】中级路面的类型

【解　析】中级路面强度、刚度相对较低,稳定性差,使用寿命短,平整度差,容易扬尘。半整齐石块路面、级配碎石、泥结碎石、水泥稳定碎石均属于中级路面。

18. BC

【考核点】柔性路面

【解　析】柔性路面结构整体刚度小,在行车荷载作用下产生的弯沉变形较大,路面结构层抗弯拉强度较低。结构主要靠抗压及抗剪强度承受行车荷载的作用。柔性路面主要是指各种未经处治的粒料基层和各类沥青面层、碎石面层或块石面层组成的路面结构。

19. ABCD

【考核点】车辆轮迹横向分布

【解　析】轮迹横向分布的情况取决于交通的渠化程度,与交通组织类型、车道宽度、车道数、交通组成、车速、驾驶员驾驶习惯等有关。

20. ABCD

【考核点】影响路面温度状况的因素

【解　析】影响路面结构内温度状况的因素,可分为外部因素和内部因素两大类。选项中,气温、太阳辐射为外部因素,路面材料导热系数、路表面粗糙度为内部因素。

第二节　沥青路面

【考试纲要】

1. 掌握沥青路面的种类、特点及选择;沥青路面设计的内容;沥青路面结构组合设计;沥青路面的破坏状态及设计标准;沥青路面厚度计算。

2. 熟悉沥青路面改建设计。

3. 了解沥青路面设计理论与方法。

【复习提示】

1. 复习要点

沥青路面的概念、类型、特点及使用情况,弹性层状体系,弹性层状体系设计理论,沥青路面破坏状态与设计标准,沥青路面结构设计计算图式及设计指标,设计弯沉值,设计弯拉应力,疲劳破坏及疲劳寿命,面层剪应力,结构层最小施工厚度及推荐厚度,双圆均布荷载,沥青路面结构组合设计,新建沥青路面设计内容及步骤,沥青路面改建设计。

重点:

沥青路面的概念、类型、特点及使用情况,路面结构设计计算图式及设计指标,设计弯沉值的概念及计算,结构层容许弯拉应力,设计弯拉应力,沥青路面结构组合设计,新建沥青路面设计内容及步骤。

难点:

弹性层状体系设计理论、沥青路面破坏状态与设计标准。

2.规范提示

《公路工程技术标准》(JTG B01—2014),对路面结构在正常设计、正常施工、正常使用条件下应达到的设计使用年限提出明确要求,其中,三级、四级公路的沥青路面使用年限与《公路沥青路面设计规范》(JTG D50—2006)中相应沥青路面的设计年限不同,以《公路工程技术标准》(JTG B01—2014)为准。《公路沥青路面设计规范》(JTG D50—2006)中的结构层与组合设计、沥青路面交通量等级确定、路面设计弯沉值、整体性结构层容许应力、新建路面结构厚度设计指标、路面竣工验收实测代表性弯沉值计算、旧沥青路面当量回弹模量计算等为重点考核内容。

一、单项选择题

1.我国现行沥青路面设计规范采用的路面结构设计力学模型是(　　)。

A.单圆均布荷载作用下的弹性层状体系

B.双圆均布荷载作用下的弹性三层状体系

C.双圆均布荷载作用下的弹性多层状体系

D.弹性三层状体系

2.我国沥青路面设计方法中,确定路面厚度所采用的标准轴载轴轮型为(　　)。

A.单轴单轮组　　B.双轴双轮组

C.单轴双轮组　　D.单轴三轮组

3.我国现行公路沥青路面设计方法中,确定路面厚度所采用的标准轴载为(　　)。

A.50kN　　B.70kN　　C.100kN　　D.130kN

4.三、四级公路的沥青路面结构设计控制指标是(　　)。

A.弯沉　　B.容许弯沉

C.弯拉强度　　D.路表设计弯沉值

5.沥青路面结构层中至少有一层应为(　　)沥青混合料。

A.开级配　　B.中粒式

C.密级配　　D.细粒式

6.沥青玛蹄脂碎石混合料属于(　　)。

A.中级路面　　B.高级路面

C.次高级路面　　D.低级路面

7.嵌挤类沥青路面的强度和稳定性主要依靠(　　)来提供。

A. 沥青的黏结力

B. 颗粒之间的黏聚力

C. 集料颗粒之间的内摩阻力

D. 以上都不正确

8. 沥青混凝土路面属于(　　)施工的路面。

A. 层铺法　　B. 路拌法　　C. 厂拌法　　D. 灌浆法

9. 组成沥青混合料的粗集料要求其颗粒应接近(　　)。

A. 立方体　　B. 扁平状　　C. 长方体　　D. 针片状

10. 沥青混合料的高温稳定性用(　　)来评定。

A. 流值　　B. 稳定度　　C. 动稳定度　　D. 软化点

11. 沥青表面处治结构层的厚度一般为(　　)。

A. 1.0 ~ 1.5cm　　B. 1.0 ~ 3.0cm　　C. 3.0 ~ 4.0cm　　D. 4.0 ~ 5.0cm

12. 沥青路面要求土基回弹模量值大于(　　)。

A. 25MPa　　B. 30MPa　　C. 35MPa　　D. 40MPa

13. 公路沥青路面结构设计采用双圆均布荷载,荷载集度为(　　)。

A. 0.35MPa　　B. 0.45MPa　　C. 0.6MPa　　D. 0.7MPa

14. 沥青路面补强设计时,补强层厚度加原有路面结构层厚度之和应大于最小防冻厚度,否则应增加(　　)厚度使其满足最小防冻厚度的要求。

A. 基层　　B. 抗冻层

C. 垫层　　D. 补强层

15. 验算沥青路面沥青混合料结构层层底拉应力时,采用沥青混合料(　　)的抗压模量。

A. 15℃　　B. 20℃

C. 25℃　　D. 30℃

16. 我国现行《公路沥青路面设计规范》(JTG D50—2006)规定,采用(　　)测定路面结构层材料的极限抗拉强度。

A. 直接拉伸试验　　B. 三轴试验

C. 马歇尔试验　　D. 劈裂试验

17. 沥青混合料中沥青用量越多,其高温稳定性(　　)。

A. 优良　　B. 越差

C. 与沥青用量无关　　D. 以上都不对

18. 确定沥青混合料中沥青最佳用量的试验是(　　)。

A. 承载板试验　　B. 击实试验　　C. 灌砂法试验　　D. 马歇尔试验

19. 在沥青路面结构设计中,确定路面设计弯沉值采用的交通量 N_e 是指设计年限内(　　)。

A. 单车道双向交通量　　B. 双车道双向交通量

C. 单车道上的累计当量轴次　　D. 各种车辆通过累计数量

20. 中粒式密级配沥青混凝土 AC－16 的最小压实厚度是(　　)。

A. 4.0cm　　B. 4.5cm　　C. 5cm　　D. 6cm

21. 我国现行公路沥青路面设计方法中所采用的标准轴的单轮传压面当量圆直径为(　　)。

A. 15.5cm　　B. 16.5cm

C. 21.3cm　　D. 30.0cm

二、多项选择题

1. 以下路面结构层材料,能承受弯拉的结构层是(　　)。

A. 石灰粉煤灰碎石　　B. 天然砂砾

C. 石灰稳定土　　D. 水泥稳定土

2. 高速公路沥青路面结构层设计应满足沥青层及半刚性层抗疲劳开裂的要求,即要求(　　)。的层底拉应力应小于或等于容许拉应力。

A. 轮隙中心　　B. 当量圆圆周

C. 当量圆半径的一半处　　D. 单圆荷载中心

3. 按嵌挤原则形成强度的沥青路面,具备以下特点(　　)。

A. 热稳定性较好　　B. 空隙率较大

C. 易渗水　　D. 耐久性较差

4. 以下材料用于高速公路路面结构层时,需要验算弯拉应力的结构层是(　　)。

A. 石灰粉煤灰碎石　　B. 天然砂砾

C. 石灰稳定土　　D. 水泥稳定土

5. 以下沥青混合料由嵌挤原理构成其强度的是(　　)。

A. 沥青碎石　　B. 细粒式沥青混凝土

C. 粗粒式沥青混凝土　　D. 贯入式沥青路面

6. 按密实原理构成强度的沥青路面,具有以下特点(　　)。

A. 热稳定性较差　　B. 空隙率较小

C. 抗冻性好　　D. 不透水性好

7. 按施工工艺的不同,沥青路面分为(　　)。

A. 层铺法　　B. 灌浆法　　C. 厂拌法　　D. 路拌法

8. 设计弯沉值是一个表征路面整体刚度大小的指标,是沥青路面厚度计算的主要依据。其值与设计年限内一个车道内预测通过的累计当量轴次以及(　　)有关。

A. 基层类型　　B. 面层类型

C. 土基强度　　D. 公路等级

9. 以下路面结构层材料中,属于高级路面的是(　　)。

A. 沥青玛蹄脂碎石路面　　B. 乳化沥青碎石混合料路面

C. 沥青混凝土路面　　D. 沥青贯入式路面

10. 以下材料应用于高速公路、一级公路和二级公路路面基层时,不需要验算弯拉应力的结构层是(　　)。

A. 石灰粉煤灰碎石　　B. 级配碎石

C. 石灰稳定土　　D. 水泥稳定土

E. 天然级配砂砾

11. 以下路面结构层材料，能承受弯拉的结构层是(　　)。

A. 石灰粉煤灰碎石　　B. 天然砂砾

C. 石灰稳定土　　D. 水泥稳定土

E. 沥青碎石

12. 沥青路面结构设计，要求轮隙中心处路表计算弯沉值 L_s 与设计弯沉值 L_d 之间满足如下关系(　　)。

A. L_s 小于 L_d　　B. L_s 等于 L_d

C. L_s 大于 L_d　　D. 以上都不对

13. 新建沥青路面结构层厚度的确定，应满足(　　)要求。

A. 热稳定性　　B. 路面结构整体刚度

C. 沥青层抗疲劳开裂　　D. 半刚性层抗疲劳开裂

14. 关于沥青表面处治，以下说法正确的是(　　)。

A. 表面处治可用作磨耗层

B. 表面处治的厚度需要通过计算确定

C. 表面处治是次高级路面

D. 表面处治的厚度不需要通过力学计算确定

15. 用马歇尔试验确定沥青混合料的最佳沥青用量时，需要测试的指标参数有(　　)。

A. 沥青的针入度　　B. 混合料的饱和度

C. 混合料的稳定度　　D. 混合料的流值

16. 根据我国现行《公路沥青路面设计规范》(JTG D50—2006)规定，以下哪一个路面结构的半刚性基层需要验算弯拉应力(　　)。

A. 三级公路沥青路面中的水泥稳定土

B. 二级公路沥青路面中的水泥稳定碎石

C. 一级公路沥青路面中的石灰土基层

D. 高速公路沥青路面中的二灰混合料基层

17. 以下(　　)公路的路面结构，是以路表回弹弯沉值、沥青混凝土层的层底拉应力及半刚性材料层的层底拉应力为设计指标。

A. 高速　　B. 一级　　C. 二级　　D. 三级

18. 新建沥青路面交工时，路段内实测路表弯沉值应考虑(　　)。

A. 季节影响系数　　B. 温度修正系数

C. 湿度影响系数　　D. 以上都考虑

19. 沥青路面面层抗滑性能以(　　)为主要指标来评定。

A. 粗糙度　　B. 横向力系数

C. 国际平整度指数　　D. 构造深度

20. 密级配热拌沥青混合料的水稳定性评价指标为(　　)。

A. 浸水马歇尔试验稳定度　　B. 冻融劈裂试验劈裂强度

C. 冻融劈裂试验劈裂强度比　　D. 浸水马歇尔试验残留稳定度

三、案例题

1. 某新建一级公路，路面使用沥青混凝土。上面层为细粒式沥青混凝土，下面层为中粒式沥青混凝土，基层使用沥青碎石，底基层为级配碎石。已知设计年限内一个车道上累计当量轴载作用次数为400万次/车道，试计算路面的设计弯沉值 L_d 为以下哪一项（　　）。

A. 31.6(0.01mm)　　B. 34.7(0.01mm)

C. 45.9(0.01mm)　　D. 50.5(0.01mm)

2. 某地拟新建一条一级公路，根据交通量要求，决定采用高级沥青路面。当地年内最高气温40℃，最低气温6℃，路基有干燥和中湿两种类型，公路附近有电厂，沿线有石灰、碎石、煤渣等可以利用。请判断以下路面结构组合中哪一个适合该道路（　　）。

A.

粗粒式沥青混凝土
中粒式沥青混凝土
水泥稳定土
石灰煤渣土

B.

中粒式沥青混凝土
粗粒式沥青混凝土
水泥稳定碎石
石灰煤渣碎石土

C.

沥青贯入式
石灰土
水泥稳定碎石

D.

沥青表面处治
沥青碎石
水泥稳定碎石

3. 某地新建一级公路，通过交通量预测统计并计算后得知，设计年限内一个车道累计当量轴次为495万次。拟采用高级沥青路面。上面层使用中粒式密级配沥青混凝土，其15℃时的极限劈裂强度为0.9MPa。请计算沥青混凝土上面层的容许拉应力与下列哪一项接近（　　）。

A. 0.32MPa　　B. 0.34MPa　　C. 0.35MPa　　D. 0.36MPa

4. 某一级公路，双向四车道，路面使用沥青混凝土，采用年限15年。经调查，估计交通量按年平均增长率5%递增。开放交通后第一年双向日平均当量轴次1500次/日，请问该路的交通量属于什么交通等级（　　）。

A. 轻交通　　B. 中等交通

C. 重交通　　D. 特重交通

5. 某一级公路，设计年限内设计车道累计当量轴次为420万次，面层使用中粒式密级配沥青混凝土，已知沥青混凝土15℃的极限劈裂强度为0.8MPa。上基层使用热拌沥青碎石，底基层使用级配碎石，垫层使用天然砂砾。请问该路面结构设计应以下列哪一项作为设计指标（　　）。

A. $L_d = 44.5(0.01mm)$

B. $\sigma_R = 0.300MPa$

C. $L_d = 45.5(0.01mm)$，$\sigma_R = 0.310MPa$

D. $L_d = 45.5(0.01mm)$，$\sigma_R = 0.320MPa$

6. 某二级公路，双向双车道，使用年限12年。面层采用中粒式密级配沥青混凝土，基层采用水泥稳定碎石,底基层为填隙碎石。根据《公路沥青路面设计规范》(JTG D50—2006)规定,设计时需要对水泥稳定碎石结构层层底拉应力进行控制。现经过换算,营运第一年双向日平均当量轴次为1000次/日,年平均增长率为4%。已知水泥稳定碎石层90天的极限劈裂强度为0.4MPa。试确定水泥稳定碎石结构层的容许拉应力接近以下哪一项( )。

A. 0.24MPa B. 0.28MPa C. 0.32MPa D. 0.36MPa

7. 某沥青路面进行补强设计,使用BZZ-100标准轴载汽车,用贝克曼梁测定原有路面的弯沉值,得路段计算弯沉值 $l_0=350.5(0.01\text{mm})$,请问计算补强层弯沉值时原路面的当量回弹模量 E_t 与以下哪一项接近( )。

A. 38MPa B. 41MPa C. 44MPa D. 47MPa

8. 某二级公路,路面使用沥青路面。面层为中粒式密级配沥青混凝土,厚4cm,基层为沥青碎石7cm,底基层为水泥稳定碎石,厚18cm,垫层为天然砂砾,厚15cm。竣工后在不利季节用BZZ-100标准轴载实测轮隙中心处路表弯沉值,下表为局部路段测点弯沉值。

测点	1	2	3	4	5
弯沉值(0.01mm)	40.2	36.1	41.5	43.5	46.0

请问路段实测路表代表弯沉值(0.01mm)与以下哪一项接近( )。

A. 45.00mm B. 47.00mm C. 49.00mm D. 51.00mm

习题参考答案及解析

一、单项选择题

1. C

【考核点】沥青路面结构设计力学模型

【解 析】沥青路面结构设计是根据多层弹性理论,层间接触条件为完全连续体系时,在双圆均布荷载作用下,按轮隙中心处实测路表弯沉值 l_s 等于设计弯沉值 l_d 的原则进行计算。

2. C

【考核点】路面设计荷载

【解 析】沥青路面设计以双轮组单轴载100kN作为标准轴载,以BZZ-100表示。

3. C

【考核点】路面设计荷载

【解 析】同上面第2小题。

4. D

【考核点】沥青路面结构设计指标

【解 析】我国《公路沥青路面设计规范》(JTG D50—2006)中规定,三、四级公路的沥青路面结构以路表面的设计弯沉值为控制指标。

5. C

【考核点】沥青面层类型要求

【解　析】我国《公路沥青路面设计规范》(JTG D50—2006)中规定,在沥青层中至少有一层为密级配沥青混合料。

6. B

【考核点】沥青路面的类型及等级

【解　析】沥青玛蹄脂碎石混合料(简称SMA)是以间断级配为骨架,用改性沥青、矿粉及木质纤维素组成的沥青玛蹄脂为结合料,经拌和、摊铺、压实而形成的一种构造深度较大抗滑面层。它具有抗滑耐磨、孔隙率小、抗疲劳、高温抗车辙、低温抗开裂的优点,属于高级路面,适用于高速公路、一级公路和其他重要公路的表面层。

7. C

【考核点】沥青路面按强度形成原理划分的类型

【解　析】嵌挤类沥青路面要求采用颗粒尺寸较为均一的矿料,路面的强度和稳定性主要依靠集料颗粒之间相互嵌挤所产生的内摩阻力,而黏聚力则起着次要的作用。

8. C

【考核点】沥青路面按施工工艺来划分的分类

【解　析】沥青混凝土是用一定量的沥青黏结具有一定级配的矿料,用厂拌法进行拌和,形成混合料,具有较高的强度及良好的稳定性,常用作高等级公路的面层。

9. A

【考核点】沥青混合料的强度组成原理

【解　析】沥青混合料的原材料对强度影响很大。矿料颗粒形状以正方体为最好,相互之间的摩擦锁结作用会较强。

10. C

【考核点】沥青混合料高温稳定性评定指标

【解　析】我国现行《公路沥青路面设计规范》(JTG D50—2006)规定,沥青混合料高温稳定性用动稳定度来评定。

11. B

【考核点】沥青表面处治的概念

【解　析】沥青表面处治的厚度一般为1.0~3.0cm。

12. B

【考核点】沥青路面对土基回弹模量的要求

【解　析】沥青路面的使用性能在很大程度上受路基的影响,路基必须密实、均匀、稳定;处于中湿或干燥状态,土基回弹模量值大于30MPa,重交通、特重交通公路土基回弹模量值应大于40MPa。

13. D

【考核点】标准轴载概念

【解　析】沥青路面结构设计标准轴载为单轴双轮组轴载100kN,轮胎压力0.7MPa。

14. D

【考核点】沥青路面补强要求

【解 析】沥青路面补强设计时,补强层厚度加原有路面结构层厚度之和应大于最小防冻厚度,否则应增加补强层厚度使其满足最小防冻厚度的要求。

15. A

【考核点】沥青路面设计参数

【解 析】沥青路面结构设计时,验算沥青路面沥青混合料层层底拉应力时,采用沥青混合料15℃的抗压模量。

16. D

【考核点】沥青路面设计参数

【解 析】我国现行沥青路面设计规范规定,采用劈裂试验测定路面结构层材料的极限抗拉强度。

17. B

【考核点】沥青路面性能与材料用量之间的关系

【解 析】沥青对温度比较敏感,温度越高,黏结能力越差,沥青混合料稳定性越差。所以,沥青混合料中的沥青用量越多,受温度的影响就越明显,即沥青混凝土中沥青用量越多,其高温稳定性越差。

18. D

【考核点】沥青最佳用量试验

【解 析】确定沥青混合料中沥青最佳用量的试验是马歇尔试验。

19. C

【考核点】设计弯沉值概念

【解 析】在沥青路面设计中,确定路面设计弯沉值采用的交通量 N_e 是设计年限内单车道上的累计当量轴次。

20. A

【考核点】沥青混凝土结构层压实最小厚度

【解 析】各沥青层的厚度应与混合料的公称最大粒径相匹配,一般沥青层的最小压实厚度宜为混合料公称最大粒径的2~3倍,以利于碾压密实,提高其耐久性、水稳定性。中粒式沥青混凝土的最小压实厚度是4.0cm。

21. C

【考核点】标准轴的轴及轮组型

【解 析】见《公路沥青路面设计规范》表3.1.1。

二、多项选择

1. ACD

【考核点】路面结构层受力性能

【解 析】整体性材料有一定的抗弯拉能力,在荷载作用下,会产生相应的弯拉变形。半刚性材料均有此性质。选项中,石灰粉煤灰碎石、石灰稳定土、水泥稳定土均可以承受弯拉应力。

2. AD

【考核点】路面结构设计弯拉应力计算点

【解　析】路面结构设计应满足沥青层及半刚性层层底疲劳开裂要求。轮隙中心或单圆荷载中心处的层底拉应力应不超过容许拉应力。

3. ABCD

【考核点】嵌挤原则形成强度的沥青路面特点

【解　析】按嵌挤原则形成强度的沥青路面,因其集料间空隙大,所以热稳定性较好,但也因此易渗水,因而耐久性较差,寿命短。

4. ACD

【考核点】沥青路面弯拉应力验算结构层

【解　析】整体性材料有一定的抗弯拉能力。在沥青路面结构设计中,对于能承受弯拉的整体性材料,都应进行弯拉应力验算。选项中,石灰粉煤灰碎石、石灰稳定土、水泥稳定土都应进行弯拉应力验算。

5. AD

【考核点】嵌挤原理构成的沥青路面

【解　析】嵌挤原理构成的沥青路面强度主要是靠矿料相互之间的挤压、摩擦和锁结作用,沥青的黏结力占次要地位。选项中,沥青碎石、沥青贯入式路面结构均由矿料的挤压锁结来提供强度。

6. ABD

【考核点】密实原理构成强度的沥青结构层特点

【解　析】按密实原则修筑的沥青路面,具有热稳定性较差、空隙率较小、不易渗水等特点。

7. ACD

【考核点】沥青路面的分类

【解　析】按施工工艺的不同,沥青路面分为层铺法、路拌法、厂拌法三种类型。

8. ABD

【考核点】设计弯沉值概念

【解　析】路面设计弯沉值是一个表征路面整体刚度大小的指标,是路面厚度计算的主要依据。其值与设计年限内一个车道内预测通过的累计当量轴次以及基层类型、面层类型、公路等级有关。

9. AC

【考核点】沥青路面的类型及等级

【解　析】高级沥青路面有沥青玛蹄脂碎石路面、沥青混凝土路面。

10. BE

【考核点】散体性材料的类型

【解　析】散体性材料因其不能承受弯拉应力,不需要进行弯拉应力验算。级配碎石、天然级配砂砾属于散体性材料。

11. ACD

【考核点】整体性材料类型

【解 析】路面材料中整体性材料可以承受弯拉,主要有沥青混凝土、水泥混凝土以及半刚性材料结构层。

12. AB

【考核点】沥青路面结构厚度设计要求

【解 析】沥青路面结构层厚度的确定应满足结构整体刚度的要求:轮隙中心处路表计算弯沉值应小于或等于设计弯沉值。

13. BCD

【考核点】沥青路面结构层厚度设计要求

【解 析】沥青路面结构层厚度的确定,应满足结构整体刚度(即承载力)要求与沥青层或半刚性层抗疲劳开裂要求。

14. ACD

【考核点】沥青表面处治的作用及特点

【解 析】沥青表面处治是用沥青黏结矿料形成厚度1.0~3.0cm的薄层沥青结构层,属于次高级路面,主要用来提高路面的耐磨耗性,防水性及平整度,其厚度不需要通过计算确定,也不作为主要受力结构层使用。

15. BCD

【考核点】沥青最佳用量确定

【解 析】用马歇尔试验确定沥青最佳用量,需要测设的指标有:稳定度、流值、空隙率等。

16. BCD

【考核点】沥青路面厚度设计层底拉应力控制条件

【解 析】确定沥青路面厚度时,对于高速公路、一级公路、二级公路的半刚性结构层,需要控制疲劳开裂。

17. ABC

【考核点】不同等级公路沥青路面的设计指标

【解 析】高速公路、一级公路、二级公路的路面结构,以路表回弹弯沉值、沥青混凝土层的层底拉应力及半刚性材料的层底拉应力为设计指标。

18. AB

【考核点】路段内实测路表弯沉代表值

【解 析】新建沥青路面交工时,路段内实测路表弯沉值应考虑季节影响系数以及温度修正系数。

19. BD

【考核点】沥青面层抗滑技术指标

【解 析】沥青面层抗滑性能以横向力系数和构造深度为主要指标来评定。

20. CD

【考核点】热拌沥青混合料水稳定性技术指标

【解 析】密级配热拌沥青混合料的水稳定性评价指标为冻融劈裂试验劈裂强度比以及浸水马歇尔试验残留稳定度。

三、案例题

1. C

解：根据《公路沥青路面设计规范》(JTG D50—2006)式(8.0.5)：

$$l_d = 600 \cdot N_e^{-0.2} \cdot A_c \cdot A_s \cdot A_b$$

式中：N_e——设计年限内一个车道累计当年轴次，即400万次；

A_c——公路等级系数，一级公路为1.0；

A_b——路面结构类型系数，柔性基层沥青路面为1.6；

A_s——面层类型系数，沥青混凝土面层为1.0。

代入式(8.0.5)：

$$\begin{aligned} l_d &= 600 \cdot N_e^{-0.2} \cdot A_c \cdot A_s \cdot A_b \\ &= 600 \times (4000000)^{-0.2} \times 1.0 \times 1.0 \times 1.6 \\ &= 45.9(0.01\text{mm}) \end{aligned}$$

2. B

解：路面采用高级路面，沥青贯入式及沥青表面处治为次高级路面，且路面结构层强度组合应由上至下强度逐渐减小，所以C、D均不符合要求。高温地区，应考虑路面结构层的高温稳定性，应采用中粒式及粗粒式沥青混凝土，同时应满足面层不透水性，中粒式混凝土在上，粗粒式混凝土在下，且沥青路面基层应有足够的强度，而石灰煤渣土和水泥稳定土强度均较低，因此答案A也不符合要求。

3. C

解：根据《公路沥青路面设计规范》(JTG D50—2006)式(8.0.6-1)：

$$\sigma_R = \frac{\sigma_S}{K_S}$$

其中，$K_S = 0.09N_e^{0.22}/A_C$［规范公式(8.0.6-2)］。

代入数值得：

$$\sigma_R = \frac{\sigma_S}{K_S} = \frac{0.9}{0.09 \times 4950000^{0.22}/1.0} = 0.34\text{mPa}$$

4. B

解：根据《公路沥青路面设计规范》(JTG D50—2006)式(3.1.7)：

$$N_e = \frac{365N_1[(1+r)^t - 1]}{r}\eta$$

再根据《公路沥青路面设计规范》(JTG D50—2006)表3.1.6，双向四车道，车道系数为0.4～0.5；代入上式得：

$$\begin{aligned} N_e &= \frac{365N_1[(1+r)^t - 1]}{r}\eta \\ &= \frac{365 \times 1500 \times [(1+0.05)^{15} - 1]}{0.05}\eta \end{aligned}$$

$$=\frac{365\times1500\times[(1+0.05)^{15}-1]}{0.05}\times(0.4\sim0.5)$$

$$=4.7\times10^{6}\sim5.9\times10^{6}(次)$$

根据《公路沥青路面设计规范》(JTG D50—2006)表3.1.8,该路属于中等交通。

5. C

解:一级公路的沥青路面结构,以路表面的回弹弯沉值、沥青混凝土层的层底拉应力及半刚性材料层的层底拉应力为设计指标。该路面结构无半刚性结构层,所以设计指标为路表面的回弹弯沉值、沥青混凝土层的层底拉应力两项。

根据《公路沥青路面设计规范》(JTG D50—2006)式(8.0.5),计算路表面的回弹弯沉值:

$$L_d=600N_e^{-0.2}A_cA_sA_b$$

$$=600\times(420\times10^4)^{-0.2}\times1.0\times1.0\times1.6$$

$$=45.5(0.01mm)$$

再根据《公路沥青路面设计规范》(JTG D50—2006)式(8.0.6-1)计算沥青混凝土层的容许拉应力:

$$\sigma_R=\frac{\sigma_S}{K_S}$$

$$K_S=0.09N_e^{0.22}/A_C$$

$$=0.09\times(420\times10^4)^{0.22}/1.0$$

$$=2.578$$

代入上式,得:

$$\sigma_R=\frac{\sigma_S}{K_S}=\frac{0.8}{2.578}=0.310MPa$$

6. A

解:水泥稳定碎石结构层的容许拉应力按《公路沥青路面设计规范》(JTG D50—2006)式(8.0.6-1)计算:

$$\sigma_R=\frac{\sigma_S}{K_S}$$

其中,抗拉强度结构系数按(8.0.6-3)计算:

$$K_S=0.35N_e^{0.11}/A_C$$

式中:二级公路 A_C 取1.1。

N_e 按《公路沥青路面设计规范》(JTG D50—2006)式(3.1.7)计算:

$$N_e=\frac{365N_1[(1+r)^t-1]}{r}\eta=\frac{[(1+0.04)^{12}-1]\times365}{0.04}\times1000\times(0.6\sim0.7)$$

$$=3.3\times10^6\sim3.8\times10^6$$

于是

$$K_S=0.35N_e^{0.11}/A_C=0.35\times(3.3\times10^6\sim3.8\times10^6)^{0.11}/1.1=1.658\sim1.686$$

$$\sigma_R=\frac{\sigma_S}{K_S}=\frac{0.4}{1.658\sim1.686}\approx0.24MPa$$

7. D

解:根据《公路沥青路面设计规范》(JTG D50—2006)式(9.2.6-1),原路面当量回弹模量值为:

$$E_t = 1000\frac{2p\delta}{l_0}m_1m_2$$

其中,$m_1 = 1.1$,$m_2 = 1.0$。

则 $E_t = 1000\frac{2p\delta}{l_0}m_1m_2 = 1000 \times \frac{2 \times 0.7 \times 10.65}{350.5} \times 1.1 \times 1.0 = 46.8\text{MPa}$

8. B

解:路段实测路表代表弯沉值按《公路沥青路面设计规范》(JTG D50—2006)式(8.0.15-2)计算:

$$l_0 = (\bar{l}_0 + Z_aS)K_1K_3$$

对于二级公路,$Z_a = 1.5$。

季节影响系数 $K_1 = 1.0$;由于路面面层厚度低于5cm,所以可不进行温度修正,$K_3 = 1.0$。

$$\bar{l}_0 = \frac{40.2 + 36.1 + 41.5 + 43.5 + 46.0}{5} = 41.46(0.01\text{mm})$$

$$S = \sqrt{\frac{\sum_{i=1}^{5}(l_i - \bar{l}_0)^2}{5 - 1}} = 3.711$$

$$l_0 = (\bar{l}_0 + Z_aS)K_1K_3 = (41.46 + 1.5 \times 3.711) \times 1.0 \times 1.0 = 47.03(0.01\text{mm})$$

第三节　水泥混凝土路面

【考试纲要】

1. 掌握水泥混凝土路面的种类、特点;水泥混凝土路面设计的内容;水泥混凝土路面结构组合设计。

2. 熟悉水泥混凝土路面平面布置与接缝设计;水泥混凝土路面厚度设计;水泥混凝土路面加铺层设计。

3. 了解水泥混凝土路面设计理论与方法。

【复习提示】

1. 复习要点

水泥混凝土路面类型及特点,接缝类型及构造,拉杆,传力杆的作用及设置,混凝土路面基层的作用,普通水泥混凝土路面板的构造,弹性地基板理论,单层板模型,双层板模型,复合板模型,温度疲劳应力,荷载疲劳应力,水泥混凝土路面破坏形式及设计标准,设计参数,可靠度设计标准,设计基准期,水泥路面交通等级划分,钢筋混凝土路面配筋量计算,水泥混凝土路面板厚设计,水泥混凝土路面加铺层设计,水泥混凝土路面结构组合设计。

重点：

水泥混凝土路面类型及特点，基层的作用，接缝的类型和构造，普通水泥混凝土路面板的构造，水泥混凝土路面板厚设计，水泥混凝土路面加铺层设计，单层板模型，双层板模型。

难点：

接缝的构造与布置，特殊部位混凝土路面的处理，运动车辆对路面的作用，弹性地基翘曲应力，弹性地基板荷载应力，水泥混凝土路面板厚确定。

2. 规范提示

《公路水泥混凝土路面设计规范》（JTG D40—2011）对传力杆和拉杆的尺寸及间距都做了新的规定，混凝土路面与桥涵、通道及隧道等固定构造物相衔接时的端部处理，混凝土路面与沥青路面相接段的构造，都做了新的规定；水泥混凝土路面结构设计按基层与面层类型与组合的不同，路面结构分析可分别采用三种力学模型：弹性地基单层板模型、弹性地基双层板模型及复合板模型。板厚设计应以面层板在设计基准期内，在行车荷载和温度梯度综合作用下，不产生疲劳断裂作为设计标准；并以最重轴载和最大温度梯度综合作用下，不产生极限断裂作为验算标准。

一、单项选择题

1. 水泥混凝土路面承受荷载的结构层主要是（　　）。

A. 基层　　B. 土基　　C. 垫层　　D. 面层

2. 在水泥混凝土路面的各种接缝中，可以做成假缝的是（　　）。

A. 缩缝　　B. 横向施工缝　　C. 纵向施工缝　　D. 胀缝

3. 我国现行公路水泥混凝土路面设计方法中所采用的设计轴载为（　　）。

A. 100kN　　B. 120kN　　C. 130kN　　D. 150kN

4. 在普通水泥混凝土路面板中，除接缝区外设置的钢筋主要作用是（　　）。

A. 传递荷载应力　　B. 将混凝土板拉在一起

C. 补强　　D. 控制温度应力

或：在普通水泥混凝土路面板中，设置边缘钢筋主要是为了（　　）。

A. 控制温度应力　　B. 提高混凝土板的耐磨性

C. 补强　　D. 传递车辆荷载

或：在普通水泥混凝土路面板中，角隅处设置钢筋的主要作用是（　　）。

A. 传递荷载应力　　B. 将混凝土板拉在一起

C. 补强　　D. 控制温度应力

5. 普通水泥混凝土路面的施工采用（　　）。

A. 灌浆法　　B. 碾压法　　C. 层铺法　　D. 摊铺振捣

6. 水泥混凝土路面板厚设计计算的临界荷位是（　　）。

A. 板的中央　　B. 板的横缝中部
C. 板的纵缝边缘中部　　D. 板角

7. 在水泥混凝土路面板中,传力杆的主要作用是(　　)。
A. 角隅补强　　B. 提高混凝土板的强度
C. 控制温度应力　　D. 传递车辆荷载

8. 水泥混凝土路面的设计指标是(　　)。
A. 混凝土的抗压模量　　B. 设计弯沉
C. 混凝土的抗压强度　　D. 混凝土的弯拉强度

9. 横向缩缝顶部应锯切槽口,设置传力杆时槽口深度宜为面层厚度的(　　)。
A. 1/6 ~ 1/5　　B. 1/5 ~ 1/4　　C. 1/4 ~ 1/3　　D. 1/3 ~ 1/2

10. 水泥混凝土路面属于(　　)。
A. 柔性路面　　B. 刚性路面
C. 半刚性路面　　D. 半柔性路面

11. 水泥混凝土路面基层的主要作用是(　　)。
A. 减小路基顶面的压力　　B. 减小路面板的弯拉应力
C. 减薄路面板的厚度　　D. 防水和防唧泥

12. 在我国,水泥混凝土路面的设计理论是(　　)。
A. 弹性层状体系　　B. 弹性地基板理论
C. 弹性多层半空间体系　　D. 弹性半无限体系

13. 中等和轻交通荷载公路邻近胀缝或自由端部的(　　)条横向缩缝,应采用设传力杆假缝形式。
A. 1 条　　B. 2 条　　C. 3 条　　D. 4 条

14. 普通水泥混凝土路面板胀缝是路面接缝中(　　)。
A. 最窄的缝　　B. 最宽的缝　　C. 假缝　　D. 锯缝

15. 在我国高等级公路水泥混凝土路面施工中,广泛采用的工程质量最高、施工速度最快的路面施工技术方法是(　　)。
A. 三辊轴机组铺筑法　　B. 轨道摊铺机铺筑法
C. 小型机具铺筑法　　D. 滑模机械铺筑法

16. 水泥混凝土路面,路肩若使用混凝土材料,则路肩混凝土面层与行车道连接方式为(　　)。
A. 设拉杆相连　　B. 设传力杆相连
C. 不设置任何钢筋　　D. 以上都不对

17. 水泥混凝土路面板接缝中使用的传力杆采用(　　)。
A. 圆钢筋　　B. 螺纹钢筋　　C. 钢筋束　　D. 角钢

18. 水泥混凝土的设计强度应采用(　　)龄期的弯拉强度。
A. 15 天　　B. 28 天　　C. 35 天　　D. 60 天

19. 水泥混凝土路面行车道路面横坡坡度宜为(　　)。
A. 0.5% ~1.0%　　B. 1.0% ~2.0%　　C. 2.0% ~3.0%　　D. 1.0% ~3.0%

20. 水泥混凝土路面的交通荷载等级，按设计车道在设计基准期内所承受的设计轴载分为(　　)。

A. 3 级　　B. 4 级　　C. 5 级　　D. 6 级

21. 对于特重或极重交通荷载等级的水泥混凝土路面，路床顶面的综合回弹模量值不得低于(　　)。

A. 40MPa　　B. 60MPa　　C. 80MPa　　D. 100MPa

22. 水泥混凝土路面若设置垫层，要求垫层应与路基同宽，厚度不得小于(　　)。

A. 100mm　　B. 150mm　　C. 200mm　　D. 250mm

23. 水泥混凝土路面一次铺筑宽度(　　)路面宽度时，应设置纵向施工缝。

A. 大于　　B. 小于　　C. 等于　　D. 以上都不对

24. 水泥混凝土路面一次铺筑宽度大于 4.5m 时，应设置(　　)。

A. 纵向缩缝　　B. 纵向施工缝　　C. 纵向胀缝　　D. 以上都不对

25. 水泥混凝土路面板中设置的拉杆采用(　　)。

A. 圆钢筋　　B. 螺纹钢筋

C. 螺纹或圆钢筋均可　　D. 以上都不对

二、多项选择题

1. 在特重交通的普通混凝土路面接缝中，需要设置传力杆的接缝有(　　)。

A. 纵向缩缝　　B. 横向缩缝

C. 胀缝　　D. 横向施工缝

2. 在双车道重交通普通水泥混凝土路面接缝中，需要设置拉杆的接缝是(　　)。

A. 横向缩缝　　B. 纵向缩缝　　C. 纵向施工缝　　D. 横向施工缝

3. 普通水泥混凝土路面板设置的接缝有(　　)。

A. 裂缝　　B. 缩缝　　C. 胀缝　　D. 施工缝

4. 水泥混凝土路面板的设计应力由(　　)几部分组成。

A. 荷载弯拉应力　　B. 荷载压应力

C. 温度梯度引起的翘曲应力　　D. 荷载疲劳应力

E. 温度升降引起的温度应力

5. 水泥混凝土路面结构分析可采用下述(　　)力学模型。

A. 复合板　　B. 弹性地基单层板

C. 弹性地基双层板　　D. 弹性地基三层板

6. 以下(　　)等级的公路，面层使用水泥混凝土，则路肩铺面应采用与行车道路面相同的结构层组合和组成材料类型。

A. 高速公路　　B. 一级公路

C. 二级公路　　D. 三、四级公路

7. 以下(　　)情况下，水泥混凝土路面可不设底基层。

A. 极重交通荷载　　B. 特重、重交通荷载

C. 中等交通荷载　　D. 轻交通荷载

8. 水泥混凝土路面对基层、底基层的要求是(　　)。

A. 足够的热稳定性　　B. 足够的抗冲刷能力

C. 适当的刚度　　D. 良好的耐久性

9. 在水泥混凝土路面的各种接缝中,(　　)可以是假缝。

A. 纵向缩缝　　B. 横向缩缝

C. 胀缝　　D. 横向施工缝

E. 纵向施工缝

10. 普通水泥混凝土路面板的长度可采用(　　)。

A. 4m　　B. 4.5m　　C. 5m　　D. 6m

11. 普通水泥混凝土路面板的宽度可采用(　　)。

A. 3.5m　　B. 4m　　C. 4.5m　　D. 6m

12. 水泥混凝土路面结构设计标准:以面层板在设计基准期内,(　　)。

A. 在行车荷载和温度梯度综合作用下,不产生疲劳断裂作为设计标准

B. 在最重轴载和最大温度梯度综合作用下,不产生极限断裂作为验算标准

C. 在行车荷载作用下,不产生疲劳断裂作为设计标准

D. 在温度梯度作用下,不产生疲劳断裂作为设计标准

13. 纵向施工缝可采用(　　)。

A. 假缝加拉杆形式　　B. 平缝加拉杆形式

C. 平缝不设拉杆形式　　D. 企口缝加拉杆形式

14. 水泥混凝土路面一次铺筑宽度大于4.5m时,应设置纵向缩缝。此类纵向缩缝可采用(　　)。

A. 假缝加拉杆形式　　B. 假缝不设拉杆形式

C. 平缝不设拉杆形式　　D. 平缝设拉杆形式

15. 水泥混凝土路面横向缩缝应采用(　　)。

A. 假缝设传力杆形式　　B. 假缝不设传力杆形式

C. 平缝不设拉杆形式　　D. 平缝设拉杆形式

三、案例题

1. 公路自然区划Ⅴ区新建一条一级公路,双向六车道,路面拟采用水泥混凝土,基层选用水泥稳定碎石。经交通调查分析得知,设计车道使用初期标准轴载作用次数为7800次/日,交通量年平均增长率为5%。请分析该道路交通等级属以下哪一选项(　　)。

A. 轻交通　　B. 中等交通　　C. 重交通　　D. 特重交通

2. 公路自然区划Ⅳ区新建一条二级公路,双向两车道,路面拟采用普通水泥混凝土面层,弯拉强度要求5.0MPa,泊松比0.15,厚0.25m;基层选用级配碎石,弹性模量300MPa,厚0.20m。路床顶面综合回弹模量为60MPa。试求混凝土板底地基当量回弹模量与以下哪一项接近(　　)

A. 110MPa　　B. 120MPa　　C. 130MPa　　D. 140MPa

3. 公路自然区划Ⅱ区新建一条二级公路,双向两车道,设计基准期内设计车道设计轴载累

计作用次数158万次，路面宽7m，拟采用普通水泥混凝土面层，弯拉强度要求4.5MPa，泊松比0.15，厚0.24m；基层选用级配碎石，弹性模量300MPa，厚0.20m。路肩面层与行车道面层等厚并设拉杆相连。板底地基当量回弹模量为120MPa，设计荷载100kN。确定路面板的荷载疲劳应力与以下哪一项接近(　　)。

A. 3.40MPa　　B. 3.50MPa　　C. 3.60MPa　　D. 3.70MPa

4. 公路自然区划Ⅱ区新建一条二级公路，拟采用普通水泥混凝土路面，当地的粗集料以花岗岩为主。经交通调查属中等交通荷载等级。路面宽7m，面层弯拉强度标准值为4.5MPa，弯拉弹性模量29GPa，泊松比0.15，初拟路面厚度0.23m；基层选用级配碎石，弹性模量300MPa，厚0.20m。板底地基当量回弹模量为120MPa。混凝土面板平面尺寸4.5m×3.5m，纵缝为设拉杆平缝，横缝为不设传力杆的假缝；设计荷载100kN。试求面板最大温度应力与以下哪一项接近(　　)。

A. 0.49MPa　　B. 1.49MPa　　C. 1.09MPa　　D. 1.29MPa

5. 公路自然区划Ⅳ区新建一条一级公路，拟采用普通水泥混凝土路面，面层弯拉强度标准值为5.0MPa，当地的粗集料以砾石为主。经计算面层最大温度应力为1.79MPa。试求面板最大温度疲劳应力与以下哪一项接近(　　)。

A. 0.59MPa　　B. 0.69MPa　　C. 0.79MPa　　D. 0.89MPa

6. 公路自然区划Ⅳ区新建一条一级公路，路面拟采用普通水泥混凝土面层，弯拉强度要求5.0MPa，泊松比0.15，厚0.26m；基层选用水泥稳定砂砾，厚0.20m，弹性模量2000MPa，底基层选用级配砾石，弹性模量250MPa，厚0.18m。路床顶面综合回弹模量为80MPa。试求混凝土板底地基当量回弹模量与以下哪一项接近(　　)。

A. 100MPa　　B. 110MPa　　C. 120MPa　　D. 125MPa

7. 某高速公路，地处公路自然区划Ⅲ区，设计轴载 $P_s=100\text{kN}$，最重轴载 $P_m=250\text{kN}$。路面拟采用普通水泥混凝土面层，弯拉弹性模量为31GPa、泊松比为0.15，厚0.30m；基层使用碾压混凝土，厚0.18cm，弯拉弹性模量为27GPa、泊松比为0.15，面层与基层之间设置40mm厚的沥青混凝土夹层，底基层选用级配碎石，厚0.20m。路肩面层与行车道面层等厚并设拉杆相连。板底地基综合当量回弹模量为130MPa。试求混凝土面层最大荷载应力与以下哪一项接近(　　)。

A. 2.50MPa　　B. 2.60MPa　　C. 2.70MPa　　D. 2.80MPa

8. 已知某地拟修建一条二级公路，拟采用水泥混凝土路面。经调查属重交通荷载等级。根据现场调查，路基有中湿和干燥两种类型，路基开挖土为砂性土，气候四季分明，夏季高温达40℃，冬季最低气温－5℃，沿线建筑材料有人工碎石、天然砂砾、水泥、石灰。试根据交通量、路基水温状况和筑路材料来源，判定以下哪一选项适用于该路的路面结构(　　)。

A.

水泥混凝土面层
水泥稳定碎石
石灰粉煤灰碎石
天然砂砾
土基

B.

水泥混凝土面层
工业废渣
天然砂砾
土基

C.

水泥混凝土面层
泥结碎石
石灰土
天然砂砾
土基

D.

水泥混凝土面层
石灰土
天然砂砾
级配碎石
土基

9. 某地拟新建一条一级公路，经交通分析，属于重交通荷载等级。拟定路面结构组合如下：面层使用水泥混凝土路面，基层采用水泥稳定碎石，底基层采用级配碎石，垫层使用天然砂砾。请分析该路面结构属于以下哪一种力学模型(　　)。

A. 弹性地基单层板模型　　B. 弹性地基双层板模型

C. 复合板模型　　D. 以上都不对

10. 某二级公路，路面使用水泥混凝土。其中有局部路段，路面结构下埋有地下设施，拟使用接缝设置传力杆的钢筋混凝土面层。钢筋混凝土面板横缝间距 7m，面层厚 220mm，基层使用水泥稳定砂砾。钢筋使用 HPB235，直径 15mm。请问钢筋混凝土面层的纵向钢筋配筋量较合理的是(　　)。

A. $120mm^2$　　B. $200mm^2$　　C. $300mm^2$　　D. $800mm^2$

11. 某旧水泥混凝土路面拟实行加铺层设计。现用弯沉测试法调查评定旧混凝土路面面板的接缝传荷能力。以下表列数据为测试结果。w_u 为未受荷板接缝边缘处的弯沉值，w_1 为受荷板接缝边缘处的弯沉值。请判断该水泥混凝土路面的接缝传荷能力属于哪一等级(　　)。

w_u(mm)	w_1(mm)
0.681	3.166
0.724	3.178
0.818	3.205
0.976	3.254

A. 优良　　B. 中　　C. 次　　D. 差

◇ 习题参考答案及解析 ◇

一、单选题

1. D

【考核点】水泥混凝土路面结构的受力特点

【解　析】水泥混凝土路面刚度大，抗弯拉强度较高，扩散荷载能力较强，因此，车辆荷载作用在路面上时，主要靠面层来承受。

2. A

【考核点】水泥混凝土路面缩缝的构造

【解　析】缩缝为防止混凝土路面因为收缩而产生不规则裂缝，造成板破坏，在其易出现缩裂位置进行预先设置接缝，可做成假缝形式。

3. A

【考核点】水泥混凝土路面设计轴载

【解　析】《公路水泥混凝土路面设计规范》(JTG D40—2011)规定,水泥混凝土路面设计轴载为100kN。

4. C

【考核点】除接缝区外的钢筋作用

【解　析】普通混凝土路面板,在荷载作用下,板边及角隅处的疲劳损坏要比其他部位大,因此,通常需要设置钢筋来加强板边及角隅处的受荷能力,防止这些位置出现破坏。

5. D

【考核点】普通混凝土路面的施工方法

【解　析】普通混凝土路面采用摊铺、振捣的方法使混合料达到密实、平整。

6. C

【考核点】临界荷位

【解　析】水泥混凝土路面板厚设计计算的临界荷位为板的纵缝边缘中部。

7. D

【考核点】传力杆的主要作用

【解　析】由于接缝的设置,使得混凝土板传递及扩散荷载的能力受到影响,因此,在横向接缝处设置传力杆来传递车辆荷载。

8. D

【考核点】水泥混凝土路面结构的设计指标

【解　析】水泥混凝土路面以面板的抗弯拉强度作为设计指标

9. C

【考核点】横向缩缝槽口锯切深度

【解　析】横向缩缝顶部应锯切槽口,设置传力杆时槽口深度宜为面层厚度的1/4~1/3。

10. B

【考核点】水泥混凝土路面的类属

【解　析】水泥混凝土路面刚度大,抵抗变形的能力高,属于刚性路面。

11. D

【考核点】水泥混凝土路面基层的主要作用

【解　析】水泥混凝土路面设置了较多接缝,水由接缝及路肩进入路面结构内部,对结构层及土基中的细料有一定的冲刷性,容易引起唧泥现象,设置基层主要是用来防冲刷及唧泥现象,以免板底脱空造成板断裂。

12. B

【考核点】水泥混凝土路面的设计理论

【解　析】水泥混凝土路面采用弹性地基板理论进行板厚设计

13. C

【考核点】中等和轻交通荷载公路缩缝构造

【解　析】中等和轻交通荷载公路邻近胀缝或自由端部的3条横向缩缝，应采用设传力杆假缝形式。

14. B

【考核点】胀缝的结构

【解　析】胀缝为水泥混凝土路面板伸张时提供空间，是接缝中最宽的缝。

15. D

【考核点】水泥混凝土路面施工方法

【解　析】滑模机械铺筑法是铺筑水泥混凝土路面工程质量最高、施工速度最快的路面施工技术，摊铺、振捣、整平一次完成。

16. A

【考核点】水泥混凝土路面路肩与行车道连接方式

【解　析】路肩混凝土面层与行车道面层应设置拉杆相连，二者的横向缩缝应连通。

17. A

【考核点】传力杆类型

【解　析】传力杆设置在横缝中，用来传递车辆荷载，使用光圆钢筋。

18. B

【考核点】水泥混凝土的设计强度采用值

【解　析】水泥混凝土的设计强度应采用28天龄期的弯拉强度。

19. B

【考核点】水泥混凝土路面排水

【解　析】水泥混凝土路面行车道路面横坡坡度宜为1% ~2%。

20. C

【考核点】水泥混凝土路面交通荷载分级

【解　析】水泥混凝土路面的交通荷载等级，按设计基准期内设计车道临界荷位处所承受的设计轴载累计作用次数分为5级。

21. C

【考核点】水泥混凝土路面对路床顶面回弹模量的要求

【解　析】路床顶面的综合回弹模量值，特重或极重交通荷载等级时不得低于80MPa。

22. B

【考核点】水泥混凝土路面对垫层的厚度要求

【解　析】垫层应与路基同宽，厚度不得小于150mm。

23. B

【考核点】纵向施工缝设置条件

【解　析】水泥混凝土路面一次铺筑宽度小于路面宽度时，应设置纵向施工缝。

24. A

【考核点】纵向缩缝设置条件

【解　析】水泥混凝土路面一次铺筑宽度大于4.5m时，应设置纵向缩缝。

25. B

【考核点】拉杆的作用

【解　析】水泥混凝土面板设置纵缝，为了使纵缝两侧的混凝土面板能拉在一起，在纵缝处设置拉杆，拉杆使用螺纹钢筋。

二、多选题

1. BCD

【考核点】特重交通道路传力杆的设置要求

【解　析】极重、特重和重交通荷载公路的横向接缝，应设传力杆。

2. BC

【考核点】拉杆的设置条件

【解　析】混凝土路面纵向施工缝及假缝均应设置拉杆。

3. BCD

【考核点】水泥混凝土路面的接缝类型

【解　析】水泥混凝土路面为了防止热胀冷缩、湿胀干缩而引起的破坏，在面板的纵向及横向设置了许多接缝，按作用划分，有缩缝、胀缝、施工缝。

4. CD

【考核点】水泥混凝土路面板的设计应力

【解　析】水泥混凝土面板设计应力由荷载疲劳应力及温度疲劳应力组成。

5. ABC

【考核点】水泥混凝土路面结构设计模型

【解　析】水泥混凝土路面结构设计模型按基层和面层类型和组合的不同，可分为单层板、双层板、复合板三种模型。

6. AB

【考核点】水泥路面对路肩的要求

【解　析】高速公路和一级公路以及承受极重、特重和重交通荷载等级的公路，路肩铺面应采用与行车道路面相同的结构层组合和组成材料类型。

7. CD

【考核点】水泥路面底基层设置条件

【解　析】为了缓减由于基层与路床之间刚度比过大产生的问题，在基层下应设置底基层。但对于承受中等或轻交通荷载的水泥混凝土路面，可不设底基层。

8. BC

【考核点】水泥路面对基层的要求

【解　析】对水泥混凝土面层下基层的首要要求是抗冲刷能力。不耐冲刷的基层表面，在渗入水和荷载的共同作用下，会产生冲刷、唧泥、板底脱空和错台等病害，导致路面不平整，并加速和加剧面层板的断裂。另外提高基层的刚度，有利于改善接缝的传荷能力。因此水泥路面基层和底基层应具有足够的抗冲刷能力和适当的刚度。

9. AB

【考核点】缩缝的作用及构造

【解　析】缩缝是为了防止混凝土面板在温度或湿度下降时产生收缩而出现不规则裂缝及断裂,预先设置的接缝,通常可以做成假缝形式。

10. ABCD

【考核点】水泥路面面板的平面尺寸

【解　析】普通水泥混凝土面板板长宜为4~6m。

11. ABC

【考核点】水泥路面纵向接缝之间的间距(即板宽)

【解　析】普通水泥混凝土面板板宽宜为3.0~4.5m。

12. AB

【考核点】水泥路面的设计标准

【解　析】水泥混凝土路面结构设计应以面层板在设计基准期内,在行车荷载和温度梯度综合作用下,不产生疲劳断裂作为设计标准;并以最重轴载和最大温度梯度综合作用下,不产生极限断裂作为验算标准。

13. BCD

【考核点】纵向施工缝接缝形式

【解　析】一次铺筑宽度小于路面宽度时,应设置纵向施工缝。纵向施工缝应采用设拉杆平缝形式,也可以根据交通荷载情况,设置为不加拉杆的平缝形式或企口缝加拉杆或不加拉杆形式。

14. AB

【考核点】纵向假缝设置条件及形式

【解　析】一次铺筑宽度大于4.5m时,应设置纵向缩缝。纵向缩缝应采用设拉杆假缝形式,也可以根据交通荷载情况设置为不加拉杆假缝形式。

15. AB

【考核点】横向缩缝形式

【解　析】横向缩缝应采用假缝形式。极重、特重和重交通荷载公路的横向缩缝,中等和轻交通荷载公路邻近胀缝或自由端部的3条横向缩缝,收费广场的横向缩缝,应采用设传力杆假缝形式,其他情况可采用不设传力杆假缝形式。

三、案例题

1. D

解:根据《公路水泥混凝土路面设计规范》(JTG D40—2011)表3.0.1,一级公路的设计基准期为30年,由规范附录表A.2.4,临界荷位处的车辆轮迹横向分布系数取0.17~0.22,按式(A.2.4)计算,设计基准期内设计车道设计荷载累计作用次数为:

$$N_e = \frac{N_s \times [(1+g_r)^t - 1] \times 365}{g_r} \times \eta$$

$$= \frac{7800 \times [(1+0.05)^{30} - 1] \times 365}{0.05} \times (0.17 \sim 0.22)$$

$$=3.22\times10^{7}\sim4.12\times10^{7}(次)$$

由规范表3.0.7可知,属特重交通。

2. B

解:属弹性地基单层板。

根据《公路水泥混凝土路面设计规范》(JTG D40—2011),按式(B.2.4-1)~式(B.2.4-4)板底地基综合回弹模量计算如下:

$$E_x=\frac{\sum_{i=1}^{n}(h_i^2E_i)}{\sum_{i=1}^{n}h_i^2}=\frac{h_1^2E_1}{h_1^2}=300\text{MPa}$$

$$h_x=\sum_{i=1}^{n}h_i=h_1=0.20\text{m}$$

$$\alpha=0.26\ln(h_x)+0.86=0.26\times\ln(0.20)+0.86=0.442$$

$$E_t=\left(\frac{E_x}{E_0}\right)^{\alpha}E_0=\left(\frac{300}{60}\right)^{0.442}\times60=122.2\text{MPa}$$

则板底地基回弹模量取120MPa。

3. A

解:根据《公路水泥混凝土路面设计规范》(JTG D40—2011)表E.0.3-1,面层混凝土的弯拉弹性模量为29GPa,普通水泥混凝土面层的弯曲刚度按《公路水泥混凝土路面设计规范》(JTG D40—2011)式(B.2.2-3)计算,相对刚度半径r按式(B.2.2-2)计算:

$$D_c=\frac{E_ch_c^3}{12(1-v_c^2)}=\frac{29000\times0.24^3}{12\times(1-0.15^2)}=34.2\text{MN}\cdot\text{m}$$

$$r=1.21\left(\frac{D_c}{E_t}\right)^{1/3}=1.21\times\left(\frac{34.2}{120}\right)^{1/3}=0.796\text{m}$$

按式(B.2.2-1)计算设计轴载在临界荷位处产生的荷载应力:

$$\sigma_{ps}=1.47\times10^{-3}r^{0.70}h_c^{-2}P_s^{0.94}=1.47\times10^{-3}\times0.796^{0.70}\times0.24^{-2}\times100^{0.94}=1.650\text{MPa}$$

按式(B.2.1)计算荷载疲劳应力:

$$\sigma_{pr}=k_rk_fk_c\sigma_{ps}$$

其中,考虑接缝传荷能力的应力折减系数k_r,因为路肩采用混凝土,且厚度与路面面层等厚,取0.87。

综合系数k_c,根据表B.2.1,取1.05。

疲劳应力系数,由式(B.2.3-1)计算。

其中,材料疲劳指数λ,根据B.2.3条,普通水泥混凝土$\lambda=0.057$,则:

$$k_f=N_e^{\lambda}=(158\times10^4)^{0.057}=2.256$$

荷载疲劳应力:$\sigma_{pr}=k_rk_fk_c\sigma_{ps}=0.87\times2.256\times1.05\times1.650=3.40\text{MPa}$

4. B

解:根据《公路水泥混凝土路面设计规范》(JTG D40—2011)式(B.2.2-3)计算混凝土面层的弯曲刚度:

$$D_c=\frac{E_ch_c^3}{12(1-v_c^2)}=\frac{29000\times0.23^3}{12\times(1-0.15^2)}=30.1\text{MN}\cdot\text{m}$$

相对刚度半径 r 按式(B.2.2-2)计算：

$$r=1.21\left(\frac{D_c}{E_t}\right)^{1/3}=1.21\times\left(\frac{30.1}{120}\right)^{1/3}=0.763\text{m}$$

由《公路水泥混凝土路面设计规范》(JTG D40—2011)表3.0.10，最大温度梯度取88℃/m，查附录表E.0.3-2，粗集料为花岗岩的混凝土线膨胀系数 $\alpha_c=10\times10^{-6}/℃$。

按式(B.3.3-1)～式(B.3.3-3)计算综合温度翘曲应力和内应力的温度应力系数 B_L：

$$t=\frac{L}{3r}=\frac{4.5}{3\times0.763}=1.97$$

$$C_L=1-\frac{\sinh(1.97)\cos(1.97)+\cosh(1.97)\sin(1.97)}{\cos(1.97)\sin(1.97)+\sinh(1.97)\cosh(1.97)}=1-0.162=0.838$$

$$B_L=1.77e^{-4.48h_c}\times C_L-0.131(1-C_L)$$

$$=1.77e^{-4.48\times0.23}\times0.838-0.131\times(1-0.838)=0.508$$

按式(B.3.2)计算最大温度应力：

$$\sigma_{t,max}=\frac{\alpha_c E_c h_c T_g}{2}B_L=\frac{10\times10^{-6}\times29000\times0.23\times88}{2}\times0.508=1.491\text{MPa}$$

5. C

解：根据已知条件，最大温度应力 $\sigma_{t,max}=1.79\text{MPa}$。

温度疲劳应力系数 k_t 按《公路水泥混凝土路面设计规范》(JTG D40—2011)式(B.3.4)计算：

$$k_t=\frac{f_r}{\sigma_{t,max}}\left[a_t\left(\frac{\sigma_{t,max}}{f_r}\right)^{b_t}-c_t\right]$$

其中，回归系数 a_t、b_t、c_t 由表B.3.4查得：$a_t=0.841$，$b_t=1.323$，$c_t=0.058$。则：

$$k_t=\frac{f_r}{\sigma_{t,max}}\left[a_t\left(\frac{\sigma_{t,max}}{f_r}\right)^{b_t}-c_t\right]=\frac{5.0}{1.79}\times\left[0.841\times\left(\frac{1.79}{5.0}\right)^{1.323}-0.058\right]=0.442$$

再由式(B.3.1)计算温度疲劳应力：

$$\sigma_{tr}=k_t\sigma_{t,max}=0.442\times1.79=0.79\text{MPa}$$

6. D

解：属弹性地基双层板模型。根据《公路水泥混凝土路面设计规范》(JTG D40—2011)，按式(B.2.4-1)～式(B.2.4-4)计算板底地基综合回弹模量：

$$E_x=\sum_{i=1}^{n}(h_i^2E_i)/\sum_{i=1}^{n}h_i^2=\frac{h_1^2E_1}{h_1^2}=250\text{MPa}$$

$$h_x=\sum_{i=1}^{n}h_i=h_1=0.18\text{m}$$

$$\alpha=0.26\ln(h_x)+0.86=0.26\times\ln(0.18)+0.86=0.414$$

$$E_t=\left(\frac{E_x}{E_0}\right)^{\alpha}E_0=\left(\frac{250}{80}\right)^{0.414}\times80=128.2\text{MPa}$$

综上，板底地基回弹模量取125MPa。

7. A

解：根据《公路水泥混凝土路面设计规范》(JTG D40—2011)式(B.2.2-3)计算混凝土

面层板的弯曲刚度 D_c,按式(B.4.1-2)计算碾压混凝土基层的弯曲刚度 D_b,按式(B.4.1-3)计算路面结构总相对刚度半径 r_g,具体如下:

$$D_c=\frac{E_c h_c^3}{12(1-v_c^2)}=\frac{31000\times0.30^3}{12(1-0.15^2)}=71.4\text{MN}\cdot\text{m}$$

$$D_b=\frac{E_b h_b^3}{12(1-v_b^2)}=\frac{27000\times0.18^3}{12(1-0.15^2)}=13.4\text{MN}\cdot\text{m}$$

$$r_g=1.21\left(\frac{D_c+D_b}{E_t}\right)^{1/3}=1.21\times\left(\frac{71.4+13.4}{130}\right)^{1/3}=1.049\text{m}$$

按《公路水泥混凝土路面设计规范》(JTG D40—2011)式(B.4.1),计算最重轴载在临界荷位处产生的荷载应力:

$$\sigma_{pm}=\frac{1.45\times10^{-3}}{1+\dfrac{D_b}{D_c}}r_g^{0.65}h_c^{-2}P_m^{0.94}=\frac{1.45\times10^{-3}}{1+\dfrac{13.4}{71.4}}\times1.049^{0.65}0.30^{-2}\times250^{0.94}=2.512\text{MPa}$$

按式(B.2.6)计算面层最大荷载应力:

$$\sigma_{p,max}=k_r k_c \sigma_{pm}$$

其中,考虑接缝传荷能力的应力折减系数 k_r,因为路肩采用混凝土,且厚度与路面面层等厚,取0.87。

综合系数 k_c,根据表B.2.1,高速公路,取1.15。

则 $\sigma_{p,max}=k_r k_c \sigma_{pm}=0.87\times1.15\times2.512=2.51\text{MPa}$。

8. A

解:水泥混凝土路面属于刚性路面,面板刚度大,扩散荷载能力强,变形能力弱,需要基层提供均匀稳定的支撑,因此基层通常应有一定的刚度,选用半刚性基层能提供一定刚度,给面板提供均匀稳定的支撑,防止板底脱空而断裂。同时,随深度逐渐增大,结构层强度逐渐减小以达到经济的效果,中湿路基应设置垫层。符合以上条件的是A。

9. B

解:水泥混凝土路面结构分析应采用弹性地基板理论。除粒料类基层外,其他各类基层与混凝土面层应按分离式双层板模型进行结构分析。粒料类基层及各类底基层和垫层,应同路基一起视作多层弹性地基。

10. D

解:钢筋混凝土面层配筋量按《公路水泥混凝土路面设计规范》(JTG D40—2011)式(6.2.1)确定:

$$A_s=\frac{16L_s h\mu}{f_{sy}}$$

其中,混凝土面层与基层之间摩阻系数经验参考值由附录表E.0.3-3查得:$\mu=3.5\sim13$。

钢筋强度由附录表E.0.4查得:$f_{sy}=235\text{MPa}$。

根据已知条件,计算钢筋混凝土面层纵向钢筋配筋量:

$$A_s=\frac{16L_s h\mu}{f_{sy}}=\frac{16\times7\times220\times(3.5\sim13)}{235}=367.0\sim1363.1\text{mm}^2$$

11. D

解：旧混凝土路面接缝传荷系数按《公路水泥混凝土路面设计规范》(JTG D40—2011)式(8.3.2)计算：

$$k_j = \frac{w_u}{w_l} \times 100$$

其中，
$$w_u = \frac{0.681 + 0.724 + 0.818 + 0.976}{4} = 80.0(0.01\text{mm})$$

$$w_l = \frac{3.166 + 3.178 + 3.205 + 3.254}{4} = 320.1(0.01\text{mm})$$

则
$$k_j = \frac{w_u}{w_l} \times 100 = \frac{80.0}{320.1} \times 100 = 25$$

根据《公路水泥混凝土路面设计规范》(JTG D40—2011)表8.3.3，接缝传荷能力等级为"差"。

第四章　桥 梁 工 程

第一节　一 般 要 求

【考试纲要】

1. 掌握桥梁的设计原则;桥梁设计荷载种类及其组合。

2. 熟悉桥梁的组成与分类;桥梁纵、横断面设计及平面布置;桥梁勘测、设计内容。

【复习提示】

1. 复习要点

桥梁的基本组成与分类,桥梁设计的基本原则,桥梁勘测、设计的主要内容,桥梁设计的程序,桥梁纵、横断面设计的基本内容,桥梁设计荷载种类及其组合。

重点:

桥梁的分类,桥梁纵、横断面设计的基本内容,桥梁设计荷载种类及其组合。

难点:

桥梁设计荷载种类及其组合。

2. 规范提示

桥梁的设计原则,桥梁设计荷载种类及其组合,桥梁的组成与分类,桥梁纵、横断面设计及平面布置等涉及《公路桥涵设计通用规范》(JTG D60—2004)已于2015年进行了修订,现行规范为《公路桥涵设计通用规范》(JTG D60—2015),于2015年12月1日施行。

一、单项选择题

1. 公路桥涵结构的设计基准期为(　　)。

A. 50年　　B. 60年　　C. 80年　　D. 100年

2. 根据设计洪水频率计算所得的年最高洪水位称之为(　　)。

A. 标准水位　　B. 枯水位　　C. 最高水位　　D. 设计洪水位

3. 设计洪水位上相邻两个桥墩之间的净距是(　　)。

A. 净跨径　　B. 计算跨径　　C. 标准跨径　　D. 总跨径

4. 梁式桥的两个相邻桥墩中线之间的水平距离,或桥墩中线到桥台台背前缘之间的水平距离,称为(　　)。

A. 净跨径　B. 标准跨径　C. 总跨径　D. 计算跨径

5. 对具有支座的桥，桥跨结构两端支座中心之间的水平距离，称为(　　)。

A. 净跨径　B. 标准跨径　C. 总跨径　D. 计算跨径

6. 桥梁全长是指(　　)。

A. 桥梁两桥台台背前缘间的距离　B. 桥梁结构两支点间的距离

C. 桥梁两个桥台侧墙尾端间的距离　D. 各孔净跨径的总和

7. 桥梁高度是指(　　)。

A. 桥面与高水位之间的高差　B. 桥面与设计洪水位之间的高差

C. 桥面与低水位之间的高差　D. 桥面与基础底面之间的高差

8. 桥梁建筑高度是指(　　)。

A. 桥面与基础底面之间的高差　B. 桥面与桥墩底面之间的高差

C. 桥面与地面线之间的高差　D. 桥面与桥跨结构最下缘的高差

9. 桥下净空高度是指(　　)。

A. 常水位至桥跨结构最下缘之间的距离

B. 最大洪水位至桥跨结构最下缘之间的距离

C. 设计洪水位至桥跨结构最下缘之间的距离

D. 测时水位至桥跨结构最下缘之间的距离

10. 桥梁按基本结构体系划分可分为(　　)。

A. 梁式桥、拱式桥、刚构桥、缆索承重桥以及组合体系桥

B. 简支梁桥、悬臂梁桥、连续梁桥

C. 木桥、钢桥、圬工桥、钢筋混凝土桥和预应力混凝土桥

D. 公路桥、铁路桥、人行桥和农用桥

11. 按主要承重结构所用的材料划分的桥梁类型有(　　)。

A. 圬工桥　B. 斜拉桥　C. 梁式桥　D. 悬索桥

12. 按用途来划分的桥梁类型有(　　)。

A. 直桥　B. 斜拉桥　C. 公路桥　D. 钢桥

13. 按跨越障碍的性质划分的桥梁类型有(　　)。

A. 梁式桥　B. 跨河桥　C. 拱桥　D. 钢桥

14. 某桥为多孔梁桥，跨径布置为 $7 \times 20\text{m}$，该桥属于(　　)。

A. 特大桥　B. 大桥　C. 中桥　D. 小桥

15. 桥梁设计和施工中，要进行强度、刚度和稳定性验算，其中强度是指(　　)。

A. 使全部构件及其连接构造的材料抗力或承载能力具有足够的安全储备

B. 使桥梁在设计作用(荷载)下的变形不超过规范规定的容许值

C. 使桥梁结构在各种作用下具有能保持原来的形状和位置的能力

D. 保证桥梁结构在设计使用年限内的长期安全要求

16. 桥梁设计和施工中，要进行强度、刚度和稳定性验算，其中刚度是指(　　)。

A. 使全部构件及其连接构造的材料抗力或承载能力具有足够的安全储备

B. 使桥梁在设计作用(荷载)下的变形不超过规范规定的容许值

C. 使桥梁结构在各种作用下具有能保持原来的形状和位置的能力

D. 保证桥梁结构在设计使用年限内的长期安全要求

17. 桥跨结构稳定性是要使其在各种作用下(　　)。

A. 变形不超过规定的容许值

B. 具有保持原来的形状和位置的能力

C. 具有足够的材料抗力和承载能力

D. 承重结构宽度要小,建筑高度小

18. 在设计基准期内始终存在且其量值变化与平均值相比可以忽略不计的作用,或其变化是单调的并趋于某个限值的作用是(　　)。

A. 永久作用　　B. 可变作用　　C. 偶然作用　　D. 地震作用

19. 承载能力极限状态设计时,永久作用设计值与可变作用设计值的组合是(　　)。

A. 作用基本组合　　B. 作用偶然组合

C. 作用频遇组合　　D. 作用准永久组合

20. 正常使用极限状态设计时,永久作用标准值与可变作用准永久值的组合是(　　)。

A. 作用基本组合　　B. 作用偶然组合

C. 作用频遇组合　　D. 作用准永久组合

21. 通常,桥梁设计应包括下列阶段,即(　　)。

A. 上部结构设计、下部结构设计和基础设计

B. 平面设计、立面设计和横断面设计

C. 桥型设计、截面设计和施工图设计

D. 工程可行性研究、初步设计、技术设计和施工图设计

22. 对于技术上复杂的特大桥、互通式立交桥或新型桥梁结构,需进行(　　)。

A. 施工图设计　　B. 初步设计　　C. 技术设计　　D. 施工组织设计

23. 下列不属于桥梁纵断面设计内容的是(　　)。

A. 确定桥梁的总跨径　　B. 确定桥面宽度

C. 确定桥梁的分孔　　D. 确定基础的埋置深度

24. 对公路桥,其桥上纵坡不宜大于(　　)。

A. 2%　　B. 3%　　C. 4%　　D. 5%

25. 对于通航河流上的桥梁,其墩台沿水流方向的轴线应与最高通航水位时的主流方向一致。当斜交不能避免时,交角不宜大于(　　)。

A. 5°　　B. 15°　　C. 25°　　D. 45°

26. 下列不属于永久作用的是(　　)。

A. 预加力　　B. 土侧压力　　C. 基础变位作用　　D. 温度作用

27. 在以下作用中,属于可变作用的是(　　)。

A. 结构自重　　B. 水浮力　　C. 疲劳荷载　　D. 基础变位作用

28. 汽车外侧车轮的中线离人行道或安全带边缘的距离不得小于(　　)。

A. 1.0m　　B. 0.7m　　C. 0.5m　　D. 0.25m

29. 用于桥梁结构整体计算的汽车荷载类型是(　　)。

A. 集中荷载　B. 均布荷载　C. 车辆荷载　D. 车道荷载

30. 汽车荷载的冲击力标准值为汽车荷载标准值乘以相应系数,其系数为(　　)。

A. 荷载增大系数　B. 冲击系数　C. 折减系数　D. 横向分布系数

31. 拱桥、涵洞及重力式墩台可不计冲击力,其填料厚度(包括路面厚度)应等于或大于(　　)。

A. 0.3m　B. 0.5m　C. 0.6m　D. 0.7m

32. 横桥向布置多车道汽车荷载时,应考虑汽车荷载的折减;布置一条车道汽车荷载时,其横向车道布载系数为(　　)。

A. 1.2　B. 1.0　C. 0.78　D. 0.67

33. 同向行驶三车道的汽车荷载制动力标准值应为一个设计车道制动力标准值的倍数是(　　)。

A. 3　B. 2.68　C. 2.34　D. 1.8

二、多项选择题

1. 公路桥涵设计时应遵循的原则是(　　)。

A. 安全　B. 适用　C. 耐久　D. 环保

2. 公路桥涵进行减灾防灾设计时应考虑(　　)。

A. 抗风　B. 抗震　C. 抗腐蚀　D. 抗撞

3. 桥梁的基本组成部分包括(　　)。

A. 伸缩缝　B. 桥跨结构　C. 下部结构　D. 墩台基础

4. 桥梁按其基本结构体系分类可分为(　　)。

A. 梁式桥　B. 拱式桥　C. 缆索承重桥　D. 刚架桥

5. 为确保桥梁的安全性,应保证桥梁结构在施工过程(制造、运输、安装)、成桥状态具有足够的(　　)。

A. 强度　B. 刚度　C. 稳定性　D. 耐久性

6. 在初步设计的技术文件中,需要提供的资料有(　　)。

A. 估算工程数量　B. 施工图纸　C. 施工预算　D. 最优桥型方案

7. 桥梁纵断面设计的主要内容是确定(　　)。

A. 桥面高程　B. 桥面宽度　C. 桥孔设计长度　D. 桥梁分孔

8. 桥梁横断面设计的主要内容是确定(　　)。

A. 桥面高程　B. 桥面宽度

C. 桥梁分孔　D. 桥跨结构横截面布置

9. 桥梁设计方案比较的主要步骤是(　　)。

A. 拟定桥梁图式　B. 编制方案

C. 最优方案选定　D. 技术经济比较

10. 公路桥涵进行极限状态设计时,根据不同种类的作用及其对桥涵的影响、桥涵所处的环境条件,应考虑的设计状况有(　　)。

A. 持久状况　B. 短暂状况　C. 偶然状况　D. 地震状况

11. 公路桥涵设计采用的作用分为( )。

A. 地震作用 B. 偶然作用 C. 永久作用 D. 可变作用

12. 偶然作用包括( )。

A. 地震作用 B. 船舶的撞击作用

C. 汽车撞击作用 D. 漂流物的撞击作用

13. 汽车以较高速度驶过桥梁会引起桥梁结构的振动,其造成内力增大的原因是( )。

A. 桥面不平整 B. 离心力作用

C. 发动机振动 D. 荷载的偏心布置

14. 可变作用的代表值包括( )。

A. 标准值 B. 组合值 C. 频遇值 D. 准永久值

15. 不与制动力同时参与组合的作用有( )。

A. 流水压力 B. 冰压力 C. 支座摩阻力 D. 波浪力

三、案例题

1. 某公路上有一计算跨径 $l_0=5\text{m}$ 的简支梁桥,计算其在公路—Ⅰ级汽车荷载作用下主梁产生的剪力时,应采用的集中荷载标准值最接近下列哪一项( )。

A. 180kN B. 270kN C. 324kN D. 360kN

2. 某公路上有一计算跨径 $l_0=20\text{m}$ 的梁式桥,计算其在公路—Ⅰ级汽车荷载作用下主梁产生的弯矩效应时,其集中荷载标准值最接近下列哪一项( )。

A. 180kN B. 270kN C. 300kN D. 360kN

3. 某公路上有一计算跨径 $l_0=55\text{m}$ 的梁式桥,计算其在公路—Ⅱ级汽车荷载作用下主梁产生的剪力效应时,其均布荷载标准值最接近下列哪一项( )。

A. 7.875kN/m B. 10.5kN/m C. 12.5kN/m D. 15.5kN/m

4. 某简支T形梁桥的计算跨径为 $l=29.12\text{m}$,主梁采用C50混凝土,已知其每延米的重力集度为 $G=32.11\text{kN/m}$,抗弯惯性矩为 $I_c=7.492\times10^{11}\text{mm}^4$,弹性模量为 $E=3.45\times10^4\text{MPa}$,该结构的基频 f 最接近下列哪一项( )。

(注:简支梁桥的结构基频 $f=\dfrac{\pi}{2l^2}\sqrt{\dfrac{EI_c}{m_c}}$,$m_c=\dfrac{G}{g}$)

A. 4.35 B. 5.203 C. 6.5 D. 7.33

5. 某简支T形梁桥的计算跨径为 $l=12.6\text{m}$,已知结构的基频 $f=7.33$,则计算汽车荷载冲击力时应计入的冲击系数 μ 最接近下列哪一项( )。

A. 0.05 B. 0.276 C. 0.336 D. 0.45

习题参考答案及解析

一、单项选择题

1. D

【考核点】设计基准期

【解　析】《公路桥涵设计通用规范》(JTG D60—2015)1.0.3 规定:公路桥涵结构的设计基准期为 100 年。

2. D

【考核点】设计洪水位的概念

【解　析】设计洪水位系指根据设计洪水频率计算所得的年最高洪水位。

3. A

【考核点】净跨径的概念

【解　析】对梁式桥,净跨径是指设计洪水位上相邻两桥墩(或桥台)之间的净距。

4. B

【考核点】标准跨径的概念

【解　析】对梁式桥,标准跨径是指两相邻桥墩中线之间的水平距离,或桥墩中线到桥台台背前缘之间的水平距离。

5. D

【考核点】计算跨径的概念

【解　析】对具有支座的桥,计算跨径是指桥跨结构两端支座中心之间的水平距离。

6. C

【考核点】桥梁全长的概念

【解　析】桥梁全长简称桥长,对于有桥台的桥梁为两个桥台侧墙或八字墙尾端间的距离,对于无桥台的桥梁为桥面系行车道长度。

7. C

【考核点】桥梁高度的概念

【解　析】桥梁高度(简称桥高)是指桥面与低水位之间的高差,或桥面与桥下道路路面之间的距离。

8. D

【考核点】桥梁建筑高度的概念

【解　析】桥梁建筑高度指桥上行车路面(或轨顶)高程到桥跨结构最下缘的垂直距离。

9. C

【考核点】桥下净空高度的概念

【解　析】设计洪水位、设计通航水位、桥下道路路面至桥跨结构最下缘之间的距离称为桥下净空高度。

10. A

【考核点】桥梁的分类

【解　析】按桥梁基本结构体系分类可分为:梁式桥、拱式桥、刚构桥、缆索承重桥以及组合体系桥。选项 B 为梁式桥的分类,选项 C 是按承重结构所用的材料分类,选项 D 是按用途分类。

11. A

【考核点】桥梁的分类

【解 析】按承重结构所用的材料划分,有木桥、钢桥、圬工桥、钢筋混凝土桥和预应力混凝土桥和钢混组合桥。

12. C

【考核点】桥梁的分类

【解 析】按用途来划分,有公路桥、铁路桥、公铁两用桥、农用桥、人行桥、渡槽桥及其他专用桥梁。

13. B

【考核点】桥梁的分类

【解 析】按跨越障碍的性质,可分为跨河桥、跨线桥、高架桥等。

14. B

【考核点】桥梁的分类

【解 析】根据《公路桥涵设计通用规范》(JTG D60—2015)1.0.5,单孔跨径20m的桥为中桥,多孔跨径总长为140m的桥属于大桥。根据“就高不就低”的原则,跨径布置为7×20m的桥梁属于大桥。

15. A

【考核点】桥梁的设计原则

【解 析】桥梁结构的强度应使全部构件及其连接构造的材料抗力或承载能力具有足够的安全储备。

16. B

【考核点】桥梁的设计原则

【解 析】桥梁结构的刚度应使桥梁在设计作用(荷载)下的变形不超过规范规定的容许值。

17. B

【考核点】桥梁的设计原则

【解 析】桥跨结构稳定性是要使其在各种作用下具有保持原来的形状和位置的能力。

18. A

【考核点】永久作用

【解 析】《公路桥涵设计通用规范》(JTG D60—2015)2.1.9规定:永久作用是指在设计基准期内始终存在且其量值变化与平均值相比可以忽略不计的作用,或其变化是单调的并趋于某个限值的作用。

19. A

【考核点】作用组合

【解 析】《公路桥涵设计通用规范》(JTG D60—2015)2.1.21规定:作用基本组合指承载能力极限状态设计时,永久作用设计值与可变作用设计值的组合。

20. D

【考核点】作用组合

【解　析】《公路桥涵设计通用规范》(JTG D60—2015)2.1.24 规定:作用准永久组合指正常使用极限状态设计时,永久作用标准值与可变作用准永久值的组合。

21. D

【考核点】桥梁的设计原则

【解　析】通常,桥梁设计包括工程可行性研究、初步设计、技术设计和施工图设计等四个阶段。

22. C

【考核点】桥梁的设计原则

【解　析】桥梁技术设计是针对新型、特大型桥梁,技术复杂桥梁而言。技术设计应根据初步设计批复意见,对重大、复杂的技术问题通过科学试验、专题研究,进一步勘探、分析比较,解决初步设计中未解决的问题,落实技术方案,提出修正施工方案等。

23. B

【考核点】桥梁纵断面设计

【解　析】桥梁纵断面设计主要包括:确定桥梁的桥孔设计长度、桥梁分孔、桥面高程与桥下净空、桥梁纵坡布置以及基础的埋置深度等。

24. C

【考核点】桥梁纵断面设计

【解　析】根据《公路桥涵设计通用规范》(JTG D60—2015)3.5.1,桥梁纵坡设计应符合下列规定:桥上纵坡不宜大于4%,桥头引道纵坡不宜大于5%;位于城镇混合交通繁忙处的桥梁,桥上纵坡均不得大于3%。

25. A

【考核点】桥梁平面布置

【解　析】《公路桥涵设计通用规范》(JTG D60—2015)3.2.3 规定:对于通航河流上的桥梁,其墩台沿水流方向的轴线应与最高通航水位时的主流方向一致。当斜交不能避免时,交角不宜大于5°。

26. D

【考核点】桥梁的作用

【解　析】《公路桥涵设计通用规范》(JTG D60—2015)4.1.1 规定:永久作用包括结构重力(包括结构附加重力)、预加力、土的重力、土侧压力、混凝土收缩及徐变作用、水浮力和基础变位作用等。

27. C

【考核点】桥梁的作用及组合

【解　析】根据《公路桥涵设计通用规范》(JTG D60—2015)4.1.1,可变作用包括:汽车荷载,汽车冲击力、汽车离心力、汽车引起的土侧压力、汽车制动力、人群荷载,疲劳荷载、风荷载,流水压力,冰压力,波浪力、温度作用和支座摩阻力等。

28. C

【考核点】桥梁的作用及组合

【解　析】《公路桥涵设计通用规范》(JTG D60—2015)4.3.1 规定:对于汽车荷载,汽车横向轮距为1.8m,两列汽车车轮的横向最小间距为1.3m,汽车外侧车轮的中线离人行道或安全带边缘的距离不得小于0.5m。

29. D

【考核点】桥梁的作用及组合

【解 析】《公路桥涵设计通用规范》(JTG D60—2015)4.3.1规定:桥梁结构的整体计算采用车道荷载,桥梁结构的局部加载、涵洞、桥台和挡土墙土压力等的计算采用车辆荷载。

30. B

【考核点】桥梁的作用及组合

【解 析】《公路桥涵设计通用规范》(JTG D60—2015)4.3.2规定:汽车荷载的冲击力基准值为汽车荷载标准值乘以冲击系数μ。

31. B

【考核点】桥梁的作用及组合

【解 析】填料厚度(包括路面厚度)等于或大于0.5m的拱桥、涵洞以及重力式墩台不计冲击力。

32. A

【考核点】桥梁的作用

【解 析】《公路桥涵设计通用规范》(JTG D60—2015)4.3.1规定:横桥向布置多车道汽车荷载时,应考虑汽车荷载的折减;布置一条车道汽车荷载时应考虑汽车荷载的提高,其横向车道布载系数为1.2。

33. C

【考核点】桥梁的作用

【解 析】《公路桥涵设计通用规范》(JTG D60—2015)4.3.5规定:同向行驶双车道的汽车荷载制动力标准值应为一个设计车道制动力标准值的2倍,同向行驶三车道应为一个设计车道的2.34倍,同向行驶四车道应为一个设计车道的2.68倍。

二、多项选择题

1. ABCD

【考核点】桥梁设计原则

【解 析】《公路桥涵设计通用规范》(JTG D60—2015)1.0.1规定:为规范公路桥涵设计,按照安全、耐久、适用、环保、经济和美观的原则,制定本规范。

2. ABD

【考核点】桥梁设计原则

【解 析】《公路桥涵设计通用规范》(JTG D60—2015)1.0.6规定:公路桥涵应进行抗风、抗震、抗撞等减灾防灾设计。

3. BCD

【考核点】桥梁的基本组成

【解 析】桥梁是由桥跨结构、下部结构和墩台基础三个主要部分组成的人工构筑物。下部结构包括桥墩和桥台。

4. ABCD

【考核点】桥梁的分类

【解　析】桥梁按其基本结构体系，可分为：梁式桥、拱式桥、刚架桥、缆索承重桥和组合体系桥等。

5. ABCD

【考核点】桥梁设计原则

【解　析】桥梁设计应确保安全性，保证桥梁结构在施工过程（制造、运输、安装）、成桥状态具有足够的强度、刚度、稳定性和耐久性。

6. AD

【考核点】桥梁设计程序与内容

【解　析】初步设计的目的是确定设计方案，通过桥型方案比选，推荐最优方案，报上级审批。在编制各个桥型方案时，应提供平、纵、横布置图，标明主要尺寸，并估算工程数量和主要材料数量，提出施工方案的意见，编制设计概算，提供文字说明和图表资料。

7. ACD

【考核点】桥梁纵断面设计

【解　析】桥梁纵断面设计主要包括：确定桥梁的桥孔设计长度、桥梁分孔、桥面高程、桥梁纵坡布置以及基础的埋置深度等。

8. BD

【考核点】桥梁横断面设计

【解　析】桥梁横断面设计主要包括：确定桥面宽度和桥跨结构横截面的布置。

9. ABCD

【考核点】桥梁设计方案比较

【解　析】桥梁设计方案比较的主要步骤是拟定桥梁图式、方案初选、编制方案、技术经济比较和最优方案选定等。

10. ABCD

【考核点】桥梁设计原则

【解　析】《公路桥涵设计通用规范》（JTG D60—2015）3.1.4 规定：公路桥涵根据不同种类的作用及其对桥涵的影响、桥涵所处的环境条件，考虑以下四种设计状况，进行极限状态设计：持久状况、短暂状况、偶然状况和地震状况。

11. ABCD

【考核点】公路桥梁作用

【解　析】《公路桥涵设计通用规范》（JTG D60—2015）4.1.1 规定：公路桥涵设计采用的作用分为永久作用、可变作用、偶然作用和地震作用。

12. BCD

【考核点】公路桥梁作用

【解　析】《公路桥涵设计通用规范》（JTG D60—2015）4.1.1 规定：偶然作用包括船舶的撞击作用、漂流物的撞击作用和汽车撞击作用。

13. AC

【考核点】公路桥梁作用

【解 析】汽车以较高速度驶过桥梁时,由于桥面不平整、发动机振动等原因,会引起桥梁结构的振动,从而造成内力增大,这种动力效应称为冲击作用。

14. ABCD

【考核点】作用组合

【解 析】《公路桥涵设计通用规范》(JTG D60—2015)4.1.2 规定:公路桥涵设计时,对不同的作用应按下列规定采用不同的代表值:可变作用的代表值包括标准值、组合值、频遇值和准永久值。

15. ABCD

【考核点】作用组合

【解 析】《公路桥涵设计通用规范》(JTG D60—2015)4.1.4 规定:当可变作用的出现对结构或结构构件产生有利影响时,该作用不应参与组合。实际不可能同时出现的作用或同时参与组合概率很小的作用,按表 4.1.4 规定不考虑其参与组合。

三、案例题

1. C

解:《公路桥涵设计通用规范》(JTG D60—2015)4.3.1 规定:公路—Ⅰ级车道荷载集中荷载标准值 P_k 取值见表 4.3.1-2。计算剪力效应时,上述集中荷载标准值应乘以系数 1.2。由表 4.3.1-2 可知,当 $l_0=5\text{m}$ 时,$P_k=270\text{kN}$。计算剪力效应时,应乘以系数 1.2,故应采用的集中荷载标准值 $P_k=270\times1.2=324.0\text{kN}$。

集中荷载标准值 P_k 取值 表 4.3.1-2

计算跨径 l_0(m)	$l_0\leqslant5$	$5<l_0<50$	$l_0\geqslant50$
P_k(kN)	270	$2(l_0+130)$	360

2. C

解:由上题表 4.3.1-2 可知,当 $l_0=20\text{m}$ 时,$P_k=2\times(l_0+130)$。故计算公路—Ⅰ级汽车荷载作用下主梁产生的弯矩效应时,应采用的集中荷载标准值 $P_k=2\times(20+130)=300.0\text{kN}$。

3. A

解:《公路桥涵设计通用规范》(JTG D60—2015)4.3.1 规定:公路—Ⅰ级车道荷载均布荷载标准值 $q_k=10.5\text{kN/m}$。公路—Ⅱ级车道荷载的均布荷载标准值和集中荷载标准值按公路—Ⅰ级车道荷载的 0.75 倍采用。故计算公路—Ⅱ级汽车荷载作用下主梁产生的弯矩效应时,应采用的均布荷载标准值 $q_k=0.75\times10.5=7.875\text{kN/m}$。

4. B

解:《公路桥涵设计通用规范》(JTG D60—2015)4.3.2 规定:冲击系数与结构基频有关。根据简支梁桥的结构基频:$f=\frac{\pi}{2l^2}\sqrt{\frac{EI_c}{m_c}}$,$m_c=\frac{G}{g}$的公式计算得:$f=5.203\text{Hz}$。

5. C

解:《公路桥涵设计通用规范》(JTG D60—2015)4.3.2 规定:冲击系数与结构基频有

关。根据简支梁桥的结构基频，$f=7.33\text{Hz}$。由于 $1.5\text{Hz}\leqslant f\leqslant 14\text{Hz}$，则冲击系数 $\mu=0.1767\ln f-0.0157=0.336$。

第二节　桥 面 构 造

【考试纲要】

1. 熟悉桥面组成与布置；桥面铺装与桥面防排水设施作用、布设；桥面伸缩缝构造与选型。

2. 了解人行道、栏杆（防撞护栏）与照明设施设计。

【复习提示】

1. 复习要点

桥面部分的组成、桥面布置、桥面铺装、桥面防水和排水设施、桥面伸缩缝、人行道、栏杆、防撞护栏和照明设施。

重点：

桥面部分的组成、桥面铺装、桥面防水和排水设施、桥面伸缩缝。

2. 规范提示

《公路桥涵设计通用规范》（JTG D60—2015）对桥面铺装、防水和排水及其他附属设施有明确的规定。

一、单项选择题

1. 属于桥面构造的是(　　)。

A. 主梁　　B. 桥墩　　C. 支座　　D. 桥面铺装

2. 不属于桥梁的桥面部分构造的是(　　)。

A. 桥面铺装　　B. 桥面板　　C. 伸缩缝　　D. 栏杆和灯柱

3. 适用于道路等级较低、车流量较小、桥面较窄的公路桥梁的桥面布置形式是(　　)。

A. 双向车道布置　　B. 分车道布置

C. 双层桥面布置　　D. 分幅布置

4. 适用于高速公路桥梁采用的桥面布置形式是(　　)。

A. 双向车道布置　　B. 分车道布置

C. 双层桥面布置　　D. 分幅布置

5. 在钢桥上已普遍采用的桥面布置形式是(　　)。

A. 双向车道布置　　B. 分车道布置

C. 双层桥面布置　　D. 分幅布置

6. 桥面铺装的作用是除保护主梁部分行车道板不受车轮直接磨耗，防止主梁遭受雨水侵蚀外,还能( )。

A. 使梁板连为整体 B. 保持桥面刚性

C. 形成桥面横坡 D. 分布车轮荷载

7. 为了迅速排除桥面雨水,通常使桥梁设有纵向坡度外,还应设置( )。

A. 桥面横坡 B. 伸缩缝

C. 桥面铺装 D. 栏杆

8. 为迅速排除桥面雨水,要设置桥面横坡。其设置方法错误的是( )。

A. 三角垫层法 B. 在墩、台帽上设置

C. 设支承垫石 D. 设置横向倾斜的行车道板

9. 造价低,耐磨性能好,适合于重载交通,但养生期较长的桥面铺装类型是( )。

A. 沥青表面处治 B. 水泥混凝土桥面铺装

C. 沥青混凝土桥面铺装 D. 改性沥青混凝土桥面铺装

10. 具有质量轻、维修养护方便、铺筑后只需养生几个小时就可开放交通等优点的桥面铺装类型是( )。

A. 沥青表面处治 B. 水泥混凝土桥面铺装

C. 沥青混凝土桥面铺装 D. 改性沥青混凝土桥面铺装

11. 雨水可流至桥头从引道上排除,桥上不必设置专门的泄水孔道的情况是( )。

A. 纵坡大于 2%,桥长大于 50m B. 纵坡大于 2%,桥长小于 50m

C. 纵坡小于 2%,桥长大于 50m D. 纵坡小于 2%,桥长小于 50m

12. 目前不仅适用于不专门设置防水层而采用防水混凝土桥面铺装的桥梁,也适用于具有贴式防水层的铺装结构桥梁,且采用最广泛的泄水管形式是( )。

A. 金属泄水管 B. 钢筋混凝土泄水管

C. 横向排水管道 D. 封闭式排水系统

13. 对于城市桥梁,公路跨线桥和跨越鱼塘、水库以及水源保护区的公路桥梁,为保持桥梁外形美观及利于桥下行车、行人、环境保护,应采用的泄水管形式是( )。

A. 金属泄水管 B. 钢筋混凝土泄水管

C. 横向排水管道 D. 封闭式排水系统

14. 不仅能满足变形要求,还具有良好的吸振作用,能显著减小活载的动力作用,行驶性能好的伸缩缝构造是( )。

A. U 形锌铁皮式伸缩缝 B. 橡胶伸缩缝

C. 跨搭钢板式伸缩缝 D. 组合伸缩缝

15. 在具有行人需求的桥梁上,为了避免人车混行,桥上均应设置( )。

A. 防撞护栏 B. 栏杆

C. 分隔带 D. 人行道

16. 人行道缘石高度满足行人和行车安全需要。一般应至少高出行车道面( )。

A. 20cm B. 25cm C. 30cm D. 35cm

17. 对于具有 2% 以上纵坡且设计车速较高的桥梁,路缘石宜高出行车道至少( )。

A. 20cm B. 25cm C. 30cm D. 35cm

18. 在行人稀少地区的桥梁可不设人行道，但应设(　　)。

A. 安全带　　B. 栏杆　　C. 分隔带　　D. 缘石

19. 可在桥面任意设置，造价经济，在弯桥上有良好的视觉效果；但不宜用在大型立交桥上，以免给人造成视觉混乱的照明方式是(　　)。

A. 灯杆照明　　B. 高杆照明

C. 栏杆照明　　D. 集中照明与分散照明混合

二、多项选择题

1. 桥面部分通常包括(　　)。

A. 桥面铺装　　B. 支座

C. 桥面排水设施　　D. 栏杆或防撞护栏

2. 桥面布置应根据道路的等级、桥梁的宽度、行车要求等条件确定，主要有(　　)。

A. 双向车道布置　　B. 分车道布置

C. 分幅布置　　D. 双层桥面布置

3. 桥面铺装，又称行车道铺装，其功能主要表现在(　　)。

A. 保护主梁行车道板部分不受车辆轮胎(或履带)的直接磨耗

B. 分布车辆轮重等集中荷载，使主梁受力均匀

C. 保证桥跨结构在荷载作用下按其静力图式自由变形

D. 防止主梁遭受雨水的侵蚀

4. 为迅速排除桥面雨水，要设置桥面横坡。其主要的设置方法有(　　)。

A. 三角垫层法

B. 设支承垫石

C. 在墩台顶部形成

D. 设置横向倾斜的行车道板

5. 桥梁伸缩缝的设置位置是(　　)。

A. 梁底与桥墩之间

B. 两主梁端之间

C. 梁端与桥台台背之间

D. 桥台侧墙尾端与路堤之间

6. 桥梁伸缩缝的种类有(　　)。

A. U 形锌铁皮式伸缩缝　　B. 橡胶伸缩缝

C. 组合伸缩缝　　D. 跨搭钢板式伸缩缝

7. 为防止车辆突破、下穿、翻越桥梁需设置防撞护栏，其常用的形式有(　　)。

A. 金属梁柱式护栏　　B. 组合式护栏

C. 预应力混凝土墙式护栏　　D. 钢筋混凝土墙式护栏

8. 在城市及城郊地区的桥梁，行人和车辆较多，应设置的照明设备布置方式有(　　)。

A. 车辆照明　　B. 分散照明

C. 集中照明　　D. 集中照明与分散照明混合

习题参考答案及解析

一、单项选择题

1. D

【考核点】桥面组成与布置

【解　析】公路和城市桥梁的桥面部分主要由桥面铺装、桥面排水设施、桥面伸缩缝、人行道、栏杆或防撞护栏及照明设施等构成。

2. B

【考核点】桥面组成与布置

【解　析】同上述第1小题。

3. A

【考核点】桥面布置

【解　析】双向车道布置是将行车道的上下行交通布置在同一桥面上。在桥面上,上下行交通有画线分隔,因此没有明显的界限。此种布置形式主要适用于道路等级较低、车流量较小、桥面较窄的公路桥梁。

4. B

【考核点】桥面布置

【解　析】通过中央分隔带或分离式主梁布置,将行车道的上下行交通在桥梁上进行分隔布置,从而上下行交通互不干扰,可提高行车速度,便于交通管理。高速公路桥梁均采用分车道布置。

5. C

【考核点】桥面布置

【解　析】双层桥面布置是桥梁结构在空间上设置两个不在同一平面上的桥面构造。双层桥面布置在钢桥上已普遍采用。

6. D

【考核点】桥面铺装

【解　析】桥面铺装,又称行车道铺装,其功能主要表现在:①保护主梁行车道板部分不受车辆轮胎(或履带)的直接磨耗;②分布车辆轮重等集中荷载,使主梁受力均匀;③防止主梁遭受雨水的侵蚀。

7. A

【考核点】桥面铺装

【解　析】桥面积水不仅对结构有侵蚀作用,对行车也非常不利,因此,除设置桥梁纵向坡度外,还应将桥面沿横向设置成双向横坡或单向横坡(分幅桥梁),以便迅速排除桥面雨水。

8. C

【考核点】桥面铺装

【解　析】桥面横坡设置的常用方法主要有:横坡设置在墩台顶部,桥面板倾斜,在整个桥宽上采用等厚度的铺装层；通过不等厚的铺装层来形成横坡；将行车道板做成双向倾斜的横坡。

9. B

【考核点】桥面铺装

【解　析】普通的水泥混凝土铺装的造价低、耐磨性能好，适用于重载交通，但养生期较长，且日后修补不便。

10. C

【考核点】桥面铺装

【解　析】经合理选择级配组成的矿质混合料和适量沥青结合料拌制而成的沥青混凝土铺装，具有质量轻、维修养护方便、铺筑后只需养生几个小时就可开放交通等优点，虽造价比普通水泥混凝土铺装高，但仍是目前广泛采用的桥面铺装形式之一。

11. B

【考核点】桥面排水设施

【解　析】根据《公路排水设计规范》(JTG/T D33—2012)有关规定确定，桥长 $L\leq 50m$ 时，当桥面纵坡 $i\geq 2\%$，则不必设置专门的泄水孔道，雨水可直接流至桥头从引道上排除。

12. A

【考核点】桥面排水设施

【解　析】目前桥面排水设施中采用最广泛的泄水管形式是“铸铁式”金属泄水管，它不仅适用于不专门设置防水层而采用防水混凝土桥面铺装的桥梁，也适用于具有贴式防水层的铺装结构桥梁。

13. D

【考核点】桥面排水设施

【解　析】对于城市桥梁，公路跨线桥和跨越鱼塘、水库以及水源保护区的公路桥梁，为保持桥梁外形美观及利于桥下行车、行人、环境保护，应采用封闭式排水系将排水管直接引向地面或积水槽，而不宜将泄水管挂在结构上直接将水排出桥外。

14. B

【考核点】桥面伸缩缝

【解　析】橡胶伸缩缝构造不仅能满足变形要求，还具有良好的吸振作用，能显著减小活载的动力作用，行驶性能好。

15. D

【考核点】人行道

【解　析】在具有行人需求的桥梁上均应设置人行道，应尽量避免人车混行。

16. B

【考核点】人行道

【解　析】人行道缘石高度满足行人和行车安全需要，一般应至少高出行车道面25cm。

17. D

【考核点】人行道

【解 析】对具有2%以上纵坡且设计车速较高的桥梁,路缘石宜高出行车道35cm以上。

18. A

【考核点】安全带与防撞护栏

【解 析】在行人稀少地区或全封闭高速公路上的桥梁可不设人行道,但为保障交通安全,须在行车道边缘设置高出行车道的带状构造物,即安全带。

19. A

【考核点】照明设施

【解 析】灯杆照明方式的特点是:可在桥面任意预留灯杆位置,造价经济,在弯桥上有良好的视觉效果;但不宜用在大型立交桥上,以免给人造成视觉混乱的感觉。

二、多项选择题

1. ACD

【考核点】桥面组成与布置

【解 析】公路和城市桥梁的桥面部分主要由桥面铺装、桥面排水设施、桥面伸缩缝、人行道、栏杆或防撞护栏及照明设施等构成。

2. ABD

【考核点】桥面组成与布置

【解 析】桥面布置应在桥梁的总体设计中考虑,根据道路的等级、桥梁的宽度及行车要求等条件综合确定。目前,公路与城市桥梁的桥面布置主要有双向车道布置、分车道布置、双层桥面布置等几种形式。

3. ABD

【考核点】桥面铺装

【解 析】桥面铺装,又称行车道铺装,其功能主要表现在:①保护主梁行车道板部分不受车辆轮胎(或履带)的直接磨耗;②分布车辆轮重等集中荷载,使主梁受力均匀;③防止主梁遭受雨水的侵蚀。

4. ACD

【考核点】桥面铺装

【解 析】桥面横坡设置的常用方法主要有:横坡设置在墩台顶部,桥面板倾斜,在整个桥宽上采用等厚度的铺装层;通过不等厚的铺装层来形成横坡;将行车道板做成双向倾斜的横坡。

5. BC

【考核点】桥面伸缩缝

【解 析】伸缩缝设置在两主梁端之间以及梁端与桥台台背之间。

6. ABCD

【考核点】桥面伸缩缝

【解 析】桥梁伸缩缝有U形锌铁皮式伸缩缝、跨搭钢板式伸缩缝、梳形齿式钢板伸缩缝、橡胶伸缩缝、组合伸缩缝等。目前主要采用橡胶伸缩缝和组合伸缩缝。

7. ABD

【考核点】防撞护栏

【解　析】防撞护栏是为了防止车辆突破、下穿、翻越桥梁而设置的。目前采用的防撞桥梁护栏有金属梁柱式护栏、钢筋混凝土墙式护栏和组合式护栏等几种形式。

8. BCD

【考核点】照明设施

【解　析】在城市及城郊地区的桥梁,行人和车辆较多,应设置照明设备。其布置方式有分散照明、集中照明及集中照明与分散照明混合三种。

第三节　梁桥的构造与设计

【考试纲要】

1. 熟悉简支梁桥受力特点、构造设计。
2. 熟悉连续梁桥、先简支后连续结构桥梁受力特点、构造设计。
3. 熟悉弯桥、斜桥、坡桥的受力特点与构造。

【复习提示】

1. 复习要点

混凝土梁桥的基本类型,简支梁桥受力特点与构造设计,连续梁桥的受力特点与构造设计,梁桥计算要点,装配式简支梁桥的内力计算,弯桥,斜桥,坡桥的受力特点与构造设计。

重点:

简支梁桥受力特点与构造,装配式简支梁桥的内力计算,连续梁桥受力特点与构造。

难点:

装配式简支梁桥的内力计算,斜桥的受力特点与构造。

2. 规范提示

《公路钢筋混凝土及预应力混凝土桥涵设计规范》(JTG　D62—2004)对简支梁桥、连续梁桥、先简支后连续结构桥梁、弯桥、斜桥、坡桥的受力和构造设计有明确的规定。

一、单项选择题

1. 梁桥在垂直荷载作用下,支承处仅产生竖向反力。其主要承重结构是(　　)。

　A. 桥面板　　B. 桥墩　　C. 主梁　　D. 桥面铺装

2. 属于静定结构,构造简单,便于设计为各种标准跨径的装配式结构是(　　)。

　A. 简支梁桥　　B. 悬臂梁桥

　C. 连续梁桥　　D. 刚架桥

3. 承重结构不间断地连续跨越多个桥孔而形成超静定结构的桥梁是(　　)。

A. 简支梁桥　　B. 悬臂梁桥

C. 连续梁桥　　D. 刚架桥

4. 将简支梁梁体加长,并越过支点就可成为(　　)。

A. 门式刚架桥　　B. 悬臂梁桥

C. 连续梁桥　　D. T 形刚构桥

5. 在温度变化、支座不均匀沉降等情况下,会产生附加内力的结构是(　　)。

A. 悬臂梁桥　　B. 连续梁桥

C. 简支梁桥　　D. 三铰拱桥

6. 构造简单,施工方便,建筑高度小。当跨度较大时会显得笨重而不经济,仅适用于小跨径的桥梁是(　　)。

A. 板桥　　B. 箱形梁桥

C. 肋板式梁桥　　D. 小箱梁桥

7. 主梁截面在一定的截面面积下能获得较大的抗弯惯矩,具有几乎同等的承受正、负弯矩的能力,特别适用于较大跨径的连续梁桥、连续刚构桥的桥梁是(　　)。

A. 板桥　　B. 箱形梁桥

C. 肋板式梁桥　　D. 小箱梁桥

8. 整体式板桥的跨径通常与板宽相差不大,在车辆荷载作用下的受力状态为(　　)。

A. 纵向单向受力　　B. 横向单向受力

C. 双向受力　　D. 三向受力

9. 预应力混凝土梁中通常不设(　　)。

A. 斜筋　　B. 水平分布钢筋

C. 箍筋　　D. 架立钢筋

10. 在装配式简支 T 形梁桥中,为保证各片主梁能相互连接成整体,共同参与受力,需设置(　　)。

A. 钢板　　B. 横隔板

C. 内纵梁　　D. 腹板

11. 对于连续梁桥受力特点,下列说法错误的是(　　)。

A. 在自重作用下,由于支点负弯矩的卸载作用,跨中正弯矩显著减小

B. 连续梁桥受力后,一孔受载,多孔受力

C. 随着跨数增多,联长加大,受温度变化影响产生的纵向位移较小

D. 连续梁桥为超静定结构,支座变位将引起结构内力变化

12. 在跨径 L 和荷载集度 g 相同的情况下,简支体系梁桥与连续体系梁桥比较,下列说法错误的是(　　)。

A. 简支体系的跨中弯矩较大

B. 简支体系梁桥伸缩缝多,不利高速行车

C. 连续体系由于支点负弯矩的存在,使跨中正弯矩值显著减小

D. 简支体系梁桥的弯矩图面积(绝对值)比连续体系梁桥小很多

13. 关于简支刚构桥，下列说法错误的是（　　）。

A. 在施工中属于简支结构；在使用中属于连续梁受力体系

B. 在施工中属于简支结构；在使用中属于刚构受力体系

C. 因无支座（梁端除外），不存在支座易损坏、难维护、更换等问题

D. 无伸缩缝（梁端除外），不存在伸缩缝易损坏、难维护等问题

14. 关于简支结构连续梁桥，下列说法错误的是（　　）。

A. 在施工中属于简支结构；在使用中属于连续梁受力体系

B. 在施工中属于简支结构；在使用中属于刚构受力体系

C. 服役期受力性能和行车舒适性方面比简支梁桥更优越

D. 无伸缩缝（梁端除外），不存在伸缩缝易损坏、难维护等问题

15. 预应力混凝土梁桥中，用以保证桥梁在恒、活载作用下纵向跨越能力的主要受力钢筋是（　　）。

A. 纵向预应力筋　　B. 横向预应力筋

C. 竖向预应力筋　　D. 箍筋

16. 预应力混凝土箱梁中，竖向预应力筋通常布置在箱梁的（　　）。

A. 横隔板中　　B. 顶板中

C. 腹板中　　D. 底板中

17. 对于简支梁桥预应力筋弯起的主要原因，下列说法错误的是（　　）。

A. 减小梁端负弯矩　　B. 减少预应力损失

C. 抵抗部分剪力　　D. 便于布置锚具

18. 简支 T 梁桥上部结构计算的项目不包括（　　）。

A. 主梁　　B. 盖梁

C. 桥面板　　D. 横隔梁

19. 把横向结构（桥面板和横隔梁）视作在主梁上断开而简支在其上的简支梁或带悬臂的简支梁（对于边梁）。符合此假定的荷载横向分布计算方法是（　　）。

A. 杠杆原理法　　B. 偏心压力法

C. 横向刚接梁法　　D. 横向铰接板（梁）法

20. 把横隔梁视作刚性，在荷载作用下，各主梁挠度呈线性变化。符合此假定的荷载横向分布计算方法是（　　）。

A. 杠杆原理法　　B. 偏心压力法

C. 横向刚接梁法　　D. 横向铰接板（梁）法

21. 把相邻主梁之间视为刚性连接，即同时传递剪力和弯矩。符合此假定的荷载横向分布计算方法是（　　）。

A. 杠杆原理法　　B. 偏心压力法

C. 横向刚接梁法　　D. 横向铰接板（梁）法

22. 将相邻板（梁）之间的连接视为铰接，只传递剪力。符合此假定的荷载横向分布计算方法是（　　）。

A. 杠杆原理法　　B. 偏心压力法

C. 横向刚接梁法　　D. 横向铰接板(梁)法

23. 在计算荷载位于靠近主梁支点时的横向分布系数 m 时,可偏安全地采用(　　)。

A. 杠杆原理法　　B. 偏心压力法

C. 横向铰接板(梁)法　　D. 横向刚接梁法

24. 对于有中横隔梁的简支 T 梁桥,其宽跨比 B/L 小于或接近 0.5,在计算荷载位于跨中时的荷载横向分布系数时,可采用(　　)。

A. 杠杆法　　B. 偏心压力法

C. 铰接板梁法　　D. 刚接梁法

25. 对于无中间横隔梁或仅有一根中横隔梁的情况,跨中部分采用不变的 m_c,从 m_c 变化至 m_0 呈直线形过渡,具体的变化位置是离支点(　　)。

A. $l/2$ 处　　B. $l/4$ 处

C. $l/8$ 处　　D. 第一根内横隔梁

26. 关于斜板桥的受力特点,下列说法错误的是(　　)。

A. 简支斜板的纵向主弯矩比跨径为斜跨长 l_φ、宽度为 b 的矩形板要小

B. 斜板的荷载有向支承边的最短距离传递分配的趋势

C. 斜板的最大纵向弯矩和横向弯矩均比正板大得多

D. 斜板在支承边上的反力很不均匀,钝角角隅处的反力可能比正板大数倍

二、多项选择题

1. 不适合梁桥建设采用的建筑材料为(　　)。

A. 木材　　B. 钢筋混凝土

C. 预应力混凝土　　D. 素混凝土

2. 混凝土梁桥按承重结构的静力体系划分,可分为(　　)。

A. 简支梁桥　　B. 悬臂梁桥

C. T 形刚构桥　　D. 连续梁桥

3. 混凝土梁桥按承重结构的截面形式划分,可分为(　　)。

A. 板桥　　B. 箱形梁桥

C. 串连梁桥　　D. 小箱梁桥

4. 实心板桥应用广泛,但跨径通常不超过 8m,常采用的标准跨径有(　　)。

A. 5m　　B. 6m　　C. 7m　　D. 8m

5. 预应力混凝土简支 T 梁桥的梁肋下部通常加宽做成马蹄形,其主要目的是(　　)。

A. 满足局部承压需要　　B. 增强稳定性

C. 便于布置预应力钢筋　　D. 减薄梁肋

6. 除主要的纵向预应力筋外,预应力混凝土梁内布置的其他非预应力钢筋有(　　)。

A. 架立钢筋　　B. 斜筋

C. 水平分布钢筋　　D. 箍筋

7. 钢筋混凝土连续梁桥和预应力混凝土连续梁桥在立面上都可以做成(　　)。

A. 等跨　　B. 等高

C. 不等跨　　D. 不等高

8. 连续箱梁桥中，通常需要设置横隔板的位置是(　　)。

A. 支点　　B. $l/8$ 处

C. $l/4$ 处　　D. $l/2$ 处

9. 预应力混凝土连续梁桥中，纵向预应力筋主要用于抵抗纵向弯矩和部分剪力，通常布置在(　　)。

A. 顶板中　　B. 横隔板中

C. 底板中　　D. 腹板中

10. 预应力混凝土连续梁桥中，横向预应力筋是用以保证桥梁的横向整体性，桥面板及横隔板横向抗弯能力的主要受力钢筋，一般布置在(　　)。

A. 顶板中　　B. 横隔板中

C. 底板中　　D. 腹板中

11. 引起超静定体系的连续梁桥产生次内力的原因有(　　)。

A. 预加力

B. 温度变化

C. 混凝土收缩徐变

D. 墩台基础不均匀沉降

12. 对于梁式桥，持久状态承载能力极限状态验算主要包括(　　)。

A. 正截面抗弯承载力

B. 斜截面抗剪承载力

C. 正截面抗压承载力

D. 斜截面抗裂性验算

13. 对于梁式桥，持久状态正常使用极限状态验算主要包括(　　)。

A. 正截面抗裂性验算

B. 斜截面抗裂性验算

C. 混凝土受弯构件挠度验算

D. 混凝土构件裂缝宽度验算

14. 简支梁桥常用的荷载横向分布计算方法有(　　)。

A. 刚性横梁法　　B. 杠杆原理法

C. 横向铰接板(梁)法　　D. 等代简支梁法

15. 弯桥受力特点有(　　)。

A. 弯桥的变形比同样跨径直线桥要小

B. 弯桥梁间横梁与直线桥相比，其刚度一般较大

C. 弯桥即使截面在对称荷载作用下也会产生较大的扭转

D. 弯桥支点反力与直线桥相比，曲线外侧大、内侧变小，内侧甚至出现负反力

16. 影响弯桥受力的主要因素有(　　)。

A. 圆心角　　B. 弯扭刚度比

C. 曲率半径　　D. 扇性惯矩

三、案例题

1. 如图所示铰接悬臂板，桥面铺装为80mm厚C50混凝土配$\phi8@100$钢筋网；重度为$25kN/m^3$；下设40mm厚素混凝土找平层；重度为$23kN/m^3$，T梁翼板材料重度为$25kN/m^3$。其每延米板上的恒载g最接近下列哪一项(　　)。

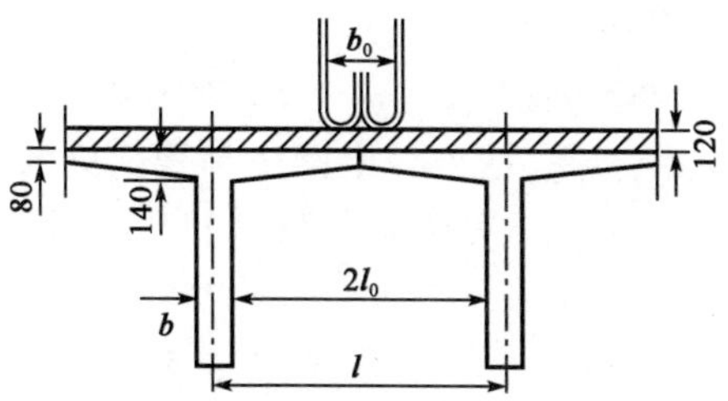

铰接悬臂行车道板(尺寸单位：mm)

A. 4.13kN/m　　B. 5.67kN/m　　C. 6.75kN/m　　D. 7.35kN/m

2. 如图所示为一桥面宽度为净 -9 +2 ×1.5m人行道的钢筋混凝土T形梁桥，共设5根主梁。其荷载位于支点处时1号主梁相应于汽车荷载的横向分布系数最接近下列哪一项(　　)。

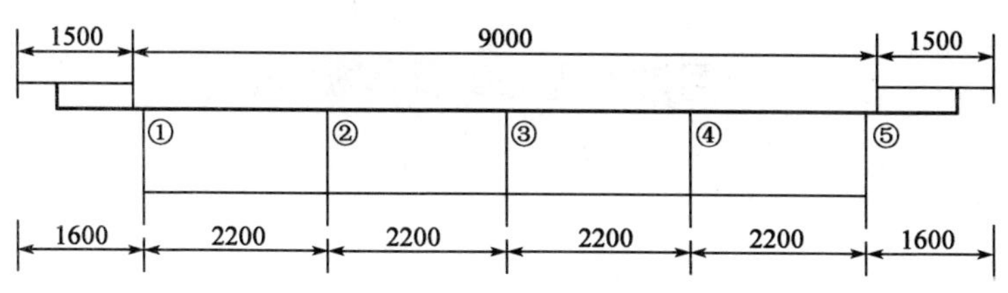

主梁横断面布置图(尺寸单位：mm)

A. 0.301　　B. 0.409　　C. 0.503　　D. 0.605

3. 计算跨径为$l=29.12m$的T形梁桥(横断面图同上述第2题)。桥面宽度为净 -9 +2 × 1.5m人行道，共设5根主梁，各主梁横截面均相等。跨度内设有多道横隔梁，若采用偏心压力法计算，则横向分布影响线竖标值η_{15}最接近下列哪一项(　　)。

$$\left(\text{注}:\eta_{ik}=\frac{I_i}{\sum_{i=1}^{n}I_i}+\frac{a_k a_i I_i}{\sum_{i=1}^{n}a_i^2 I_i}\right)$$

A. -0.2　　B. 0.0　　C. 0.2　　D. 0.6

4. 计算跨径为$l=29.12m$的T形梁桥(横断面图同上述第2题)。桥面宽度为净 -9 +2 × 1.5m人行道，共设5根主梁，各主梁横截面均相等。跨度内设有多道横隔梁，按偏心压力法进行计算得横向分布影响线竖标值$\eta_{11}=0.6$、$\eta_{14}=0$。则荷载位于跨中时，1号主梁相应于汽车荷载的横向分布系数最接近下列哪一项(　　)。

A. 0.523　　B. 0.635　　C. 0.661　　D. 0.682

5. 某简支T形梁桥的计算跨径为$l=29.12m$，跨度内从支点到第一根内横隔梁之间的距离$a=4.96m$，冲击系数$\mu=0.276$，跨中荷载横向分布系数$m_{cq}=0.635$，支点荷载横向分布系数$m_{0q}=0.409$，车道荷载标准值$q_k=10.5kN/m$，$P_k=318.24kN$。则主梁在汽车荷载作用下的跨中最大弯矩最接近下列哪一项(　　)。

A. 1899kN · m　　B. 2084kN · m　　C. 2532kN · m　　D. 2779kN · m

6. 某简支T形梁桥的计算跨径为 $l=29.12$m,跨度内从支点到第一根内横隔梁之间的距离 $a=4.96$m,冲击系数 $\mu=0.276$,跨中荷载横向分布系数 $m_{cq}=0.635$,支点荷载横向分布系数 $m_{0q}=0.409$,车道荷载标准值 $q_k=10.5$kN/m,$P_k=1.2\times318.24$kN。则主梁在汽车荷载作用下的支点最大剪力最接近下列哪一项(　　)。

A. 316.09kN　　B. 289.94kN　　C. 237.07kN　　D. 217.46kN

7. 简支T梁桥各主梁中心距相等,从1号主梁至5号主梁的抗弯惯矩分别为 $2I$、I、$2I$、I、$2I$。当单位荷载作用在3号梁位处时,1号边梁所分担的荷载值(各主梁的弹性模量 E 相同)最接近下列哪一项(　　)。

A. 0.125　　B. 0.25　　C. 0.375　　D. 0.5

8. 简支T梁桥共有7片主梁,中间横隔梁近似刚性,且各主梁中心距相等,各主梁的惯性矩 I_i 相等,若结构上仅作用有桥轴线中心荷载 $P=1$ 时,1号主梁所承担的荷载最接近下列哪一项(　　)。

A. 0.125　　B. 0.143　　C. 0.25　　D. 0.35

◈ 习题参考答案及解析 ◈

一、单项选择题

1. C

【考核点】梁桥设计与构造

【解　析】梁桥的承重结构是主梁,其基本受力特征为弯曲,在垂直荷载作用下,支承处仅产生竖向反力。

2. A

【考核点】梁桥设计与构造

【解　析】简支梁桥属于静定结构,是目前中小跨径梁桥的主要形式之一。其优点在于:构造简单,便于设计为各种标准跨径的装配式结构。

3. C

【考核点】梁桥设计与构造

【解　析】连续梁桥是指主梁连续跨过两跨或两跨以上的桥梁。这种体系的主要特点是承重结构不间断地连续跨越多个桥孔而形成超静定结构。

4. B

【考核点】梁桥设计与构造

【解　析】将简支梁梁体加长,并越过支点就可成为悬臂梁桥。悬臂梁桥至少有三孔,或是一双悬臂梁结构的跨线桥,或是中孔采用简支挂梁的单悬臂梁桥。

5. B

【考核点】梁桥设计与构造

【解　析】连续梁桥除其中一个桥墩上设固定铰支座外,其余均设活动铰支座,属于超静定结构,因此,适用于地基条件良好的场合。否则,任何支座不均匀沉陷均会在桥跨结构中产生次内力。

6. A

【考核点】梁桥设计与构造

【解　析】板桥的主要特点是构造简单,施工方便,建筑高度小。从力学性能上分析,位于受拉区域的混凝土不但不能发挥作用,反而增大了结构的自重,当跨度较大时就显得笨重而不经济,所以,简支板桥仅适用于小跨径桥梁。

7. B

【考核点】梁桥设计与构造

【解　析】箱形梁桥横截面在一定的截面面积下能获得较大的抗弯惯矩,具有几乎同等的承受正、负弯矩的能力。另外,闭合箱形梁具有比相应肋板式截面大得多的抗扭刚度,在偏心的活载作用下箱梁的受力比较均匀,因此,箱形截面梁特别适用于较大跨径的连续梁桥、连续刚构桥。

8. C

【考核点】简支梁桥受力特点与构造

【解　析】整体式板桥的跨径通常与板宽相差不大,在车辆荷载作用下处于双向受力状态,因此,除了配置纵向受力钢筋(直径不应小于10mm)外,还需在板内设置垂直于主钢筋的横向分布钢筋。

9. A

【考核点】简支梁桥受力特点与构造

【解　析】除主要的纵向预应力筋外,预应力混凝土主梁内还设有架立钢筋、箍筋、水平分布钢筋、承受局部应力的钢筋等其他非预应力钢筋。

10. B

【考核点】连续梁桥受力特点与构造

【解　析】在装配式简支T形梁桥中,横隔梁必须设置,以保证各片主梁能相互连接成整体,共同参与受力。

11. C

【考核点】连续梁桥受力特点与构造

【解　析】连续梁可以做成二跨或三跨一联,也可以做成多跨一联。每联跨数太多,联长就要加大,受温度变化及混凝土收缩等影响产生的纵向位移也就较大,使伸缩缝及活动支座的构造复杂化。

12. D

【考核点】连续梁桥受力特点与构造

【解　析】当跨径L和荷载集度g相同的情况下,简支体系的跨中弯矩最大,连续体系则由于支点负弯矩的存在,使跨中正弯矩值显著减小,就表征材料用量的弯矩图面积大小(绝对值)而言,连续体系也比简支体系小很多。

13. A

【考核点】连续梁桥受力特点与构造

【解　析】简支刚构桥在施工中属于简支结构，在使用中属于刚构受力体系，对基础要求高，温度、混凝土收缩徐变影响大；服役期受力性能和行车舒适性方面较简支梁桥或先简支后桥面连续梁桥更优越；因无伸缩缝（梁端除外），也就不存在伸缩缝易损坏、难维护等问题；因无支座（梁端除外），也就不存在支座易损坏、难维护、更换等问题。

14. B

【考核点】连续梁桥受力特点与构造

【解　析】同第 13 小题。

15. A

【考核点】梁桥受力特点与构造

【解　析】预应力混凝土梁桥中，预应力筋是主要的受力钢筋。所以，保证桥梁在恒、活载作用下纵向跨越能力的主要受力钢筋是纵向预应力筋。

16. C

【考核点】梁桥受力特点与构造

【解　析】预应力混凝土箱梁中，竖向预应力筋主要抵抗竖向剪力，通常布置在箱梁的腹板中。

17. B

【考核点】简支梁桥受力特点与构造

【解　析】简支梁桥预应力筋弯起可以抵抗部分剪力、减小梁端负弯矩以及便于锚具分散均匀锚固，但预应力筋弯起会增大预应力损失。

18. B

【考核点】简支梁桥内力计算

【解　析】梁桥上部结构计算包括桥面板、主梁、横隔梁和其他细部构造计算，必要时还需进行施工阶段验算或其他特殊项目的验算。

19. A

【考核点】简支梁桥内力计算

【解　析】按杠杆原理法计算荷载横向分布的基本假定是忽略主梁之间横向结构的联系作用，即假设桥面板在主梁上断开，而视作沿横向支承在主梁上的简支板或单悬臂（对边主梁）简支板来考虑。

20. B

【考核点】简支梁桥内力计算

【解　析】偏心压力法（也称刚性横梁法），把横隔梁视作刚性，即在荷载作用下，各主梁挠度呈线性变化；当计及主梁抗扭刚度影响时，此法又称为修正偏心压力法。

21. C

【考核点】简支梁桥内力计算

【解　析】横向刚接梁法——把相邻主梁之间视为刚性连接，即同时传递剪力和弯矩。

22. D

【考核点】简支梁桥内力计算

【解　析】横向铰接板(梁)法——把相邻板(梁)间的连接视为铰接,只传递剪力。

23. A

【考核点】简支梁桥内力计算

【解　析】对于一般多梁式桥,不论桥跨内有无中间横隔梁,当桥上荷载作用在靠近支点处时,由于不考虑支座的弹性压缩和主梁本身的微小压缩变形,显然荷载将主要传至两个相邻的主梁支座。因此,在实践中偏于安全地用杠杆原理法来计算荷载位于靠近主梁支点时的横向分布系数。

24. B

【考核点】简支梁桥内力计算

【解　析】偏心压力法的基本前提是:①汽车荷载作用下,中间横隔梁可近似地看作一根刚度为无穷大的刚性梁,横隔梁仅发生刚体位移;②忽略主梁的抗扭刚度,即不计入主梁扭矩抵抗活载的影响。根据试验结果和理论分析,在具有可靠横向联系的桥上,且在桥的宽跨比 B/L 小于或接近于0.5时(一般称为窄桥),车辆荷载作用下中间横隔梁的弹性挠曲变形同主梁的变形相比微不足道。也就是说,中间横隔梁像一根刚度无穷大的刚性梁一样保持直线的形状,仅做刚体位移。

25. B

【考核点】简支梁桥内力计算

【解　析】荷载横向分布系数 m 沿桥跨的变化如下:对于无中间横隔梁或仅有一根中横隔梁的情况,跨中部分须用不变的 m_c,从离支点处起至支点的 $l/4$ 区段内 m_x 呈直线形过渡至 m_o;对于有多根内横隔梁的情况,m_c 从第一根内横隔梁起向支点 m_0 直线形过渡。

26. C

【考核点】斜弯桥受力与构造

【解　析】斜板桥的受力特点是:简支斜板的纵向主弯矩比跨径为斜跨长 l_φ、宽度为 b 的矩形板要小,并随斜交角 φ 的增大而减小;斜板的荷载有向支承边的最短距离传递分配的趋势;斜板的最大纵向弯矩虽比相应的正板小,但横向弯矩却比正板大得多,跨中部分的横向弯矩尤其突出;斜板在支承边上的反力很不均匀。钝角角隅处的反力可能比正板大数倍,而锐角处的反力却有所减小,甚至出现负反力。

二、多项选择题

1. AD

【考核点】梁桥设计与构造

【解　析】由于梁桥以受弯为主,所以,抗拉压强度以及弹性模量低的材料(如木材、石材、素混凝土等)均不适合梁桥建设。

2. ABCD

【考核点】混凝土梁桥的基本类型

【解　析】在钢筋混凝土与预应力混凝土梁式桥体系中,简支梁、悬臂梁和连续梁是三种古老的梁式结构体系。20世纪50年代末,在传统的钢桥悬臂拼装方法基础上,经改进和发展，使预应力混凝土梁式桥中的悬臂体系得到新的发展，形成了T形刚构桥。随后，又进一步将T形刚构粗厚桥墩减薄，形成柔性桥墩，使墩梁固结形成连续刚构桥。

3. ABD

【考核点】混凝土梁桥的基本类型

【解　析】混凝土梁桥按承重结构的截面形式划分，可分为板桥、肋板式梁桥、小箱梁桥和箱形梁桥。

4. ABD

【考核点】混凝土梁桥的基本类型

【解　析】实心板桥应用广泛，但跨径通常不超过8m（包括1.5m、2.0m、2.5m、3.0m、4.0m、5.0m、6.0m和8.0m），板高为0.16～0.36m。其中，7m不属于标准跨径。

5. ACD

【考核点】简支梁桥的受力与构造

【解　析】预应力混凝土简支T梁的梁肋下部通常要加宽做成马蹄形，以便减薄梁肋、减轻自重，便于预应力钢束的布置和满足局部承压需要。

6. ACD

【考核点】简支梁桥的受力与构造

【解　析】除主要的纵向预应力筋外，预应力混凝土主梁内还布置有其他非预应力钢筋：架立钢筋、箍筋、水平分布钢筋、承受局部应力的钢筋等其他非预应力钢筋。

7. ABCD

【考核点】连续梁桥的受力与构造

【解　析】不论是钢筋混凝土连续梁桥，还是预应力混凝土连续梁桥，在立面上都可以做成等跨和不等跨，等高和不等高（变截面）。

8. AD

【考核点】连续梁桥的受力与构造

【解　析】横隔板的主要作用是增加箱梁刚度，限制箱梁的畸变，跨中横隔板还可有效防止因箱梁二次预应力张拉产生的径向力引起跨中区段底板崩裂破坏。所以，在支承处、跨中处通常需要设置横隔板。

9. ACD

【考核点】连续梁桥的受力与构造

【解　析】纵向预应力筋采用钢绞线，按受力需要设置，用于抵抗纵向弯矩，纵向下弯预应力筋还可抵抗部分剪力。沿桥跨方向的纵向力筋又称为主筋，它是用以保证桥梁在恒、活载作用下纵向跨越能力的主要受力钢筋，可布置在顶板、底板和腹板中。

10. AB

【考核点】连续梁桥的受力与构造

【解　析】横向预应力筋是用以保证桥梁的横向整体性、桥面板及横隔板横向抗弯能力的主要受力钢筋，一般布置在横隔板和顶板中。

11. ABCD

【考核点】连续梁桥的受力与构造

【解 析】对于超静定体系的连续梁桥,预加力、墩台基础不均匀沉降、温度变化、混凝土收缩徐变等会引起结构产生次内力。

12. ABC

【考核点】梁桥的计算要点

【解 析】对于梁式桥,持久状态承载能力极限状态验算主要包括:正截面抗弯承载力、斜截面抗剪承载力、正截面抗压承载力、正截面抗拉承载力、抗扭承载力、局部抗压承载力等的验算。

13. ABCD

【考核点】梁桥的计算要点

【解 析】为保证桥梁正常使用和耐久性,持久状态正常使用极限状态验算须对下列项目进行验算:预应力构件正截面、斜截面抗裂性验算;钢筋混凝土和B类预应力混凝土构件裂缝宽度验算;钢筋混凝土和预应力混凝土受弯构件挠度验算。

14. ABC

【考核点】简支梁桥的内力计算

【解 析】简支梁桥常用的荷载横向分布计算方法有杠杆原理法、偏心压力法(也称刚性横梁法)、横向铰接板(梁)法、横向刚接梁法和比拟正交异性板法。

15. BCD

【考核点】弯桥的受力与构造

【解 析】弯桥具有如下受力特点:弯桥的变形比同样跨径直线桥要大;弯桥即使截面在对称荷载作用下也会产生较大的扭转;弯桥的支点反力与直线桥相比,曲线外侧大、内侧变小,内侧甚至出现负反力;弯桥梁间横梁除具有直线桥中横梁同样的作用外,还是保持全桥稳定的重要构件,与直线桥相比,其刚度一般较大;弯桥中空间预应力效应对支反力的分配有较大影响。

16. ABCD

【考核点】弯桥的受力与构造

【解 析】影响弯桥受力的主要因素有圆心角、桥宽与曲率半径、扇性惯矩和弯扭刚度比。

三、案例题

1. B

解:钢筋混凝土面层 g_1:$0.08\times1.0\times25=2.00$(kN/m);素混凝土找平层 g_2:$0.04\times1.0\times23=0.92$(kN/m);T梁翼板自重 g_3:$(0.08+0.14)/2\times1.0\times25=2.75$(kN/m)。

则每延米板上的恒载 g 为:

$$g=g_1+g_2+g_3=5.67(\mathrm{kN/m})$$

2. B

解:荷载位于支点处,应采用杠杆原理法进行计算。

在荷载横向影响线上确定荷载沿横向最不利的布置位置。《公路桥规》规定对于汽车荷载,车辆横向轮距为1.80m,两列汽车车轮的横向最小间距为1.30m,车轮离人行道缘石的最小距离为0.50m。求出相应于荷载位置的影响线竖标值后，就可得到1号梁的横向分布系数为：$m_0=\frac{1}{2}\times\frac{1.8}{2.2}=0.409$。

3. A

解：此桥跨度内设有多道端隔梁，具有强大的横向连接刚性，且承重结构的长宽比为：$\frac{l}{B}=\frac{29.12}{5\times2.2}=2.65>2$，可采用偏心压力法计算。

该桥有5根主梁，各主梁横截面均相等，主梁间距为2.2m，则：

$$\sum_{i=1}^{5}a_i^2=a_1^2+a_2^2+a_3^2+a_4^2+a_5^2=48.40(\mathrm{m}^2)$$

1号主梁的横向影响线竖标值为：

$$\eta_{15}=\frac{1}{n}-\frac{a_1^2}{\sum_{i=1}^{5}a_i^2}=\frac{1}{5}-\frac{(2\times2.2)^2}{48.4}=-0.2$$

4. D

解：由 $\eta_{11}=0.6$，$\eta_{14}=0$，绘制1号主梁的横向分布影响线，并确定荷载沿横向最不利的布置位置，求出相应于荷载位置的影响线竖标值后，得到1号梁的横向分布系数为：

$$m_c=\frac{1}{2}\sum\eta_{qi}=\frac{1}{2}(\eta_{q1}+\eta_{q2}+\eta_{q3}+\eta_{q4})$$

$$=\frac{1}{2}\times\frac{0.6}{6.6}\times(6.2+4.4+3.1+1.3)=0.682$$

5. D

解：在内力计算时，对于横向分布系数的取值做如下考虑：计算弯矩时，均采用全跨统一的横向分布系数 m。

$$M_q=(1+\mu)\cdot\xi\cdot m_{cq}\cdot(q_k\Omega+P_k y)$$

$$=1.276\times1\times0.635\times\left(10.5\times\frac{1}{8}\times29.12^2+318.24\times\frac{1}{4}\times29.12\right)$$

$$=2779(\mathrm{kN\cdot m})$$

6. A

解：在内力计算时，对于横向分布系数的取值做如下考虑：求支点截面剪力时，由于主要荷载集中在支点附近而应考虑支撑条件的影响，考虑横向分布系数沿桥跨的变化影响（即从支点到第一根内横隔梁之间）。

$$V_q=(1+\mu)\cdot\xi\cdot\left[m_{cq}q_k\Omega+m_{0q}P_k y_l+\frac{1}{2}q_k(m_{0q}-m_{cq})\cdot a\cdot y_c\right]$$

$$=1.276\times1\times\left[0.635\times10.5\times\frac{1}{2}\times29.12\times1+0.409\times1.2\times318.24\times1+\frac{1}{2}\times10.5\times(0.409-0.635)\times4.96\times0.943\right]$$

$$=316.09(\mathrm{kN})$$

7. B

解：可采用偏心压力法进行计算：

$$\sum_{i=1}^{5} I_i = I_1 + I_2 + I_3 + I_4 + I_5 = 8I$$

$$a_3 = 0$$

$$R_{13} = \frac{I_1}{\sum_{i=1}^{5} I_i} + \frac{a_3 a_1 I_1}{\sum_{i=1}^{5} a_i^2} = \frac{2I}{8I} + 0 = 0.25$$

8. B

解:可采用偏心压力法进行计算:

$$\sum_{i=1}^{7} I_i = 7I, R_1 = \frac{I}{\sum_{i=1}^{7} I_i} = \frac{I}{7I} = 0.143$$

第四节　桥梁支座与墩台

【考试纲要】

掌握桥梁支座及墩台类型。

【复习提示】

1. 复习要点

支座的分类、墩台的分类。

2. 规范提示

《公路桥涵设计通用规范》(JTG D60—2015)和《公路钢筋混凝土及预应力混凝土桥涵设计规范》(JTG D62—2004)对支座和墩台的构造有明确规定。

一、单项选择题

1. 活动支座只传递(　　)。
   A. 弯矩　　B. 扭矩　　C. 竖向力　　D. 轴力
2. 对于坡桥,宜布置固定支座的墩台其高程(　　)。
   A. 相对较高　　B. 相对较低
   C. 相对平均　　D. 随便
3. 支座按其容许变形的可能性可分为(　　)。
   A. 固定支座　　B. 简易支座
   C. 钢板支座　　D. 橡胶支座
4. 具有承载能力大、水平位移量大、转动灵活等特点,适用于支座承载力为1000kN以上的大跨径桥梁的支座类型是(　　)。
   A. 板式橡胶支座　　B. 简易垫层支座
   C. 钢支座　　D. 盆式橡胶支座

5. 板式橡胶支座的平面尺寸，决定于(　　)。

A. 橡胶板的抗压强度　　B. 加劲钢板的抗压强度

C. 墩台帽的尺寸　　D. 上部结构的跨径

6. 重力式墩台平衡外力保持稳定是依靠结构物的(　　)。

A. 材料强度　　B. 自身重量

C. 整体刚度　　D. 基础

7. 墩、台刚度较小，受力后允许在一定的范围内发生弹性变形，以钢筋混凝土和少量配筋的混凝土为主。此类墩台称为(　　)。

A. 重力式墩台　　B. 刚性墩台

C. 轻型墩台　　D. 柔性墩台

8. 符合重力式墩台主要特点的是(　　)。

A. 自重较大　　B. 抗撞击能力差

C. 阻水面积小　　D. 对地基承载力的要求低

9. 符合轻型墩台主要特点的是(　　)。

A. 以自身重力平衡外力保持稳定　　B. 抗撞击能力强

C. 自重大　　D. 刚度较小

10. 下列不属于梁桥轻型桥墩的是(　　)。

A. 钢筋混凝土薄壁桥墩　　B. 轻型实体桥墩

C. 刚性墩　　D. 柱式桥墩

11. 在结构功能方面，桥台不同于桥墩的地方是(　　)。

A. 传递荷载　　B. 抵御路堤的土压力

C. 调节水流　　D. 支承上部构造

二、多项选择题

1. 固定支座的作用有(　　)。

A. 传递弯矩　　B. 传递竖向力

C. 将主梁固定在墩、台上　　D. 传递水平力

2. 关于桥梁支座的布置方式，下列说法正确的有(　　)。

A. 简支梁一端设固定支座，一端设活动支座

B. 连续梁桥宜将固定(铰)支座设置在靠中间的支点处

C. 连续梁桥每联可设多个固定支座

D. 宽桥应设置沿纵、横向均能移动的全方位活动(铰)支座

3. 梁式桥的支座按所用材料及结构形式可分为(　　)。

A. 简易支座　　B. 固定支座

C. 钢筋混凝土支座　　D. 橡胶支座

4. 桥梁支座按其变位的可能性可分为(　　)。

A. 简易支座　　B. 钢支座

C. 活动支座　　D. 固定支座

5. 梁桥轻型桥台包括(　　)。

A. 埋置式桥台

B. 钢筋混凝土薄壁桥台

C. 设有支撑梁的轻型桥台

D. 实体式桥台

6. 桥台的主要作用有(　　)。

A. 支承桥跨结构

B. 衔接桥头引道路堤

C. 挡土护岸

D. 抵御路堤的土压力

7. 正交直线桥梁的支座一般仅需计算纵向水平力,其纵向水平力包括(　　)。

A. 风力　　B. 离心力

C. 汽车制动力　　D. 摩擦力

◈ 习题参考答案及解析 ◈

一、单项选择题

1. C

【考核点】支座的类型与构造

【解　析】梁式桥的支座分成固定(铰)支座和活动(铰)支座两种。活动(铰)支座仅传递竖向力,同时保证主梁在支承处既能自由转动,又能水平移动。

2. B

【考核点】支座的类型与构造

【解　析】对于坡桥,宜将固定(铰)支座设置在高程较低的墩台上。

3. A

【考核点】支座的类型与构造

【解　析】支座按其容许变形的可能性,可分为固定(铰)支座和活动(铰)支座两种。

4. D

【考核点】支座的类型与构造

【解　析】盆式橡胶支座是钢构件与橡胶组合而成的新型桥梁支座,具有承载能力大、水平位移量大、转动灵活等特点,适用于支座承载力为1000kN以上的大跨径桥梁。

5. A

【考核点】支座的类型与构造

【解　析】板式橡胶支座的平面尺寸 $a \times b$(矩形)或直径 D(圆形)由橡胶板的抗压强度和梁部或墩台(垫石)顶混凝土的局部承压强度来确定。

6. B

【考核点】墩台的类型与构造

【解　析】重力式桥墩的主要特点是靠自身的重量来平衡外力而保持其稳定，因此，墩、台身比较厚实，可采用天然石材或混凝土砌（浇）筑，适用于地基良好的大、中型桥梁，或流冰、漂浮物较多的河流上。

7. C

【考核点】墩台的类型与构造

【解　析】轻型墩、台刚度较小，受力后允许在一定的范围内发生弹性变形，以钢筋混凝土和少量配筋的混凝土为主。

8. A

【考核点】墩台的类型与构造

【解　析】重力式墩台的主要特点是靠自身的重量来平衡外力而保持其稳定，因此，墩、台身比较厚实，适用于地基良好的大、中型桥梁，或流冰、漂浮物较多的河流上。其主要缺点是圬工体积大，因而其自重和阻水面积也较大，对地基要求更高。

9. D

【考核点】墩台的类型与构造

【解　析】轻型墩、台刚度较小，受力后允许在一定的范围内发生弹性变形，以钢筋混凝土和少量配筋的混凝土为主。

10. C

【考核点】墩台的类型与构造

【解　析】梁桥轻型桥墩有钢筋混凝土薄壁桥墩、轻型实体桥墩、柱式桥墩等。

11. B

【考核点】墩台的类型与构造

【解　析】桥台设置在桥跨结构两端，除用于支承桥跨结构外，桥台还与路堤相衔接，以抵御路堤土压力，防止路堤填土的滑坡和坍塌。

二、多项选择题

1. BCD

【考核点】支座的类型与构造

【解　析】固定（铰）支座既要将主梁固定在墩台上并传递竖向力和水平力，又要保证主梁发生挠曲时在支承处能自由转动。

2. ABD

【考核点】支座的类型与构造

【解　析】简支梁一端设固定支座，一端设活动支座；对于坡桥，宜将固定（铰）支座设置在高程较低的墩台上；对于连续梁桥，为使全梁的纵向变形分散在梁的两端，宜将固定（铰）支座设置在靠中间的支点处，且每联只设一个固定支座；对于特别宽的梁桥，应设置沿纵向和横向均能移动的全方位活动（铰）支座。

3. ACD

【考核点】支座的类型与构造

【解　析】梁式桥的支座按所用材料及结构形式，可分为简易垫层支座、钢筋混凝土支座、橡胶支座、钢支座等。

4. CD

【考核点】支座的类型与构造

【解 析】桥梁支座按其变位的可能性,可分为固定(铰)支座和活动(铰)支座两种。

5. ABC

【考核点】墩台的类型与构造

【解 析】轻型桥台一般用于梁桥。梁桥轻型桥台包括埋置式桥台、设有支撑梁的轻型桥台、钢筋混凝土薄壁桥台等。常用的为埋置式桥台。

6. ABCD

【考核点】墩台的类型与构造

【解 析】桥台除了支承桥跨结构外,它又是衔接桥头引道路堤的构筑物;既要能挡土护岸,又要能承受台背填土及台后车辆作用所产生的附加土侧压力。

7. ACD

【考核点】支座

【解 析】正交直线桥梁的支座一般仅需计算纵向水平力。其纵向水平力包括汽车制动力、风力、摩擦力或由温度变化引起的水平力以及其他原因(如桥梁纵坡)产生的水平力。

第五节 涵 洞

【考试纲要】

1. 掌握涵洞布置原则;涵洞的结构设计;

2. 熟悉涵洞的类型、构造与选型。

【复习提示】

1. 复习要点

涵洞的布置原则,涵洞的结构设计,涵洞的类型、构造与选型。

2. 规范提示

《公路桥涵设计通用规范》(JTG D60—2015)和《公路涵洞设计细则》(JTG/T D65-04—2007)对涵洞的布置原则、结构设计,涵洞的类型、构造与选型有明确规定。

一、单项选择题

1. 以下按填土高度分类的涵洞类型有( )。

A. 明涵　　B. 箱涵

C. 管涵　　D. 盖板涵

2. 当涵洞进口净高(或内径)$h>3m$ 时,矩形涵内顶点至洞内设计洪水频率标准水位的净高应符合(　　)。

A. ≥0.25m　　B. ≥0.35m

C. ≥0.50m　　D. ≥0.75m

3. 明涵适用于低填方和挖方路段,其涵洞顶填土应小于(　　)。

A. 0.75m　　B. 0.50m

C. 0.35m　　D. 0.25m

4. 当涵洞沿纵轴线方向和路线轴线方向不相互垂直时(所夹锐角 α),称为涵洞与路线斜交,常用斜交角 α 有(　　)。

A. 5°　　B. 25°　　C. 45°　　D. 70°

5. 石盖板涵常用的跨径 L_0 为(　　)。

A. 0.75m　　B. 1.5m　　C. 2.0m　　D. 2.5m

6. 进、出洞口都被水流淹没,洞身涵长范围内全断面过水且洞内顶部承受水头压力的涵洞称为(　　)。

A. 无压力式涵洞　　B. 倒虹吸涵洞

C. 压力式涵洞　　D. 半压力式涵洞

7. 拱涵的拱圈宜按无铰拱计算,其矢跨比不宜小于(　　)。

A. 1/3　　B. 1/4　　C. 1/5　　D. 1/6

二、多项选择题

1. 涵洞设计应参考《公路涵洞设计细则》(JTG/T D65-04—2007)的相关规定,并应符合的原则是(　　)。

A. 安全　　B. 经济　　C. 有利于环保　　D. 适用

2. 涵洞按建筑材料分类,可分为(　　)。

A. 圬工涵　　B. 钢筋混凝土涵

C. 钢波纹管涵　　D. 钢管混凝土涵

3. 涵洞按洞身构造形式分类,可分为(　　)。

A. 管涵　　B. 箱涵

C. 明涵　　D. 盖板涵

4. 涵洞按水力性质分类,可分为(　　)。

A. 无压力式涵　　B. 倒虹吸管

C. 压力式涵　　D. 半压力式涵

5. 拱涵洞身主要由拱圈和涵台(包括涵台基础)两部分组成,其横截面形式有(　　)。

A. 半圆拱　　B. 卵形拱

C. 圆弧拱　　D. 抛物线拱

6. 水文计算的主要任务是确定流量,主要方法有(　　)。

A. 暴雨推理法　　B. 直接类比法

C. 形态调查法　　D. 径流形成法

7. 涵洞结构计算考虑的作用包括(　　)。

A. 车辆荷载　　B. 流水压力

C. 土重及土侧压力　　D. 结构自重

习题参考答案及解析

一、单项选择题

1. A

【考核点】涵洞的分类

【解　析】涵洞按填土高度分类可分为明涵和暗涵。

2. C

【考核点】涵洞的设计原则

【解　析】根据《公路桥涵设计通用规范》(JTG D60—2015)3.4.4,无压力式涵洞内顶点至洞内设计洪水频率标准水位的净高应符合下表的规定。

无压力式涵洞内顶点至最高流水面的净高

涵洞进口净高(或内径)h(m)	管涵	拱涵	矩形涵
$h\leqslant 3$	$\geqslant h/4$	$\geqslant h/4$	$\geqslant h/6$
$h>3$	≥0.75m	≥0.75m	≥0.5m

3. B

【考核点】涵洞的分类

【解　析】明涵(涵洞顶填土小于50cm)适用于低填方和挖方路段。

4. C

【考核点】涵洞的分类

【解　析】当涵洞沿纵轴线方向和路线轴线方向不相互垂直时(所夹锐角 α),称为涵洞与路线斜交,常用斜交角 α 有75°、60°、45°。

5. A

【考核点】涵洞的分类

【解　析】石盖板涵常用的跨径 L_0 为75cm、100cm、125cm,盖板厚度 d 随涵顶填土高度与跨径变化,一般在15~40cm之间。

6. C

【考核点】涵洞的分类

【解　析】《公路涵洞设计细则》(JTG/T D65-04—2007)2.1.6规定:压力式涵洞指进、出洞口都被水流淹没,洞身涵长范围内全断面过水且洞内顶部承受水头压力的涵洞。

7. B

【考核点】涵洞的分类

【解　析】《公路涵洞设计细则》(JTG/T D65-04—2007)9.3.5规定:拱涵的拱圈宜按

无铰拱计算，其矢跨比不宜小于1/4。

二、多项选择题

1. ABCD

【考核点】涵洞的设计原则

【解　析】涵洞设计应符合"安全、适用、经济、耐久、有利于环保"原则，并参考《公路涵洞设计细则》(JTG/T D65-04—2007)的相关规定。

2. ABC

【考核点】涵洞的分类

【解　析】涵洞按建筑材料分类可分为圬工涵、钢筋混凝土涵、钢波纹管涵和其他材料涵等(例如：洞陶瓷管或瓦管涵、缸瓦管涵、石灰三合土管涵、石灰三合土拱涵、铸铁管涵、波纹管涵等也在极少数情况下采用)。

3. ABD

【考核点】涵洞的分类

【解　析】涵洞按洞身构造形式分类可分为管涵、盖板涵、箱涵和拱涵。

4. ABCD

【考核点】涵洞的分类

【解　析】涵洞按水力性质可分为无压力式涵、半压力式涵、压力式涵、倒虹吸管。

5. ABC

【考核点】涵洞的分类

【解　析】拱涵洞身主要由拱圈和涵台(包括涵台基础)两部分组成。其横截面形式有半圆拱、圆弧拱、卵形拱。

6. ABCD

【考核点】涵洞计算

【解　析】水文计算的主要任务是确定流量，主要方法有暴雨推理法、径流形成法、形态调查法及直接类比法。

7. ACD

【考核点】涵洞计算

【解　析】涵洞结构计算考虑的作用包括：车辆荷载、土重及土侧压力、车辆荷载引起的土压力、温度及结构自重等。

第六节　桥 涵 水 文

【考试纲要】

1. 熟悉气象站、水文站的观测资料搜集和历史洪水痕迹调查。

2. 熟悉河流的特征，河段分类。

3. 熟悉水位、流速、流量、设计洪水频率及设计水位、通航水位、设计流量计算。

【复习提示】

1. 复习要点

河流的分段、河流的基本特征、山区河流与平原河流的特点、流域及流域特征、流域面积的确定方法、径流形成过程及主要影响因素、河川水文情势、径流的度量方法、水位与流量的观测方法、实测水文资料的收集、历史洪水调查方法、水位—流量关系曲线、河川水文现象的特性与分析方法、桥涵与路基的设计洪水频率、水文资料的"三性"审查、统计参数、经验频率曲线、理论频率曲线、特大值处理、适线法推求设计流量的主要工作、经验公式法与推理公式法推求设计流量、桥位断面设计流量与设计水位的确定。

重点：

统计参数、理论频率曲线、适线法推求设计流量。

难点：

特大值处理。

2. 规范提示

《公路工程水文勘测设计规范》(JTG C30—2015)对水文调查、水文勘测、洪水观测等基础性工作有着明确的要求，对设计流量的推算也有明确的规定，有资料条件下设计流量推算是重点，对桥位断面设计流量设计水位的确定亦给出了具体的方法。

习题精练

一、单项选择题

1. 河流长度是指从河源到河口沿(　　)所量测的距离。

A. 水面线　　B. 中泓线　　C. 河底线　　D. 河岸线

2. 河流的横断面是指(　　)。

A. 与水流方向相垂直的断面　　B. 与水流方向相平行的断面

C. 与河底相垂直的断面　　D. 与河岸相垂直的断面

3. 地面分水线与地下分水线相重合的流域称之为(　　)。

A. 单一流域　　B. 平衡流域　　C. 闭合流域　　D. 理想流域

4. 对于给定的河流，其流量的大小取决于(　　)。

A. 流域面积　　B. 降雨量　　C. 河流长度　　D. 河流比降

5. 年最大流量是指一年中的(　　)。

A. 最大日平均流量　　B. 最大一小时流量

C. 最大一分钟流量　　D. 最大瞬时流量

6. 某时段的径流深与降雨量之比称之为(　　)。

A. 径流模数　　B. 径流效率　　C. 径流系数　　D. 汇流系数

7. 洪水调查的目的是为了提高水文资料的(　　)。

A. 可靠性　　B. 一致性　　C. 代表性　　D. 独立性

8. 河流水位是指(　　)。

A. 水面在河底以上的高度

B. 水面在某基准面以上的高度

C. 水面至河床最低点的高度

D. 水尺所观测到的读数

9. 洪峰流量是指一次洪水过程中的(　　)。

A. 最大瞬时流量

B. 最高水位所对应的流量

C. 平均流量

D. 水面波动最大时所对应的流量

10. 高速公路上的特大桥的设计洪水标准是(　　)。

A. 100 年一遇　B. 200 年一遇　C. 300 年一遇　D. 500 年一遇

11. 判断两变量是否存在良好直线关系的指标是(　　)。

A. 回归系数　B. 相关系数　C. 误差系数　D. 分布系数

12. 利用水文统计法推求设计流量时,实测的流量资料年数应(　　)。

A. 不少于 10 年　B. 不少于 15 年　C. 不少于 20 年　D. 不少于 30 年

13. 采用面积比拟法将水文站的流量转换为桥位断面的流量时,两流域的汇水面积之差应小于水文站汇水面积的(　　)。

A. 5%　B. 10%　C. 15%　D. 20%

14. 在我国,水文随机变量的分布函数大多采用(　　)。

A. 正态分布　B. 指数分布　C. 对数分布　D. 皮尔逊Ⅲ型分布

15. 50 年一遇的洪水,对应的经验频率是(　　)。

A. 2%　B. 5%　C. 10%　D. 20%

16. 在我国,确定年最大流量统计参数的方法是(　　)。

A. 矩公式法　B. 试算法　C. 适线法　D. 经验公式法

17. 100 年一遇的洪水连续两年出现的概率为(　　)。

A. 0　B. 1%　C. 0.1%　D. 0.01%

18. 若两变量存在正相关关系,则它们的相关系数 R 取值范围为(　　)。

A. $R < -1$　B. $R > 0$　C. $0 < R < 1$　D. $R > 1$

19. 若两变量的相关系数接近于零,则它们之间(　　)。

A. 不存在函数关系　B. 不存在相关关系

C. 不存在直线相关关系　D. 不存在曲线相关关系

20. 利用地区经验公式推求设计流量时,其适用的条件是(　　)。

A. 流域具有长期观测资料

B. 流域具有短期观测资料

C. 流域无观测资料

D. 工程下游无防洪要求

21. 利用推理公式推求设计流量时,其适用的流域条件一般是(　　)。

A. 小流域　B. 闭合流域　C. 羽状流域　D. 支流流域

22. 汇流时间是指(　　)。

A. 水流沿主河道运动所需的时间

B. 流域内最远处水质点到达出口断面所需的时间

C. 水流沿坡面运动所需的时间

D. 流域内各处水质点到达出口断面的平均时间

23. 变差系数 C_V 的取值与流域的一般关系是(　　)。

A. 大流域的 C_V 值比小流域的大些

B. 大流域的 C_V 值比小流域的小些

C. 小流域的 C_V 值有可能小于零

D. C_V 的大小与流域面积无关

24. 抽样误差与资料系列的一般关系是(　　)。

A. 资料系列越长抽样误差越大

B. 资料系列越短抽样误差越小

C. 资料系列越长抽样误差越小

D. 抽样误差与资料系列的长短无关

25. 24 小时的降雨量达到(　　)称之为特大暴雨。

A. 100mm　B. 100 ~ 200mm　C. ＞200mm　D. ＞300mm

26. 进行洪水调查时，同一次洪水应调查到(　　)以上较可靠的洪痕点。

A. 1 个　B. 2 个　C. 3 个　D. 4 个

27. 对于大桥或特大桥，桥位河段的水文断面一般应测绘(　　)，并且应布置在比较规则的顺直河段上。

A. 1 个　B. 2 个　C. 3 个　D. 4 个

28. 利用调查的历史洪水资料推算设计流量时，历史洪水的次数不宜少于(　　)。

A. 1 次　B. 2 次　C. 3 次　D. 4 次

二、多项选择题

1. 河流的基本特征包括有(　　)。

A. 河流长度　B. 河流断面　C. 河流比降　D. 河网密度

2. 流域的几何特征由(　　)所构成

A. 地形地貌　B. 流域面积　C. 流域形状　D. 地理位置

3. 确定流域面积的基本方法有(　　)。

A. 现场丈量法　B. 近似多边形法　C. 数方格法　D. 求积仪法

4. 地面径流的形成过程可分为(　　)。

A. 降雨过程　B. 流域蓄渗过程

C. 坡面漫流过程　D. 河网汇流过程

5. 影响径流的主要因素包括(　　)。

A. 气候因素　B. 下垫面因素　C. 人类活动　D. 天体运动

6. 常用的径流度量单位有(　　)。

A. 年平均流量　　B. 径流总量

C. 径流深度　　D. 径流系数

7. 水文资料的来源主要有(　　)。

A. 水资源公报　　B. 水文站观测资料

C. 洪水调查资料　　D. 文献考证资料

8. 影响水位流量关系曲线的主要因素有(　　)。

A. 河床冲淤变化　　B. 回水顶托影响

C. 洪水涨落影响　　D. 人类活动影响

9. 河流中各种水文要素的一般变化规律称为河川水文现象,归纳起来主要有以下特性(　　)。

A. 可靠性　　B. 周期性　　C. 地区性　　D. 随机性

10. 目前,河川水文现象的分析研究方法主要有(　　)。

A. 成因分析法　　B. 水文统计法　　C. 地区归纳法　　D. 模型试验法

11. 对于用来进行水文分析计算的洪水资料,必须对其(　　)进行审查。

A. 可靠性　　B. 独立性　　C. 一致性　　D. 代表性

12. 直线相关的分析方法主要有(　　)。

A. 数值分析法　　B. 图解法　　C. 解析法　　D. 统计试验法

13. 水文计算中常用的统计参数有(　　)。

A. 均方差　　B. 平均值　　C. 变差系数　　D. 偏态系数

14. 插补展延流量资料的常用方法有(　　)

A. 相关分析法　　B. 面积比拟法

C. 水位流量关系曲线法　　D. 等值线图法

15. 缺乏观测资料时推算设计流量可采用的方法有(　　)。

A. 水文统计法　　B. 洪水调查法　　C. 经验公式法　　D. 等值线图法

16. 设计洪水过程线的要素有(　　)。

A. 洪峰水位　　B. 洪峰流量　　C. 洪水历时　　D. 时段洪量

17. (　　)属于流域的自然地理特征。

A. 气候条件　　B. 植被覆盖　　C. 流域面积　　D. 流域形状

18. 进行河段比降测绘时应标出(　　)、水文断面及桥位断面位置。

A. 河床高程　　B. 河床比降线

C. 测时水面比降线　　D. 历次洪水比降线

三、案例题

1. 已知某流域的集水面积为2610km^2,年平均流量为56.8m^3/s,年降雨量1395mm,则该流域的年径流系数为(　　)。

A. 0.49　　B. 0.55　　C. 0.59　　D. 0.62

2. 已知随机变量 X 的一组观测数据为:32、45、77、28、59,则该随机变量的变差系数为(　　)。

A. 0.38　　B. 0.42　　C. 0.48　　D. 0.52

3. 某水文站具有 1970 ~ 2008 年的年最大流量资料,其中最大的两次洪水流量为 $8550m^3/s$ 和 $4160m^3/s$。又经洪水调查后得知 $8550m^3/s$ 是 1810 年以来排在第 2 位的特大洪水,而 $4160m^3/s$ 不是特大洪水。则这两次洪水的重现期 T_1、T_2 分别为(　　)。

A. $T_1 = 100$ 年、$T_2 = 30$ 年

B. $T_1 = 200$ 年、$T_2 = 40$ 年

C. $T_1 = 100$ 年、$T_2 = 35$ 年

D. $T_1 = 200$ 年、$T_2 = 38$ 年

4. 按成因相同的年最大值法选样,得到某站 1984 ~ 2007 年实测年最大流量的总和 $\sum Q_i = 5340m^3/s$,其中有一特大流量 $Q = 1200m^3/s$。通过调查考证得知 1908 年以来在实测系列外还有两年为特大洪水年,其年最大流量分别为 $1300m^3/s$、$1100m^3/s$。试按矩法公式计算该站年最大流量的均值 $\overline{Q}$ 为(　　)。

A. $180m^3/s$　　B. $190m^3/s$

C. $201m^3/s$　　D. $211m^3/s$

5. 已知某桥位年最大流量的统计参数为 $\overline{Q} = 1000m^3/s$、$C_V = 0.40$、$C_S = 1.20$,则该桥位 100 年一遇的设计流量 Q_P 为(　　)。

A. $2060m^3/s$　　B. $2260m^3/s$

C. $2460m^3/s$　　D. $2660m^3/s$

习题参考答案及解析

一、单项选择题

1. B

【考核点】河流长度

【解　析】沿水流方向河流横断面最大流速点的连线称为中泓线,从河源到河口中泓线的长度即为河流长度。

2. A

【考核点】河流横断面

【解　析】与水流方向垂直的断面即为河流横断面,亦称过水断面。

3. C

【考核点】闭合流域

【解　析】流域的边界以地面分水线为准,当地下分水线的边界与地面分水线重合时即为闭合流域,反之称为非闭合流域。

4. B

【考核点】洪水大小的影响因素

【解　析】我国绝大多数河流的补给靠降雨,通常降雨量越大河流的流量就越大。

5. D

【考核点】年最大流量的含义

【解　析】全年各次洪水中最大的洪峰流量即为年最大流量，洪峰出现的时间通常很短，在某时刻达到最大，是一种瞬时状态。

6. C

【考核点】径流系数的定义

【解　析】对于给定的流域，通常以年为统计时段，年径流深与年降雨量之比即为年径流系数。

7. C

【考核点】水文资料的代表性

【解　析】一般来说，水文资料的系列越长其代表性就越好，而洪水调查是延长水文系列的有效手段之一。

8. B

【考核点】河流水位的定义

【解　析】某时刻过水断面的水面相对于某基准面的高度即为水位，且随着时间而不断变化。

9. A

【考核点】洪峰流量的含义

【解　析】一次洪水过程中流量随着时间在不断变化，某瞬时最大的流量即为洪峰流量。

10. C

【考核点】桥涵设计洪水标准

【解　析】《公路工程水文勘测设计规范》(JTG C30—2015)第1.0.8条对各级公路上的各类桥涵的设计洪水标准都有明确的规定，桥涵设计应严格执行。

11. B

【考核点】相关系数

【解　析】两变量直线相关的密切程度用相关系数表示，其取值越趋近于1，两变量的相关性就越好。

12. D

【考核点】水文资料的代表性

【解　析】为保证参与水文统计的资料有一定的代表性，《规范》第6.2.1条要求实测资料的长度一般不能少于30年，且应有历史洪水调查和考证成果。

13. D

【考核点】面积比拟法的适用条件

【解　析】采用面积比拟法来对不同断面的流量进行换算时，《规范》第6.2.2条要求两流域间的面积差应小于水文站汇水面积的20%，且不大于1000km^2，否则按无资料流域考虑。

14. D

【考核点】理论频率曲线

【解 析】多年的实践经验表明,皮尔逊Ⅲ型分布对我国绝大部分地区的洪水频率分布拟合良好,《规范》第6.2.4条规定采用皮尔逊Ⅲ型分布作为年最大流量的理论频率曲线。

15. A

【考核点】频率与重现期的关系

【解 析】对于设计洪水而言,频率与重现期是互为倒数的关系,50年一遇的洪水其频率为1/50,即2%

16. C

【考核点】水文统计参数的估计方法

【解 析】水文统计参数的估计方法较多,各有优缺点,而适线法是目前为止最为成熟的方法,《规范》第6.2.5条要求优先采用。

17. D

【考核点】特大洪水的偶然性

【解 析】100年一遇的洪水是随机事件,每年发生的可能性为1%,且是相互独立的,因此连续两年出现的可能性为0.01%,可能性非常小,但不是不可能。

18. C

【考核点】相关系数的性质

【解 析】根据相关系数的定义,其取值范围为(-1,1),当相关系数取值位于(0,1)之间时,两变量的相关关系称为正相关。

19. C

【考核点】相关系数的作用

【解 析】相关系数是判断两变量直线相关程度的量化指标,其取值很小或趋近于零时,则两变量不存在直线相关,却有可能为曲线相关。

20. C

【考核点】地区经验公式的适用条件

【解 析】设计流量的推算要优先采用实测资料利用水文统计法进行,对无资料地区,《规范》第6.4.1条规定可采用地区经验公式求算设计流量,求算的设计流量应有历史洪水流量的验证。

21. A

【考核点】推理公式的适用条件

【解 析】地区经验公式一般适用无资料的大中流域,用于流域面积很小的小流域时其效果比较差,《规范》第6.4.2条规定,汇水面积小于$100km^2$的河流,可按推理公式计算设计流量。小流域采用推理公式推求设计流量效果较好。

22. B

【考核点】汇流时间

【解 析】流域出口断面洪峰的形成与汇流时间密切相关,只有当流域内各处所有的水质点都到达出口断面时流量才会达到最大,必然要求流域最远处的水质点也到达了出口断面,因此将流域最远处的水质点到达出口断面所需的时间定义为汇流时间。

23. B

【考核点】变差系数的性质

【解　析】变差系数反映的是随机变量取值的离散程度，一般来说大流域对降雨有着较强的调节能力，使得各年间产生的洪水差别不大，而小流域正好相反，故大流域的变差系数要小些，小流域的变差系数要大些。

24. C

【考核点】抽样误差的产生原因

【解　析】用样本的参数作为总体的参数所产生的误差称为抽样误差，样本对总体的代表性越好则其抽样误差越小，这就要求样本的容量即系列的长度越大越好。

25. C

【考核点】降水强度分级

【解　析】特大暴雨是降水强度的最高等级，我国规定24h内的降水在200mm以上的均归类为特大暴雨。

26. C

【考核点】洪水调查

【解　析】洪痕点太少的话，定出的水面线不可靠，洪痕点要求过多的话，执行起来有难度，调查工作可能难以进行。

27. B

【考核点】水文断面

【解　析】水文断面是为求算水位、流量、流速等水文特征值而布设，这些水文特征值一般采用均匀流的理论计算，故要求布设在比较规则的顺直河段上，一般要求在桥位上、下游各测绘一个水文断面，是为了相互验证计算值，对于水面不宽的中桥，可只测绘一个水文断面。

28. B

【考核点】设计流量推算

【解　析】《规范》第6.3.3条规定，“利用历史洪水流量推算设计流量，历史洪水流量不宜少于两次，C_V、C_S值应符合地区分布规律，如出入较大，应分析原因，适当调整。”依据的历史洪水次数多，确定平均流量这个统计参数时偶然性就小，有利于提高设计流量的可靠性。

二、多项选择题

1. ABC

【考核点】河流特征

【解　析】河流的基本特征是针对某一条河流而言的，而河网密度涉及多条河流，显然不能作为河流特征。

2. BC

【考核点】流域的几何特征

【解　析】流域的几何特征是指流域形状与流域面积。

3. CD

【考核点】流域面积计算

【解　析】数方格法是计算流域面积的传统经验方法，求积仪法是用较为现代的仪器设备量算流域面积的一种方法。

4. ABCD

【考核点】径流形成过程

【解　析】降雨、流域蓄渗、坡面漫流、河网汇流是径流形成的4个主要过程。

5. ABC

【考核点】径流影响因素

【解　析】气候条件、下垫面条件、人类活动是影响径流的三大因素。气候条件包括降雨和蒸发，下垫面条件包括植被、土壤、地形地貌等流域自然地理特征，人类活动主要是大型工程的修建对下垫面条件的改变。

6. ABCD

【考核点】径流的度量

【解　析】年平均流量、径流总量、径流深度、径流系数是河川径流大小的4个主要度量单位。

7. BCD

【考核点】水文资料的收集方法

【解　析】为了提高水文资料的代表性，应尽可能地多收集水文资料，主要途径有水文站观测资料、洪水调查资料和文献考证资料。

8. ABC

【考核点】水位流量关系不稳定的影响因素

【解　析】河床冲淤、回水顶托、洪水涨落都会造成水面比降与流速的变化，从而出现同一水位下对应着不同的流量。

9. BCD

【考核点】河川水文现象

【解　析】河川水文要素具有很强的时空变化规律，主要体现在以年为周期的周期性变化、不同地区具有不同特性的地区性及发生的时间和取值具有很强的随机性。

10. ABC

【考核点】水文学的研究方法

【解　析】根据资料条件及研究目的的不同，水文学的研究方法有成因分析法、水文统计法和地区归纳法。

11. ACD

【考核点】水文资料的审查

【解　析】《规范》第6.1.2条规定，用于分析与计算的洪水资料，应审查其可靠性、一致性和系列代表性。对于年最大流量系列，其独立性通常是没有问题的，一般不用审查。

12. BC

【考核点】相关分析方法

【解　析】图解法和解析法是相关分析的两种方法，图解法直观简便但有一定的人为任意性，解析法根据误差最小准则定相关线，客观性好，还可编程运算，其性能优于图解法。

13. BCD

【考核点】水文变量的统计参数

【解　析】平均值、变差系数、偏态系数是反映水文随机变量不同统计特性的三个最重要最常用的统计参数，均方差与变差系数都反映随机变量取值的离散程度，属同一性质的统计参数，变差系数反映了相对离散程度，更准确更常用。

14. AC

【考核点】流量资料的插补延长

【解　析】与相邻流域的流量系列建立相关关系或根据本站的水位流量关系曲线法延长流量资料是最常用的两种方法，面积比拟法常用于相邻流域的流量换算，等值线图法通常用于统计参数的查算。

15. BCD

【考核点】无资料地区设计流量的推算方法

【解　析】洪水调查法、经验公式法和等值线图法是无资料地区推算设计流量常用的三种方法，而水文统计法只能适用于有长期实测资料的地区。

16. BCD

【考核点】设计洪水

【解　析】洪水过程线指的是流量的变化过程，它由洪峰流量、洪水历时、时段洪量三个要素所控制。

17. AB

【考核点】流域特征

【解　析】流域面积、流域形状属于流域的几何特征而非自然地理特征。

18. BCD

【考核点】河段比降测绘

【解　析】《规范》第5.3.2条规定，河段比降测绘范围为水文断面下游1倍河宽，水文断面上游2倍河宽，包括桥位及上、下游水文断面位置在内的总长度，以便利用河段比降图推求桥位的设计水位。另一方面，上、下游的测绘水位差亦不能过小，否则难以点绘出比降图。

三、案例题

1. A

解：径流总量 $W=$年平均流量$\times$年时段长度 $=56.8\times365\times24\times3600=17.9\times10^8\text{m}^3$

径流深 $Y=\dfrac{\text{径流总量}}{\text{流域面积}}=\dfrac{W}{F}=\dfrac{17.9\times10^8}{2610\times10^6}=0.685\text{m}=685\text{mm}$

则，径流系数 $\alpha=\dfrac{\text{径流深}}{\text{降雨量}}=\dfrac{Y}{X}=\dfrac{685}{1395}=0.49$

2. B.

解：均值 $\bar{x}=\dfrac{1}{n}\sum x_i=48.2$，均方差 $\sigma=\sqrt{\dfrac{\sum(\bar{x}-x_i)^2}{n-1}}=20.2$

则，变差系数 $c_V=\dfrac{\sigma}{\bar{x}}=0.42$

3. A

解:资料系列为不连续系列。调查考证期 $N = 2008 - 1810 + 1 = 199$ 年,实测期 $n = 2008 - 1970 + 1 = 39$ 年,特大洪水的总个数 $a = 2$ 年,实测期内特大洪水个数 $l = 1$ 年。

根据《公路工程水文勘测设计规范》(JTG C30—2015)公式(6.2.3-2)及公式(6.2.3-3)可得,$8550\text{m}^3/\text{s}$ 的洪水频率 $P_1 = \frac{2}{199 + 1} = 1\%$,其重现期 $T_1 = \frac{1}{P_1} = 100$ 年。

$4160\text{m}^3/\text{s}$ 的洪水频率 $P_2 = \left[\frac{2}{199 + 1} + \left(1 - \frac{2}{199 + 1}\right)\frac{2 - 1}{39 - 1 + 1}\right] = 3.5\%$,其重现期 $T_2 = \frac{1}{P_2} \approx 30$ 年。

4. D

解:调查考证期 $N = 2007 - 1908 + 1 = 100$ 年,实测期 $n = 2007 - 1984 + 1 = 24$ 年,特大洪水个数 $a = 3$ 年,实测期内特大洪水个数 $l = 1$ 年。

实测期一般洪水的均值 $\overline{Q}_{n-1} = \frac{5340 - 1200}{24 - 1} = 180\text{m}^3/\text{s}$

则该站年最大流量的均值 $\overline{Q} = \frac{1300 + 1200 + 1100 + 97 \times 180}{100} = 211\text{m}^3/\text{s}$

5. B

解:重现期 $T = 100$ 年,则设计频率 $P = \frac{1}{T} = 1\%$

由 $C_V = 0.40$、$C_S = 1.20 = 3C_V$

查附录十三"皮尔逊Ⅲ型曲线的模比系数 K_p 值表",得到 $K_p = 2.26$。

则:$Q_p = K_p\overline{Q} = 2.26 \times 1000 = 2260\text{m}^3/\text{s}$

[注:"皮尔逊Ⅲ型曲线的模比系数 K_p 值表"仅列示在《公路桥位勘测设计规范》(JTJ 062—1991)中,《公路工程水文勘测设计规范》2002 版和 2015 版未列入,请考生注意。]

第七节　桥位选择与布置

【考试纲要】

1. 熟悉桥位选择原则。

2. 综合考虑水文、地质、气象、水利、通航、环境等影响因素合理选择桥位。

【复习提示】

1. 复习要点

桥涵布置的一般规定,桥位对水文、地形、地质、通航方面的要求,各类河段桥位选择的要求和特点,特殊地区桥位选择的要求和特点。

2. 规范提示

桥梁勘测设计的首要工作就是选择一个好的桥位,相对于 2002 版的规范,新修订的《公路工程水文勘测设计规范》(JTG C30—2015)增加了桥位选择的内容,从水文设计的角度对桥位选择做出了原则性的规定，使得设计人员开展桥位选择工作时有据可依。

一、单项选择题

1. 确定桥位时，桥轴线宜与中、高洪水位的流向(　　)，斜交时应在孔径及墩台基础设计时考虑其影响。

A. 平行　　B. 正交　　C. 斜交　　D. 平行或斜交

2. 一般公路上的特大桥、大中桥桥位，原则上应服从(　　)，桥、路综合考虑。

A. 通航要求　　B. 线路走向　　C. 防洪要求　　D. 环境保护

3. 桥位一般应选在航道比较稳定、顺直且具有足够(　　)的河段上。

A. 通航宽度　　B. 通航流量　　C. 通航水深　　D. 通航水位

4. 桥位应选在河道顺直、稳定、(　　)的河段上。

A. 较窄　　B. 较宽　　C. 较深　　D. 较浅

5. 平原宽滩河段，桥位宜选在河滩地势较高，河槽居中、稳定、顺直和(　　)较小的河段上。

A. 河槽流量　　B. 河滩流量　　C. 滩槽流量比　　D. 断面平均水深

6. 在水深流急的山区峡谷河段，桥位宜选在可以(　　)，否则宜选在水深较浅、流速较缓的山区开阔河段上。

A. 多孔跨越处　　B. 单孔跨越处　　C. 拱桥跨越处　　D. 梁桥跨越处

7. 在平原顺直微弯河段上，桥位宜选在河槽与河床方向一致，(　　)较大处，桥轴线宜与河岸线正交。

A. 河槽流速　　B. 河滩流速　　C. 河槽流量　　D. 河滩流量

8. 倒灌河段，桥位跨越倒灌河段的(　　)时，桥位宜选在受大河壅水倒灌影响范围之外或受大河壅水倒灌影响较小处跨越。

A. 干流　　B. 支流　　C. 上游　　D. 下游

二、多项选择题

1. 桥位应选在河道(　　)的河段上。

A. 顺直　　B. 稳定　　C. 较窄　　D. 水深较浅

2. 山区开阔河段，桥位应选在(　　)处。

A. 流速较快　　B. 河槽稳定　　C. 水深较浅　　D. 流速较缓

3. 在水库蓄水影响区内，桥位应选在(　　)的地段。

A. 流速较小　　B. 库面较窄　　C. 岸坡稳定　　D. 泥沙沉积较少

4. 在潮汐河段建桥时，桥位选择的要求是(　　)。

A. 不应选在涌潮区段

B. 应避开滩岸和凹岸多变地段
C. 应离开既有挡潮闸一定距离
D. 应避开受海浪影响大的地段

5. 在通航河流上建桥时应满足的要求是(　　)。
A. 应选在顺直且具有足够通航水深的河段上
B. 应离开水工设施、港口作业区和船舶锚地
C. 桥轴线的法线与主流交角不宜大于5°
D. 应选在水面宽阔的河段上

◈ 习题参考答案及解析 ◈

一、单项选择题

1. B

【考核点】桥位选择对水文方面的要求

【解　析】《公路工程水文勘测设计规范》(JTG C30—2015)第4.1.3条规定,"桥轴线宜与中、高洪水位的流向正交,斜交时应在孔径及墩台基础设计时考虑其影响。"要求桥轴线与水流流向正交的目的是提高泄洪能力、减轻基础冲刷和改善通航条件。

2. B

【考核点】桥位与线路的关系

【解　析】《公路工程水文勘测设计规范》(JTG C30—2015)第4.1.1条规定,"除控制性桥位外,桥位选择原则上应服从线路、走向。在适当的范围内,可根据河段的水文、地形、地质、地物等特征,路、桥综合考虑,比选确定。"公路路线走向,通常是根据国家和地方拟定的某些控制点来定线,桥位选择原则上应服从线路走向,具体到每个桥位,可适当范围内加以比选,择优确定。

3. C

【考核点】桥位选择在通航方面的要求

【解　析】《公路工程水文勘测设计规范》(JTG C30—2015)第4.1.4条规定,"桥位应选在航道稳定、顺直且具有足够通航水深的河段上,航道不稳定时,应考虑河道变迁的影响。"

4. A

【考核点】桥位选择在水文方面的要求

【解　析】《公路工程水文勘测设计规范》(JTG C30—2015)第4.1.3条规定,"桥位应选在河道顺直、稳定、较窄的河段上。应考虑河道的自然演变以及建桥后对天然河道的影响。"选在较窄的河段上建桥,有利于节约桥长,降低造价。

5. C

【考核点】平原宽滩河段上的桥位选择

【解　析】《公路工程水文勘测设计规范》(JTG C30—2015)第4.2.8条规定,"平原宽滩河段,桥位宜选在河滩地势较高,河槽居中、稳定、顺直和滩槽流量比较小的河段上。"滩槽

流量比可定量地描述宽滩河段流量的构成情况，该比值越小，说明河槽流量占比越大，河滩对泄洪的作用就越小，建桥时就可更多地压缩河滩，从而减小桥孔长度。

6. B

【考核点】山区峡谷河段上的桥位选择

【解　析】《公路工程水文勘测设计规范》(JTG C30—2015)第4.2.1条规定，“在水深、流急的山区峡谷河段，桥位宜选在可以一孔跨越处。”山区峡谷河段流速大，常伴有滚石运动，应避免在河床中设桥墩，以利于桥梁安全。

7. C

【考核点】平原顺直河段上的桥位选择

【解　析】《公路工程水文勘测设计规范》(JTG C30—2015)第4.2.5条规定，“平原顺直、微弯河段上，桥位宜选在河槽与河床走向一致，槽流量较大处，桥轴线宜与河岸线正交。”

8. B

【考核点】倒灌河段上的桥位选择

【解　析】受大河洪水倒灌影响，当支流发生洪水而大河洪水有急剧下降时桥前产生积水体积将使泄流加大，对桥高和冲刷均产生不利影响，所以应尽量避开大河倒灌的影响。

二、多项选择题

1. ABC

【考核点】桥位选择在水文方面的要求

【解　析】《公路工程水文勘测设计规范》(JTG C30—2015)第4.1.3条规定，“桥位应选在河道顺直、稳定、较窄的河段上。应考虑河道的自然演变以及建桥后对天然河道的影响。”在顺直河段上建桥，河床较稳定，河床演变对桥位的影响小。

2. BCD

【考核点】山区开阔河段上的桥位选择

【解　析】《公路工程水文勘测设计规范》(JTG C30—2015)第4.2.2条规定，“山区开阔河段，桥位应选在河槽稳定、水深较浅、流速较缓处。”这样的桥位可降低冲刷对墩台基础的威胁。

3. BCD

【考核点】水库地区的桥位选择

【解　析】《公路工程水文勘测设计规范》(JTG C30—2015)第4.3.1条规定，“在水库蓄水影响区内时，桥位宜选在库面较窄、岸坡稳定、泥沙沉积较少的地段。在冰封地区，不应选在回水末端、容易形成冰坝的地段。”

4. ABC

【考核点】潮汐河段的桥位选择

【解　析】《公路工程水文勘测设计规范》(JTG C30—2015)第4.2.11条规定，“潮汐河段，桥位不宜选在涌潮区段，应避开凹岸和滩岸多变地段，不宜紧邻挡潮。”

5. ABC

【考核点】桥位选择在通航方面的要求

【解 析】《公路工程水文勘测设计规范》(JTG C30—2015)第4.1.4条规定,“通航水域的桥位选择应符合下列规定:①桥位应选在航道稳定、顺直且具有足够通航水深的河段上,航道不稳定时,应考虑河道变迁的影响。②桥轴法线与通航主流的夹角不宜大于5°,大于5°时应增大通航孔的跨径。③桥位应避开既有水工设施、港口作业区和船舶锚地。”

第八节 大中桥桥孔设计

【考试纲要】

熟悉按设计洪水频率和桥位河段的特征,进行桥长设计与孔跨布置;结合桥位河段地形、地质、河段类型、桥梁上部结构、墩台基础形式、桥梁冲刷深度、调治构造物布置等综合经济比选确定桥位。

【复习提示】

1. 复习要点

桥孔设计的影响因素,各类河段上桥孔布设的要求,桥孔长度、桥面高程的计算方法。

2. 规范提示

《公路工程水文勘测设计规范》(JTG C30—2015)对各类河段上的桥孔布设规定了具体要求,对桥孔最小净长、桥面设计高程规定了宜采用的计算公式。

一、单项选择题

1. 桥孔设计时,首先应满足的要求是( )。

A. 保证通航安全　　B. 保证设计洪水安全通过

C. 保证桥下河床不发生淤积　　D. 保证流冰、流木的安全通过

2. 在平原顺直河段建桥时,桥孔对河槽、河滩的影响是( )。

A. 河槽、河滩均不得压缩　　B. 河槽、河滩均可压缩

C. 河槽可压缩、河滩不得压缩　　D. 河滩可压缩、河槽不宜压缩

3. 设计水位时,两桥台前缘之间的水面宽度称之为( )。

A. 桥梁长度　　B. 桥孔长度

C. 桥孔净长　　D. 断面宽度

4. 在开阔、顺直微弯、分汊、弯曲河段、滩、槽可分的不稳定河段上建桥时,影响桥孔长度最重要的因素是( )。

A. 设计流量　　B. 设计水位

C. 河槽宽度　　D. 水面宽度

5. 位于非通航河段的桥梁,影响桥面高程的决定性因素是( )。

A. 桥前壅水　　B. 设计洪水位
C. 河床淤积　　D. 安全净空高度

二、多项选择题

1. 影响通航河段桥面设计高程的主要因素是(　　)。
A. 设计洪水位　　B. 设计最高通航水位
C. 通航净空高度　　D. 桥面铺装高度

2. 下列各类河段中,属于次稳定型的是(　　)。
A. 顺直微弯河段　　B. 分汊河段
C. 弯曲河段　　D. 宽滩河段

3. 桥孔设计应考虑的因素有(　　)。
A. 设计洪水及泥沙　　B. 通航要求
C. 流冰流木　　D. 河床冲刷

4. 进行非通航河段的桥孔设计时,应考虑(　　)等因素所引起的桥下水位升高。
A. 桥前壅水　　B. 波浪高度
C. 河床淤积　　D. 河湾超高

5. 根据桥位河段的所属类型,计算桥孔最小净长时可采用以下(　　)有关的公式。
A. 河槽宽度公式　　B. 单宽流量公式
C. 基本河宽公式　　D. 河滩宽度公式

三、案例题

1. 某桥跨越次稳定性河段,设计流量 $Q_P = 8470m^3/s$,河槽流量 $Q_C = 8060m^3/s$,河槽宽度 $B_C = 300m$,按河槽宽度公式计算该桥的最小桥孔净长 L_j 为(　　)。

A. 258.2m　　B. 297.6m　　C. 305.9m　　D. 311.7m

2. 某桥位断面的设计洪水位为 68.45m,设计最高通航水位为 65.20m,通航净空高度为 8m,波浪高度为 0.36m,桥前壅水 0.28m,为简支梁桥,桥跨的结构高度为 1.72m,安全净空 0.5m,其他影响因素忽略不计,则该桥的桥面设计高程为(　　)。

A. 71.12m　　B. 72.35m　　C. 74.92m　　D. 76.28m

3. 某大桥跨越一宽滩河段,桥位断面设计流量 $Q_P = 12800m^3/s$,断面全宽 $B = 518m$,河槽宽度 $B_C = 315m$,河槽流量 $Q_C = 9600m^3/s$。按单宽流量公式计算该桥的最小桥孔净长 L_j 为(　　)。

A. 316m　　B. 301m　　C. 295m　　D. 286m

习题参考答案及解析

一、单项选择题

1. B

【考核点】桥孔设计一般规定

【解 析】《公路工程水文勘测设计规范》(JTG C30—2015)第7.1.1条规定,“桥孔设计必须保证设计洪水以内的各级洪水和泥沙安全通过,并满足通航、流冰及其他漂浮物通过的要求。”无论桥位河段是否具有通航要求,保证设计洪水不对桥梁产生破坏是桥孔设计时必须首先满足的要求,也是最重要的一个原则,相对其他影响因素而言,洪水对桥梁安全的威胁是最大的。

2. D

【考核点】桥孔布设一般原则

【解 析】《公路工程水文勘测设计规范》(JTG C30—2015)第7.3.1条规定,“桥孔布设应与天然河流断面流量分配相适应,在稳定性河段上,左右河滩桥孔长度之比应近似与左右河滩流量之比相当;在次稳定和不稳定河段上,桥孔布设必须考虑河床变形和流量分配变化趋势的影响。桥孔不宜压缩河槽,可适当压缩河滩。”

3. B

【考核点】桥孔长度的定义

【解 析】桥孔长度的实质是通过设计流量时桥下断面所需的最小水面宽度。桥孔布置完成后桥下实有的水面宽度只能大于或等于桥孔长度而不得小于桥孔长度。

4. C

【考核点】桥孔长度的计算

【解 析】《公路工程水文勘测设计规范》(JTG C30—2015)第7.2.1条规定了开阔、顺直微弯、分汊、弯曲河段、滩、槽可分的不稳定河段上桥孔最小净长度的计算公式(7.2.1-1),河槽宽度的影响是成正比的线性关系,作用最直接而重要。

5. B

【考核点】桥面高程的计算

【解 析】根据《公路工程水文勘测设计规范》(JTG C30—2015)第7.4.1条规定,不通航河流桥面设计高程按公式(7.4.1-1)计算,在该计算公式中,设计洪水位的作用最为显著,桥面高程必须高于而不得等于或低于设计洪水位。

二、多项选择题

1. BC

【考核点】桥面设计高程

【解 析】根据《公路工程水文勘测设计规范》(JTG C30—2015)第7.4.2条规定,通航河流桥面设计高程按公式(7.4.2)计算,在该计算公式中,设计最高通航水位和通航净空高度的作用最为显著,桥面高程必须高于而不得等于或低于该两者之和。一般来说,满足通航水位和通航净空要求的桥面高程要高于满足通过设计洪水所需的桥面高程,即桥面高程如能满足通航要求,通常也能满足行洪要求,反之则不然。

2. BCD

【考核点】桥位河段分类

【解 析】根据《公路工程水文勘测设计规范》(JTG C30—2015)附录A河段分类表,

次稳定河段包括平原区河流中的分汊河段、弯曲河段和宽滩河段。

3. ABC

【考核点】桥孔设计

【解　析】桥孔设计包含桥孔长度与桥面高程两方面，设计洪水及泥沙、通航要求、流冰流木都对桥孔长度和桥面高程有影响。而河床冲刷影响的是基础埋深，对桥孔长度和桥面高程没影响。

4. ABCD

【考核点】桥面设计高程

【解　析】根据《公路工程水文勘测设计规范》(JTG C30—2015)第7.4.1条规定，不通航河流桥面设计高程按公式(7.4.1-1)计算，在该计算公式中，除了设计洪水位以外，还应考虑壅水、浪高、河湾超高、床面淤积、漂浮物高度等因素引起的水面超高。

5. ABC

【考核点】桥孔长度计算

【解　析】《公路工程水文勘测设计规范》(JTG C30—2015)针对不同的河段类型规定了三个桥孔最小净长的计算公式，其中，式(7.2.1-1)习惯上称为河槽宽度公式，式(7.2.1-2)习惯上称为单宽流量公式，式(7.2.1-4)习惯上称为基本河宽公式。

三、案例题

1. B

解：根据《公路工程水文勘测设计规范》(JTG C30—2015)河槽宽度公式(7.2.1-1)：$L_j = K\left(\frac{Q_P}{Q_C}\right)^n B_C$，查该《规范》表7.2.1，可知次稳定河段的$K=0.95$，$n=0.87$。

因此，桥孔净长 $L_j = 0.95\times\left(\frac{8470}{8060}\right)^{0.87}\times 300 = 297.6\text{m}$

2. C

解：查《公路工程水文勘测设计规范》(JTG C30—2015)，按行洪条件考虑的桥面高程计算公式(7.4.1-1)：

$$\begin{aligned}H_{min} &= H_S + \sum\Delta h + \Delta h_j + \Delta h_D \\ &= 68.45 + 0.36\times 0.86 + 0.28\times 0.5 + 0.5 + 1.72 \\ &= 71.12\text{m}\end{aligned}$$

按通航条件考虑的桥面高程计算公式(7.4.2)：

$$\begin{aligned}H_{min} &= H_{tn} + H_M + \Delta h_D \\ &= 65.20 + 8 + 1.72 \\ &= 74.92\text{m}\end{aligned}$$

两种情况必须同时满足，则应取大值，即桥面高程为74.92m。

3. A

解：查《公路工程水文勘测设计规范》(JTG C30—2015)单宽流量公式(7.2.1-2)：

$$L_j = \frac{Q_P}{\beta q_c}$$

$$\beta = 1.19\left(\frac{Q_C}{Q_t}\right)^{0.10}$$

由给定条件可知,河滩流量 $Q_t = Q_P - Q_C = 12800 - 9600 = 3200 m^3/s$

河槽平均单宽流量　　$q_c = \frac{9600}{315} = 30.5 m^3/(s \cdot m)$

则　　$\beta = 1.19 \times \left(\frac{9600}{3200}\right)^{0.10} = 1.33$

$$L_j = \frac{12800}{1.33 \times 30.5} = 316m$$

第九节　墩台冲刷计算及基础埋深

【考试纲要】

熟悉天然冲刷、一般冲刷、局部冲刷的计算方法;确定墩台基底最小埋置深度。

【复习提示】

1. 复习要点

桥下冲刷的分类,一般冲刷的影响因素、计算方法,局部冲刷的影响因素、计算方法,墩台基底最小埋置深度的确定方法。

2. 规范提示

《公路工程水文勘测设计规范》(JTG C30—2015)对桥下的一般冲刷、墩台的局部冲刷规定了宜采用的计算公式,对墩台基底的最小埋置深度进行了具体规定。

一、单项选择题

1. 按 64-1 修正式计算桥下一般冲刷时适用的条件是(　　)。
   A. 黏性土河槽　B. 黏性土河滩　C. 非黏性土河滩　D. 非黏性土河槽
2. 桥下一般冲刷产生的根本原因是(　　)。
   A. 桥墩的阻水作用　B. 桥孔对水流的压缩作用
   C. 桥前的壅水作用　D. 河流的自然演变作用
3. 影响桥梁墩台局部冲刷深度的关键因素是(　　)。
   A. 泥沙粒径　B. 墩台形状　C. 桥下水深　D. 水流速度
4. 当水流速度从小到大逐步增加时,桥下一般冲刷与局部冲刷的关系是(　　)。
   A. 先发生一般冲刷后发生局部冲刷
   B. 先发生局部冲刷后发生一般冲刷
   C. 一般冲刷和局部冲刷同时发生

D. 何种冲刷先发生是随机的

5. 计算桥墩局部冲刷的 65-2 公式适用的条件为(　　)。

A. 黏性土河槽　　B. 黏性土河滩　　C. 非黏性土河床　　D. 非黏性土河滩

二、多项选择题

1. 桥下河床因建桥而引起的冲刷有(　　)。

A. 自然演变冲刷　　B. 一般冲刷　　C. 局部冲刷　　D. 动床冲刷

2. 非黏性土河床桥墩局部冲刷的计算公式有(　　)。

A. 64-1 修正式　　B. 64-2 简化式　　C. 65-1 修正式　　D. 65-2 公式

3. 非黏性土河槽桥下一般冲刷的计算公式有(　　)。

A. 64-1 公式　　B. 64-2 公式　　C. 64-1 修正式　　D. 64-2 简化式

三、案例题

1. 某桥位河段汛期含沙量 $\rho = 5.2\text{kg/m}^3$,河床泥沙平均粒径 $\bar{d} = 2\text{mm}$,桥梁下部结构为钢筋混凝土双柱式桥墩,钻孔灌注桩基础,桩径为 1.2m,混凝土 U 形桥台,天然地基浅基础,按 64-1 修正式计算出一般冲刷深度 $h_p = 15.2\text{m}$,试按 65-2 公式计算桥墩局部冲刷深度 h_b 为(　　)。

A. 1.85m　　B. 2.31m　　C. 2.66m　　D. 2.95m

2. 某桥位的设计洪水位为 122.65m,一般冲刷深度为 15.30m,局部冲刷深度为 2.80m,基础安全埋深 3m,其他因素不计,则该桥的桥墩基础底部高程应为(　　)。

A. 104.55m　　B. 21.1m　　C. 101.55m　　D. 125.65m

◇ 习题参考答案及解析 ◇

一、单项选择题

1. D

【考核点】一般冲刷的计算公式及适用条件

【解　析】《公路工程水文勘测设计规范》(JTG C30—2015)对不同类型的河床墩台冲刷均给出了相应的计算公式,在实际应用时不得混淆。

2. B

【考核点】一般冲刷机理

【解　析】建桥后桥墩、桥台要挤占一部分过水断面,与天然断面相比过水面积受到压缩而减少,在通过同样的设计流量时断面流速必然增大,从而使得水流的挟沙能力增大,使得桥下河床产生普遍冲刷,此即一般冲刷。

3. D

【考核点】局部冲刷的主要影响因素

【解　析】桥墩阻挡水流,水流在桥墩两侧绕流,形成十分复杂的、以绕流漩涡体系为主的绕流结构，引起桥墩周围急剧的泥沙运动，形成桥墩周围局部冲刷坑。因此没有水流运动就没有泥沙运动，水流速度是桥梁墩台局部冲刷的关键因素。

4. B

【考核点】局部冲刷与一般冲刷的关系

【解　析】桥下水流开始运动后，因绕流作用的影响，桥墩附近的流速要大于其他床面，故冲刷先从桥墩附近开始，即先产生局部冲刷，随着流速的不断增大，冲刷的范围将逐渐扩展到全断面，进而形成普遍冲刷，即为一般冲刷。

5. C

【考核点】局部冲刷的计算公式及适用条件

【解　析】《公路工程水文勘测设计规范》(JTG C30—2015)，对非黏性土河床桥墩局部冲刷推荐了两个计算公式，65-2 公式是其中之一，并未区分河槽河滩采用不同的计算公式，只要是非黏性土河床，河槽河滩均适用。

二、多项选择题

1. BC

【考核点】桥下冲刷的机理

【解　析】一般冲刷是指建桥后由于桥孔压缩了过水断面而使得流速增加而导致的桥下河床的普遍冲刷；局部冲刷是指由于桥梁墩台的局部阻水作用而导致的绕流现象所引起的在墩台周围所发生的冲刷，这两种冲刷都是因建桥而引起的。自然冲刷和动床冲刷无论建桥与否在河流中都是存在的。

2. CD

【考核点】局部冲刷的计算公式及适用条件

【解　析】《公路工程水文勘测设计规范》(JTG C30—2015)，对非黏性土河床桥墩局部冲刷推荐了两个计算公式，即 65-2 公式与 65-1 修正式。

3. CD

【考核点】一般冲刷的计算公式及适用条件

【解　析】《公路工程水文勘测设计规范》(JTG C30—2015)，对非黏性土河槽一般冲刷推荐了两个计算公式，即 64-2 公式与 64-1 修正式。

三、案例题

1. B

解：根据《公路工程水文勘测设计规范》第 8.3.3 条，墩前行近流速 $v=E\bar{d}^{\frac{1}{6}}h_{\mathrm{P}}^{\frac{2}{3}}$。

查《规范》表 8.3.1-2 得汛期含沙量系数 $E=0.66$

则 $v=E\bar{d}^{\frac{1}{6}}h_{\mathrm{P}}^{\frac{2}{3}}=0.66\times2^{\frac{1}{6}}\times15.2^{\frac{2}{3}}=4.55\mathrm{m/s}$

又根据《规范》第 8.4.1 条，河床泥沙起动流速 $v_0=0.28(\bar{d}+0.7)^{0.5}$

墩前泥沙始冲流速 $v_0'=0.12(\bar{d}+0.5)^{0.55}$

则 $v_0=0.28(\bar{d}+0.7)^{0.5}=0.28\times2.7^{0.5}=0.46\mathrm{m/s}$

$v_0' = 0.12(\bar{d}+0.5)^{0.55} = 0.12 \times 2.5^{0.55} = 0.20\text{m/s}$

因 $v > v_0'$，根据《规范》第 8.4.1 条，采用公式(8.4.1-2)计算局部冲刷深度，即

$$h_b = K_\xi K_{\eta 2} B_1^{0.6} h_P^{0.15} \left(\frac{v - v_0'}{v_0}\right)^{n_2}$$

$$K_{\eta 2} = \frac{0.0023}{\bar{d}^{2.2}} + 0.375\bar{d}^{0.24}$$

$$n_2 = \left(\frac{v_0}{v}\right)^{0.23+0.19\lg\bar{d}}$$

则 $K_{\eta 2} = \frac{0.0023}{\bar{d}^{2.2}} + 0.375\bar{d}^{0.24} = \frac{0.0023}{2^{2.2}} + 0.375 \times 2^{0.24} = 0.44$

$$n_2 = \left(\frac{v_0}{v}\right)^{0.23+0.19\lg\bar{d}} = \left(\frac{0.46}{4.55}\right)^{0.23+0.19\lg 2} = 0.10^{0.29} = 0.51$$

又查《规范》附录 C 得 $K_\xi = 1.0$，$B_1 = 1.2\text{m}$

则 $h_b = K_\xi K_{\eta 2} B_1^{0.6} h_P^{0.15} \left(\frac{v - v_0'}{v_0}\right)^{n_2} = 1.0 \times 0.44 \times 1.2^{0.6} \times 15.2^{0.15} \times \left(\frac{4.55-0.20}{0.46}\right)^{0.51} = 2.31\text{m}$

2. C

解：最低冲刷线水深 h = 一般冲刷深度 + 局部冲刷深度

= 15.3 + 2.8 = 16.1m

最低冲刷线高程 H_1 = 设计水位 − 最低冲刷线水深

= 122.65 − 16.1 = 104.55m

则，桥墩基础底部高程 H_2 = 最低冲刷线高程 − 安全埋深

= 104.55 − 3 = 101.55m

第五章　隧道工程

第一节　概　述

【考试纲要】

1. 熟悉公路隧道在道路建设中的作用和分类。

2. 了解盾构、顶管、沉管、明挖隧道的特点和用途;隧道勘测设计阶段的划分、工作内容及要求。

【复习提示】

1. 复习要点

公路隧道在道路建设中具有改善道路线形、缩短运营里程、避免不良地质灾害等作用。公路隧道按长度可分为四类;按修建隧道的施工方法可分为:钻爆法施工隧道、机械法开挖隧道、明挖隧道、顶管隧道、沉管隧道、盾构隧道。隧道的设计通常要经过可行性研究、初步设计、施工图设计三个阶段,隧道勘测与上述三个设计阶段对应的是可行性研究勘察(踏勘)、初步勘察(初勘)与详细勘察(详勘)三个阶段,其工作内容及要求各有不同。

难点:

隧道勘测设计三阶段的工作内容及要求。

2. 规范提示

《公路隧道设计规范》(JTG D70—2004)对隧道设计勘察三个阶段的地质调查的目标、内容和范围有要求,并指出:隧道工程测绘资料图纸内容和精度,应符合《公路工程地质勘察规范》(JTG C20—2011)和《公路勘测规范》(JTG C10—2007)的要求。

一、单项选择题

1. 某隧道单洞长800m,按规范分类为(　　)。

A. 短隧道　　B. 长隧道　　C. 中隧道　　D. 特长隧道

2. 沉管法是修建(　　)常用的施工方法,所以用该方法施工的隧道称“沉管隧道”。

A. 山岭隧道　　B. 水底隧道　　C. 大断面隧道　　D. 小断面隧道

3. 沉管隧道的视比重(　　),对地层承载力的要求(　　)。

A. 小,高　　B. 大,高　　C. 小,不高　　D. 大,不高

4. 盾构法是使用(　　)在围岩中推进,一边防止土砂的崩坍,一边在其内部进行开挖、衬砌作业修造隧道的一种方法。

A. 旋挖钻　　B. 冲击钻　　C. 挖机　　D. 盾构机

5. 沉管法与其他水下隧道施工法相比,因能够设置在不妨碍通航的深度下,故沉管隧道长度(　　)。

A. 应该短些　　B. 应该长些

C. 与其他方法隧道一样长　　D. 比盾构隧道长些

6. 明挖法施工一般用于山区隧道的洞口地段和(　　)地段,因这些地段用暗挖施工,其地层不能形成稳定的自然拱。

A. 洞身覆盖过厚　　B. 洞身覆盖过薄　　C. Ⅱ级围岩　　D. Ⅲ级围岩

7. 隧道踏勘阶段的目标是(　　)。

A. 获取路线所需地形、地质、环境资料,为方案比选及下阶段调查提供基础资料

B. 为线路走向比选提供区域地形、地质、环境等基本资料

C. 获取技术、施工计划、预算等所需的地质、环境等资料

D. 预报和确认施工中出现的工程地质、水文地质等问题

8. 设计中,确定隧道所处地区的地震动峰值加速度系数,除按《中国地震动参数区划图》(GB 18306)规定以外,还可经(　　)鉴定。

A. 国土部门　　B. 交通部门　　C. 地震部门　　D. 环保部门

9. 隧道工程测绘资料图纸内容和精度,应符合(　　)的要求。

A.《公路工程地质勘察规范》(JTG C20—2011)

B.《公路隧道设计规范》(JTG D70—2004)

C.《公路勘测规范》(JTG C10—2007)

D.《公路工程地质勘察规范》(JTG C20—2011)和《公路勘测规范》(JTG C10—2007)

10. 明挖法多采用在埋深 < 40m 的场合。随着埋深的增加,明挖法的投资、工期都将(　　)。

A. 减小　　B. 增大　　C. 不变　　D. 不定

二、多项选择题

1. 隧道的设计通常要经过(　　)等几个阶段。

A. 可行性研究　　B. 初步设计　　C. 详细设计　　D. 施工图设计

2. 公路隧道勘察阶段一般分为踏勘、初勘与详勘三个阶段,其中,初勘的工作内容和要求是(　　)。

A. 在初步选定的路线内进行勘察

B. 对可能作为隧道线位的区间进行初勘,重点勘察不良地质地段

C. 提供编制初步设计所需全部工程地质资料

D. 为线位布设和编制施工图设计提供完整的工程地质资料

3. 公路隧道勘察阶段一般分为踏勘、初勘与详勘三个阶段,其中,详勘的工作内容和要求是(　　)。

A. 进一步查明沿线的工程地质条件

B. 进一步查明重点工程与不良地质区段的工程地质特征

C. 提供编制初步设计所需全部工程地质资料

D. 为线位布设和编制施工图设计提供完整的工程地质资料

4. 公路隧道勘察阶段一般分为踏勘、初勘与详勘三个阶段，其中，踏勘的工作内容是(　　)。

A. 收集、分析既有资料　　B. 进行钻探、物探和测试等

C. 沿路线进行地面踏勘　　D. 进行超前地质预报

5. 按隧道施工方法分，隧道一般可分为(　　)。

A. 明挖隧道　　B. 沉管隧道　　C. 水下隧道　　D. 盾构隧道

6. 对于盾构隧道而言，下列说法正确的有(　　)。

A. 工人不会暴露在围岩下工作

B. 机器噪音对附近居民干扰大

C. 盾构机适宜小半径的曲线段隧道施工

D. 对拼装衬砌整体结构防水技术要求高

7. 在公路交通中隧道具有(　　)等作用。

A. 克服高程　　B. 缩短运营里程

C. 改善道路线形　　D. 避免不良地质灾害

8. 地形、地质调查时，对沿河傍山地段的隧道，应调查分析(　　)。

A. 斜坡地质结构特征及其稳定性

B. 水流冲刷对山体和洞身稳定的影响

C. 不同越岭高程的地质条件

D. 壅水的最高水位高程

9. 在整个施工图设计文件中应有隧道设计说明书，对(　　)等做概括说明。中小隧道的设计内容酌减。

A. 隧道概况　　B. 设计意图及原则

C. 施工方法　　D. 注意事项

10. 隧道调查的资料应齐全、准确，满足设计要求，隧道调查包括(　　)几个方面。

A. 资料搜集　　B. 地形地质调查

C. 气象调查　　D. 工程环境调查

习题参考答案及解析

一、单项选择题

1. C

【考核点】隧道的概念及分类

【解　析】熟悉隧道的分类，特别是熟悉《公路隧道设计规范》中的公路隧道长度分

类表。

2. B

【考核点】了解沉管隧道的特点和用途

【解　析】沉管法是修建水底隧道常用的施工方法。其他选项都是干扰项，故选 B。

3. C

【考核点】了解沉管隧道的特点和用途

【解　析】因有浮力作用在沉管隧道上，所以视比重小，对地层承载力的要求不大。正确答案选 C。其他选项至少有一项不对。

4. D

【考核点】了解盾构隧道的特点和用途

【解　析】盾构法是使用所谓的“盾构”机械，在围岩中推进，一边防止土砂的崩坍，一边在其内部进行开挖、衬砌作业修造隧道的方法。所谓的“盾构”机械即为盾构机，所以选 D，其他选项都是干扰项。

5. A

【考核点】了解沉管隧道的特点和用途

【解　析】沉管隧道与其他水下隧道施工法相比，因能够设置在不妨碍通航的深度下。而其他施工法的隧道一般都设置在河(海)床下的岩石中，都比沉管隧道的埋置深度深，故沉管隧道全长可以缩短。

6. B

【考核点】了解明挖隧道的特点和用途

【解　析】山区隧道工程的洞口地段和洞身覆盖过薄地段，暗挖施工地层不能形成稳定的自然拱，一般用明挖法施工。

7. B

【考核点】了解隧道勘测设计阶段的划分、工作内容及要求

【解　析】该题的答案在《公路隧道设计规范》(JTG D70—2004)3.3.1 条中。选项 A 是初勘的目标，C 是详勘的目标，D 是施工中的目标。

8. C

【考核点】了解隧道勘测设计阶段的划分、工作内容及要求

【解　析】该题的答案在《公路隧道设计规范》(JTG D70—2004)3.3.3 条的第 6 款中。地震问题当然由地震部门来鉴定。

9. D

【考核点】了解隧道勘测设计阶段的划分、工作内容及要求

【解　析】《公路隧道设计规范》(JTG D70—2004)3.3.2 条规定：隧道工程测绘资料图纸内容和精度，应符合《公路工程地质勘察规范》(JTG C20—2011)和《公路勘测规范》(JTG C10—2007)的要求。只是后两个规范的规范号是最新的，故应选 D。

10. B

【考核点】了解明挖隧道的特点和用途

【解　析】随着埋深的增加，明挖法的投资、工期都将增大，因此，采用明挖法时要进

行充分的比较。

二、多项选择题

1. ABD

【考核点】了解隧道勘测设计阶段的划分、工作内容及要求

【解　析】隧道的设计通常要经过可行性研究、初步设计、施工图设计三个阶段。所以要排除选项C。

2. ABC

【考核点】了解隧道勘测设计阶段的划分、工作内容及要求

【解　析】初勘是在批准的工程可行性研究报告推荐建设方案的基础上，在初步选定的路线内进行勘察，其任务是满足初步设计对资料的要求。根据工程地质条件，优选路线方案，在路线基本走向范围内，对可能作为隧道线位的区间进行初勘，重点勘察不良地质地段，以明确隧道能否通过或如何通过，提供编制初步设计所需全部工程地质资料。所以正确答案为ABC。而"为线位布设和编制施工图设计提供完整的工程地质资料"是详细工程地质勘察的内容，所以不能选D。

3. ABD

【考核点】了解隧道勘测设计阶段的划分、工作内容及要求

【解　析】详勘的任务是在初勘的基础上，进行补充校对，进一步查明沿线的工程地质条件，以及重点工程与不良地质区段的工程地质特征，为确定隧道位置的施工图设计提供详细的工程地质资料，以满足施工图设计的要求。很明显选项C"提供编制初步设计所需全部工程地质资料"是错的。

4. AC

【考核点】了解隧道勘测设计阶段的划分、工作内容及要求

【解　析】踏勘即可行性研究勘察。主要侧重于收集与研究已有文献资料；在工程可行性研究中，需在分析已有资料的基础上，通过踏勘，对各个可能方案做实地调查，并对不良地质地段等重要工点进行必要的勘探，大致查明地质情况。所以只有选项AC符合要求。

5. ABD

【考核点】了解盾构、沉管、明挖隧道的特点和用途

【解　析】此题主要考有别于钻爆法的各种新的隧道修建技术，用盾构法修建的隧道称为盾构隧道，用沉管法修建的隧道称为沉管隧道，用明挖法修建的隧道称为明挖隧道。选项C显然不属于隧道修建技术范畴。

6. AD

【考核点】了解盾构隧道的特点

【解　析】盾构法施工的优点是：在盾构设备的掩护下进行地下开挖与衬砌支护作业，能保证施工安全；施工时振动和噪声小，对施工区域环境及附近居民干扰小。缺点是：曲率半径较小的曲线段施工比较困难；在饱和含水层中，对拼装衬砌整体结构防水技术要求高。所以只有选项AD正确。

7. ABCD

【考核点】熟悉公路隧道在道路建设中的作用

【解　析】在公路交通建设中采用隧道方案具有改善道路线形、缩短运营里程、避免不良地质灾害等作用。

8. AB

【考核点】了解隧道勘测设计阶段的划分、工作内容及要求

【解　析】在《公路隧道设计规范》(JTG D70—2004)3.3.4 条中有答案。选项 C 是越岭隧道应该做的工作;D 是频临水库地区隧道应做的工作。

9. ABCD

【考核点】了解隧道勘测设计阶段的划分、工作内容及要求

【解　析】在整个施工图设计文件中应有隧道设计说明书,对隧道概况、设计意图及原则、施工方法及注意事项等做概括说明。中小隧道的设计内容酌减。

10. ABCD

【考核点】了解隧道勘测设计阶段的划分、工作内容及要求

【解　析】《公路隧道设计规范》(JTG D70—2004)3.2 ~3.5 条的小标题。

第二节　山 岭 隧 道

【考试纲要】

1. 掌握隧道选址的原则和要求;隧道平面设计、纵断面设计、横断面设计的基本要求和方法;隧道洞口位置的选择原则;喷锚支护的基本原理和基本原则、喷锚支护类型的选择。

2. 熟悉隧道洞门各部位结构要求;隧道衬砌结构构造要求;隧道防排水设计的原则和洞内、外防排水系统的布置要求;特殊地质地段的辅助工程措施设计原则。

3. 了解隧道洞门结构计算原则和计算方法;各种隧道洞门的类型及适用条件。

4. 了解隧道围岩、围岩分级的概念;作用在隧道上的各种荷载和围岩压力确定方法;隧道结构设计的方法和各类计算模型的特点及适用条件;现场监控量测的意义、监控量测设计的内容和方法。

5. 了解隧道运营通风、照明的主要要求和标准。

【复习提示】

1. 复习要点

考试大纲中,隧道工程部分只涉及公路隧道。公路隧道指专门用于公路运输的地下结构工程。

重点:

隧道选址的原则和要求;隧道平面、纵断面和横断面设计的基本要求和方法;隧道洞口位置的选择和洞门各部位的结构要求;隧道衬砌结构构造要求;喷锚支护的基本原理、原则及喷锚支护类型的选择。

难点:

理解新奥法的基本原理,注意围岩分级的基本方法和衬砌结构构造要求,以及在案例题中的一些综合知识运用。

另外，隧道和洞口位置选择以及特殊地质地段的辅助工程措施设计可能涉及《专业基础知识》中工程地质及公路工程地质勘察的知识点；隧道平面、纵断面设计与道路线形设计的要求基本一致。考生注意系统掌握、前后融会贯通有关内容和知识点。

2. 规范提示

本部分主要涉及的规范是《公路隧道设计规范》(JTG D70—2004)，其中，平面线形设计应满足现行《公路路线设计规范》(JTG D20—2006)的要求。

明洞上方公路车辆荷载及其所产生的冲击力、土压力，应按照《公路桥涵设计通用规范》(JTG D60—2015)的有关规定计算。明洞上方铁路的列车活载按铁路标准活载的有关规定计算。地震荷载按《公路工程抗震设计规范》(JTG B02—2013)的规定计算确定。但据考试大纲，作用在隧道上的各种荷载的确定方法都属于一般了解的内容，考生只需适当了解。

习题精练

一、单项选择题

1. 当洞门山体有滚落碎石块的可能时，一般( )，以减少对仰坡、边坡的扰动，确保落石不滚到行车道上。

A. 砌挡土墙　B. 架防护网　C. 接长明洞　D. 刷坡清方

2. 隧道通常是由( )组成。

A. 洞身构造和洞门　B. 洞身构造和洞门以及附属设施

C. 墙身和拱圈　D. 墙身、拱圈和仰拱

3. 洞门墙基础必须置于稳固地基上，应视地形及地质条件，埋置足够的深度，保证洞门的稳定。基底埋入土质地基的深度不应小于( )，嵌入岩石地基的深度不应小于0.5m。

A. 0.5m　B. 0.7m　C. 1.0m　D. 0.9m

4. 从地表面向下开挖，在预定位置修筑结构物，然后在外部回填土石来掩盖和防护衬砌的施工方法属于( )。

A. 浅埋暗挖法　B. 明挖法　C. 顶管法　D. 盾构法

5. 根据不同的地质条件，《公路隧道设计规范》将围岩分为( )。

A. 4 种级别　B. 6 种级别　C. 5 种级别　D. 3 种级别

6. 隧道围岩为坚硬岩，岩体完整，具整体状或巨厚层状结构，其围岩基本质量指标为560，则该围岩属于( )。

A. Ⅰ级　B. Ⅵ级　C. Ⅴ级　D. Ⅱ级

7. 隧道长度是指( )。

A. 进、出口的明、暗洞交界处之间的距离

B. 进、出口洞门端墙墙面之间的距离

C. 进、出口洞门端墙墙面与路面的交线同路线中线交点间的距离

D. 进、出口洞门端墙顶部之间的距离

8. 洞口位置选择应遵循(　　)的原则,避免在洞口形成高边坡和高仰坡。

A.“早进早出”　B.“早进晚出”　C.“晚进晚出”　D.“晚进早出”

9. 濒临水库地区的隧道,其(　　)设计高程应高出水库计算洪水位(含浪高和壅水高)0.5m以上。

A. 洞口路面　B. 仰拱　C. 洞口路肩　D. 边沟

10. 洞口的线路走向应尽量与该处地形等高线正交,避免产生(　　)危害。

A. 泥石流　B. 偏压　C. 岩堆　D. 危岩落石

11. 隧道的平面线形应尽量采用(　　),避免采用(　　)。

A. 曲线;直线　B. 小半径曲线;大半径曲线

C. 直线;曲线　D. 设超高的曲线;直线

12. 当隧道的平面线形设为曲线时,不宜采用(　　)平曲线,并不应采用(　　)平曲线。

A. 设超高的;设加宽的　B. 设加宽的;大半径

C. 设超高的;大半径　D. 大半径;小半径

13. 分离式独立双洞隧道的最小净距,按对两洞结构(　　)的原则,结合隧道平面线形、围岩地质条件、断面形状和尺寸、施工方法等因素确定。

A. 早进晚出　B. 彼此不产生有害影响

C. 不需爆破　D. 不变形

14. 隧道纵坡不应(　　)0.3%,也不宜(　　)3%。

A. 小于;大于　B. 大于;小于　C. 大于;等于　D. 等于;小于

15. 短于(　　)的隧道纵坡可与该公路隧道外路线的指标相同。

A. 100m　B. 300m　C. 400m　D. 500m

16. 受地形等条件限制时,高速公路、一级公路的中、短隧道纵坡坡率可适当加大,但不宜大于(　　)。

A. 4.5%　B. 4.0%　C. 5.0%　D. 5.5%

17. (　　)是为保证隧道内各种交通的正常运行与安全,而规定在一定宽度和高度范围内不得有任何部件侵入的空间限界。

A. 内轮廓线　B. 外轮廓线　C. 隧道净空　D. 隧道建筑限界

18. 隧道横断面设计中,当路面采用单面坡时,建筑限界底边线(　　);当采用双面坡时,建筑限界底边线(　　)。

A. 与路面重合;应水平置于路面最高处

B. 应水平置于路面最高处;与路面重合

C. 与路面重合;应水平置于路面最低处

D. 应水平置于路面最低处;应水平置于路面最高处

19. 一般说来,对于Ⅰ~Ⅲ级围岩,隧道内轮廓宜选用(　　)的边墙和曲率较大的顶拱。对Ⅳ~Ⅵ级软弱破碎围岩来说,隧道内轮廓宜选用(　　)的边墙。

A. 曲率较大、曲率较大　B. 曲率较大、曲率较小

C. 曲率较小、曲率较小　D. 曲率较小、曲率较大

20. 一般说来,衬砌断面宜采用(　　)断面。

A. 曲边墙拱形 B. 直墙拱形 C. 矩形 D. 抗偏压形

21. 隧道( )应设加强衬砌。加强衬砌段的长度应根据地形、地质和环境条件确定。

A. Ⅰ级围岩段 B. 中间段 C. Ⅱ级围岩段 D. 洞口段

22. 衬砌设计时,( )围岩地段的衬砌应向( )围岩地段延伸5~10m。

A. 较差;较好 B. 较好;较差

C. Ⅰ级;Ⅱ级 D. Ⅱ级;Ⅲ级

23. 偏压衬砌段应向一般衬砌段延伸,延伸长度应根据偏压情况确定,一般不小于( )。

A. 8m B. 5m C. 10m D. 6m

24. 在确定开挖断面时,除应满足隧道净空和结构尺寸外,还应考虑初期支护并预留适当的变形量。预留变形量的大小可根据( )、断面大小、埋置深度、施工方法和支护情况等,采用工程类比法预测。

A. 二次衬砌 B. 初期支护 C. 锚杆长度 D. 围岩级别

25. 洞门墙基础必须置于( )上,应视地形及地质条件,埋置足够的深度,保证洞门的稳定。

A. 松软地基 B. Ⅵ级围岩

C. 稳固地基 D. Ⅴ级围岩

26. 初期支护及二次衬砌的支护参数可参照《公路隧道设计规范》表8.4.2-1、表8.4.2-2选用,并应根据( )进行必要的调整。

A. 围岩形变压力对支护参数

B. 现场围岩监控量测信息对支护参数

C. 地下水量对支护参数

D. 围岩松动压力对支护参数

27. 最冷月份平均气温低于-15℃地区的隧道设计时,除考虑永久荷载以外,还需考虑( )。

A. 地震力 B. 冻胀力 C. 冲击压力 D. 水压力

28. 隧道防排水应遵循“( ),因地制宜,综合治理”的原则。

A. 以排为主 B. 以堵为主

C. 以防为主 D. 防、排、截、堵结合

29. 当隧道位于常水位以下,又不宜排泄时,隧道衬砌应采用( )。

A. 钢筋混凝土衬砌 B. 抗侵蚀混凝土衬砌

C. 抗水压衬砌 D. 喷射混凝土衬砌

30. 下面关于隧道纵向排水坡与隧道纵坡的关系,合理的说法有:( )。

A. 隧道纵向排水坡与隧道纵坡相反

B. 隧道纵向排水坡与隧道纵坡一致

C. 隧道纵向排水坡坡度大于与隧道纵坡坡度

D. 隧道纵向排水坡坡度小于与隧道纵坡坡度

31. 中心水沟(管)纵向应按间距50m设( ),并根据需要设检查井。

A. 沉沙池　　B. 滤水蓖　　C. 盲沟　　D. 明沟

32. 寒冷和严寒地区有地下水的隧道，最冷月份平均气温低于 -10℃时，应采用(　　)；最冷月份平均气温低于 -25℃时，应在隧道下设(　　)。

A. 深埋中心水沟；防寒泄水隧洞

B. 路面边沟；深埋中心水沟

C. 泄水洞；深埋中心水沟

D. 防寒泄水隧洞；深埋中心水沟

33. 隧底应设(　　)，以连接中心水沟(管)与衬砌墙背排水盲管。

A. 环向盲管　　B. 竖向盲管　　C. 横向导水管　　D. 纵向盲管

二、多项选择题

1. 洞身衬砌承受的荷载一般有(　　)。

A. 围岩压力　　B. 水压力　　C. 车辆载重　　D. 衬砌自重

2. 洞门承受的荷载有(　　)。

A. 边、仰坡的土压力　　B. 围岩压力

C. 车辆荷载　　D. 滚石、落石的撞击荷载

3. 端墙式洞门的适用条件有(　　)。

A. 地质条件较差　　B. 边、仰坡不高

C. 地形开阔　　D. 石质基本稳定

4. 隧道照明、通风等设施的功能是(　　)。

A. 保障车辆安全运行　　B. 交通管理

C. 车辆维护　　D. 改善洞内工作环境

5. 隧道建筑限界净空尺寸主要是指(　　)。

A. 限界净宽　　B. 行车宽　　C. 人行道宽　　D. 限界净高

6. 洞口不宜设在(　　)、泥石流等不良地质地段及排水困难的沟谷低洼处或不稳定的悬崖陡壁下。

A. 滑坡　　B. 崩塌　　C. 岩堆　　D. 危岩落石

7. 当地形条件限制等特殊地段隧道净距不能满足分离式独立双洞隧道的要求时，在经充分技术论证和比较，并制订可靠技术保障措施的基础上，也可采取(　　)形式。

A. 盾构隧道　　B. 明挖隧道　　C. 小净距隧道　　D. 连拱隧道

8. 隧道内纵坡的变换不宜过大、过频，以保证(　　)。

A. 行车安全视距　　B. 排水要求　　C. 舒适性　　D. 隧道结构安全

9. 隧道内轮廓设计除应符合隧道建筑限界的规定外，还应满足洞内路面、排水设施、装饰的需要，并为(　　)、营运管理等设施提供安装空间。

A. 通风　　B. 照明　　C. 消防　　D. 监控

10. 洞门墙应根据实际需要设置(　　)；洞门墙的厚度可按计算或结合其他工程类比确定。

A. 伸缩缝　　B. 沉降缝　　C. 泄水孔　　D. 注浆孔

11. 隧道围岩较差地段应设置仰拱。路面与仰拱之间可采用(　　)填充。

A. 混凝土　　B. 就地取土　　C. 片石混凝土　　D. 机制砂

12. 复合式衬砌由(　　)组合而成。

A. 初期支护　　B. 防水层　　C. 曲墙拱形衬砌　　D. 二次衬砌

13. 初期支护宜采用锚喷支护,即由(　　)等支护形式单独或组合使用。

A. 防水层　　B. 喷射混凝土　　C. 锚杆　　D. 钢筋网和钢架

14. 隧道洞内一般的防水措施有(　　)。

A. 在初期支护与二次衬砌之间设置防水板

B. 对二次衬砌的施工缝、沉降缝、伸缩缝采用止水带、止水条等措施

C. 隧道二次衬砌应满足抗渗要求

D. 设置路边排水沟

15. 按《公路隧道设计规范》要求,路面两侧的纵向排水沟主要引排(　　)。

A. 营运清洗水　　B. 地下水　　C. 其他废水　　D. 消防水

16. 当地下水发育,含水层明显,又有长期充分补给来源时,可采用(　　)等截水、排水设施。

A. 路面边沟　　B. 辅助坑道　　C. 泄水洞　　D. 仰坡截水沟

17. 地下结构设计方法可以归纳为以下(　　)设计模型。

A. 以工程类比为主的经验设计法

B. 以量测和试验为主的实用设计方法

C. 荷载—结构模型

D. 连续介质模型

18. 新奥法的支护手段与传统支护方式不同的是(　　)。

A. 采用喷锚支护主动加固围岩

B. 采用喷锚支护改善围岩的应力状态

C. 不允许围岩变形

D. 允许围岩“卸压”变形的同时限制围岩产生有害变形

19. 新奥法施工中,对围岩和支护进行观察、量测的目的是根据监控量测结果(　　)。

A. 及时修改初期支护参数或施工方法

B. 合理安排施工程序

C. 实现动态化设计

D. 保证隧道开挖轮廓圆顺

20. 按视觉适应规律、洞外与中间段亮度差以及亮度递减速率沿行车方向将隧道分为(　　)等若干段。

A. 入口段　　B. 中间段　　C. 过渡段　　D. 出口段

21. 对隧道内灯具的布置要求,下列说法正确的有(　　)。

A. 灯具不得侵入隧道建筑限界

B. 隧道两侧墙面 2m 高范围内,宜铺设反射率不小于 0.7 的墙面材料

C. 灯具布置应满足闪烁频率低于 2.5Hz 或高于 15Hz 的要求

D. 中间段灯具的平面布置形式可采用单光带布置、两侧交错布置或两侧对称布置

22. 隧道通风主要应对(　　)进行稀释。

A. 一氧化碳　　B. 烟雾　　C. 异味　　D. 二氧化碳

23. 岩体基本质量指标 BQ 与下列哪些因素有关(　　)。

A. 岩石单轴饱和抗压强度

B. 地下水影响修正系数

C. 岩体完整性指数

D. 主要软弱结构面产状影响修正系数

24. 围岩基本质量指标修正值[BQ]与下列哪些因素有关(　　)。

A. 岩体基本质量指标 BQ

B. 地下水影响修正系数

C. 初始应力状态修正系数

D. 主要软弱结构面产状影响修正系数

25. 关于浅埋隧道和深埋隧道围岩压力计算的说法,下列说法正确的有(　　)。

A. Ⅰ~Ⅳ级围岩深埋隧道围岩压力可按释放荷载计算

B. 浅埋隧道和深埋隧道围岩压力计算方法不一样

C. Ⅳ~Ⅵ级围岩中深埋隧道的围岩压力通常表现为松散荷载

D. 浅埋隧道围岩压力比深埋隧道围岩压力大一些

26. 隧道洞门的主要作用有(　　)。

A. 使车辆不受滚石、落石的威胁　　B. 标志和美化作用

C. 汇集和引排地表水　　D. 保持仰坡和边坡稳定

27. 公路隧道围岩分级依据的因素主要是指(　　)等。

A. 岩石的坚硬程度　　B. 地下水的影响

C. 岩体完整程度　　D. 初始应力状态

三、案例题

1. 某分离式双洞高速公路隧道,长 600m,绝大部分为Ⅳ级围岩,隧道开挖断面的宽度 12.5m,按对两洞结构彼此不产生有害影响的原则,请问两洞的最小净距应为(　　)。

A. 25.0m　　B. 31.3　　C. 12.5m　　D. 18.8m

2. 某二级公路两车道单洞隧道长 800m,隧道里程桩号是 K10 + 000 ~ K10 + 800,其中,K10 + 000 ~ K10 + 200 为Ⅳ级围岩,K10 + 200 ~ K10 + 700 为Ⅲ级围岩,K10 + 700 ~ K10 + 800 为Ⅳ级围岩。隧道按复合式衬砌设计,初期支护和二次衬砌厚度等支护参数符合《公路隧道设计规范》的要求,并在 K10 + 000 ~ K10 + 010 和 K10 + 790 ~ K10 + 800 设置了Ⅳ级围岩加强段衬砌。请问下列剩余地段正确的衬砌布置桩号为(　　)。

A. K10 + 010 ~ K10 + 210 和 K10 + 690 ~ K10 + 790 为Ⅳ级围岩衬砌;K10 + 210 ~ K10 + 690 为Ⅲ级围岩段衬砌

B. K10 + 010 ~ K10 + 200 和 K10 + 700 ~ K10 + 790 为Ⅳ级围岩衬砌;K10 + 200 ~ K10 + 700 为Ⅲ级围岩段衬砌

C. K10+010~K10+200 和 K10+710~K10+790 为Ⅳ级围岩衬砌;K10+200~K10+710 为Ⅲ级围岩段衬砌

D. K10+010~K10+190 和 K10+710~K10+790 为Ⅳ级围岩衬砌;K10+190~K10+710 为Ⅲ级围岩段衬砌

3. 二级公路两车道单洞隧道,长 600m,洞口段为Ⅴ级围岩、洞身段为Ⅳ级围岩。Ⅳ级围岩地段边墙衬砌厚度(含初期支护、防水层、二次衬砌)50cm,隧道内轮廓净宽 10m。请问下列合理的隧道Ⅳ级围岩段开挖断面的宽度为(　　)。

A. 11.00m　　B. 11.1m　　C. 11.2m　　D. 11.3m

4. 二级公路两车道深埋隧道,埋深 200m,隧道开挖宽度 11m,宽度影响系数为 1.6,Ⅴ级围岩的重度 19kN/m^3。请问正确的围岩垂直均布压力为(　　)。

A. 200kN/m^2　　B. 203kN/m^2　　C. 219kN/m^2　　D. 246kN/m^2

5. 两车道公路隧道采用复合式衬砌,埋深 150m,据勘察报告:围岩重度为 22kN/m^3,围岩基本质量指标 *BQ* 为 290,有淋雨状出水,单位出水量为 8L/min,结构面走向与洞轴线夹角为 65°,结构面倾角为 80°,围岩初始应力不高。请问施筑初期支护时,拱部和边墙喷射混凝土厚度范围宜选用下列哪个选项(　　)。

A. 5~8cm　　B. 8~12cm　　C. 12~15cm　　D. 15~25cm

6. 某设计时速 80km/h 公路的建筑限界宽 11m,其中某隧道的建筑限界宽 10m。按规范,隧道两端连接线的路基宽度仍按公路标准设计,其建筑限界宽度应有(　　)的过渡段与隧道洞口衔接,以保持隧道洞口内外横断面顺适过渡。

A. 50m　　B. 60m　　C. 80m　　D. 90m

7. 隧道围岩分级中,岩体完整程度的定量指标用岩体完整性系数 K_v 表达。某隧道有代表性地段的岩体弹性纵波速度为 2600m/s,在同一地段岩体取样测定岩石的纵波速度为 3 000m/s。请问该地段的岩体完整性系数 K_v 为(　　)。

A. 0.70　　B. 0.75　　C. 0.80　　D. 0.87

8. 已知混凝土衬砌材料的极限抗压强度 $R_a=10.5$MPa,极限抗拉强度 $R_l=1.3$MPa,衬砌截面厚度 $h=40$cm,截面宽度为单位宽度,即 $b=1$m,隧道衬砌纵向弯曲系数 $\varphi=1$,轴向力偏心影响系数 $\alpha=0.928$。轴向力偏心距 $e_0=0.019$。混凝土抗压极限强度安全系数 $K_a=2.0$,抗拉极限强度安全系数 $K_l=2.4$。按《公路隧道设计规范》检算该截面强度,请问衬砌危险截面轴向力的最高限制值为(　　)。

A. 1949kN　　B. 2000kN　　C. 2149kN　　D. 2300kN

习题参考答案及解析

一、单项选择题

1. C

【考核点】隧道洞口工程的设计应遵循的规定之一

【解　析】《公路隧道设计规范》7.2.2 条:"当洞门处有坍方、落石、泥石流等时,应采取清刷、延伸洞口、设置明洞或支挡构造物等措施。”本题目中主要是防滚落石，并且减少对仰坡、边坡的扰动，所以加长明洞是最优选择。

2. B

【考核点】隧道的概念及作用

【解 析】公路隧道是指专门用于公路运输的地下结构工程，它不光由洞身和洞门组成，还应包括隧道运营时所需的通风、照明、控制等附属设施。

3. C

【考核点】熟悉隧道洞门各部位结构要求

【解 析】《公路隧道设计规范》7.3.3 条中的规定之一：洞门墙基础必须置于稳固地基上，应视地形及地质条件，埋置足够的深度，保证洞门的稳定。基底埋入土质地基的深度不应小于 1.0m，嵌入岩石地基的深度不应小于 0.5m。

4. B

【考核点】隧道的概念及分类

【解 析】公路隧道的按修建方法分，可分为明挖隧道、顶管隧道、沉管隧道、盾构隧道等。题目中给出的条件就是明挖法施工的修筑的隧道——明洞，所以选 B。

5. B

【考核点】《公路隧道设计规范》中围岩分级

【解 析】此题的目的是了解隧道围岩、围岩分级的概念，熟悉《公路隧道设计规范》中围岩分级。

6. A

【考核点】《公路隧道设计规范》中围岩分级

【解 析】了解《公路隧道设计规范》围岩分级中的围岩基本质量指标 BQ(或围岩基本质量指标修正值[BQ])的数值范围。

7. C

【考核点】《公路隧道设计规范》中的隧道长度分类

【解 析】熟悉《公路隧道设计规范》中隧道长度的定义，即两端洞门墙墙面与路面的交线同路线中线交点间的距离。

8. B

【考核点】掌握隧道洞口位置的选择原则

【解 析】洞口位置应根据地形、地质、水文等条件着重考虑边坡及仰坡的稳定，宁可让隧道稍长些，这样可避免开挖高边坡路堑，也有利于保护自然环境。所以，隧道工作者在实践中提出确定隧道位置宜早进洞、晚出洞，也称“早进晚出”。

9. C

【考核点】掌握隧道位置的选择和要求

【解 析】“濒临水库地区的隧道，其洞口路肩设计高程应高出水库计算洪水位(含浪高和壅水高)0.5m 以上。”这是《公路隧道设计规范》4.2 条的隧道位置选择要求之一，以免洪水涌入隧道。

10. B

【考核点】掌握隧道洞口位置的选择原则

【解 析】洞口的线路走向应尽量和该处地形等高线正交,这样可不造成一侧开挖面畸高,注意避免另侧岩壁过薄致产生偏压危害。

11. C

【考核点】掌握隧道平面设计的基本要求和方法

【解 析】隧道作为公路路线的组成部分,其平面线形设计应满足现行《公路路线设计规范》的要求。由于隧道的维护和运营及救灾条件与洞外道路相比要求更高、难度也更大,因此,隧道在平面设计时应提高线形设计标准,一般来说隧道的平面线形应尽量采用直线,避免采用曲线。

12. A

【考核点】掌握隧道平面设计的基本要求和方法

【解 析】这是《公路隧道设计规范》4.3.1 条的规定。该条还有隧道不设超高的圆曲线最小半径应符合的规定。当由于特殊条件限制隧道平面线形设计为需设超高的曲线时,其超高值不宜大于4.0%,技术指标应符合现行《公路路线设计规范》的有关规定。

13. B

【考核点】隧道平面线形设计的基本要求和方法

【解 析】这是《公路隧道设计规范》4.3.2 条的规定。

14. A

【考核点】隧道纵断面设计的基本要求和方法

【解 析】这是《公路隧道设计规范》4.3.3 条的规定。隧道内纵面线形应考虑行车安全性、营运通风规模、施工作业效率和排水要求,隧道纵坡不应小于0.3%,一般情况不应大于3%。

15. A

【考核点】隧道纵断面设计的基本要求和方法

【解 析】这也是《公路隧道设计规范》4.3.3 条内容之一。短于100m 的隧道纵坡可与该公路隧道外路线的指标相同,主要是基于考虑行车安全性。

16. B

【考核点】隧道纵断面设计的基本要求和方法

【解 析】受地形等条件限制时,隧道纵坡坡率可适当加大,但不宜大于4%,主要是纵坡加大后,汽车的一氧化碳和烟雾排放量增大,要保证驾驶员的视距的话,则需加大通风,造成隧道运营成本增加,所以,《公路隧道设计规范》4.3.3 条提出不宜大于4%的纵坡。

17. D

【考核点】隧道横断面设计的基本要求和方法

【解 析】这是隧道建筑限界的定义,必须掌握。

18. A

【考核点】隧道横断面设计的基本要求和方法

【解 析】这是《公路隧道设计规范》4.4.1 条内容之一。这样做能够体现建筑界限的合理性和行车安全。

19. D

【考核点】隧道横断面设计的基本要求和方法

【解　析】内轮廓设计通常根据隧道限界，先将内轮廓拟定为三心圆形式，再并综合考虑设备、通风、受力条件等因素调整 R_1、R_2、α、β 等相关尺寸进行优化。例如，当围岩坚硬完整且水平侧向压力较小时，可通过适当增大 R_2 以减小左右边墙的曲率。反之当围岩软弱破碎且水平侧向压力较大时，可适当减小 R_2 以增大左右边墙的曲率。

20. A

【考核点】隧道衬砌结构构造要求

【解　析】一般说来，曲边墙拱形断面的受力条件较好，《公路隧道设计规范》8.1.4 条也推荐：衬砌断面宜采用曲边墙拱形断面。

21. D

【考核点】隧道衬砌结构构造要求

【解　析】一般来讲，隧道洞口段埋深浅、地质条件较差，《公路隧道设计规范》8.1.4 条规定：隧道洞口段应设加强衬砌。

22. A

【考核点】隧道衬砌结构构造要求

【解　析】较差围岩地段的衬砌厚些、强度高些，并且围岩较差和较好地段的分界线不是十分清晰。因此，《公路隧道设计规范》8.1.4 条规定：围岩较差地段的衬砌应向围岩较好地段延伸 5 ~ 10m。

23. C

【考核点】隧道衬砌结构构造要求

【解　析】这是《公路隧道设计规范》8.1.4 条规定之一。道理同前，偏压段的衬砌厚些、强度高些，所以要向一般衬砌段延伸至少 10m。

24. D

【考核点】隧道衬砌结构构造要求

【解　析】这是《公路隧道设计规范》8.4 条对复合式衬砌的规定之一。

25. C

【考核点】隧道洞门各部位结构要求

【解　析】这是《公路隧道设计规范》7.3.3 条对洞门构造及基础设置的规定之一。

26. B

【考核点】隧道衬砌结构构造要求

【解　析】这是《公路隧道设计规范》8.4 条对复合式衬砌的要求，根据现场围岩监控量测信息对支护参数进行必要的调整，也体现了新奥法的指导思想。

27. B

【考核点】了解作用在隧道上的各种荷载和围岩压力确定方法

【解　析】《公路隧道设计规范》6.3.4 条：最冷月份平均气温低于 -15℃ 地区的隧道应考虑冻胀力，冻胀力可根据当地的自然条件、围岩冬季含水量及排水条件等通过研究确定。

28. D

【考核点】隧道防排水设计的原则

【解　析】实践证明,采用防、排、截、堵相结合的原则比采用单一手段要有效些。

29. C

【考核点】隧道洞内、外防排水系统的布置要求

【解　析】这是《公路隧道设计规范》10.2.7 条内容。

30. B

【考核点】隧道洞内、外防排水系统的布置要求

【解　析】《公路隧道设计规范》10.3.2 条规定:隧道纵向排水坡宜与隧道纵坡一致。

31. A

【考核点】隧道洞内、外防排水系统的布置要求

【解　析】这是《公路隧道设计规范》10.3.3 条对隧道路面结构底部排水设施的规定之一。

32. A

【考核点】隧道洞内、外防排水系统的布置要求

【解　析】这是《公路隧道设计规范》10.3.3 条对隧道路面结构底部排水设施的规定之一。

33. C

【考核点】隧道洞内、外防排水系统的布置要求

【解　析】这是《公路隧道设计规范》10.3.3 条对隧道路面结构底部排水设施的规定之一。

二、多项选择题

1. ABCD

【考核点】了解作用在隧道上的荷载和围岩压力

【解　析】作用在隧道上的荷载主要指洞身衬砌承受的荷载,4 个选项全对。

2. AD

【考核点】了解作用在隧道上的荷载类型,以熟悉隧道洞门各部位结构要求

【解　析】边、仰坡的土压力是作用在端墙、翼墙式洞门上的。滚石、落石的撞击荷载属于偶然荷载,有时作用在洞门上,拦截仰坡上方的小量剥落、掉块也是洞门的功能之一。围岩压力一般对应洞身衬砌承受的荷载。车辆荷载显然不作用在洞门上。

3. BCD

【考核点】了解隧道洞门的类型及适用条件

【解　析】《专业知识》教材中有端墙式洞门的适用条件,地质条件较差没有包括在内。

4. AD

【考核点】了解隧道运营通风、照明的主要要求

【解　析】隧道运营通风、照明设施的主要功能是对有害气体和烟雾进行稀释,保证隧洞内卫生条件;保证路面亮度和路面亮度的均匀度,满足驾驶员的视觉要求,保证隧洞内行车安全;提高隧道内行车的舒适性。只有 AD 选项与之相关。

5. AD

【考核点】掌握隧道横断面设计的基本要求

【解　析】隧道建筑限界的定义:“为保证隧道内各种交通的正常运行与安全,而规定在一定宽度和高度范围内不得有任何部件侵入的空间限界。”可见限界净宽和限界净高是正确答案。限界净宽中包含了行车宽和人行道宽。

6. ABCD

【考核点】掌握隧道洞口位置的选择原则

【解　析】《专业知识》教材中确定隧道洞门位置时应考虑的原则之一是:要避开不良地质地段,如滑坡、崩塌、岩堆、危岩落石、泥石流等处。

7. CD

【考核点】掌握隧道平面设计的基本要求和方法

【解　析】《公路隧道设计规范》4.3.2 条:“在桥隧相连、隧道相连、地形条件限制等特殊地段隧道净距不能满足表 4.3.2 的要求时,可采取小净距隧道或连拱隧道形式,但应做出充分技术论证和比较研究,并制订可靠的技术保障措施,确保工程质量。”故选 CD。选项 AB 是干扰项,因盾构隧道和明挖隧道是指不同修建技术修建的隧道名称。而小净距隧道、连拱隧道是指隧道平面设计中的隧道形式。

8. AC

【考核点】掌握隧道纵断面设计的基本要求和方法

【解　析】《公路隧道设计规范》4.3.4 条:“隧道内纵坡的变换不宜过大、过频,以保证行车安全视距和舒适性。”所以选 AC。

9. ABCD

【考核点】掌握隧道横断面设计的基本要求和方法

【解　析】《公路隧道设计规范》4.4.3 条:“隧道内轮廓设计除应符合隧道建筑限界的规定外,还应满足洞内路面、排水设施、装饰的需要,并为通风、照明、消防、监控、营运管理等设施提供安装空间。”所以全选。

10. ABC

【考核点】熟悉隧道洞门各部位结构要求

【解　析】《公路隧道设计规范》7.3.3 条规定:“洞门墙应根据实际需要设置伸缩缝、沉降缝和泄水孔;洞门墙的厚度可按计算或结合其他工程类比确定。”所以选 ABC。注浆孔是工艺要求,不属于洞门结构要求,故不选。

11. AC

【考核点】熟悉隧道衬砌结构构造要求

【解　析】《公路隧道设计规范》8.1.4 条规定:“隧道围岩较差地段应设置仰拱。路面与仰拱之间可采用混凝土或片石混凝土填充。”所以选 AC。

12. ABD

【考核点】熟悉隧道衬砌结构构造要求

【解　析】这是概念题。《公路隧道设计规范》的 8.4.1 条中有定义:“复合式衬砌由初期支护和二次衬砌及中间夹防水层组合而成的衬砌形式。”所以选 ABD。

13. BCD

【考核点】熟悉隧道衬砌结构构造要求

【解 析】这是概念题。《公路隧道设计规范》8.4.1 条中有定义:“初期支护宜采用锚喷支护,即由喷射混凝土、锚杆、钢筋网和钢架等支护形式单独或组合使用。”所以选 BCD。

14. ABC

【考核点】熟悉隧道防排水设计的原则和洞内、外防排水系统的布置要求

【解 析】注意题目要求是“洞内的防水措施”,所以不能选 D,因为 D 是排水措施。故选 ABC。

15. ACD

【考核点】熟悉隧道防排水设计的原则和洞内、外防排水系统的布置要求

【解 析】按《公路隧道设计规范》要求,隧道洞内宜按地下水和营运清洗污水、消防污水分离排放的原则设置纵向排水系统。路面两侧的纵向排水沟主要引排营运清洗水、消防水和其他废水。路面结构下宜设纵向中心水沟(管),集中引排地下水。故选 ACD。

16. BC

【考核点】熟悉隧道防排水设计的原则和洞内、外防排水系统的布置要求

【解 析】因地下水发育,含水层明显,又有长期充分补给来源时,光靠二次衬砌外的纵环向盲管(沟)组成的排水系统满足不了排水要求,《公路隧道设计规范》10.3.5 条规定:“当地下水发育,含水层明显,又有长期充分补给来源时,可利用辅助坑道排水或设置泄水洞等截、排水设施。”故选 BC。

17. ABCD

【考核点】了解隧道结构设计的方法和各类计算模型的特点及适用条件

【解 析】目前采用的地下结构设计方法可以归纳为以下四种设计模型:①以参照过去隧道工程实践经验进行工程类比为主的经验设计法;②以现场量测和试验室试验为主的实用设计方法,例如以洞周位移量测值为基础的收敛—约束法;③作用—反作用模型,即荷载—结构模型,例如弹性地基圆环计算和弹性地基框架计算等计算法;④连续介质模型,包括解析法和数值法,其中数值计算法目前主要是有限单元法。故选 ABCD。

18. ABD

【考核点】掌握喷锚支护的基本原理

【解 析】喷射混凝土和锚杆是新奥法的主要支护手段,此外还可辅以金属网和轻型钢拱架。与传统支护方式不同的是,采用喷锚支护可以主动加固围岩、改善围岩的应力状态;特别是在允许少量围岩变形“卸压”的同时限制围岩产生有害变形,以充分发挥围岩的自承作用,使围岩成为支护体系的组成部分。所以“不允许围岩变形”是错的,应选 ABD。

19. ABC

【考核点】了解现场监控量测的意义

【解 析】新奥法施工中必须对围岩和支护进行观察、量测,根据监控量测结果及时修改初期支护参数或施工方法,合理安排施工程序(如围岩和初支变形基本稳定后,及时施做二次衬砌),实现动态化设计。而选项 D“保证隧道开挖轮廓圆顺”是新奥法施工中的减少对围岩的扰动的措施之一,不是监控量测的目的。

20. ABCD

【考核点】了解隧道运营通风、照明的主要要求和标准

【解　析】由于照明成本昂贵，一种成本低、安全又有保证的方法就是将隧道划分为若干照明区段。按视觉适应规律、洞外与中间段亮度差以及亮度递减速率沿行车方向将隧道分为入口段、若干过渡段、中间段以及出口段。所以全选。

21. ABCD

【考核点】了解隧道运营通风、照明的主要要求和标准

【解　析】选项A是对于建筑限界定义的理解，是正确的。选项BCD是《公路隧道设计规范》16.2.4条中所规定内容。所以全选。

22. ABC

【考核点】了解隧道运营通风、照明的主要要求和标准

【解　析】本题的答案是通风的目的，也是《公路隧道设计规范》16.1.3条的内容。所以选ABC。

23. AC

【考核点】了解隧道围岩、围岩分级的概念

【解　析】《公路隧道设计规范》3.6.1条建议，隧道围岩分级的综合评价方法宜采用两步分级，用岩体基本质量指标*BQ*进行初步分级，而岩体基本质量指标*BQ*与岩石单轴饱和抗压强度和岩体完整性指数有关。所以选AC。

24. ABCD

【考核点】了解隧道围岩、围岩分级的概念

【解　析】按《公路隧道设计规范》3.6.1条建议，隧道围岩分级的综合评价方法第二步应按修正岩体基本质量指标值[*BQ*]对围岩进行详细定级。即在岩体基本质量指标*BQ*分级基础上，再考虑地下水、主要软弱结构面产状、构造应力因素的影响。所以全选。

25. ABC

【考核点】了解隧道围岩、围岩分级的概念

【解　析】一般来讲，Ⅰ～Ⅳ级围岩深埋隧道，围岩压力主要为形变压力，可按释放荷载计算；Ⅳ～Ⅵ级围岩通常比较松散，稳定性较差，Ⅳ～Ⅵ级围岩中深埋隧道的围岩压力表现为松散荷载，规范中有相应的计算方法；并且浅埋与深埋隧道的围岩压力计算方法不一样。所以选项ABC是对的。这些内容《公路隧道设计规范》都有规定。至于选项D，由于一般隧道埋深越大，垂直压力会越大，所以“浅埋隧道围岩压力比深埋隧道围岩压力大一些”这一说法不对。

26. ABCD

【考核点】了解隧道洞门的类型及适用条件

【解　析】洞门的作用在于支挡洞口正面仰坡和路堑边坡，拦截仰坡上方的小量剥落、掉块，保持边坡、仰坡的稳定，并将坡面汇水引离隧道，保证洞口路线的安全。洞门还是隧道唯一的外露部分，对它进行适当的建筑艺术处理，可起到美化环境的作用。所以选ABCD。

27. ABCD

【考核点】了解隧道围岩、围岩分级的概念

【解　析】此题根据《公路隧道设计规范》3.6.4条围岩基本质量指标修正值$[BQ]$的影响因素去考虑。所以选ABCD。

三、案例题

1. B

解：按照《公路隧道设计规范》4.3.2条，分离式双洞隧道可根据其围岩代表级别按表4.3.2来确定两洞最小净距。Ⅳ级围岩取2.5倍开挖宽度，即：$12.5 \times 2.5 = 31.3$m。

2. A

解：按照《公路隧道设计规范》8.1.4条规定，较差围岩地段衬砌应向较好围岩地段延伸5～10m。本题取延伸10m。

3. B

解：按照《公路隧道设计规范》8.4条，在确定开挖断面时，除应满足隧道净空和结构尺寸外，还应考虑初期支护并预留适当的变形量，预留变形量可参照表8.4.1选用。Ⅳ级围岩两车道隧道的一侧预留变形量取5cm，两侧则为10cm，加上内轮廓净宽10m和两侧衬砌厚度1m，可算出开挖宽度为$10 + 1 + 0.1 = 11.1$m。

4. C

解：Ⅴ级围岩深埋隧道的围岩压力为松散荷载，垂直均布压力按《公路隧道设计规范》（JTG D70—2004）式（6.2.3）计算：

$$q = \gamma h$$
$$h = 0.45 \times 2^{S-1}\omega$$

式中：q——垂直均布压力（kN/m^2）

γ——围岩重度（kN/m^3）；本题$\gamma = 19kN/m^3$；

S——围岩级别；本题$S = 5$；

ω——宽度影响系数，$\omega = 1 + i(B - 5)$；为简化考题，本题直接给出了$\omega = 1.6$；

B——隧道开挖宽度（m）；本题$B = 11$m。

将已知数代入上式，得$h = 11.52$，再求得$q = 19 \times 11.52 = 218.88kN/m^2$，取整为$219kN/m^2$。

5. D

解：复合衬砌的喷射混凝土厚度与围岩类别有关，所以要先确定围岩级别。根据《公路隧道设计规范》（JTG D70—2004）3.6.4条，对围岩进行详细定级时，应在岩体基本质量分级基础上考虑地下水、主要软弱结构面产状、构造应力因素的影响，修正岩体基本质量指标值BQ，求得围岩基本质量指标修正值$[BQ]$。查规范表3.6.5确定围岩级别后，再查表8.4.2-1可得初期支护时拱部和边墙喷射混凝土厚度。

而围岩基本质量指标修正值$[BQ]$可按下式计算：

$$[BQ] = BQ - 100(K_1 + K_2 + K_3)$$

式中：$[BQ]$——围岩基本质量指标修整值；

BQ——围岩基本质量指标，本题$BQ = 290$；

K_1——地下水影响修正系数；

K_2——主要软弱结构面产状影响修正系数；

K_3——初始应力状态修正系数。

上述系数分别查《公路隧道设计规范》附录中的表A.0.2-1、表A.0.2-2、表A.0.2-3。分别得$K_1=0.4\sim0.6$；$K_2=0\sim0.2$；$K_3=0$(无高初始应力状态)。代入上式得[BQ]$=210\sim250$。查表3.6.5，当[BQ]$=210\sim250$时，为Ⅴ级围岩。再查表8.4.2-1，可得初期支护时拱部和边墙喷射混凝土厚度为15~25cm。

6. D

解：根据《公路隧道设计规范》(JTG D70—2004)4.3.5条第4款：当隧道的建筑限界宽小于公路建筑限界宽时，两端连接线的路基宽度仍按公路标准设计，其建筑限界宽度应设有4s设计速度行程的过渡段与隧道洞口衔接，以保持隧道洞口内外横断面顺适过渡。按设计时速80km/h计算，每秒的行程为22.22m，4s的行程应为88.88m，取整为90m。即选答案D。

解此题时特别要注意，《公路隧道设计规范》(JTG D70—2004)4.3.5条第4款前面还规定：当隧道的建筑限界宽大于所在公路建筑限界宽时，两端连接线应有不短于50m的、同隧道等宽的路基加宽段。不要只看到这句话，就马上选50m的答案，要将第4款看完后再做题。

7. B

解：根据《公路隧道设计规范》(JTG D70—2004)3.6.2条及其第5款以及附录A.0.1，有岩体完整程度的定量指标的计算方法：

$$K_v=\left(\frac{v_{pm}}{v_{pr}}\right)^2$$

式中：v_{pm}——岩体弹性纵波速度(km/s)，本题为2600m/s；

v_{pr}——岩石弹性纵波速度(km/s)，本题为3000m/s。

将已知数代入上式，求得$K_v=(2.6\div3)^2=0.75$。

8. A

解：按《公路隧道设计规范》(JTG D70—2004)9.2.11条和9.2.12条，当$e_0\leqslant0.20h$时(本题$e_0=0.019$，$0.2h=0.08$，满足$e_0\leqslant0.20h$的要求)，系抗压强度控制承载能力可按式(9.2.11)来计算：

$$K_aN\leqslant\varphi\alpha R_abh$$

式中：K_a——安全系数，本题$K_a=2.0$；

R_a——混凝土或砌体的抗压极限强度，本题$R_a=10.5\text{MPa}=10500\text{kN/m}^2$；

N——轴向力(kN)，本题待求；

b——截面宽度(m)，本题$b=1\text{m}$；

h——截面厚度(m)，本题$h=0.4\text{m}$；

φ——构件纵向弯曲系数，本题$\varphi=1$；

α——轴向力的偏心影响系数，本题$\alpha=0.928$。

将已知量代入上式，得$N=1949\text{kN}$。

第六章　交 叉 工 程

第一节　一 般 要 求

【考试纲要】

1. 掌握路线交叉的分类。

2. 了解路线交叉类型选择的主要依据。

【复习提示】

1. 复习要点

考生应在理解路线交叉包含的范围的基础上，掌握路线交叉的分类体系和分类方式；了解不同类型的路线交叉类型选择的主要依据，注意与交叉分类体系之间的关系。

2. 规范提示

公路路线交叉的分类、交叉类型的选择等知识点涉及《公路工程技术标准》(JTG B01—2014)、《公路路线设计规范范》(JTG D20—2006)，均为现行规范。其中，公路立体交叉设计的有关内容还涉及《公路立体交叉设计细则》(JTG/T D21—2014)。新的《公路工程技术标准》与《公路路线设计规范范》(JTG D20—2006)在路线交叉分类及类型选择一致。

城市道路对应的知识点涉及《城市道路工程设计规范》(CJJ 37—2012)《城市道路路线设计规范》(CJJ 193—2012)、《城市道路交叉口设计规程》(CJJ 152—2010)。

一、单项选择题

1. 路线交叉是指(　　)。
   A. 道路之间、道路与铁路、道路与管线之间的交叉
   B. 道路之间、道路与铁路、道路与沟渠之间的交叉
   C. 城市道路之间、城市道路与铁路、城市道路与管线之间的交叉
   D. 公路之间、公路与铁路、公路与管线之间的交叉

2. 道路与道路之间的交叉包括(　　)。
   A. 平面交叉与分离式立体交叉　　B. 平面交叉与互通式立体交叉
   C. 分离式立体交叉与互通式立体交叉　　D. 平面交叉与立体交叉

3. 按道路与道路在交叉处是否高度相同，将路线交叉分为(　　)。

A. 平面渠化交叉与平面非渠化交叉　　B. 平面交叉与立体交叉
C. 分离式立体交叉与互通式立体交叉　　D. 公路或城市道路与铁路的交叉

4. 道路与道路在相同高度交叉,并有一共同构筑面时,则该交叉是(　　)。
A. 平面交叉　　B. 立体交叉
C. 分离式立体交叉　　D. 互通式立体交叉

5. 道路与道路在不同平面交叉,则该交叉是(　　)。
A. 平面交叉　　B. 立体交叉
C. 分离式立体交叉　　D. 互通式立体交叉

6. 根据交通运行特点,平面交叉设计可分为(　　)。
A. 加铺转角式、分道转弯式、扩宽路口式、环形交叉
B. 三路交叉、四路交叉、五路交叉、多路
C. T 形交叉、Y 形交叉、十字交叉、X 形交叉
D. 无信号控制交叉、有信号控制交叉

7. 按交通控制方式,平面交叉可分为(　　)。
A. 加铺转角式、分道转弯式、扩宽路口式、环形交叉
B. 三路交叉、四路交叉、五路交叉、多路
C. T 形交叉、Y 形交叉、十字交叉、X 形交叉
D. 无信号控制交叉、有信号控制交叉

8. 平面交叉口按相交道路的条数分为(　　)。
A. 两路交叉、三路交叉、多路交叉　　B. 三路交叉、四路交叉、多路交叉
C. 两路交叉、四路交叉、多路交叉　　D. 三路交叉、四路交叉、环形交叉

9. 城市道路平面交叉按交通管理方式分为(　　)。
A. 加铺转角式、分道转弯式、扩宽路口式、环形交叉
B. 三路交叉、四路交叉、五路交叉、多路交叉
C. T 形交叉、Y 形交叉、十字交叉、X 形交叉
D. 无信号控制交叉、信号控制交叉、环形交叉

10. 路线交叉类型选择的主要依据是相交道路的(　　)。
A. 等级、功能、直行和转弯交通量　　B. 运行速度、设计交通量、通行能力
C. 等级、设计速度、通行能力　　D. 等级、功能、通行能力

二、多项选择题

1. 路线交叉主要包含(　　)。
A. 道路之间的交叉　　B. 道路与铁路的交叉
C. 道路与乡村道路的交叉　　D. 道路与管线的交叉

2. 下列属于路线交叉设计的有(　　)。
A. 道路与轻轨的交叉　　B. 道路与铁路的交叉
C. 道路与灌溉渠的交叉　　D. 道路与动物通道的交叉

3. 平面交叉口按形式分为(　　)。

A. T形交叉、Y形交叉、十字交叉、X形交叉
B. 错位交叉、斜交错位交叉
C. 折角式交叉、环形交叉
D. 无信号控制交叉、有信号控制交叉

4. 下列平面交叉口属于渠化平面交叉的有(　　)。
A. 有信号控制　　B. 设置导流岛加铺转角式
C. 分道转弯式　　D. 设置分隔岛的扩宽路口式

5. 加铺转角式平面交叉适于在下列哪些地方采用(　　)。
A. 正线车速低、交通量大、转弯车辆多的二级公路
B. 正线车速低、交通量小、转弯车辆少的三级公路
C. 正线车速低、交通量大、转弯车辆多的四级公路
D. 正线车速低、交通量小、转弯车辆少的地方道路

6. 关于分道转弯式平面交叉,下列说法正确的有(　　)。
A. 右转弯车辆行驶速度和通行能力都较高
B. 适用于车速较高,转弯车辆较多的一般道路
C. 一般需设置环道及环岛等分道措施
D. 设计时主要解决分道转弯半径、视距的要求

7. 关于扩宽路口式平面交叉适用性,下列说法正确的有(　　)。
A. 设置转弯车道的方向,转弯车辆对直行车辆的影响小
B. 各个转弯方向均应设置专用转弯车道
C. 适用于交通量较大、转弯车辆较多的一、二级公路和城市主干路
D. 扩宽设置左转车道时,不能向对向车道一侧拓宽

8. 环形平面交叉不适于在下列哪些地方采用(　　)。
A. 快速道路上　　B. 交通量大的干线道路
C. 有大量非机动车和行人交通的道路　　D. 位于斜坡较大地形以及桥头引道

9. 平面交叉口形式取决于(　　)。
A. 道路网的规划　　B. 周围地形、用地的情况
C. 设计速度、直行和转弯交通量　　D. 交通性质和交通组织

10. 关于平面交叉口常用形式的设计难点,下列说法正确的有(　　)。
A. 加铺转角式主要解决合适的交叉角度和视距问题
B. 分道转弯式主要解决分道转弯半径、满足视距和导流岛端部半径的要求
C. 扩宽路口式主要解决扩宽的车道数和位置、满足视距和转角曲线半径的要求
D. 环形交叉主要解决中心岛的形状和半径、环道的宽度,进出口曲线半径等问题

11. 平面交叉口的设计依据是(　　)。
A. 设计速度、设计车辆　　B. 设计交通量、通行能力
C. 交叉角度、交叉等级　　D. 运行速度、路基宽度

12. 立体交叉按用途分为(　　)。
A. 分离式立体交叉、互通式立体交叉　　B. 公路立体交叉、城市道路立体交叉

C. 铁路立体交叉、人行立体交叉　　　D. 喇叭形立体交叉、苜蓿叶形立体交叉

13. 下列情况必须设置立体交叉的是(　　)。

A. 高速公路公路与一级公路相交　　　B. 高速公路与二级公路相交

C. 高速公路公路与村道相交　　　D. 一级公路与二级公路相交

◈ 习题参考答案及解析 ◈

一、单项选择题

1. A

【考核点】路线交叉的分类

【解　析】B 中包含沟渠不对，C、D 不全面，道路包含了公路、城市道路、林矿区道路、乡村道路等。应选 A。

2. D

【考核点】路线交叉的分类

【解　析】路线交叉分为平面交叉与立体交叉，而立体交叉又分为分离式立体交叉与互通式立体交叉，所以应选 D。

3. B

【考核点】平面交叉与立体交叉的概念

【解　析】道路与道路(或其他线形工程)在交叉处的高度相同则是平面交叉，否则是立体交叉。应选 B。

4. A

【考核点】路线交叉的分类

【解　析】道路与道路(或其他线形工程)在交叉处的高度相同则是平面交叉，否则是立体交。应选 A。

5. B

【考核点】路线交叉的分类

【解　析】道路与道路(或其他线形工程)在交叉处的高度不相同则是立体；C、D 不一定，都属于立体交叉。应选 B。

6. A

【考核点】平面交叉口的分类方法

【解　析】选项 A 是根据平面交叉口的交通运行特点和渠化程度分类；选项 B 是按相交道路的条数分类；选项 C 是按交叉形式分类；选项 D 是按交通控制方式分类。应选择 A。

7. D

【考核点】平面交叉口的分类方法

【解　析】选项 A 是根据平面交叉口的交通运行特点和渠化程度分类；选项 B 是按相交道路的条数分类；选项 C 是按交叉形式分类；选项 D 是按交通控制方式分类。应选择 D。

8. B

【考核点】平面交叉口的分类方法

【解 析】相交道路的条数是以交叉点为基准划分的,没有两路交叉,环形交叉是交通组织方式,所以只能选B。

9. D

【考核点】城市道路平面交叉的分类方法

【解 析】见《城市道路工程设计规范》的规定。

10. A

【考核点】路线交叉类型选择的依据

【解 析】是选择平面交叉还是立体交叉主要根据相交道路的等级、功能、直行和转弯交通量,所以应选择A。

二、多项选择题

1. ABCD

【考核点】路线交叉的分类

【解 析】道路与道路及管线的交叉是路线交叉设计的主要内容。

2. ABD

【考核点】路线交叉的分类

【解 析】路线交叉包括道路之间、道路与铁路和轨道、与管线、与乡村道路、与动物通道之间的交叉,道路与灌溉渠的交叉属于桥涵设计范围。

3. ABC

【考核点】平面交叉分类

【解 析】ABC属于按形式分类,D是按交通控制方式分类,应选ABC。

4. BCD

【考核点】平面交叉分类

【解 析】通过设置交通岛、交通标志和地面标线,控制和疏导交通路径而形成的交叉形式就是渠化交叉,分道转弯式也设置导流岛、分隔岛,因此选择BCD。

5. BD

【考核点】平面交叉类型选择的依据

【解 析】加铺转角式平面交叉适用于车速低,交通量小,转弯车辆少的三、四级公路或地方道路。

6. ABD

【考核点】平面交叉类型选择的依据

【解 析】设置环道及环岛的是环形交叉,其余选项描述正确。应选ABD。

7. AC

【考核点】平面交叉类型选择的依据

【解 析】扩宽路口式平面交叉在转弯交通量小的方向可不设置专用转弯车道;扩宽设置左转车道时,若当右侧扩宽困难,可以向对向车道一侧拓宽。应选AC。

8. ABCD

【考核点】平面交叉类型选择的依据

【解　析】当交通量较大,设计速度较高,有大量非机动车和行人时,采用环形平面交叉容易造成交通堵塞,一般不采用;在斜坡较大地形以及桥头引道因环道高差较大,也难以布置环形平交,因此选 ABCD。

9. ABCD

【考核点】平面交叉类型选择的依据

【解　析】ABCD 均对平面交叉类型选择有较大影响,应全部选择。

10. BCD

【考核点】平面交叉类型选择的依据

【解　析】加铺转角式主要解决合适的转角曲线半径和视距问题,一般情况下交叉角度是由相交道路决定的,不是设计中的难点;选项 A 是错误的;选项 BC 是正确的;选项 D 是环形交叉设计的主要难点。应选择 BCD。

11. AB

【考核点】平面交叉口的设计依据

【解　析】交叉角度不是依据,平面交叉没有等级,运行速度不是依据,故选 AB。

12. BC

【考核点】立体交叉分类

【解　析】A 是根据交通转换需要分类,D 是按几何形状分类,应选 BC。

13. ABC

【考核点】交叉类型的选择

【解　析】应高速公路采取全封闭,与所有的道路交叉必须采用立体交叉,而一级公路可以不全封闭,与二级公路可以采取平面交叉。因此选 ABC。

第二节　服务水平与通行能力

【考试纲要】

1. 掌握年平均日交通量和设计小时交通量的应用及换算方法。

2. 熟悉基本路段、匝道的设计通行能力。

【复习提示】

1. 复习要点

考生应掌握年平均日交通量和设计小时交通量的有关概念和规定,注意两者之间应用时的区别,熟悉两者之间的换算公式,充分理解公式中有关参数的含义和取值范围;熟悉基本路段和匝道的设计通行能力的概念及其规定。

2. 规范提示

平均日交通量和设计小时交通量的概念、应用的要求及其换算方法、基本路段和匝道的设计通行能力等知识点涉及《公路工程技术标准》(JTG B01—2014)、《公路路线设计规范范》(JTG D20—2006),均为现行规范。其中,公路立体交叉设计的有关内容还涉及《公路立体交叉设计细则》(JTG/T D21—2014)。城市道路对应的知识点涉及《城市道路工程设计规范》(CJJ 37—2012)、《城市道路路线设计规范》(CJJ 193—2012)、《城市道路交叉口设计规程》(CJJ 152—2010)。

《公路工程技术标准》(JTG B01—2014)中将服务水平划分为6个等级,而《公路路线设计规范范》(JTG D20—2006)中为4个等级,应以《公路工程技术标准》(JTG B01—2014)为准。

习题精练

一、单项选择题

1. 计算交叉口的通行能力时,采用(　　)作为标准车型。

A. 小客车　　B. 大客车

C. 中型载重车　　D. 大型载重车

2. 公路互通式立体交叉的设计年限一般为(　　)年。

A. 10 ~ 12　　B. 10 ~ 15　　C. 15 ~ 20　　D. 20 ~ 30

3. 我国公路的服务水平分为(　　)。

A. 四级　　B. 五级　　C. 六级　　D. 八级

4. 新建城市快速路应按(　　)服务水平设计。

A. 一级　　B. 二级　　C. 三级　　D. 四级

5. 影响基本路段通行能力的主要因素为(　　)。

A. 路基宽度、平曲线半径和纵坡

B. 道路条件、交通条件和驾驶条件

C. 交通组成、大型车的比例、驾驶员的水平

D. 交通监控方式

6. 匝道设计小时交通量与远景设计年限的单向年平均日交通量 ADT 的换算公式为:匝道设计小时交通量 = (　　)。

A. ADT × 方向系数　　B. ADT × 设计小时系数

C. ADT × 年增长率　　D. ADT × 低峰小时系数

7. (　　)用来检验匝道适应交通量大小的能力。

A. 设计速度　　B. 运行速度

C. 通行能力　　D. 设计交通量

8. 匝道设计小时交通量宜采用第(　　)位小时交通量。

A. 15　　B. 30　　C. 50　　D. 85

9. 匝道设计交通量是指远景设计年限的交通量,一般采用(　　)作为匝道横断面设计依据。

A. 年平均日交通量　　B. 年平均小时交通量

C. 年平均交通量　　D. 设计小时交通量

10. 当高速公路车道宽度大于(　　)m 时,对基本路段的实际通行能力没有影响。

A. 3.0　　B. 3.25　　C. 3.5　　D. 3.75

11. 计算高速公路基本路段的实际通行能力时,当左侧的侧向余宽影响系数等于 1 时,左侧的侧向余宽应大于或等于(　　)m。

A. 0.25　　B. 0.5　　C. 0.75　　D. 1.0

12. 计算高速公路基本路段的实际通行能力时,当右侧的侧向余宽影响系数等于 1 时,右侧的侧向余宽应大于或等于(　　)m。

A. 0.5　　B. 0.75　　C. 1.0　　D. 1.5

13. 关于公路基本路段的通行能力,说法错误的的有(　　)。

A. 公路基本路段的通行能力与行车道宽度有关

B. 公路基本路段的通行能力与硬路肩宽度有关

C. 公路基本路段的通行能力与交通的组成有关

D. 公路基本路段的通行能力与道路的纵坡无关

14. 公路互通式立体交叉范围内的主线一般采用的服务水平和基本路段相比(　　)。

A. 一样　　B. 低一级　　C. 低二级　　D. 高一级

15. 我国《公路路线设计规范》规定高速公路设计速度为 120km/h 时,一条车道的设计通行能力为(　　)pcu/(h · ln)。

A. 1000　　B. 1200　　C. 1400　　D. 1600

16. 高速公路基本路段的实际通行能力等于设计通行能力乘以(　　)三个修正系数后得到。

A. 交通量大小、车道数、大型车比例

B. 交通量大小、车道数、驾驶者总体特征

C. 交通组成、车道数、驾驶者总体特征

D. 交通组成、车道宽度、驾驶者总体特征

17. 计算高速公路基本路段的实际通行能力时,需要考虑车道系数,车道数修正系数的取值范围是(　　)。

A. 0.5 ~ 0.6　　B. 0.5 ~ 0.7　　C. 0.1 ~ 0.2　　D. 0.98 ~ 0.99

18. 关于匝道、分合流区、交织区、集散车道服务水平,说法正确的有(　　)。

A. 一般和主线相同　　B. 一般比主线低二级

C. 不应低于三级　　D. 不应低于四级

19. 关于匝道基本路段设计通行能力,下列说法正确的有(　　)。

A. 匝道设计速度越高,设计通行能力越大

B. 匝道设计速度越高,设计通行能力越低

C. 匝道设计通行能力与车道数无关

D. 匝道设计通行能力与服务水平亦无关

20. 当匝道的设计速度 ≤ 50km/h 时,单车道匝道的设计通行能力小于或等于(　　)pcu/h。

A. 1000　　B. 1200　　C. 1500　　D. 2000

21. 当单向匝道的设计小时交通量在大于 1800pcu/h 时，匝道的标准横断面宜选择下列哪种类型(　　)。

A. 单车道匝道

B. 双车道匝道(无紧急停车带)

C. 双车道匝道(有紧急停车带)

D. 三车道匝道

22. 互通式立体交叉匝道设置收费站时，匝道通行能力由(　　)的通行能力决定。

A. 匝道出口　　B. 匝道入口　　C. 收费站　　D. 匝道本身

23. 互通式立体交叉匝道不设收费站时，一端连接高速公路，另一端以平面交叉的方式连接被交公路，其通行能力由(　　)决定。

A. 匝道出口　　B. 匝道入口　　C. 平面交叉　　D. 匝道本身

24. 匝道的设计交通量是指(　　)。

A. 远景设计年限的交通量

B. 预测起始年初的交通量

C. 计划通车年的交通量

D. 预测起始年末的交通量

25. 未设置收费站的匝道，其通行能力取决于匝道本身和出、入口处的通行能力，以三者之中的(　　)作为采用值。

A. 最小值　　B. 最大值　　C. 平均值　　D. 加权平均值

二、多项选择题

1. 匝道路段的理论通行能力计算可采用(　　)法。

A. 最小车头间距　　B. 最大车头时距

C. 最小车头时距　　D. 最大车头间距

2. 影响基本路段的实际通行能力的因素有(　　)。

A. 车道宽度　　B. 驾驶员的水平

C. 侧向余宽　　D. 交通组成

3. 立体交叉主线年平均日交通量可采用(　　)。

A. 主线预测年限末的交通量

B. 主线预测年限初的交通量

C. 建成通车后第 20 年的预测交通量

D. 建成通车后第 1 年的预测交通量

4. 关于设计小时交通量，下列说法正确的有(　　)。

A. 是确定车道数、车道宽度和评价服务水平的依据

B. 应以一年中最大的高峰小时交通量作为设计依据，以免发生拥堵

C. 应以采用日平均小时交通量作为设计依据，以免造成浪费

D. 宜以第 30 位小时的交通量作为设计依据

5. 设计小时交通量可采用(　　)。

A. 年第 10 位小时的交通量

B. 年第 30 位小时的交通量

C. 年第 20 ~ 40 位间最合理的小时的交通量

D. 年第 85 位小时的交通量

6. 计算设计小时交通量时,方向不均匀系数可(　　)。

A. 进行交通量现场调查分析后确定

B. 根据当地已有交通量观测资料确定

C. 无观测资料,在 50% ~ 60% 之间取值

D. 无观测资料,在 80% ~ 90% 之间取值

7. 某立交体交叉连接线为双向交通,其预测远景设计年的年平均日交通量 ADT 是 10000pcu/d,设计小时系数为 0.10。则连接线的设计小时交通量为(　　)pcu/h。

A. 1000　　B. 500　　C. 550　　D. 600

8. 当单向匝道的设计小时交通量为 700pcu/h 时,在不考虑匝道长度的情况下,匝道的标准横断面可以选择的类型有(　　)。

A. 单车道匝道

B. 双车道匝道(无紧急停车带,且为单车道变速车道)

C. 双车道匝道(无紧急停车带,且为双车道变速车道)

D. 双车道匝道(有紧急停车带)

9. 当单向匝道的设计小时交通量为 1000pcu/h 时,匝道的标准横断面可以选择下列图中(图中尺寸单位为 m)哪些类型(　　)。

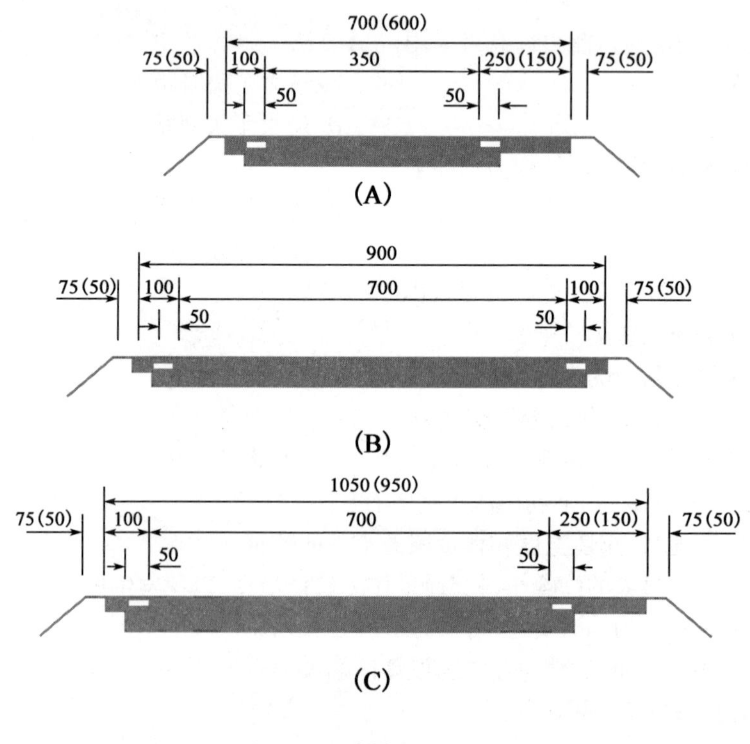

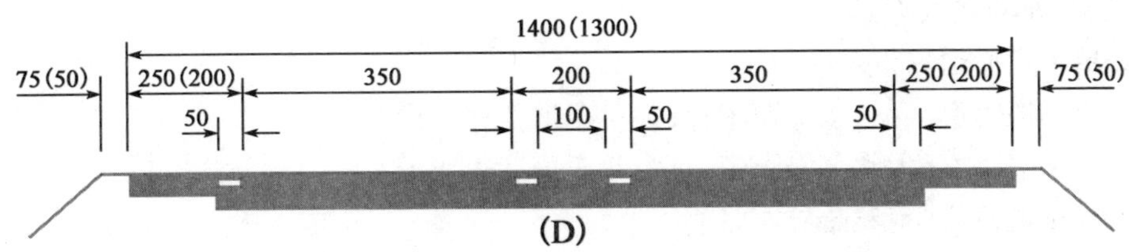

10. 计算高速公路基本路段的实际通行能力时,需要考虑的修正系数有(　　)。

A. 交通量大小　　B. 车道数

C. 交通组成　　D. 驾驶者总体特征

11. 计算高速公路基本路段的实际通行能力时,当双向车道数大于等于(　　)时,才需要考虑车道修正系数。

A. 4　　B. 6　　C. 8　　D. 10

12. 匝道设计交通量的作用有(　　)。

A. 确定匝道类型和设计速度

B. 确定匝道车道数、几何形状

C. 确定匝道部分互通式或完全互通式

D. 确定匝道是否分期修建

13. 匝道设计交通量可通过如下公式计算(　　)。

A. 双向年平均日交通量×方向不均匀系数×设计小时系数

B. 双向年平均日交通量×设计小时系数

C. 单向年平均日交通量×方向不均匀系数×设计小时系数

D. 单向年平均日交通量×设计小时系数

14. 未设置收费站的匝道,其通行能力取决于(　　)之中的最小值。

A. 主线和被交线的通行能力

B. 匝道本身的通行能力

C. 匝道出口处的通行能力

D. 匝道入口处的通行能力

15. 匝道基本路段的设计通行能力的选择应考虑(　　)。

A. 匝道的设计速度　　B. 匝道的长度

C. 匝道的车道数　　D. 匝道的形式

三、案例题

1. 某喇叭立体交叉的一个左转弯方向A匝道的远景年的年平均日交通量是6745pcu/d,设计小时系数为0.12。问A匝道转弯方向的设计小时交通量最接近下列哪一项(　　)。

A. 6745pcu/h　　B. 5936pcu/h

C. 809pcu/h　　D. 675pcu/h

2. 某喇叭立体交叉的一个右转弯方向D匝道的远景年的年平均日交通量是8000pcu/d,设计小时系数为0.10,D匝道的设计速度为40km/h,D匝道的长度为400m。问D匝道的标准横断面应选择那种类型合适(　　)。

A. 单车道匝道

B. 双车道匝道(无紧急停车带,且为单车道变速车道)

C. 双车道匝道(无紧急停车带,且为双车道变速车道)

D. 双车道匝道(有紧急停车带)

3. 沪陕高速陕西境内靠近西安市区的某立交体交叉连接线为对向交通,其预测远景设计年的年平均日交通量是20000pcu/d。问连接线的设计小时交通量最接近下列哪一项(　　)。

设计小时系数(%)

地　区		华北	东北	华东	中南	西南	西北
		京、津、冀、晋、蒙	辽、吉、黑	沪、苏、浙、皖、闽、赣、鲁	豫、湘、鄂、粤、桂、琼	川、滇、黔、藏	陕、甘、青、宁、新
城市近郊	高速公路	8.0	9.5	8.5	8.5	9.0	9.5
	一级公路	9.5	11.0	10.0	10.0	10.5	11.0
	二、三级公路	11.5	13.5	12.0	12.5	13.0	13.5
城间公路	高速公路	12.0	13.5	12.5	12.5	13.0	13.5
	一级公路	13.5	15.0	14.0	14.0	14.5	15.0
	二、三级公路	15.5	17.5	16.0	16.5	17.0	17.5

A. 500pcu/h　　B. 750pcu/h　　C. 1100pcu/h　　D. 1340pcu/h

4. 某高速公路为双向4车道高速公路,设计速度为80km/h,车道宽度采用3.50m,左侧路缘带宽度0.5m,右侧硬路肩宽度1.5m。问在计算基本路段实际通行能力时,车辆的实际行驶速度取值最接近下列哪一项(　　)。

车道数对设计速度的修正值

单向车道数(条)	≥4	3	2
设计速度修正 Δv_N(km/h)	0	-4.0	-8.0

车道宽度和路侧宽度对设计速度的修正值

宽度	车道(m)			左侧路缘带(m)			右侧硬路肩(m)			
	3.25	3.50	3.75	0.25	0.50	0.75	≤0.75	1.00	1.50	≥2.00
设计速度修正 Δv_W(km/h)	-5.0	-3.0	0.0	-3.0	-1.0	0.0	-5.0	-3.0	-1.0	0.0

A. 80km/h　　B. 75km/h　　C. 67km/h　　D. 50km/h

5. 某高速公路主线为双向6车道高速公路,设计速度为100km/h,大型车的实际行驶速度为80km/h,交通组成中各种车型的比例和车辆折算系数如下表所示。问该立交体交叉范围高速公路基本路段的实际通行能力最接近下列哪一项(　　)。

高速公路一条车道的设计通行能力

实际行驶速度(km/h)	120	100	80
设计通行能力[pcu/(h·ln)]、	1600	1400	1200

车型的比例和车辆折算系数

车　　型	小客车	中型车	大型车	拖挂车
车型比例(%)	70	19	10	1
折算系数	1	3	3	6

A. 920pcu/h　　B. 820pcu/h　　C. 720pcu/h　　D. 620pcu/h

习题参考答案及解析

一、单项选择题

1. A

【考核点】通行能力

【解　析】计算通行能力均采用标准小客车。

2. C

【考核点】立体交叉设计交通量与通行能力

【解　析】二级公路的设计年限为 15 年,而高速公路的设计年限为 20 年,所以规范规定公路互通式立体交叉的设计年限一般为 15 ~20 年。

3. C

【考核点】基本路段的通行能力

【解　析】最新《公路工程技术标准》规定,我国公路服务水平分为六级,故选 C。

4. C

【考核点】通行能力与服务水平

【解　析】最新《城市道路工程设计规范》规定,城市快速路应按三级服务水平设计,故选 C。

5. B

【考核点】基本路段通行能力

【解　析】影响基本路段通行能力的主要因素具体包括:道路几何条件(车道宽及侧向净宽)、交通组成(大型车混入率)、驾驶员状况等因素。A 不准确,C 不全面,D 不是的,故选 B。

6. B

【考核点】立体交叉设计交通量与通行能力

【解　析】采用远景设计年限的年平均交通量乘以设计小时系数。

7. C

【考核点】立体交叉设计交通量与通行能力

【解　析】设计速度主要控制线形设计,运行速度会影响匝道的通行能力,但不是主要因素，而设计交通量是指远景设计年限的交通量，只有通行能力才是检验匝道适应交通量大小的能力。

8. B

【考核点】立体交叉设计交通量与通行能力

【解　析】将一年中所有8760个小时交通量按其与年平均日交通量的百分数大小顺序排列绘制曲线图，分析可知在20~40位小时交通量附近，曲线急剧变化，如以第30位小时交通量作为设计依据，在一年中只有29个小时的交通量超过设计值，会发生拥挤，占全年小时数的0.33%，而全年99.67%的时间能够保证交通畅通。因此，设计小时交通量宜采用第30位小时交通量，也可根据当地调查结果采用第20~40位小时之间最为经济合理的时位，故选B。

9. D

【考核点】立体交叉设计交通量与通行能力

【解　析】以第30位小时交通量作为设计依据，在一年中只有29个小时的交通量超过设计值，会发生拥挤，占全年小时数的0.33%，而全年99.67%的时间能够保证交通畅通。因此，匝道横断面设计应宜用第30位小时交通量，故选D。

10. D

【考核点】基本路段的通行能力

【解　析】根据对道路宽度影响通行能力的实际观测认为，当车道宽度达到某一数值时其通过量能达到理论上的最大值，当车道宽度小于该值时，则通行能力降低。高速公路车道宽度大于或等于3.75m时，车道修正系数为1.0，故选D。

11. C

【考核点】基本路段的通行能力

【解　析】侧向净空的影响包括左侧路缘带宽度和硬路肩的影响，根据实际调查表明，左侧侧向余宽小于理想条件规定的数值会使驾驶员感到不安全，从而降速、偏离车道线，使旁侧车道利用率降低。高速公路车道左侧的侧向余宽为大于或等于0.75m时，修正系数为1.0，故选C。

12. D

【考核点】基本路段的通行能力

【解　析】侧向净空的影响包括右侧路缘带宽度和硬路肩的影响，根据实际调查表明，右侧侧向余宽小于理想条件规定的数值会使驾驶员感到不安全，从而降速、偏离车道线，使旁侧车道利用率降低。高速公路车道右侧的侧向余宽为大于等于1.5m时，修正系数为1.0，故选D。

13. D

【考核点】基本路段的通行能力

【解　析】在特定纵坡路段（陡坡），大型车的折算系数会增加，进而影响交通组成修正系数，使特定纵坡路段（陡坡）的通行能力下降，故选D。

14. A

【考核点】基本路段的通行能力

【解 析】为保证整个路段的通行能力和服务水平，两者应一样，故选 A。

15. D

【考核点】基本路段的设计小时交通量

【解 析】根据《公路路线设计规范》的规定，高速公路设计速度为 120km/h 时，一条车道的设计通行能力为 1600pcu/(h · ln)。

16. C

【考核点】基本路段的设计小时交通量

【解 析】根据《公路路线设计规范》的规定，基本路段的实际通行能力 = 设计通行能力 × 交通组成修正系数 × 车道数修正系数 × 驾驶者总体特征修正系数。

17. D

【考核点】基本路段的实际通行能力

【解 析】根据《公路路线设计规范》的规定，六车道及其以上高速公路的车道数修正系数，取 0.98 ~ 0.99。

18. D

【考核点】匝道的通行能力

【解 析】一般应比主线低一级，但不应低于四级服务水平，故选 D。

19. A

【考核点】匝道基本路段的通行能力

【解 析】因为基本通行能力与车辆运行速度有关，所以设计通行能力与设计速度有关。匝道设计通行能力与车道数有关，与服务水平也有关，故选 A。

20. B

【考核点】匝道基本路段的通行能力

【解 析】见《公路立体交叉设计细则》。

21. C

【考核点】设计小时交通量的应用

【解 析】根据《公路路线设计规范》和《公路立体交叉设计细则》，匝道的设计小时交通量在大于 1800pcu/h 时，匝道标准横断面应选择有紧急停车带的单向双车道匝道。

22. C

【考核点】匝道基本路段的通行能力

【解 析】因收费站车辆运行速度低，甚至需要停车缴费，所以其通行能力对匝道的通行能力影响最大。

23. C

【考核点】匝道基本路段的通行能力

【解 析】无收费站匝道与被交路平面交叉时，其通行能力应取决于平面交叉口的通行能力。

24. A

【考核点】立体交叉设计交通量与通行能力

【解 析】匝道的设计交通量是指远景设计年限的交通量，要保证立体交叉匝道的通行能力在远景使用年限末也能正常通行,故选 A。

25. A

【考核点】立体交叉设计交通量与通行能力

【解　析】保证了通行能力最小部位的畅通,也就能保证整个匝道的通行能力适应实际的交通量,应选三者之间的最小值作为匝道的通行能力。

二、多项选择题

1. AC

【考核点】匝道的设计通行能力

【解　析】按照理论通行能力的定义可知,是指单位时间内通过某断面的最大车辆数,所以采用最小的车头时距可以计算,而车头时距可以通过车头间距与运行速度来计算,故也可以采用最小车头间距计算。

2. ABCD

【考核点】路段的通行能力

【解　析】车道宽度、驾驶员的水平、侧向余宽、交通组成(其中大型车的比例)都对基本路段的实际通行能力有影响。

3. AC

【考核点】立体交叉年平均日交通量

【解　析】预测年限初和建成通车后第 1 年不满足使用要求,根据《公路立体交叉设计细则》,故选 AC。

4. AD

【考核点】立体交叉设计小时交通量

【解　析】小时交通量是以小时为计算时段的交通量,是确定车道数、车道宽度和评价服务水平的依据。统计表明,在一天及全年,每小时交通量的变化很大。若以一年中最大的高峰小时交通量作为设计依据,会造成浪费,但如果采用日平均小时交通量则不能满足高峰交通需求,造成交通拥挤或阻塞。为使设计交通量的取值既保证交通安全畅通,又能使工程造价经济、合理,借助一年中每小时交通量的变化曲线来确定设计小时交通量。以第 30 位小时交通量作为设计依据,在一年中只有 29 个小时的交通量超过设计值,会发生拥挤,占全年小时数的 0.33%,而全年 99.67% 的时间能够保证交通畅通。因此,设计小时交通量宜采用第 30 位小时交通量或 20 ~ 40 位小时之间最合理的小时交通量,故选 AD。

5. BC

【考核点】立体交叉设计小时交通量

【解　析】以第 30 位小时交通量作为设计依据,在一年中只有 29 个小时的交通量超过设计值,会发生拥挤,占全年小时数的 0.33%,而全年 99.67% 的时间能够保证交通畅通。因此,设计小时交通量宜采用第 30 位小时交通量或 20 ~ 40 位小时之间最合理的小时交通量,故选 BC。

6. ABC

【考核点】设计小时交通量的计算

【解　析】方向不均匀系数可以进行交通调查,既可现场调查,也可以根据已有交通量观测资料分析,无观测资料,在50% ~60%之间取。

7. BCD

【考核点】设计小时交通量的计算

【解　析】设计小时交通量 = ADT × 设计小时系数 × 方向不均匀系数,而方向不均匀系数在50% ~60%之间取,因此,设计小时交通量在[500,600]pcu/h之间,故选BCD。

8. AB

【考核点】设计小时交通量的应用

【解　析】根据《公路路线设计规范》和《公路立体交叉设计细则》的规定,当匝道的设计小时交通量小于800pcu/h时,匝道标准横断面可选择单车道匝道或双车道匝道(无紧急停车带,且为单车道变速车道)。

9. AB

【考核点】设计小时交通量的应用

【解　析】根据《公路路线设计规范》的规定,当匝道的设计小时交通量等于1000pcu/h时,在不考虑匝道长度时,匝道标准横断面可单车道匝道或双车道匝道(无紧急停车带)。

10. BCD

【考核点】基本路段的实际通行能力

【解　析】根据《公路路线设计规范》的规定,基本路段的实际通行能力 = 设计通行能力 × 交通组成修正系数 × 车道数修正系数 × 驾驶者总体特征修正系数。

11. BCD

【考核点】基本路段的实际通行能力

【解　析】根据《公路路线设计规范》的规定,六车道及其以上高速公路的计算实际通行能力时,车道数修正系数取0.98 ~0.99。

12. ABCD

【考核点】设计小时交通量

【解　析】根据匝道设计交通量可确定匝道类型和设计速度、确定匝道车道数和几何形状、确定匝道部分互通式或完全互通式、确定匝道是否分期修建。

13. AD

【考核点】年平均日交通量和设计小时交通量之间的换算

【解　析】双向年平均日交通量需要考虑方向不均匀系数,单向平均日交通量则无需考虑方向不均匀系数。

14. BCD

【考核点】立体交叉匝道的通行能力

【解　析】匝道的通行能力取决于匝道本身和出、入口处的通行能力,以三者之中最小者作为采用值。

15. AC

【考核点】立体交叉匝道的设计通行能力

【解　析】匝道的设计通行能力与匝道的长度和形式没有关系。因此选AC。

三、案例题

1. C

解：设计小时交通量 = 单向年平均日交通量 × 设计小时系数

所以 A 匝道的设计小时交通量 = 6745 × 0.12 = 809pcu/h。

2. B

解：D 匝道的设计小时交通量 = 8000 × 0.10 = 800pcu/h，而匝道长度为 400m，根据《公路路线设计规范》中关于匝道标准横断面的选择条件可知，当 300pcu/h ≤ 匝道设计小时交通量 < 1200pcu/h，且匝道长度 ≥ 300m 时（或根据《公路立体交叉设计细则》中条件），应考虑超车之需而采用Ⅱ型，即无紧急停车带的双车道匝道，但此时应采用单车道变速车道。

3. C

解：位于陕西，西安市附近的高速公路，查表可知设计小时系数取 9.5%，连接线为双向交通，而设计小时交通量是指单向的，设计小时交通量 = 双向年平均日交通量 × 方向不均匀系数 × 设计小时系数。在没有交通调查资料的情况下，方向不均匀系数取 0.5 ~ 0.6，因此，连接线设计小时交通量应该在（20000 × 0.5 × 0.095，20000 × 0.6 × 0.095）之间，即[950，1140] pcu/h 之间。

4. C

解：高速公路路段的实际行驶速度 v_R 可根据下式计算：

$$v_R = v_D + \Delta v_W + \Delta v_N$$

式中：v_D——设计速度（km/h）；

Δv_W——车道宽度和路侧宽度对设计速度的修正值（km/h）；

Δv_N——车道数对设计速度的修正值（km/h）。

根据题中的已知修正值表，查得：

$\Delta v_W = -3.0 - 1.0 - 1.0 = -5.0$km/h

$\Delta v_N = -8.0$km/h

所以实际行驶速度 $v_R = 80 - 8.0 - 5.0 = 67$km/h。

5. C

解：高速公路路段的实际通行能力应按下式计算：

$$C_r = C_d \times f_{HV} \times f_N \times f_P$$

式中：C_r——高速公路路段的实际通行能力[veh/（h · ln）]；

C_d——与实际行驶速度相对应的高速公路路段设计通行能力[pcu/（h · ln）]；

f_{HV}——交通组成修正系数，按下式计算；

$$f_{HV} = \frac{1}{1 + \sum P_i(E_i - 1)}$$

式中：P_i——中型车、大型车、拖挂车（i）交通量占总交通量的百分比；

E_i——中型车、大型车、拖挂车（i）车辆折算系数；

f_N——六车道及其以上高速公路的车道数修正系数，取 0.98 ~ 0.99；

f_P——驾驶者总体特征修正系数，通过调查确定，通常在 0.95 ~ 1.00 之间。

(1)根据表中数据,计算交通组成修正系数:

$$f_{HV}=\frac{1}{1+0.19\times(3-1)+0.10\times(3-1)+0.01\times(6-1)}=0.613\text{pcu}/(\text{h}\cdot\text{ln})$$

(2)实际通行能力较小值:

$$C_r=1200\times0.613\times0.98\times0.95=685\text{pcu}/(\text{h}\cdot\text{ln})$$

实际通行能力较大值:

$$C_r=1200\times0.613\times0.99\times1.00=729\text{pcu}/(\text{h}\cdot\text{ln})$$

故选项C符合。

第三节　平 面 交 叉

【考试纲要】

1.掌握公路平面交叉的交通管理方式及选择要点,城市道路平面交叉交通组织方式及交叉分类。

2.熟悉公路平面交叉渠化设计要点,城市道路平面交叉进、出口车道设计要点。

【知识点复习】

1.复习要点

考生应掌握公路平面交叉的交通管理方式及管理方式的选择要点,城市道路平面交叉交通组织方式、城市道路平面交叉的分类;熟悉公路平面交叉渠化设计的要点,熟悉城市道路平面交叉进、出口车道设计要点。这些内容均在相应的规范、规程中有明确的规定,考生应归纳总结。

2.规范提示

公路路线交叉的交通管理方式、交通管理方式的选择要点等知识点涉及《公路路线设计规范范》(JTG D20—2006)。城市道路对应的知识点涉及《城市道路工程设计规范》(CJJ 37—2012)、《城市道路交叉口设计规程》(CJJ 152—2010)。

《公路工程技术标准》(JTG B01—2014)对平面交叉斜交的最小角度和岔数做了调整,交叉角由应大于70°调整为45°,岔数由不宜多于4条调整为5条;对平面交叉应做渠化设计的条件也做了调整,规定三级及三级以上公路的平面交叉均应进行渠化设计。这部分应以《公路工程技术标准》(JTG B01—2014)为准。

习题精练

一、单项选择题

1.公路平面交叉交通管理方式选择的依据是(　　)。

A.相交公路的等级、设计速度、性质

B. 相交公路的功能、等级、交通量

C. 相交公路的线形指标

D. 相交公路的地理位置

2. 公路平面交叉交通管理方式包括(　　)交通管理方式。

A. 渠化、部分渠化、非渠化三种

B. 设置专用左转车道、实行交通管制、变左转为右转三种

C. 主路优先交叉、无优先交叉、信号交叉三种

D. 环形交叉、街坊绕行、远引掉头三种

3. 公路平面交叉采用主路优先管理方式的条件是(　　)。

A. 两相交公路虽有主次之别,但交通量均较大

B. 公路功能、等级、交通量有明显差别的两条公路相交

C. 两条相交公路的线形指标一个高、另一个较低时

D. 两条相交公路的等级均低且交通量较小时

4. 公路平面交叉在什么情况下,可采用无优先的交通管理方式(　　)。

A. 两条相交公路的等级一个较高、另一条较低,但交通量都较小时

B. 两条相交公路的等级一样,但交通量较大

C. 两条相交公路的等级均低且交通量较大时

D. 两条相交公路的等级均低且交通量较小时

5. 关于平面交叉信号交通管理方式,下列说法正确的有(　　)。

A. 公路交叉口一般不宜采用,而城市道路的交叉口一般均应该采用

B. 二级公路与三级公路相交时不应该采用

C. 环形交叉的入口因交通量大而出现过多的交通延误时,应该采用

D. 渠化交叉口不宜采用

6. 两条交通量均大,且功能、等级相同的公路平面交叉,应选择哪种交通管理方式(　　)。

A. 主路优先　　B. 无优先

C. 信号交通管理　　D. 渠化交通

7. 两相交公路虽有主次之别,但交通量均较大,为避免出现较频繁的交通事故和过分的交通延误,宜选择哪种交通管理方式(　　)。

A. 主路优先　　B. 无优先

C. 信号交通管理　　D. 渠化交通

8. 主要公路交通量相当大,而次要公路尽管交通量不大,次要公路上的车辆难以遇到可供驶入的主流间隙而引起不可接受的交通延误时,宜选择哪种交通管理方式(　　)。

A. 主路优先　　B. 无优先

C. 信号交通管理　　D. 渠化交通

9. 两相交公路的交通量虽不太大(小于900pcu/h),但有相当数量的行人和非机动车穿越交叉,容易引起交通延误,甚至造成阻塞或交通事故时,宜选择哪种交通管理方式(　　)。

A. 主路优先　　B. 无优先

C. 信号交通管理　　D. 渠化交通

10. 环形交叉的入口因交通量大而出现过多的交通延误时,则入口宜选择哪种交通管理方式( )。

A. 主路优先 B. 无优先

C. 信号交通管理 D. 渠化交通

11. 城市道路平面交叉的交通管理方式包括( )交通管理方式。

A. 渠化、部分渠化、非渠化三种

B. 设置专用左转车道、实行交通管制、变左转为右转三种

C. 信号控制交叉、无信号控制交叉、环形交叉三种

D. 环形交通、街坊绕行、远引掉头三种

12. 城市道路平面交叉按交通管理方式分为( )。

A. 十字交叉、T 形交叉、环形交叉三种

B. 加铺转角、拓宽路口、分道转弯式三种

C. 平 A 类、平 B 类、平 C 类三种

D. 平Ⅰ类、平Ⅱ类、平Ⅲ类三种

13. 城市道路平面交叉中的平 A_1 类是指( )。

A. 交通信号控制,进出口道展宽交叉口

B. 交通信号控制,进出口道不展宽交叉口

C. 支路只准右转通行的交叉口

D. 减速让行或停车让行标志管制交叉

14. 城市道路平面交叉中的平 A_2 类是指( )。

A. 交通信号控制,进出口道展宽交叉口

B. 交通信号控制,进出口道不展宽交叉口

C. 支路只准右转通行的交叉口

D. 减速让行或停车让行标志管制交叉

15. 城市道路平面交叉中的平 B_1 类是指( )。

A. 交通信号控制,进出口道展宽交叉口

B. 交通信号控制,进出口道不展宽交叉口

C. 支路只准右转通行的交叉口

D. 减速让行或停车让行标志管制交叉

16. 城市道路平面交叉中的平 B_2 类是指( )。

A. 交通信号控制,进出口道展宽交叉口

B. 交通信号控制,进出口道不展宽交叉口

C. 支路只准右转通行的交叉口

D. 减速让行或停车让行标志管制交叉

17. 城市道路平面交叉中的平 B_3 类是指( )。

A. 交通信号控制,进出口道不展宽交叉口

B. 支路只准右转通行的交叉口

C. 减速让行或停车让行标志管制交叉

D. 全无管制交叉口

18. 城市道路平面交叉中的平 C 类是指(　　)。

A. 交通信号控制,进出口道不展宽交叉口

B. 支路只准右转通行的交叉口

C. 减速让行或停车让行标志管制交叉

D. 环形交叉口

19. 城市道路平面交叉推荐形式的选择主要依据是(　　)。

A. 相交道路的设计速度

B. 相交道路的设计等级

C. 相交道路的红线宽度

D. 相交道路的通行能力

20. 城市道路两条主干路之间、两条次干路之间或主干路与次干路的平面交叉推荐形式宜采用(　　)。

A. 平 A_1 类　　B. 平 A_2 类

C. 平 B_1 类　　D. 平 B_2 类

21. 城市道路主干路与次干路的平面交叉推荐形式宜采用(　　)。

A. 平 A_1 类　　B. 平 A_2 类

C. 平 B_1 类　　D. 平 B_2 类

22. 城市道路主干路与支路的平面交叉推荐形式宜采用(　　)。

A. 平 A_1 类　　B. 平 A_2 类

C. 平 B_1 类　　D. 平 B_2 类

23. 城市道路次干路与支路的平面交叉推荐形式宜采用(　　)。

A. 平 A_1 类　　B. 平 A_2 类

C. 平 B_1 类　　D. 平 B_2 类

24. 公路平面交叉必须要做渠化设计的条件有(　　)。

A. 两条二级公路相交

B. 两条三级公路相交

C. 平面交叉中有两车道及其以上的多车道公路

D. 平面交叉中有四车道及其以上的多车道公路

25. 两条二级公路平面交叉,对渠化的要求是(　　)。

A. 必须渠化　　B. 应该渠化

C. 不做渠化　　D. 随便

26. 两条公路平面交叉,可不做渠化设计的条件是(　　)。

A. 四车道公路的平面交叉

B. 二级公路的平面交叉

C. 三级公路的平面交叉转弯交通量较大

D. 三级公路与四级公路的交通量较小

27. 公路渠化平面交叉,若专辟右转弯车道时,应设置(　　)。

A. 导流岛　　B. 分隔岛　　C. 中心岛　　D. 安全岛

28. 公路渠化平面交叉，左转车道与对向直行车道间应设置(　　)。

A. 导流岛　　B. 分隔岛　　C. 中心岛　　D. 安全岛

29. 渠化平面交叉采用的交通岛按是否强制分隔，分为(　　)。

A. 导流岛、分隔岛

B. 凸起式岛、浅碟式岛

C. 中心岛、安全岛

D. 实体岛、隐形岛

30. 主要公路设计速度大于或等于 60km/h 时，应在主要公路上增设(　　)车道和(　　)车道。

A. 爬坡；爬坡　　B. 减速分流；加速汇流

C. 避险；避险　　D. 变速；变速

31. 左转交通量不是很小时，下列公路平面交叉，应在主要公路上增设左转弯车道的是(　　)。

A. 四车道公路　　B. 两车道公路

C. 四级公路　　D. 三级公路

32. 左公路平面交叉设置右转专用车道，变速车道为非等宽渐变式时，其渐变段长度应不小于按减速时(　　)或加速时(　　)侧移率变换车道的计算值。

A. 0.6；1.0　　B. 1.0；1.0　　C. 1.0；0.6　　D. 1.0；1.0

33. 城市道路渠化平面交叉进口道车道数应(　　)上游路段的车道数。

A. 小于　　B. 大于　　C. 等于　　D. 都行

34. 城市道路渠化平面交叉进口道车道宽度不宜小于(　　)。

A. 2.5m　　B. 3.0m　　C. 3.5m　　D. 3.75m

35. 城市道路渠化平面交叉出口道车道宽度宜(　　)。

A. 不小于 3.0m

B. 大于 3.5m

C. 与路段一致

D. 大于路段车道宽度

二、多项选择题

1. 公路平面交叉按交通管理方式包括(　　)。

A. 主路优先交叉

B. 无优先交叉

C. 信号交叉

D. 渠化交叉

2. 公路平面交叉在什么情况下采用主路优先的交通管理方式(　　)。

A. 公路功能、等级、交通量没有明显差别的两条公路相交

B. 公路功能、等级、交通量有明显差别的两条公路相交

C. 交通量较小的 T 形交叉应采用

D. 交通量较大的 T 形交叉应采用

3. 下列情况下,公路宜采用信号交通管理方式的是(　　)。

A. 难用“主路优先”管理时

B. 采用“主路优先”管理方式会出现较频繁的交通事故和过分交通延误时

C. 次要公路上的车辆难以遇到可供驶入的主流间隙时

D. 次要公路上的车辆必须冒险才能驶入时

4. 下列情况下,公路宜采用信号交通管理方式的是(　　)。

A. 公路功能、等级、交通量有明显差别的两条公路相交

B. 相交两条公路的等级均低且交通量较小时

C. 有相当数量的行人和非机动车穿越而引起交通延误、阻塞或交通事故时

D. 环形交叉的入口因交通量大而出现过多的交通延误时

5. 城市道路平面交叉交通管理方式包括(　　)。

A. 信号控制

B. 无信号控制

C. 环形交叉

D. 绕街区运行

6. 城市道路平面交叉按交通管理方式分为(　　)。

A. 平 A 类、平 B 类、平 C 类三种

B. 渠化、部分渠化、非渠化三种

C. 信号控制交叉、无信号控制交叉、环形交叉三种

D. 信号控制、交警指挥、其他三种

7. 关于城市道路平面交叉平 A 类,下列说法正确的有(　　)。

A. 平 A 类分为两类

B. 平 A 类分为三类

C. 平 A_1 类是指交通信号控制,进出口道展宽交叉口

D. 平 A_2 类是指交通信号控制,进出口道不展宽交叉口

8. 关于城市道路平面交叉平 B 类,下列说法正确的有(　　)。

A. 平 B 类是指信号控制的平面交叉

B. 平 B 类分为三类

C. 平 B_1 类是指支路只准右转通行的交叉口

D. 平 B_2 类是指:减速让行或停车让行标志管制交叉口

9. 城市道路两支路之间的平面交叉推荐形式宜采用(　　)。

A. 平 A_2 类　　B. 平 B_1 类

C. 平 B_2 类　　D. 平 B_3 类

10. 城市道路主干路与支路的平面交叉形式可采用(　　)。

A. 平 A_1 类　　B. 平 A_2 类

C. 平 B_1 类　　D. 平 B_2 类

11. 城市道路次干路与支路的平面交叉形式可采用(　　)。

A. 平 A_1 类　　B. 平 A_2 类

C. 平 B_1 类　　D. 平 B_2 类

12. 城市道路支路与支路的平面交叉推荐采用的形式有(　　)。

A. 平 A_2 类　　B. 平 B_2 类

C. 平 B_3 类　　D. 平 C 类

13. 城市道路支路与支路的平面交叉形式可采用(　　)。

A. 平 A_2 类　　B. 平 B_2 类

C. 平 B_3 类　　D. 平 C 类

14. 两条公路平面交叉,下列条件应做渠化设计的是(　　)。

A. 四车道公路的平面交叉

B. 二级公路的平面交叉

C. 三级公路的平面交叉转弯交通量较大

D. 三级公路与四级公路的交通量较小

15. 两条公路的等级和交通量情况如下,其设置平面交叉时应做渠化设计的是(　　)。

A. 交通量较小的三级公路与交通量较小的四级公路

B. 交通量较大的三级公路与交通量较小的四级公路

C. 二级公路与交通量较小的四级公路

D. 二级公路与交通量较大的四级公路

16. 公路渠化平面交叉,下列条件应设置导流岛(　　)。

A. 需专辟右转弯车道时

B. 信号交叉中,左转弯为两条车道时,左转车道与同向直行车道间

C. 左转车道与对向直行车道间应设置

D. T 形交叉中,次要公路引道上的两左转弯行迹间

17. 公路渠化平面交叉,下列条件应设置分隔岛(　　)。

A. 需专辟右转弯车道时。

B. 左转车道与对向直行车道间应设置

C. T 形交叉中,次要公路引道上的两左转弯行迹间

D. 对向行车道间需提供行人越路的避险场所

18. 渠化平面交叉是指利用(　　)把不同方向和速度的车辆划分车道行驶。

A. 分车线　　B. 信号控制

C. 分隔带　　D. 交通岛

19. 一级公路、二级公路的平面交叉中,下列情况应设置右转弯车道的有(　　)。

A. 斜交角接近于 70°的锐角象限

B. 交通量较大,右转弯交通会引起不合理的交通延误时

C. 右转弯车流中重车比例较大时

D. 右转弯行驶速度大于 30km/h 时

20. 二级公路的平面交叉中,下列情况应设置左转弯车道的有(　　)。

A. 与高速、一级公路互通式立体交叉连接线相交时
B. 非机动车较多且未设置慢车道时
C. 左转弯车流中重车比例较大时
D. 左转弯交通会引起交通拥阻或交通事故时

21. 公路平面交叉设置有右转弯变速车道式,应采用渐变式变速车道的是(　　)。
A. 公路的设计速度为 80km/h,且直行交通量较大
B. 公路的设计速度为 60km/h,且直行交通量较大
C. 公路的设计速度为 40km/h,且直行交通量较大
D. 公路的设计速度为 40km/h,且直行交通量较小

22. 城市道路进口道设置左转专用车道可采用的方法有(　　)。
A. 展宽进口道,新增左转专用车道
B. 压缩较宽的中央分隔带,新辟左转专用车道
C. 道路中线偏移,新增左转专用车道
D. 在原直行车道中分出左转专用车道

23. 城市道路进口道设置右转专用车道可采用的方法有(　　)。
A. 展宽右侧进口道,新增右转专用车道
B. 压缩较宽的中央分隔带,新辟右转专用车道
C. 道路中线偏移,新增右转专用车道
D. 在原直行车道中分出右转专用车道

24. 关于城市道路设置左转专用车道,下列说法正确的有(　　)。
A. 城市道路平面交叉口均应设置左转专用车道
B. 当高峰 15min 内每信号周期左转车平均流量达 2 辆时,宜设置
C. 当每信号周期左转车平均流量达 10 辆,宜设两条左转专用车道
D. 当需要的左转专用车道长度达 90m 时,宜设两条左转专用车道

25. 关于城市道路平面交叉进口道长度,下列说法正确的有(　　)。
A. 进口道长度由展宽渐变段长度与展宽段长度组成
B. 渐变段长度按车辆以 70% 路段设计车速行驶 1s 横移一条车道计算
C. 展宽段最小长度应保证转弯车辆不受相邻候驶车辆排队长度的影响
D. 展宽段最小长度宜大于等于 9 倍的高峰 15min 内每信号周期转弯车辆数

26. 城市道路进口道长度包括(　　)。
A. 减速段　　　　B. 展宽渐变段
C. 展宽段　　　　D. 排队等候段

27. 关于进口道中的渐变段最小长度,下列说法正确的有(　　)。
A. 支路不宜小于 20m
B. 次干路不宜小于 25m
C. 主干路不宜小于 30 ~ 35m
D. 快速路不宜小于 40 ~ 50m

28. 关于进口道中的展宽段最小长度,下列说法正确的有(　　)。

A. 支路不宜小于 30 ~ 40m
B. 次干路不宜小于 50 ~ 70m
C. 主干路不宜小于 70 ~ 90m
D. 快速路不宜小于 90 ~ 110m

◈ 习题参考答案及解析 ◈

一、单项选择题

1. B

【考核点】公路平面交叉交通管理方式

【解　析】A 不全面,C 不是平面交叉交通管理方式选择的依据,D 与平面交叉交通管理方式无关,应选 B。

2. C

【考核点】公路平面交叉交通管理方式

【解　析】A 是指交通渠化程度,B 是平面交叉的左转交通的组织方式,D 是变左转为右转的交通组织实现方式,应选 C。

3. B

【考核点】平面交叉交通管理方式

【解　析】A 应采用信号交通管理,C 不是平面交叉交通管理方式选择的依据,D 应选择无优先交叉交通管理方式,应选 B。

4. D

【考核点】平面交叉交通管理方式

【解　析】A 应采用主路优先管理方式,B、C 应采用信号交通管理,因此选 D。

5. C

【考核点】平面交叉交通管理方式

【解　析】公路和城市道路平面交叉都可以采用,所以 A 不对;仅仅凭公路等级无法选择交通管理方式,所以 B 不对;平面交叉交通管理方式与是否渠化没有关系。应选 C。

6. C

【考核点】公路平面交叉交通管理方式

【解　析】当两者交通量均大,且功能、等级相同,无法分清主次时,应选择信号控制的交通管理方式。

7. C

【考核点】公路平面交叉交通管理方式

【解　析】根据公路平面交叉交通管理方式选择的依据,应选 C。

8. C

【考核点】公路平面交叉交通管理方式

【解　析】根据公路平面交叉交通管理方式选择的依据,应选 C。

9. C

【考核点】公路平面交叉交通管理方式

【解 析】根据公路平面交叉交通管理方式选择的依据,应选 C。

10. C

【考核点】公路平面交叉交通管理方式

【解 析】根据公路平面交叉交通管理方式选择的依据,应选 C。

11. C

【考核点】城市道路平面交叉交通管理方式

【解 析】A 是指交通渠化程度,B 是平面交叉的左转交通的组织方式,D 是变左转为右转的交通组织实现方式,根据《城市道路工程设计规范》应选 C。

12. C

【考核点】城市道路平面交叉分类

【解 析】根据《城市道路工程设计规范》中关于平面交叉的分类,平 A 类是指信号控制交叉、平 B 类是指无信号控制交叉、平 C 类是指环形交叉,应选 C。

13. A

【考核点】城市道路平面交叉分类

【解 析】根据《城市道路工程设计规范》中关于平面交叉的分类,应选 A。

14. B

【考核点】城市道路平面交叉分类

【解 析】根据《城市道路工程设计规范》中关于平面交叉的分类,应选 B。

15. C

【考核点】城市道路平面交叉分类

【解 析】根据《城市道路工程设计规范》中关于平面交叉的分类,应选 C。

16. D

【考核点】城市道路平面交叉分类

【解 析】根据《城市道路工程设计规范》中关于平面交叉的分类,应选 D。

17. D

【考核点】城市道路平面交叉分类

【解 析】根据《城市道路工程设计规范》中关于平面交叉的分类,应选 D。

18. D

【考核点】城市道路平面交叉分类

【解 析】根据《城市道路工程设计规范》中关于平面交叉的分类,应选 D。

19. B

【考核点】城市道路平面交叉分类

【解 析】根据《城市道路工程设计规范》中关于平面交叉的分类,应选 B。

20. A

【考核点】城市道路平面交叉分类

【解 析】根据《城市道路工程设计规范》中关于平面交叉选型的要求,应选 A。

21. A

【考核点】城市道路平面交叉分类

【解　析】根据《城市道路工程设计规范》中关于平面交叉选型的要求，应选A。

22. C

【考核点】城市道路平面交叉分类

【解　析】根据《城市道路工程设计规范》中关于平面交叉选型的要求，应选C。

23. D

【考核点】城市道路平面交叉分类

【解　析】根据《城市道路工程设计规范》中关于平面交叉选型的要求，应选D。

24. D

【考核点】公路平面交叉渠化设计要点

【解　析】根据《公路路线设计规范》中关于平面交叉渠化设计的要求，应选D。

25. B

【考核点】公路平面交叉渠化设计要点

【解　析】根据《公路路线设计规范》中关于平面交叉渠化设计的要求，应选B。

26. D

【考核点】公路平面交叉渠化设计要点

【解　析】根据《公路路线设计规范》中关于平面交叉渠化设计的要求，应选D。

27. A

【考核点】公路平面交叉渠化设计要点

【解　析】根据《公路路线设计规范》中关于平面交叉渠化设计的要求，应选A。

28. B

【考核点】公路平面交叉渠化设计要点

【解　析】根据《公路路线设计规范》中关于平面交叉渠化设计的要求，应选B。

29. D

【考核点】公路平面交叉渠化设计要点

【解　析】采用由缘石围成的交通岛为实体岛，能强制隔离车辆，采用标线示出的交通岛为隐形岛，无法强制分隔。

30. B

【考核点】公路平面交叉渠化设计要点

【解　析】主要公路设计速度较高时，应主要公路上增设减速分流车道和加速汇流车道。

31. A

【考核点】公路平面交叉渠化设计要点

【解　析】四车道公路除左转交通量很小者外，均应在平面交叉范围内设置左转弯车道。

32. C

【考核点】公路平面交叉渠化设计要点

【解　析】见《公路路线设计规范》中关于平面交叉的变速车道设计要点。

33. B

【考核点】城市道路平面交叉渠化设计要点

【解　析】平面交叉转弯车速慢,通行能力降低,为提高平面交叉口的通行能力,进口道车道数应大于上游路段的车道数,应选 B。

34. B

【考核点】城市道路平面交叉渠化设计要点

【解　析】根据《城市道路交叉口设计规程》中关于平面交叉渠化设计的要求,应选 B。

35. C

【考核点】城市道路平面交叉渠化设计要点

【解　析】出口道车速较入口快,接近路段的设计速度,应选 C。

二、多项选择题

1. ABC

【考核点】公路平面交叉交通管理方式

【解　析】根据《公路路线设计规范》,应选 C。

2. AD

【考核点】公路平面交叉交通管理方式

【解　析】根据《公路路线设计规范》,应选 AD。

3. ABCD

【考核点】公路平面交叉交通管理方式

【解　析】根据《公路路线设计规范》,应选 ABCD。

4. CD

【考核点】公路平面交叉交通管理方式

【解　析】根据《公路路线设计规范》,A 应设置主路优先交叉交通管理方式,B 应采用无优先交叉交通管理方式,应选 CD。

5. ABC

【考核点】城市道路平面交叉交通管理方式

【解　析】D 是左转交通的组织方式,根据《城市道路工程设计规范》,应选 ABC。

6. AC

【考核点】城市道路平面交叉交通管理方式

【解　析】B 是指交通渠化程度,交警指挥也是信号控制的一种形式,根据《城市道路工程设计规范》,应选 AC。

7. ACD

【考核点】城市道路平面交叉交通管理方式

【解　析】根据《城市道路工程设计规范》,应选 ACD。

8. BCD

【考核点】城市道路平面交叉交通管理方式

【解　析】平 B 类是无信号控制的平面交叉，A 错误，其余正确，应选 BCD。

9. CD

【考核点】城市道路平面交叉类型选择

【解　析】根据《城市道路工程设计规范》中关于平面交叉选型的要求，应选 CD。

10. AC

【考核点】城市道路平面交叉类型选择

【解　析】根据《城市道路工程设计规范》中关于平面交叉选型的要求，应选 AC。

11. ACD

【考核点】城市道路平面交叉类型选择

【解　析】根据《城市道路工程设计规范》中关于平面交叉选型的要求，应选 ACD。

12. BC

【考核点】城市道路平面交叉类型选择

【解　析】根据《城市道路工程设计规范》中关于平面交叉选型的要求，应选 BC。

13. ABCD

【考核点】城市道路平面交叉类型选择

【解　析】根据《城市道路工程设计规范》中关于平面交叉选型的要求，应选 ABCD。

14. ABC

【考核点】公路平面交叉渠化设计要点

【解　析】根据《公路路线设计规范》中关于平面交叉渠化设计的要求，应选 ABC。

15. BCD

【考核点】公路平面交叉渠化设计要点

【解　析】根据《公路路线设计规范》，A 可不做渠化设计，与二级公路相交的平面交叉都应做渠化设计，应选 BCD。

16. AB

【考核点】公路平面交叉渠化设计要点

【解　析】根据《公路路线设计规范》中关于平面交叉渠化设计的要求，应选 AB。

17. BCD

【考核点】公路平面交叉渠化设计要点

【解　析】根据《公路路线设计规范》中关于平面交叉渠化设计的要求，应选 BCD。

18. ACD

【考核点】平面交叉渠化设计要点

【解　析】信号控制不是渠化的工具和方法，应选 ACD。

19. ABCD

【考核点】公路平面交叉渠化设计要点

【解　析】根据《公路路线设计规范》中关于平面交叉渠化设计的要求，上述情况均应设置。

20. ABD

【考核点】公路平面交叉渠化设计要点

【解　析】根据《公路路线设计规范》中关于平面交叉渠化的左转弯车道设计的要求，应选 ABD。

21. BCD

【考核点】公路平面交叉渠化设计要点

【解　析】根据《公路路线设计规范》，公路的设计速度大于或等于 80km/h，且直行交通量较大时，右转弯变速车道应采用附渐变段的等宽车道，其余情况采用渐变式变速车道，所以应选 BCD。

22. ABCD

【考核点】城市道路平面交叉进、出口道设计要点

【解　析】根据相交道路具体情况，可采取上述方法。

23. AD

【考核点】城市道路平面交叉进、出口道设计要点

【解　析】设置右转专用车道，不能在中央分隔带和道路中线上向办法，只能拓宽右侧，或将右侧的直行车道划分为右转专用道。

24. BCD

【考核点】城市道路平面交叉进、出口道设计要点

【解　析】根据《城市道路交叉口设计规程》中关于进口道设置原则，应选 BCD。

25. ACD

【考核点】城市道路平面交叉进、出口道设计要点

【解　析】根据《城市道路交叉口设计规程》中关于进口道设置原则，选项 B 应为 70% 路段设计车速行驶 3s 横移一条车道，其余正确，应选 ACD。

26. BC

【考核点】城市道路平面交叉进、出口道设计要点

【解　析】选项 A、D 是确定展宽段是应考虑的因素，应选 BC。

27. ABC

【考核点】城市道路平面交叉进、出口道设计要点

【解　析】快速路不设置平面交叉，根据《城市道路交叉口设计规程》中关于平面交叉选型的要求，应选 ABC。

28. ABC

【考核点】城市道路平面交叉进、出口道设计要点

【解　析】快速路不设置平面交叉，根据《城市道路交叉口设计规程》中关于平面交叉选型的要求，应选 ABC。

第四节　立体交叉

【考试纲要】

1. 掌握公路立体交叉分类及各级公路选择立交的依据。（城市道路：立体交叉分类及选型要点）

2. 掌握公路互通式立体交叉间距规定。(城市道路:快速路主线上相邻出入口间距)

3. 掌握互通式立体交叉一致性设计和车道平衡设计原则等。

4. 熟悉公路(城市道路)互通式立体交叉常用形式及方案选择要点。

5. 了解公路(城市道路)互通式立体交叉连接部设计要点。

【知识点复习】

1. 复习要点

考生应在了解公路立体交叉分类分类原则的基础,掌握公路立体交叉分类方法和分类体系,在此基础上掌握各级公路之间交叉时,选择不同类型立交的依据;同时也要根据《城市道路工程设计规范》掌握城市道路立体交叉分类及选型要点。

考生应掌握公路互通式立体交叉各种间距的有关规定,掌握城市道路快速路主线上相邻出入口间距的规定。掌握互通式立体交叉一致性设计和车道平衡设计的基本原则,明确那些情况会导致车道数不平衡。熟悉公路和城市道路互通式立体交叉常用形式及方案选择要点。了解公路和城市道路互通式立体交叉连接部设计要点。

2. 规范提示

上述知识点涉及《公路工程技术标准》(JTC B01—2014)、《公路路线设计规范》(JTG D20—2006),均为现行规范。其中,公路立体交叉设计的有关内容还涉及《公路立体交叉设计细则》(JTG/T D21—2014)。城市道路对应的知识点涉及《城市道路工程设计规范》(CJJ 37—2012)、《城市道路交叉口设计规程》(CJJ 152—2010)。

《公路工程技术标准》(JTG B01—2014)对设置立体交叉的条件略做了调整,规定“二、三、四级公路间的交叉,直行交通量大时,宜采用立体交叉”,强调了是直行交通量较大时。对设置互通式立体交叉和分离式立体交叉的条件也做了更加明确的规定。这部分内容分应以《公路工程技术标准》(JTC B01—2014)的规定为准。

一、单项选择题

1. 立体交叉按交通功能分为(　　)。

   A. 分离式立体交叉和互通式立体交叉

   B. 部分互通式立体交叉和全互通式立体交叉

   C. 公路立体交叉和城市道路立体交叉

   D. 铁路立体交叉和人行立体交叉

2. 互通式立体交叉按转弯方向连通程度分为(　　)

   A. 分离式立体交叉和互通式立体交叉

   B. 部分互通式立体交叉、全互通式立体交叉

   C. 公路立体交叉和城市道路立体交叉

   D. 三路立体交叉、四路立体交叉、多路立体交叉

3. 互通式立体交叉按交叉道路条数分为(　　)。

A. 三路、四路及多路立体交叉

B. 分离式立体交叉和互通式立体交叉

C. 部分互通式立体交叉和完全互通式立体交叉

D. 枢纽和一般互通式立体交叉

4. 互通式立体交叉按相交道路的等级分为(　　)。

A. 三路、四路及多路立体交叉

B. 分离式和互通式立体交叉

C. 部分互通式立体交叉和完全互通式立体交叉

D. 枢纽和一般互通式立体交叉

5. 互通式立体交叉按相交道路的跨越方式分为(　　)。

A. 上跨式和下穿式

B. 分离式和互通式立体交叉

C. 部分互通式立体交叉和完全互通式立体交叉

D. 枢纽和一般互通式立体交叉

6. 高速公路与其他公路相交,必须采用(　　)。

A. 渠化平面交叉口

B. 带有专用左右转车道的平面交叉口

C. 环形平面交叉

D. 立体交叉

7. 一级公路同交通量大的其他公路交叉,宜采用(　　)。

A. 立体交叉

B. 渠化平面交叉口

C. 环形平面交叉

D. 带有专用左右转车道的平面交叉口

8. 高速公路同通往县城的主要公路相交处应设置成(　　)。

A. 互通式立体交叉　　B. 分离式立体交叉

C. 渠化平面交叉口　　D. 信号平面交叉口

9. 高速公路同其他各级公路交叉,除因交通转换而设置互通式立体交叉外,均必须设置(　　)。

A. 互通式立体交叉　　B. 分离式立体交叉

C. 渠化平面交叉口　　D. 信号平面交叉口

10. 关于城市道路互通式立体交叉分类,下列说法正确的是(　　)。

A. 立 A 类是指枢纽立交,立 B 类是指分离式立交,立 C 类是指一般立交

B. 立 A 类是指枢纽立交,立 B 类是指一般立交,立 C 类是指分离式立交

C. 立 A 类是指分离式立交,立 B 类是指一般立交,立 C 类是枢纽指立交

D. 立 A 类是指分离式立交,立 B 类是指枢纽立交,立 C 类是指一般立交

11. 关于城市道路互通式立体交叉形式选择,下列说法正确的是(　　)。

A. 快速路之间推荐选择立 C 类

B. 快速路与主干路之间推荐选择立 B 类

C. 快速路与次干路之间推荐选择立 A 类

D. 快速路与支路之间推荐选择立 A_2 类

12. 城市道路快速路之间的立体交叉推荐选用(　　)。

A. 立 A_1 类　　B. 立 A_2 类　　C. 立 B 类　　D. 立 C 类

13. 城市道路快速路与主干路的立体交叉推荐选用(　　)。

A. 立 A_1 类　　B. 立 A_2 类　　C. 立 B 类　　D. 立 C 类

14. 城市道路快速路与次干路的立体交叉推荐选用(　　)。

A. 立 A_1 类　　B. 立 A_2 类　　C. 立 B 类　　D. 立 C 类

15. 大城市、重要工业园区附近的高速公路上互通式立体交叉的平均间距宜为(　　)km。

A. 2 ~ 4　　B. 3 ~ 5　　C. 5 ~ 10　　D. 15 ~ 25

16. 大城市和重要工业园区外的其他地区的高速公路上互通式立体交叉的平均间距宜为(　　)km。

A. 2 ~ 4　　B. 3 ~ 5　　C. 5 ~ 10　　D. 15 ~ 25

17. 高速公路上相邻互通式立体交叉的最小间距,不宜小于(　　)km。

A. 1　　B. 2　　C. 3　　D. 4

18. 因路网结构或其他特殊情况限制,经论证相邻互通式立体交叉的间距需适当减小时,间距的最小值可为 1km,此间距是指前一个立体交叉的(　　)至下一个立体交叉的(　　)之间的距离。

A. 交叉点;交叉点

B. 加速车道合流小鼻点;减速车道分流小鼻点

C. 加速车道终点;减速车道起点

D. 加速车道渐变段终点;减速车道渐变段起点

19. 高速公路上相邻互通式立体交叉的最大间距,不宜超过(　　)km。

A. 20　　B. 30　　C. 40　　D. 50

20. 当高速公路上相邻互通式立体交叉的最大间距超过 30km 时,应设置(　　)。

A. 服务区

B. 停车区

C. 中央分隔带开口掉头设施

D. 与主线立体分离的"U 形转弯"设施

21. 条件受限制时,互通式立体交叉与服务区、停车区、公共汽车停靠站之间的距离可适当减小,但上一入口终点至下一个出口起点的距离不应小于(　　)m。

A. 200　　B. 500　　C. 1000　　D. 1500

22. 条件受限制时,隧道出口至前方互通式立体交叉减速车道渐变段起点的距离不应小于(　　)m。

A. 200　　B. 500　　C. 1000　　D. 1500

23. 设计速度 100km/h 的城市道路快速路上两相邻连续出口之间的最小间距为(　　)m。

A. 260　　B. 460　　C. 760　　D. 1270

24. 设计速度 80km/h 的城市道路快速路上两相邻出、入口之间的最小间距为(　　)m。

A. 210　　B. 610　　C. 760　　D. 1020

25. 设计速度 60km/h 的城市道路快速路上两相邻入、出口之间的最小间距为(　　)m。

A. 160　　B. 460　　C. 760　　D. 1020

26. 城市道路快速路上两相邻出入口之间的最小间距随着设计速度的增加而(　　)。

A. 减少　　B. 增加　　C. 不变　　D. 先增加后减少

27. 关于高速公路互通式立体交叉出口的一致性,说法正确的是(　　)。

A. 同一侧宜设置连续多个出口,以便分别驶出

B. 有条件时分流端部宜统一设置于交叉点之后

C. 有条件时分流端部宜统一设置于交叉点之前

D. 高速公路全线的每个出口应根据各自的特点,采用独特的形式

28. 根据高速公路互通式立体交叉车道数平衡的基本原则,两条车流合流后正线上的车道数应不少于合流前交汇道路上所有车道数总和(　　)。

A. 加 1　　B. 减 1　　C. 不变　　D. 减 2

29. 根据高速公路互通式立体交叉车道数平衡的基本原则,正线上的车道数应不少于分流后分岔道路的所有车道数总和(　　)。

A. 加 1　　B. 减 1　　C. 不变　　D. 减 2

30. 根据高速公路互通式立体交叉车道数平衡的基本原则,正线上一个方向的车道数每次减少不应多于(　　)条。

A. 1　　B. 2　　C. 3　　D. 4

31. 在分、合流处,既要保持车道数平衡,又要保持基本车道数连续,如两者发生矛盾时,可通过在分流点前或合流点后的正线上增设(　　)的办法来解决。

A. 减速车道　　B. 加速车道　　C. 集散车道　　D. 辅助车道

32. 关于喇叭形互通式立体交叉,下列说法正确的是(　　)。

A. 经环形左转匝道驶入主线为 B 型,安全性较差

B. 经环形左转匝道驶出主线为 B 型,安全性较好

C. 经环形左转匝道驶入主线为 A 型,安全性较好

D. 经环形左转匝道驶出主线为 A 型,安全性较差

33. 喇叭形互通式立体交叉的布置应与转弯交通量的分布结合,应将(　　)。

A. 环形匝道设置在左转弯交通量大的方向上

B. 环形匝道设置在左转弯交通量小的方向上

C. 环形匝道设置在右转弯交通量大的方向上

D. 环形匝道设置在右转弯交通量小的方向上

34. 为消除苜蓿叶形互通式立体交叉正线上的交织,避免双重出口,使标志简化,提高通行能力和行车安全,常在正线的外侧增设(　　)。

A. 集散车道　　B. 变速车道　　C. 爬坡车道　　D. 辅助车道

35. 可作为苜蓿叶形互通式立体交叉前期工程的立交形式是(　　)。

A. A 形喇叭形　　B. 子叶形　　C. B 形喇叭形　　D. Y 形

36. 关于高速公路上苜蓿叶互通式立体交叉适用性，下列说法正确的是(　　)。

A. 适用于左转交通量较小的一般互通式立体交叉

B. 适用于左转交通量较大的一般互通式立体交叉

C. 适用于左转交通量较小的枢纽互通式立体交叉

D. 适用于左转交通量较大的枢纽互通式立体交叉

37. 一座互通式立体交叉以设(　　)座收费站为宜。

A. 1　　B. 2　　C. 3　　D. 4

38. 一座高速公路互通式立体交叉是否收费对该立体交叉形式选择的影响(　　)。

A. 较小　　B. 较大

C. 基本没有影响　　D. 不好说

39. 高速公路与三级公路十字交叉，可选择的收费互通式立体交叉形式有(　　)。

A. 苜蓿叶形　　B. 涡轮形

C. 喇叭形 + 平面交叉　　D. 渠化平面交叉

40. 涡轮形互通式立交的四条左转弯匝道的形式是(　　)。

A. 定向式(或直接式)　　B. 半定向式(或半直接式)

C. 间接式(或环形)　　D. 自由式

41. Y 形互通式立体交叉适用于(　　)。

A. 左转弯速度低，且交通量小的枢纽互通式立体交叉

B. 左转弯速度高，且交通量小的枢纽互通式立体交叉

C. 左转弯速度低，且交通量大的枢纽互通式立体交叉

D. 左转弯速度高，且交通量大的枢纽互通式立体交叉

42. 分、合流鼻端的匝道部分应具有与行驶速度相应的较高的平面线形指标和流畅的线形，其中分流鼻处的平面线形指标应比合流鼻处的平面线形指标(　　)。

A. 高　　B. 低　　C. 一样　　D. 没有规定

43. 为给误行车辆提供返回的余地，行车道边缘应设置偏置加宽值，因此偏置加宽应该设置在(　　)两侧，对主线和匝道的硬路肩加宽。

A. 合流鼻　　B. 分流鼻　　C. 分流点　　D. 分流点

44. 当不能保证主线出入口间的应有距离或遇转弯车流的紧迫交织干扰主线车流时，应采用与主线相分隔的(　　)将出入口串联起来。

A. 变速车道　　B. 辅助车道　　C. 爬坡车道　　D. 集散车道

45. 根据我国《公路路线设计规范》的规定，位于直线路段的单车道变速车道，减速车道和加速车道宜分别采用(　　)。

A. 直接式、平行式　　B. 直接式、直接式

C. 平行式、直接式　　D. 平行式、平行式

46. 根据我国《公路路线设计规范》的规定，位于直线路段的双车道变速车道，减速车道和加速车道宜分别采用(　　)。

A. 直接式、平行式　　B. 直接式、直接式

C. 平行式、直接式　　　　D. 平行式、平行式

47. 减速段长度是指渐变段车道宽达(　　)宽的位置与分流鼻之间的距离。

A. 半个车道　　B. 一个车道　　C. 一个路缘带　　D. 一个硬路肩

48. 当正线纵坡大于(　　)时,下坡路段的减速车道长度和上坡路段的加速车道长度应根据正线纵坡度大小予以修正。

A. 2%　　B. 3%　　C. 4%　　D. 5%

49. 平行式变速车道位于主线曲线内侧时,变速车道的线形应(　　)。

A. 线形分岔点以外宜采用直线

B. 线形分岔点以外宜采用S形回旋线

C. 线形分岔点以外宜采用大半径圆曲线

D. 线形分岔点以外宜采用卵形回旋线或复合回旋线

50. 辅助车道的宽度与主线的车道宽度(　　),且与主线车道间不设路缘带。

A. 宽　　B. 窄　　C. 相同　　D. 没有规定

51. 辅助车道右侧的硬路肩,其宽度一般与正常路段的主线硬路肩相同;用地或其他条件受限制时可减窄,但不得小于(　　)m。

A. 1.0　　B. 1.5　　C. 2.0　　D. 2.5

二、多项选择题

1. 立体交叉按用途分为(　　)。

A. 分离式立体交叉、互通式立体交叉

B. 公路立体交叉、城市道路立体交叉

C. 铁路立体交叉、人行立体交叉

D. 喇叭形立体交叉、苜蓿叶形立体交叉

2. 下列位置应该设置立体交叉的有(　　)。

A. 两条高速公路相交处

B. 高速公路与乡村道路相交处

C. 二级公路与二级公路相交处

D. 一级公路与二级公路相交处

3. 下列位置应该设置互通式立体交叉的有(　　)。

A. 两条高速公路相交处

B. 两条具干线功能的一级公路相交处

C. 高速公路与三级公路相交处

D. 高速公路同通往重要交通源的公路相交,且使该公路成为其支线

4. 下列交叉位置应该设置互通式立体交叉的有(　　)。

A. 高速、一级公路同通往县级以上城市、重要的政治或经济中心的主要公路

B. 高速、一级公路同通往重要工矿区、港口、机场、车站和游览胜地等的主要公路

C. 一级公路上,当平面交叉的通行能力不能满足需要或出现频繁交通事故时

D. 设置互通式立体交叉的综合效益大于设置平面交叉时

5. 下列情况必须设置立体交叉的有（　　）。
A. 高速公路与一级公路相交
B. 高速公路与二级公路相交
C. 高速公路与村道相交
D. 一级公路与二级公路相交

6. 下列交叉位置应该设置分离式立体交叉的有（　　）。
A. 高速公路与四级公路交叉
B. 具干线功能的一级公路与四级公路的交叉
C. 三级公路之间的交叉
D. 高速公路与乡村道路交叉

7. 具干线功能的一级公路之间的互通式立体交叉属于（　　）。
A. 公路互通式立体交叉
B. 城市互通式立体交叉
C. 一般互通式立体交叉
D. 枢纽互通式立体交叉

8. 关于公路互通式立体交叉，下列说法正确的有（　　）。
A. 枢纽互通式立体交叉匝道上不允许设置收费站
B. 一般互通式立体交叉匝道上允许设置收费站
C. 枢纽互通式立体交叉常用于高速公路与高速公路之间的交叉
D. 一般互通式立体交叉常用于高速公路或一级公路与双车道公路之间的交叉

9. 下列关于枢纽互通式立体交叉，下列说法正确的有（　　）。
A. 只有两条高速公路相交处的互通式立体交叉才是枢纽互通式立体交叉
B. 枢纽互通式立体交叉匝道上不设置收费站
C. 枢纽互通式立体交叉匝道端部不出现穿越冲突
D. 一级公路间的立体交叉应该是枢纽互通式立体交叉

10. 下列关于一般互通式立体交叉，下列说法正确的有（　　）。
A. 高速公路与二级公路相交应该设置成一般互通式立体交叉
B. 一般互通式立体交叉匝道上也不应该设置收费站
C. 一般互通式立体交叉匝道端部可以出现穿越冲突
D. 一般互通式立体交叉在高速公路出入口以外允许设置平面交叉

11. 关于城市立体交叉分类，下列说法正确的有（　　）。
A. 分为立 A 类、立 B 类、立 C 类三类
B. 分为立 A 类、立 B 类、立 C 类、立 D 类四类
C. 立 A 类是指分离式立体交叉
D. 立 C 类是指分离式立体交叉

12. 关于城市快速路与主干路，可选的类型有（　　）。
A. 立 A_1 类　　B. 立 A_2 类
C. 立 B 类　　D. 立 C 类

13. 关于城市快速路与次干路，可选的类型有（　　）。

A. 立 A_1 类　　B. 立 A_2 类

C. 立 B 类　　D. 立 C 类

14. 确定一条高速公路上互通式立体交叉的间距时，主要应考虑的因素有（　　）。

A. 交通密度

B. 相邻立交的交织段长度

C. 设交通标志和信号距离的要求

D. 驾驶员操作顺适的要求

15. 关于高速公路上互通式立体交叉的间距，下列说法正确的有（　　）。

A. 大城市、重要工业园区附近的平均间距宜为 5 ~ 10km

B. 其他地区的平均间距宜为 15 ~ 25km

C. 相邻互通式立体交叉的最小间距，不宜小于 1km

D. 相邻互通式立体交叉的最小净距，不宜小于 4km

16. 高速公路上两座名称为 M、N 的相邻互通式立体交叉，下列说法正确的有（　　）。

A. M、N 之间的最小净距不宜小于 1km

B. 最小净距是 M、N 分别与被交路的交点的里程之差

C. 最小净距是 M 加速车道终点至 N 减速车道起点间的距离

D. 最小净距是 M 加速车道渐变段终点至 N 减速车道渐变段起点间的距离

17. 互通式立体交叉一致性设计是指（　　）。

A. 高速公路全线的出口应采用相对一致的形式

B. 应保证主交通流方向车道的连续性

C. 当有连续多个出口时，宜合并为单一的出口

D. 有条件时分流点宜统一设置于交叉点之后

18. 立体交叉范围内车道平衡的设计原则为（　　）。

A. 合流后正线上的车道数应不少于合流前交汇道路上所有车道数总和减 1

B. 正线上的车道数应不少于分流后分岔道路的所有车道数总和减 1

C. 基本车道数一般不因通过互通式立体交叉而改变

D. 正线上一个方向的车道数每次减少不应多于 1 条

19. 下图中车道数不平衡的有（　　）。

3　2　3
2　2
(A)

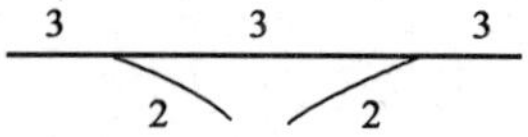

3　3　3
2　2
(B)

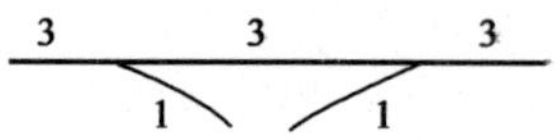

3　3　3
1　1
(C)

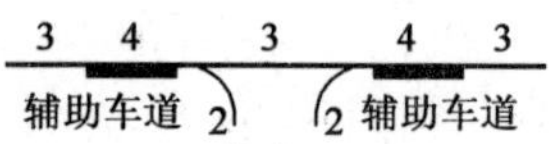

3　4　3　4　3
辅助车道　2　2　辅助车道
(D)

20. 四个左转弯方向交通量都较大的四路互通式立体交叉，可选择的形式有（　　）。

A. 苜蓿叶形　　B. 半直连的 X 形

C. 涡轮形　　D. 环形

21. 下列情况可以采用半直连式T形互通式体交叉的有(　　)。

A. 出入交通量相对较少的枢纽互通式立体交叉

B. 左转弯速度较低的枢纽互通式立体交叉

C. 出入交通量较大的一般互通式立交

D. 匝道布设受地形、地物限制较严格的一般互通式立交

22. 菱形互通式立体交叉适用于(　　)。

A. 出入交通量较小　　B. 匝道上无收费站

C. 干线公路和次要公路　　D. 匝道上有收费站

23. 高速公路收费立体交叉设置收费站的方法是在距相交道路交叉点适当距离处另设一条连接线,在连接线与高速公路相交的一端设置(　　),与被交路交叉处设置(　　)。

A. 三路立体交叉;三路平面交叉　　B. 三路平面交叉;三路立体交叉

C. 三路立体交叉;三路立体交叉　　D. 三路平面交叉;三路平面交叉

24. 高速公路与二级公路相交,需要设置成只有一个收费站的立体交叉,在连接线与高速公路相交的一端可以选择的交叉形式有(　　)。

A. 三路平面交叉

B. 喇叭形立体交叉

C. Y形立体交叉

D. 子叶式立体交叉

25. 城市道路立A_2类互通式立体交叉可选用的形式有(　　)。

A. 全定向形　　B. 喇叭形

C. 苜蓿叶形　　D. 半定向组合形

26. 城市道路立A类和立B类互通式立体交叉都可选用的形式有(　　)。

A. 全定向形

B. 喇叭形

C. 苜蓿叶形

D. 环形

27. 公路互通式立体交叉符合下列(　　)情况者宜增长变速车道。

A. 主线设计速度小于或等于100km/h,且匝道的线形指标又不高时

B. 主线、匝道的预测交通量接近通行能力时

C. 主线、匝道的载重车和大型客车比例较高时

D. 变速车道位于主线的曲线路段

28. 主线为曲线时,对平行式变速车道线形要求,下列说法正确的有(　　)。

A. 直接式变速车道直至分、汇流鼻的全长范围内应采用与主线相同的线形

B. 直接式变速车道直至分、汇流鼻的全长范围内应采用与主线相反的线形

C. 平行式变速车道与主线相依部分应采用与主线相同的曲率

D. 平行式变速车道与主线相依部分应采用与主线相反的曲率

29. 关于公路互通式立体交叉变速车道横断面,下列说法正确的有(　　)。

A. 车道宽度宜采用主线车道宽度

B. 车道与主线直行车道之间宜设置路缘带,宽度可采用0.5m

C. 右侧硬路肩宽度宜采用主线与匝道硬路肩中较宽者的宽度

D. 当条件受限时,右侧硬路肩宽度可适当减窄,但不应小于1.0m

30. 关于城市道路互通式立体交叉一般双车道出入口规定,下列说法正确的有(　　)。

A. 直接式出入口内侧变速车道加减速段长度是单车道规定值的50%

B. 直接式出入口内侧变速车道加减速段长度是单车道规定值的80%

C. 平行式出入口右侧变速车道较左侧变速车道短一个渐变段长度

D. 平行式出入口右侧变速车道较左侧变速车道短两个渐变段长度

习题参考答案及解析

一、单项选择题

1. A

【考核点】立体交叉的分类方法

【解　析】立体交叉上若设置专门匝道实现车辆转弯的交通功能,则是互通式立体交叉,若只实现直行车辆在空间的分离,不设置专用转弯匝道,则是分离式立体交叉,B是按照转弯方向连通程度分类,C是立体交叉相交道路的性质分类,D是按照用途分类。

2. B

【考核点】立体交叉的分类方法

【解　析】每个转弯方向均有匝道实现转弯则是全互通式立体交叉,否则是部分互通式立体交叉。

3. A

【考核点】立体交叉的分类方法

【解　析】相交道路的条数是以交叉点为基准划分的,大于或等于五路时,称为多路互通式立体交叉,因此选A。

4. D

【考核点】立体交叉的分类方法

【解　析】高速公路与双车道公路或具集散功能的一级公路设置的互通式立体交叉,宜采用一般互通式立体交叉;高速公路之间、高速公路与具干线功能的一级公路之间或具干线功能的一级公路之间相互交叉的互通式立体交叉,宜采用枢纽互通式立体交叉。

5. A

【考核点】立体交叉的分类方法

【解　析】按相交道路的跨越方式,立体交叉可分为上跨式和下跨式两类。

6. D

【考核点】各级公路选择立交的依据

【解　析】高速公路全封闭,与其他公路相交必须设置立体交叉。

7. A

【考核点】各级公路选择立交的依据

【解　析】一级公路车速高,与其他交通量大的公路相交应设置立体交叉。

8. A

【考核点】各级公路选择立交的依据

【解　析】高速公路全封闭,与其他公路相交必须设置立体交叉,与县城是交通重要的发生源,应该与之能进行交流转换,因此选 A。

9. B

【考核点】各级公路选择立交的依据

【解　析】高速公路全封闭,与其他公路相交必须设置立体交叉,无交通流转换时应设置分离式立体交叉,应选 B。

10. B

【考核点】城市道路立体交叉分类

【解　析】见《城市道路工程设计规范》中关于城市道路立体交叉分类,应选 B。

11. B

【考核点】城市道路立体交叉分类及形式选择

【解　析】见《城市道路工程设计规范》中关于城市道路立体交叉分类,应选 B。

12. A

【考核点】城市道路立体交叉分类及形式选择

【解　析】见《城市道路工程设计规范》中关于城市道路立体交叉分类,应选 A。

13. C

【考核点】城市道路立体交叉分类及形式选择

【解　析】见《城市道路工程设计规范》中关于城市道路立体交叉分类,应选 C。

14. D

【考核点】城市道路立体交叉分类及形式选择

【解　析】见《城市道路工程设计规范》中关于城市道路立体交叉分类,应选 D。

15. C

【考核点】公路互通式立体交叉间距规定

【解　析】见《公路路线设计规范》。

16. D

【考核点】公路互通式立体交叉间距规定

【解　析】见《公路路线设计规范》。

17. D

【考核点】公路互通式立体交叉间距规定

【解　析】见《公路路线设计规范》。

18. D

【考核点】公路互通式立体交叉间距规定

【解　析】见《公路路线设计规范》。

19. B

【考核点】公路互通式立体交叉间距规定

【解　析】见《公路路线设计规范》。

20. D

【考核点】公路互通式立体交叉间距规定

【解　析】见《公路路线设计规范》。

21. C

【考核点】公路互通式立体交叉间距规定

【解　析】见《公路路线设计规范》。

22. C

【考核点】公路互通式立体交叉间距规定

【解　析】见《公路路线设计规范》。

23. C

【考核点】快速路主线上相邻出入口间距

【解　析】见《城市快速路设计规程》。

24. A

【考核点】快速路主线上相邻出入口间距

【解　析】见《城市快速路设计规程》。

25. C

【考核点】快速路主线上相邻出入口间距

【解　析】见《城市快速路设计规程》。

26. B

【考核点】快速路主线上相邻出入口间距

【解　析】见《城市快速路设计规程》。

27. C

【考核点】高速公路互通式立体交叉设计一致性

【解　析】当有连续多个出口时,宜合并为单一的出口,A 不对;为了便于识别出口,分流端部宜统一设置于交叉点之前,所以 B 不正确,C 正确;高速公路全线的出口应采用相对一致的形式,D 不正确。应选 C。

28. B

【考核点】高速公路互通式立体交叉车道平衡设计

【解　析】根据高速公路互通式立体交叉车道数平衡的基本原则,应选 B。

29. B

【考核点】高速公路互通式立体交叉车道平衡设计

【解　析】根据高速公路互通式立体交叉车道数平衡的基本原则,应选 B。

30. A

【考核点】高速公路互通式立体交叉车道平衡设计

【解　析】根据高速公路互通式立体交叉车道数平衡的基本原则,应选 A。

31. D

【考核点】高速公路互通式立体交叉车道平衡设计

【解　析】AB 为变速车道,C 为解决车流交织而设置的,所以应选 D。

32. C

【考核点】公路互通式立体交叉常用形式及方案选择要点

【解　析】喇叭形立体交叉可分为 A 型和 B 型,经环形左转匝道驶入正线(或主线)为 A 型,驶出时为 B 型;主线驶出后接半径较小的环形匝道,容易因减速不够而导致侧翻事故,因此从主线驶出后直接进入环形匝道的安全性较差。应选 C。

33. B

【考核点】公路互通式立体交叉常用形式及方案选择要点

【解　析】环形匝道是用于左转弯方向,因环形匝道平面指标低,适应的交通量小,所以应选 B。

34. A

【考核点】公路互通式立体交叉常用形式及方案选择要点

【解　析】集散车道的作用就是消除正线上的交织,应选 A。

35. B

【考核点】公路互通式立体交叉常用形式及方案选择要点

【解　析】子叶形的两个左转弯匝道均采用环形匝道,与苜蓿叶的环形匝道类似,可作为苜蓿叶形互通式立体交叉前期工程,应选 B。

36. A

【考核点】公路互通式立体交叉常用形式及方案选择要点

【解　析】苜蓿叶互通式立体交叉的四个左转弯环形匝道适应车速较低,适应的交通量较小,所以应选用一般互通式立体交叉。

37. A

【考核点】公路互通式立体交叉常用形式及方案选择要点

【解　析】为节省管理和运营成本,一座互通式立体交叉以设 1 座收费站为宜,应选 A。

38. B

【考核点】公路互通式立体交叉常用形式及方案选择要点

【解　析】一座互通式立体交叉以设 1 座收费站为宜,四路互通式立体交叉为了只设置一座收费站,需要修建连接线,连接线两端设置三路交叉,这对高速公路互通式立体交叉形式的影响较大。

39. C

【考核点】公路互通式立体交叉常用形式及方案选择要点

【解　析】苜蓿叶形和涡轮形不适合收费立交,所以 AB 不对,采用与高速公路设置平面交叉不允许,D 也不对,应选 C。

40. B

【考核点】公路互通式立体交叉常用形式及方案选择要点

【解　析】涡轮形互通式立体交叉的四条左转弯匝道均采用的是大回形匝道，属于半定向式（或半直接式），应选 B。

41. D

【考核点】公路互通式立体交叉常用形式及方案选择要点

【解　析】Y 形互通式立体交叉的两条左转弯匝道采用直连式或半直连式，适应车速较大，适应的交通量也较大，应选 D。

42. A

【考核点】互通式立体交叉连接部设计要点

【解　析】驶出匝道的分流鼻处，因从正线分离后行驶速度较高，应具有较大的曲率半径。

43. B

【考核点】互通式立体交叉连接部设计要点

【解　析】偏置加宽应设置在分流的地方，且在分流鼻两侧，应选 B。

44. D

【考核点】互通式立体交叉连接部设计要点

【解　析】A、C 显然不对，B 是用于车道平衡时，应选 D。

45. A

【考核点】互通式立体交叉连接部设计要点

【解　析】见《公路路线设计规范》，应选 A。

46. B

【考核点】互通式立体交叉连接部设计要点

【解　析】见《公路路线设计规范》，应选 B。

47. B

【考核点】互通式立体交叉连接部设计要点

【解　析】减速段的起点是指减速车道具有一个车道宽度的地方起算的，应选 B。

48. A

【考核点】互通式立体交叉连接部设计要点

【解　析】见《公路路线设计规范》，应选 A。

49. D

【考核点】互通式立体交叉连接部设计要点

【解　析】见《公路路线设计规范》，应选 D。

50. C

【考核点】互通式立体交叉连接部设计要点

【解　析】见《公路路线设计规范》，应选 C。

51. B

【考核点】互通式立体交叉连接部设计要点

【解　析】见《公路路线设计规范》，应选 B。

二、多项选择题

1. BC

【考核点】立体交叉分类

【解　析】A 是按跨越方式分类,D 是按几何形状分类,应选 BC。

2. AB

【考核点】各级公路选择立交的依据

【解　析】高速公路全封闭,因此与各级公路相交均应设置立体交叉,其余等级道路之间则不一定,因此应选 AB。

3. ABD

【考核点】各级公路选择立交的依据

【解　析】见《公路路线设计规范》,应选 ABD。

4. ABCD

【考核点】各级公路选择立交的依据

【解　析】见《公路路线设计规范》,应选 ABCD。

5. ABC

【考核点】交叉类型的选择

【解　析】应高速公路采取全封闭,与所有的道路交叉必须采用立体交叉,而一级公路可以不全封闭,与二级公路可以采取平面交叉。因此应选 ABC。

6. ABCD

【考核点】各级公路选择立交的依据

【解　析】见《公路路线设计规范》,应选 ABCD。

7. AD

【考核点】各级公路选择立交的依据

【解　析】见《公路路线设计规范》,应选 AD。

8. ABCD

【考核点】立体交叉的类型选择依据

【解　析】见《公路路线设计规范》,说法全部正确。

9. BC

【考核点】立体交叉的类型选择依据

【解　析】见《公路路线设计规范》,A 太绝对,D 也不一定,应选 BC。

10. ACD

【考核点】立体交叉的类型选择依据

【解　析】见《公路路线设计规范》,一般互通式立体交叉匝道上可以设置收费站,应选择 ACD。

11. AD

【考核点】城市立体交叉的分类

【解　析】见《城市道路工程设计规范》,应选 AD。

12. BCD

【考核点】城市立体交叉的分类

【解　析】见《城市道路工程设计规范》,应选 BCD。

13. CD

【考核点】城市立体交叉的分类

【解　析】见《城市道路工程设计规范》,应选 CD。

14. ABCD

【考核点】公路互通式立体交叉间距规定

【解　析】上述因素都是确定高速公路上互通式立体交叉的间距时应考虑的因素。

15. AB

【考核点】公路互通式立体交叉间距规定

【解　析】见《公路路线设计规范》,C 和 D 反了,应选 AB。

16. AD

【考核点】公路互通式立体交叉间距规定

【解　析】见《公路路线设计规范》,B 是指相邻互通式立体交叉之间的间距,C 也不对,应选 AD。

17. ABC

【考核点】互通式立体交叉设计一致性

【解　析】D 不对,应该是设置于交叉点之前,便于驾驶人识别出口,其余正确,应选 ABC。

18. ABCD

【考核点】互通式立体交叉设计一致性

【解　析】四个选项均正确。

19. AB

【考核点】互通式立体交叉设计一致性

【解　析】A 是车道数平衡、但基本车道数不连续;B 是基本车道数连续、但车道数不平衡;C 是单车道分流合流,车道数平衡;D 设置了辅助车道,车道数也平衡。应选 AB。

20. BC

【考核点】公路互通式立体交叉常用形式及方案选择要点

【解　析】半直连的 X 形和涡轮形四条左转弯匝道均采用的是半直连式匝道,指标较高,运行速度高,适应的交通量大,应选 BC。

21. ABCD

【考核点】公路互通式立体交叉常用形式及方案选择要点

【解　析】四个选项均正确。

22. ABC

【考核点】公路互通式立体交叉常用形式及方案选择要点

【解　析】应选 ABC。

23. AC

【考核点】公路互通式立体交叉常用形式及方案选择要点

【解　析】与高速公路相连的一段应设置三路立体交叉，与被交路交叉处设置应根据被交路的等级和交通量，选择三路平面交叉或三路立体交叉，应选 AC。

24. BCD

【考核点】公路互通式立体交叉常用形式及方案选择要点

【解　析】与高速公路相连的一段应设置立体交叉，应选 BCD。

25. BCD

【考核点】城市道路互通式立体交叉常用形式及方案选择要点

【解　析】见《城市道路工程设计规范》，应选 BCD。

26. BC

【考核点】城市道路互通式立体交叉常用形式及方案选择要点

【解　析】见《城市道路工程设计规范》，应选 BC。

27. ABC

【考核点】公路互通式立体交叉连接部设计要点

【解　析】见《公路路线设计规范》，应选 ABC。

28. AC

【考核点】互通式立体交叉连接部设计要点

【解　析】见《公路路线设计规范》，应选 AC。

29. BC

【考核点】公路互通式立体交叉连接部设计要点

【解　析】变速车道宽度宜采用匝道，A 不对；右侧硬路肩宽度可适当减窄，但不应小于 1.5m，D 也不对，应选 BC。

30. BC

【考核点】城市道路互通式立体交叉连接部设计要点

【解　析】见《城市道路交叉口设计规程》，应选 BC。

第五节　公路与铁路、乡村道路及管线交叉

【考试纲要】

1. 熟悉公路与铁路（城市道路与轨道交通线路）的交叉形式及设计要点。

2. 了解公路与乡村道路、公路（城市道路）与管线等的交叉设计要点。

【知识点复习】

1. 复习要点

考生应掌握熟悉公路与铁路、城市道路与轨道交通线路的交叉形式选用的原则和规定，掌握相应交叉形式的设计要点，同时也要了解公路与乡村道路、公路或城市道路与管线等的交叉设计要点。

2. 规范提示

上述知识点涉及《公路工程技术标准》(JTG B01—2014)、《公路路线设计规范》(JTG D20—2006),均为现行规范。城市道路对应的知识点涉及《城市道路工程设计规范》(CJJ 37—2012)、《城市道路交叉口设计规程》(CJJ 152—2010)。

《公路工程技术标准》(JTG B01—2014)新增了"高速铁路"与公路相交时必须设置立体交叉的规定;关于公路与铁路平交、与架空线路相交、与原油管道和天然气输送管道交叉时的最小斜交角度的规定,《公路路线设计规范》(JTG D20—2006)与《公路工程技术标准》(JTG B01—2014)不一致;同时对公路与乡村道路设置的交叉类型的选用也进行了调整;都应以《公路工程技术标准》(JTG B01—2014)的规定为准。

一、单项选择题

1. 公路与铁路交叉时,新建项目应首选(　　)。

A. 互通式立体交叉　　B. 分离式立体交叉
C. 简单平面交叉　　D. 有人值守道口

2. 高速公路、一级公路与铁路交叉时(　　)。

A. 必须设置立体交叉　　B. 可以设置立体交叉
C. 可以简单平面交叉　　D. 应该设置平面交叉

3. 公路上跨电气化铁路时,其跨线桥结构形式应按(　　)输送的施工工艺与方法确定,以不致危及公路施工和铁路行车的安全。

A. 中断电力　　B. 不中断电力
C. 短时间中断电力　　D. 长时间中断电力

4. 公路上跨铁路的跨线桥的桥面雨水(　　)排至铁路道碴界范围内。

A. 可以间接　　B. 可以直接
C. 不可以直接　　D. 随便

5. 铁路跨越公路可以在公路路幅范围内设置中墩的情况有(　　)。

A. 四车道高速公路　　B. 六车道高速公路
C. 二级、三级公路　　D. 四级公路

6. 铁路跨越高速公路、一级公路时,其铁路跨线桥应设置(　　)。

A. 防撞护栏　　B. 防护网
C. 防眩网　　D. 防落网

7. 公路与铁路平面交叉应选在铁路与道路的直线段,且保证直线段长度从钢轨外缘算起不得小于(　　)m。

A. 30　　B. 40　　C. 50　　D. 60

8. 在无人看守或未设置自动信号的道口,为了行车安全,应保证各级道路的(　　)视距要求。

A. 超车　　B. 停车　　C. 错车　　D. 会车

9. 在无人看守或未设置自动信号的道口，为了行车安全，在距离交叉口不得小于(　　)m范周内，能看到两侧不小于瞭望视距以外的火车。

A. 50　　B. 100　　C. 150　　D. 200

10. 公路与铁路平交道口两侧公路的水平路段长度(不包括竖曲线)，从铁路最外侧钢轨外侧算起，不应小于(　　)m。

A. 16　　B. 25　　C. 50　　D. 60

11. 公路与铁路相交的道口两侧紧接水平路段的公路纵坡，不应大于(　　)；当受地形条件及其他特殊情况限制时，不得大于(　　)。

A. 2%；4%　　B. 3%；5%　　C. 1%；3%　　D. 4%；6%

12. 对于重车驶向道口一侧的公路下坡路段，紧邻道口水平路段的纵坡不应大于(　　)。

A. 1%　　B. 2%　　C. 3%　　D. 4%

13. 公路与铁路立体相交，必须斜交时，其交叉的锐角应不小于(　　)；受地形条件或其他特殊情况限制时，应不小于(　　)。

A. 60°；30°　　B. 60°；45°　　C. 70°；50°　　D. 70°；60°

14. 高速公路与乡村道路交叉设置通道时，间距宜(　　)m左右。

A. 200　　B. 300　　C. 400　　D. 500

15. 公路与乡村道路相交，当必须斜交时，其交叉的锐角应不小于(　　)；受地形条件或其他特殊情况限制时，应不小于(　　)。

A. 60°；30°　　B. 60°；45°　　C. 70°；50°　　D. 70°；60°

16. 公路与乡村道路相交，交叉处公路两侧的乡村道路直线长度应各不小于(　　)m。

A. 10　　B. 20　　C. 30　　D. 40

17. 公路与乡村道路相交，交叉处公路两侧应分别设置不小于(　　)m的水平段。

A. 10　　B. 20　　C. 30　　D. 40

18. 公路与乡村道路平面交叉时，交叉处公路两侧应分别设置一段水平段。紧接水平段的纵坡不应大于(　　)，困难地段不应大于(　　)。

A. 2%；4%　　B. 3%；5%　　C. 3%；6%　　D. 4%；6%

19. 公路与乡村道路相交，设置通道时，最小的净宽是(　　)m。

A. 3.5　　B. 4.0　　C. 6.0　　D. 8.5

20. 公路与乡村道路相交，设置通道时，最小的净高是(　　)m。

A. 2.0　　B. 2.2　　C. 2.7　　D. 3.2

21. 公路与乡村道路相交，设置拖拉机、畜力车通道时，最小的净高是(　　)m。

A. 2.0　　B. 2.2　　C. 2.7　　D. 3.2

22. 公路与乡村道路相交，设置农用汽车通道时，最小的净高是(　　)m。

A. 2.0　　B. 2.2　　C. 2.7　　D. 3.2

23. 公路与乡村道路相交，设置天桥时，桥面最小的净宽是(　　)m。

A. 3.0　　B. 3.5　　C. 4.5　　D. 6.0

24. 公路与乡村道路相交，需要对乡村道路进行改线时，改线段平、纵技术指标不应低于(　　)公路的最小值。

A. 一级　　B. 二级　　C. 三级　　D. 四级

25. 公路与架空送电线路相交，以垂直交叉为宜。必须斜交时，其交叉的锐角应不小于(　　)。

A. 30°　　B. 45°　　C. 60°　　D. 70°

26. 公路从架空送电线路下穿过时，宜从(　　)通过。

A. 两个杆塔中间　　B. 随便什么位置

C. 导线最大弧垂与杆塔之间　　D. 紧贴杆塔处

27. 公路与原油、天然气输送管道相交，以垂直交叉为宜。必须斜交时，其交叉的锐角宜不小于(　　)。

A. 15°　　B. 30°　　C. 45°　　D. 60°

28. 穿越公路的原油、天然气输送管道的保护套管顶面距路面底基层的底面应不小于(　　)m。

A. 0.5　　B. 1.0　　C. 1.5　　D. 2.0

29. 快速路和重要的主干路与铁路交叉时(　　)。

A. 必须设置立体交叉　　B. 可以设置立体交叉

C. 可以简单平面交叉　　D. 应该设置平面交叉

30. 城市道路与铁路平面交叉应选在铁路与道路的直线段，且保证直线段长度从钢轨外缘算起不得小于(　　)m。

A. 30　　B. 40　　C. 50　　D. 60

31. 城市道路与轨道交通线路交叉的锐角应不小于(　　)。

A. 30°　　B. 45°　　C. 50°　　D. 60°

32. 城市道路与铁路相交，紧接道口平台两端的道路的机动车道纵坡一般不应大于(　　)。

A. 2%　　B. 3%　　C. 4%　　D. 5%

二、多项选择题

1. 符合下列情况，必须设置立体交叉的是(　　)。

A. 高速公路、一级公路和快速路与铁路交叉时

B. 二级公路与普通铁路交叉时

C. 道路与准高速铁路交叉时

D. 道路与高速旅客列车铁路交叉时

2. 符合下列情况，应设置立体交叉的是(　　)。

A. 设计速度为 80km/h、60km/h 的二级公路同铁路交叉时

B. 公路同路段旅客列车设计速度为 120km/h 的铁路交叉时

C. 铁路有大量调车作业且对公路车辆、行人时间延误严重时

D. 三级公路与铁路交叉时

3. 公路与铁路立体交叉范围内的公路视距要求应满足(　　)。

A. 高速公路、一级公路应满足超车视距

B. 高速公路、一级公路应满足停车视距

C. 二、三、四级公路应满足会车视距

D. 二、三、四级公路应满足停车视距

4. 铁路上跨公路时,不可以在路幅范围内上设置桥墩的情况有(　　)。

A. 四车道高速公路　　B. 六车道及其以上车道高速公路

C. 二级公路　　D. 三、四级公路

5. 下列位置不宜设置公路与铁路的平交道口的有(　　)。

A. 铁路站场　　B. 道岔　　C. 桥头　　D. 隧道洞口

6. 在无人看守或未设置自动信号道口的视距三角形内,下列可能影响视距,需要清除的障碍物有(　　)。

A. 房屋　　B. 高杆庄稼　　C. 竹林　　D. 路灯杆

7. 关于公路上跨铁路设计要点,下列说法正确的有(　　)。

A. 跨线桥的跨径与净高必须符合被跨铁路建筑限界的规定

B. 跨线桥桥面雨水不得直接排至铁路道碴界范围内

C. 公路上跨铁路时,仅需要检核中线交叉点处的建筑限界

D. 跨线桥宜设防撞护栏和防落网

8. 关于铁路上跨公路设计要点,下列说法正确的有(　　)。

A. 跨线桥的跨径与净高必须符合公路建筑界限的规定

B. 不得在四车道及以下公路路幅范围内设置墩、台

C. 跨线桥的跨径与布孔应满足公路视距和对前方公路识别的要求

D. 跨线桥宜设防撞护栏和防落网

9. 乡村道路、公路相交,需要对乡村道路进行改线的有(　　)。

A. 交叉角小于60°

B. 不改线会造成工程量增加较多

C. 交叉处的地形、地质、视距不适宜设置交叉

D. 交叉处原乡村道路平面线形不适宜设置交叉

10. 高速公路与乡村道路相交可设置(　　)。

A. 信号控制的平面交叉　　B. 渠化的平面交叉

C. 通道　　D. 天桥

11. 高速公路与乡村道路相交设置通道时,关于通道的最小净高选择,下列说法正确的有(　　)。

A. 通行行人时,最小净高应≥2.20m

B. 通行农用汽车时,最小净高应≥5.00m

C. 通行农用拖拉机时,最小净高应≥2.70m

D. 通行畜力车时,最小净高应≥3.20m

12. 高速公路与乡村道路设置天桥时,应注意(　　)。

A. 桥面净宽应不小于 8m

B. 车道荷载等级应采用公路—Ⅰ级

C. 跨越高速公路、一级公路的天桥，应设防落网

D. 天桥的桥面雨水不得直接排至公路路面

13. 关于公路与乡村道路设置人行通道的设计要点，下列说法正确的有(　　)。

A. 净宽应不小于 4.0m

B. 净高应不小于 2.0m

C. 设置坡道时，其坡度不应陡于 1∶7

D. 特殊困难地区允许人行通道内积水

14. 关于高速公路与乡村道路设置人行天桥的设计要点，下列说法正确的有(　　)。

A. 净宽应不小于 2.0m

B. 净高应不小于 5.0m

C. 设置坡道时，其坡度不应陡于 1∶1.5

D. 一般人群荷载采用 $3kN/m^2$，行人密集地区宜采用 $3.5kN/m^2$

15. 关于公路与乡村道路设置平面交叉时的设计要点，下列说法正确的有(　　)。

A. 必须斜交时，其交叉的锐角应不小于 70°，特殊限制时，应不小于 45°

B. 公路两侧的乡村道路直线长度均应不小于 20m

C. 交叉处公路两侧乡村道路应分别设置不小于 10m 的水平段

D. 平面交叉处的视距三角形内不得有障碍物

16. 与公路相交的管线按照性质和用途，可分为(　　)。

A. 管道　　B. 电力　　C. 电讯　　D. 渠道

17. 架空送电线路导线与路面的垂直距离，应根据(　　)情况进行计算后综合确定。

A. 最高气温情况　　B. 覆冰无风情况

C. 最大风速情况　　D. 最低气温情况

18. 受地形条件或其他特殊情况限制时，公路与公路、与管线交叉最小锐角的角度规定，下列说法正确的有(　　)。

A. 公路与公路平面交叉时，应≥30°

B. 公路与公路平面交叉时，应≥45°

C. 公路与天然气输送管道交叉时，应≥30°

D. 公路与天然气输送管道交叉时，应≥45°

19. 受地形条件或其他特殊情况限制时，公路与公路、与管线交叉最小锐角的角度规定，下列说法正确的有(　　)。

A. 公路与原油送管道交叉时，应≥30°

B. 公路与原油送管道交叉时，应≥45°

C. 公路与架空线路交叉时，应≥45°

D. 公路与架空线路交叉时，应≥60°

20. 关于原油、天然气输送管道与公路交叉时的要求，下列说法正确的有(　　)。

A. 与高速公路、一级公路，应埋置地下专用通道

B. 与高速公路、一级公路相交,应埋置保护套管

C. 与二级公路、三级公路、四级公路相交时,应埋置专用通道

D. 与二级公路、三级公路、四级公路相交时,应埋置保护套管

21. 符合下列情况,应设置立体交叉的是(　　)。

A. 主干路、次干路、支路与铁路交叉,当道口交通量大或铁路调车作业繁忙时

B. 各级道路与旅客列车设计行车速度大于或等于120km/h的铁路交叉

C. 当受地形等条件限制,采用平面交叉危及行车安全时

D. 道路与铁路交叉,机动车交通量不大,但非机动车和行人流量较大时

22. 下列位置不宜设置城市道路与铁路的平交道口的有(　　)。

A. 铁路站场　　B. 铁路道岔处

C. 铁路圆曲线路段　　D. 双轨铁路路段

23. 城市道路与铁路平面交叉时,下列设计要点正确的有(　　)。

A. 道路线形应为直线

B. 直线段从最外侧钢轨外缘算起应≥30m

C. 缘石转弯曲线切点距最外侧钢轨外缘应≥30m

D. 无栏木设施时,停止线位置距最外侧钢轨外缘应≥1m

24. 城市道路与铁路平面交叉时,道口两侧应设置平台,对平台的设计要求正确的有(　　)。

A. 平台长度宜≥36m　　B. 平台长度宜≥16m

C. 平台纵坡宜≤2%　　D. 平台纵坡宜≤0.5%

25. 下列城市道路与轨道交通线路交叉时,必须设置立体交叉的是(　　)。

A. 快速路　　B. 主干路　　C. 次干路　　D. 支路

◈ 习题参考答案及解析 ◈

一、单项选择题

1. B

【考核点】 公路与铁路的交叉形式

【解　析】 公路与铁路无需互通,A错误,为了保证铁路和公路的运营安全,新建项目首选应设置分离式立体交叉。应选B

2. A

【考核点】公路与铁路的交叉形式

【解　析】高速公路全封闭,高速公路和一级公路车辆运行速度快,交通量大,与铁路必须设置立体交叉,应选A。

3. B

【考核点】公路与铁路的交叉设计要点

【解　析】见《公路路线设计规范》,应选B。

4. C

【考核点】公路与铁路的交叉设计要点

【解　析】见《公路路线设计规范》,应选 C。

5. B

【考核点】公路与铁路的交叉设计要点

【解　析】见《公路路线设计规范》,应选 B。

6. D

【考核点】公路与铁路的交叉设计要点

【解　析】见《公路路线设计规范》,应选 D。

7. C

【考核点】公路与铁路的交叉设计要点

【解　析】见《公路路线设计规范》,应选。

8. B

【考核点】公路与铁路的交叉设计要点

【解　析】见《公路路线设计规范》,应选 B。

9. A

【考核点】公路与铁路的交叉设计要点

【解　析】见《公路路线设计规范》,应选 A。

10. A

【考核点】公路与铁路的交叉设计要点

【解　析】见《公路路线设计规范》,应选 A。

11. B

【考核点】公路与铁路的交叉设计要点

【解　析】见《公路路线设计规范》,应选 B。

12. C

【考核点】公路与铁路的交叉设计要点

【解　析】见《公路路线设计规范》,应选 C。

13. D

【考核点】公路与铁路的交叉设计要点

【解　析】见《公路路线设计规范》,应选 D。

14. C

【考核点】公路与乡村道路的交叉设计要点

【解　析】见《公路路线设计规范》,应选 C。

15. D

【考核点】公路与乡村道路的交叉设计要点

【解　析】见《公路路线设计规范》,应选 D。

16. B

【考核点】公路与乡村道路的交叉设计要点

【解　析】见《公路路线设计规范》，应选 B。

17. A

【考核点】公路与乡村道路的交叉设计要点

【解　析】见《公路路线设计规范》，应选 A。

18. C

【考核点】公路与乡村道路的交叉设计要点

【解　析】见《公路路线设计规范》，应选 C。

19. B

【考核点】公路与乡村道路的交叉设计要点

【解　析】见《公路路线设计规范》，应选 B。

20. B

【考核点】公路与乡村道路的交叉设计要点

【解　析】见《公路路线设计规范》，应选 B。

21. C

【考核点】公路与乡村道路的交叉设计要点

【解　析】见《公路路线设计规范》，应选 C。

22. D

【考核点】公路与乡村道路的交叉设计要点

【解　析】见《公路路线设计规范》，应选 D。

23. C

【考核点】公路与乡村道路的交叉设计要点

【解　析】见《公路路线设计规范》，应选 C。

24. D

【考核点】公路与乡村道路的交叉设计要点

【解　析】见《公路路线设计规范》，应选 D。

25. B

【考核点】公路与管线的交叉设计要点

【解　析】见《公路工程技术标准》，应选 B。

26. C

【考核点】公路与管线的交叉设计要点

【解　析】见《公路路线设计规范》，应选 C。

27. B

【考核点】公路与管线的交叉设计要点

【解　析】见《公路工程技术标准》，应选 B。

28. B

【考核点】公路与管线的交叉设计要点

【解　析】见《公路路线设计规范》，应选 B。

29. A

【考核点】城市道路与轨道交通线路的交叉形式

【解　析】见《城市道路工程设计规范》,应选 A。

30. A

【考核点】城市道路与铁路、轨道交通线路的交叉设计要点

【解　析】见《城市道路工程设计规范》,应选 A。

31. B

【考核点】城市道路与轨道交通线路的交叉设计要点

【解　析】见《城市道路工程设计规范》,应选 B。

32. B

【考核点】城市道路与轨道交通线路的交叉设计要点

【解　析】见《城市道路工程设计规范》,应选 B。

二、多项选择题

1. ACD

【考核点】公路与铁路的交叉形式

【解　析】见《公路路线设计规范》,应选 ACD。

2. ABC

【考核点】公路与铁路的交叉形式

【解　析】见《公路路线设计规范》,应选 ABC。

3. BC

【考核点】公路与铁路的交叉设计要点

【解　析】见《公路路线设计规范》,应选 BC。

4. ACD

【考核点】公路与铁路的交叉设计要点

【解　析】见《公路路线设计规范》,应选 ACD。

5. ABCD

【考核点】公路与铁路的交叉设计要点

【解　析】见《公路路线设计规范》,道口不得设置在铁路站场、道岔、桥头、隧道洞口及调车作业的地段附近。应选 ABCD。

6. ABC

【考核点】公路与铁路的交叉设计要点

【解　析】见《公路路线设计规范》,应选 ABC。

7. ABD

【考核点】公路与铁路的交叉设计要点

【解　析】见《公路路线设计规范》,应选 ABD。

8. ABCD

【考核点】公路与铁路的交叉设计要点

【解　析】见《公路路线设计规范》,应选 ABCD。

9. ABCD

【考核点】公路与乡村道路的交叉设计要点

【解 析】见《公路路线设计规范》,应选 ABCD。

10. CD

【考核点】公路与乡村道路的交叉设计要点

【解 析】高速公路与任何道路相交不可能设置平面交叉,高速公路与乡村道路交叉必须设置通道或天桥,见《公路路线设计规范》,应选 CD。

11. AC

【考核点】公路与乡村道路的交叉设计要点

【解 析】根据《公路路线设计规范》,通道通行行人时应≥2.20m,通行拖拉机、畜力车时的最小净高≥2.70m,通行农用汽车时应≥3.20m,应选 AC。

12. CD

【考核点】公路与乡村道路的交叉设计要点

【解 析】桥面净宽应不小于4.5m,车道荷载等级应采用公路—Ⅱ级,所以 AB 错误,CD 正确。见《公路路线设计规范》。

13. AC

【考核点】公路与乡村道路的交叉设计要点

【解 析】净高应不小于2.2m,特殊困难地区也不允许人行通道内积水,应做好排水设计,所以 BD 错误,AC 正确。见《公路路线设计规范》。

14. BD

【考核点】公路与乡村道路的交叉设计要点

【解 析】净宽应不小丁3.0m,设置坡道时,其坡度不应陡于1∶4,所以 AC 错误,BD 正确。见《公路路线设计规范》。

15. BCD

【考核点】公路与乡村道路的交叉设计要点

【解 析】斜交时,特殊限制的锐角应不小于60°,所以 A 错误,应选 BCD。见《公路路线设计规范》。

16. ABC

【考核点】公路与管线的交叉设计要点

【解 析】与渠道相交,属于桥涵设计应考虑的问题,应选 ABC。

17. ABC

【考核点】公路与管线的交叉设计要点

【解 析】最低气温没有影响,应考虑高温时线路热胀后,距离地面高度减少带来净空高度不足的问题,同时考虑覆冰和风速的影响,见《公路路线设计规范》,所以应选 ABC。

18. BC

【考核点】公路与管线的交叉设计要点

【解 析】见《公路工程技术标准》,受地形条件或其他特殊情况限制时,公路与公路平面交叉时,最小锐角应45°;公路与天然气输送管道交叉时,最小锐角应≥30°,所以应选 BC。

19. AC

【考核点】公路与管线的交叉设计要点

【解　析】见《公路工程技术标准》,受地形条件或其他特殊情况限制时,公路与原油送管道交叉时,最小锐角应≥30°;与公路与架空线路交叉时,最小锐角应≥45°,所以应选 AC。

20. AD

【考核点】公路与管线的交叉设计要点

【解　析】见《公路路线设计规范》,所以应选 AD。

21. ABCD

【考核点】城市道路与轨道交通线路的交叉形式

【解　析】见《城市道路工程设计规范》,应选 ABCD。

22. ABC

【考核点】公路与铁路的交叉设计要点

【解　析】见《城市道路交叉口设计规程》,道路与铁路平面交叉道口不应设在铁路道岔处、站场范围内、铁路曲线路段以及道路与铁路通视条件不符合行车安全要求的路段上。应选 ABC。

23. ABC

【考核点】城市道路与轨道交通线路的交叉形式

【解　析】见《城市道路交叉口设计规程》,无栏木设施时,停止线位置距最外侧钢轨外缘应≥5m,应选 ABC。

24. BD

【考核点】城市道路与轨道交通线路的交叉形式

【解　析】见《城市道路交叉口设计规程》,城市道路与铁路平面交叉时,道口两侧应设置平台,平台长度不宜小于 16m,平台纵坡宜≤0.5%。应选 BD。

25. ABCD

【考核点】城市道路与轨道交通线路的交叉形式

【解　析】各级道路与城市轨道交通线路交叉时,必须设置立体交叉,见《城市道路工程设计规范》,应选 ABCD。

第七章　交通工程及沿线设施

第一节　一 般 规 定

【考试纲要】

了解交通工程概况，研究范围、内容和目的。

【复习提示】

1. 复习要点

考生应在了解交通工程概况，研究范围，熟悉交通工程研究内容、研究目的的基础上，熟练掌握交通安全设施、服务设施、管理设施的种类、作用和设置条件。

2. 规范提示

交通工程概况，研究范围、内容和目的等知识点涉及《公路交通安全设施设计规范》（JTG D81—2006）、《公路工程技术标准》（JTG B01—2014）、《高速公路交通工程及沿线设施设计通用规范》（JTG D80—2006），均为现行规范。

较之原规范，《公路交通安全设施设计规范》（JTG D81—2006）扩大了适用范围，由高速公路、一级公路扩大到新建和改建的各等级公路，重点强调了设计原则和设计方法，引入了路侧安全净区、宽容设计、运行速度和安全性评价等概念；《公路工程技术标准》（JTG B01—2014）修订增加了公路改扩建、特殊地区高速公路、运行速度、非机动车和行人密集路段、设计年限、安全性评价、救灾通道等方面的规定和要求，调整和补充了干线公路交通工程、乡村公路交叉等方面的规定，调整了公路适应交通量、交通量预测年限、服务水平分级、路基横断面宽度、纵坡、隧道断面及进出口线形、交通工程分类及建筑设施年限等方面的规定。

一、单项选择题

1. 公路交通安全设施设计应坚持“（　　）”的理念，体现“以人为本、安全至上”的指导思想。

A. 安全、环保、和谐、经济

B. 安全、环保、舒适、和谐

C. 安全、环保、快速、经济

D. 安全、环保、舒适、快速

2. 高速公路交通工程及沿线设施的设计交通量应采用该高速公路主体工程的(　　)。

A. 最大交通量　　B. 实际交通量

C. 预测交通量　　D. 平均交通量

3. 根据高速公路的(　　),拟定交通工程及沿线设施分期实施原则,划定征地范围,确定预留项目、管道预埋等方案。

A. 设计交通量　　B. 实际交通量

C. 预测交通量　　D. 平均交通量

4. 交通工程及沿线设施应按照"(　　)"的原则进行设计。

A. 保障安全、提供服务、经济实用

B. 保障舒适、提供服务、经济实用

C. 保障舒适、提供服务、利于管理

D. 保障安全、提供服务、利于管理

二、多项选择题

1. 交通工程及沿线设施包括(　　)。

A. 交通机电设施　　B. 交通安全设施

C. 服务设施　　D. 管理设施

2. 公路交通安全设施设计内容包括(　　)、隔离栅、桥梁护网、防眩设施、轮廓标等。

A. 护栏　　B. 交通标志

C. 交通标线　　D. 监控设备

3. 公路交通安全设施为满足公路使用者安全行车的需要,应该具有(　　)、全时保障等使用功能。

A. 主动引导　　B. 被动防护

C. 安全保障　　D. 隔离封闭

4. 人的行为在交通工程和道路安全中的作用主要表现在(　　)等方面。

A. 视觉信息　　B. 信息需求

C. 信息处理　　D. 信息采集

5. 根据我国现行《公路工程技术标准》(JTG B01—2014),公路根据功能和适应的交通量可分为(　　)、三级公路和四级公路。

A. 干线公路　　B. 高速公路

C. 一级公路　　D. 二级公路

6. 交通工程及沿线设施的建设规模与标准应根据(　　)、公路的功能等综合论证确定。

A. 公路网规划　　B. 公路等级

C. 交通量　　D. 运营条件

7. 公路主体工程总体设计经共同确认后,应在主体工程和交通工程及沿线设施的设计文件中以相同设计方案进行总体设计,其相关的部分主要内容为(　　)。

A. 交通工程及沿线设施的技术标准与建设规模

B. 交通安全设施、服务设施、管理设施的设置方案

C. 收费制式及其主线收费站、匝道收费站的设置方案

D. 服务设施、管理设施等的供水设计方案及其排污处理方案

E. 服务设施、管理设施、收费广场的综合排水设计方案及其同主体工程排水设计的衔接方案

◈ 习题参考答案及解析 ◈

一、单项选择题

1. B

【考核点】公路交通安全设施设计的相关内容

【解　析】公路交通安全设施设计理念中不含有“快速、经济”，综合排除下来，故选 B。

2. C

【考核点】高速公路交通工程及沿线设施与该高速公路主体工程的关系

【解　析】因为高速公路使用年限较长，因此在进行设计时应采用预测交通量。

3. A

【考核点】交通工程及沿线设施相关方案的确定依据

【解　析】交通工程及沿线设施分期实施原则，划定征地范围，确定预留项目、管道预埋等方案是由高速公路设计交通量来确定的。

4. D

【考核点】交通工程及沿线设施的设计原则

【解　析】交通工程及沿线设施的设计原则：保障安全、提供服务、利于管理。

二、多项选择题

1. BCD

【考核点】交通工程及沿线设施的内容

【解　析】根据交通工程及沿线设施的设计原则，交通工程及沿线设施分为：交通安全设施、服务设施、管理设施，交通机电设施属于管理设施。

2. ABC

【考核点】公路交通安全设施设计内容

【解　析】公路交通安全设施的设计内容：护栏、交通标志、交通标线、隔离栅、桥梁护网、防眩设施、轮廓标等。

3. ABD

【考核点】公路交通安全设施的使用功能

【解　析】公路交通安全设施应具有的使用功能：主动引导、被动防护、隔离封闭、全时保障。安全保障过于笼统，因此排除选项 C。

4. ABC

【考核点】人的行为在交通工程和道路安全中的作用

【解　析】信息采集功能是由监控设施实现的，人的行为主要作用是：视觉信息、信息需求和信息处理。

5. BCD

【考核点】我国公路技术等级分级

【解　析】根据功能和适应的交通量，公路分为：高速公路、一级公路、二级公路、三级公路和四级公路。

6. ABCD

【考核点】交通工程及沿线设施的建设规模与标准的确定依据

【解　析】交通工程及沿线设施的建设规模与标准应根据公路网规划、公路等级、交通量、运营条件及公路的功能等综合论证确定。

7. ABCDE

【考核点】公路主体工程和交通工程及沿线设施的总体设计

【解　析】公路主体工程和交通工程及沿线设施的设计文件中以下的设计内容以相同设计方案进行总体设计：①交通工程及沿线设施的技术标准与建设规模；②交通安全设施、服务设施、管理设施的设置方案；③收费制式及其主线收费站、匝道收费站的设置方案；④服务设施、管理设施等的供水设计方案及其排污处理方案；⑤服务设施、管理设施、收费广场的综合排水设计方案及其同主体工程排水设计的衔接方案。

第二节　交通安全设施

【考试纲要】

1. 掌握交通安全设施的种类、作用和设置条件。
2. 熟悉道路交通标志、标线、防护设施及其他附属设施的内容、作用、分类和设置原则。
3. 熟悉城市道路交通安全设施的种类、作用和设置方法。

【复习提示】

1. 复习要点

考生应掌握公路和城市道路中交通安全设施的种类、作用、设置条件及其等级分类和适用的道路；熟悉道路交通标志和标线的内容、作用和分类，熟悉颜色含义、形状含义、安装方式、照明方式及其尺寸选取的影响因素；掌握护栏的相关术语，掌握其作用、分类、构造、材料和设置原则；熟悉隔离栅、防眩设施、轮廓标等附属安全设施的内容和设置原则。

2. 规范提示

交通安全设施的种类、作用、设置条件和护栏、隔离栅、轮廓标以及其他安全附属设施的内容、作用、设置原则等知识点涉及《公路交通安全设施设计规范》(JTG D81—2006)和《公路工程技术标准》(JTG B01—2014)等规范，其中《公路交通安全设施设计规范》(JTG D81—2006)与原规范相比扩大了适用范围，对各类形式护栏的设置原则做了较大改善，增加了交通标志、交通标线和活动护栏的内容，重点强调了设计原则和设计方法。

道路交通标志和标线的内容、作用、分类、设置原则、影响因素等知识点涉及《道路交通标志

和标线　第1部分:总则》(GB 5768.1—2009)、《道路交通标志和标线　第2部分:道路交通标志》(GB 5768.2—2009)、《道路交通标志和标线　第3部分:道路交通标线》(GB 5768.3—2009)等规范,较《道路交通标志和标线》(GB 5768—1999)版本,增加了道路交通标志和标线基本图形以及道路交通标志和标线使用的原则等;“施工区标志”改为“作业区标志”,增加了告示标志,规定警告、禁令、指示标志尺寸的一般值,细化了停车指示标志,明确一般道路指路标志的分类;设计新的车距确认形式,增加了蓝色和黄色停车位标线形式,明确不同颜色停车位标线的含义。

城市道路对应的知识点涉及《城市道路工程设计规范》(CJJ 37—2012),较之前版本强化了交通安全和管理设施的设计内容。

一、单项选择题

1. 道路交通标志和标线是引导道路使用者有秩序地使用道路,以促进道路交通安全、提高道路运行效率的基础设施,那么《道路交通标志和标线》(GB 5768)可分为(　　)、自行车和行人控制、学校区域等8个部分。

A. 总则、道路交通标志、道路交通标线、施工区、速度管理、铁路平交口

B. 总则、道路交通标志、道路交通标线、作业区、速度管理、平面交叉口

C. 总则、道路交通标志、道路交通标线、作业区、速度管理、铁路平交口

D. 总则、道路交通标志、道路交通标线、施工区、速度管理、平面交叉口

2. 城市交通安全设施等级分为A、B、C、D四级,其中C级的适用范围为(　　)。

A. 快速路

B. 主干路、次干路作为交通干线时

C. 主干路、次干路作为集散、服务功能时

D. 次干路、支路

3. 当同一地点需要设置两个以上的标志时,可安装在一个支撑结构上,但最多不宜超过(　　)。

A. 2个　　　　B. 3个

C. 4个　　　　D. 6个

4. 交通标志形状一般选用正等边三角形、倒等边三角形、圆形、八角形、方形等形状,那么正等边三角形一般用于(　　)。

A. 指示标志　　　　B. 指路标志

C. 警告标志　　　　D. 禁令标志

5. 指路标志的汉字高度一般应根据(　　)选取。

A. 地形　　　　B. 设计速度

C. 道路等级　　　　D. 信息要素

6. 交通标志安装时，标志版面的法线与公路中心线平行或成一定角度。路侧安装的指路标志和警告标志为(　　)。

A. 0～10°　　B. 0～15°　　C. 0～30°　　D. 0～45°

7. 交通标志的照明应采用(　　)光源。

A. 白色　　B. 黄色　　C. 蓝色　　D. 紫色

8. (　　)及以上等级的公路必须设置交通标线，其他公路宜视需要设置交通标线。

A. 四级　　B. 三级　　C. 二级　　D. 一级

9. 交通标志中不同颜色表示不同的含义，(　　)表示指令、遵循，用于指示标志的底色。

A. 红色　　B. 黄色　　C. 绿色　　D. 蓝色

10. 根据交通标志形状的使用规则，"减速让行"禁令标志的形状应为(　　)。

A. 正等边三角形　　B. 倒等边三角形　　C. 圆形　　D. 八角形

11. 主动发光标志应确保在夜间具有(　　)以上的视认距离。

A. 100m　　B. 150m　　C. 200m　　D. 250m

12. 当遇到如下情况时：①柱式安装有困难；②道路较宽、交通量较大、外侧车道大型车辆阻挡内侧车道小型车辆视线；③视线或视距受到限制；④景观上有要求；宜采用(　　)安装交通标志板。

A. 多柱式　　B. 悬臂式　　C. 门架式　　D. 附着式

13. (　　)的颜色为黄底、黑边、黑图形，"叉形符号""斜杠符号"为白底红图形。

A. 警告标志　　B. 禁令标志　　C. 指示标志　　D. 告示标志

14. 交通标线是由施画或安装于道路上的(　　)及立面标记、实体标记突起路标和轮廓标等所构成的交通设施。

A. 线段、箭头、字符、图案　　B. 线条、箭头、字符、图形

C. 线段、箭头、文字、图形　　D. 线条、箭头、文字、图案

15. (　　)表示道路信息的指引，为驾驶者提供去往目的地所经过的道路、沿途相关城镇、重要公共设施、服务设施、地点、距离和行车方向等信息。

A. 指路标志　　B. 指示标志

C. 告示标志　　D. 旅游区标志

16. 可跨越同向车行道分界线为(　　)，用来分隔同向行驶的交通流。

A. 白色实线　　B. 白色虚线　　C. 黄色实线　　D. 黄色虚线

17. 停车位标线的颜色为(　　)时，表示此车位为收费停车位。

A. 白色　　B. 黄色　　C. 蓝色　　D. 随意

18. 导向箭头的尺寸应根据(　　)进行选取。

A. 车道宽度　　B. 设计速度　　C. 箭头类型　　D. 道路等级

19. 路面文字标记是利用路面文字指示或限制车辆行驶的标记，则其字高、字宽、纵向间距的选取与(　　)有关。

A. 车道宽度　　B. 道路等级

C. 可用空间　　D. 设计速度

20. 护栏按其在公路中的横向设置位置，可分为(　　)。

A. 路基护栏和桥梁护栏　　B. 路侧护栏和桥梁护栏

C. 路基护栏和中央分隔带护栏　　D. 路侧护栏和中央分隔带护栏

21. 护栏按其在公路中的纵向设置位置,可分为(　　)。

A. 路基护栏和桥梁护栏　　B. 路侧护栏和桥梁护栏

C. 路基护栏和中央分隔带护栏　　D. 路侧护栏和中央分隔带护栏

22. 根据碰撞后的变形程度,波形梁护栏属于(　　)。

A. 柔性护栏　　B. 半柔性护栏

C. 刚性护栏　　D. 半刚性护栏

23. 根据碰撞后的变形程度,缆索护栏属于(　　)。

A. 柔性护栏　　B. 半柔性护栏

C. 刚性护栏　　D. 半刚性护栏

24. 混凝土护栏属于(　　)。

A. 柔性护栏　　B. 半柔性护栏

C. 刚性护栏　　D. 半刚性护栏

25. 对于公路中央分隔带护栏,防撞等级可分为(　　)。

A. SBm、Am　　B. SBm、SAm

C. SBm、SAm、Am　　D. SBm、SAm、Am、SSm

26. 对于路侧公路护栏,防撞等级可分为(　　)。

A. B、A、SB　　B. A、SB、SA

C. B、A、SB、SA　　D. B、A、SB、SA、SS

27. 用于阻止人、畜进入公路或沿线其他禁入区域、防止非法侵占公路用地的设施是(　　)。

A. 路侧护栏　　B. 中央分隔带护栏　　C. 隔离栅　　D. 路基护栏

28. 相同等级公路中,不同类型护栏的最小设置长度大小关系正确的是(　　)。

A. 缆索护栏 > 波形梁护栏 > 混凝土护栏

B. 波形梁护栏 > 缆索护栏 > 混凝土护栏

C. 混凝土护栏 > 缆索护栏 > 波形梁护栏

D. 混凝土护栏 > 波形梁护栏 > 缆索护栏

29. 防眩设施应按部分遮光原理设计,直线路段遮光角不应小于(　　)。

A. 5°　　B. 6°　　C. 7°　　D. 8°

30. 匝道处轮廓标的设置间距和(　　)有关。

A. 曲线半径　　B. 匝道长度

C. 匝道通行能力　　D. 匝道车速

二、多项选择题

1. 公路交通安全设施包括(　　)。

A. 交通标志和标线　　B. 隔离栅

C. 护栏　　D. 防眩设施和桥梁护网

2. 道路交通标志是以颜色、形状和(　　)等向道路使用者传递信息,用以管理交通的设施。

A. 字体　B. 字符　C. 图形　D. 图像

3. 以下交通标线的设置原则中,正确的有(　　)。

A. 高速公路和一级公路的一般路段应设置车行道边缘线和车行道分界线

B. 车行道边缘线应设置于公路两侧紧靠行车道的硬路肩内,不得侵入车行道内

C. 车行道边缘线的宽度应为 15 ~ 20cm

D. 车行道分界线的宽度应为 10 ~ 15cm

4. 交通标志按其作用可分为(　　)两大类。

A. 主要标志　B. 次要标志　C. 主标志　D. 辅助标志

5. 交通标志按作用可分为主标志和辅助标志两大类,其中主标志可分为(　　)、旅游区标志、作业区标志、告示标志等 7 种标志。

A. 警告标志和禁令标志　B. 警示标志和禁止标志

C. 指示标志和指路标志　D. 指导标志和指路标志

6. 道路的设计速度是众多交通标志设计的依据,以下交通标志的尺寸设计依据设计速度的是(　　)。

A. 警告标志　B. 禁令标志　C. 指示标志　D. 指令标志

7. 以下属于交通标志支撑方式的是(　　)。

A. 柱式　B. 悬臂式　C. 门架式　D. 附着式

8. 道路交通标线按功能分类,可分为(　　)。

A. 指示标线　B. 禁止标线　C. 警示标线　D. 警告标线

9. 道路交通标线按形态分类,可分为(　　)。

A. 线条　B. 字符　C. 突起路标　D. 轮廓标

10. 道路交通标线按设置方式分类,可分为(　　)。

A. 纵向标线　B. 横向标线

C. 其他标线　D. 轮廓标

11. 可以分隔对向行驶的交通流的交通标线有(　　)。

A. 白色虚线　B. 白色实线

C. 黄色虚线　D. 黄色实线

12. 关于车行道边缘线,以下说法正确的有(　　)。

A. 白色虚线用以指示车辆可临时越线行驶的车行道边缘

B. 白色实线用于指示禁止车辆跨越的车行道边缘或机非分界

C. 白色虚实线的虚线侧允许车辆越线行驶,实线侧不允许车辆越线行驶

D. 白色虚实线的实线侧允许车辆越线行驶,虚线侧不允许车辆越线行驶

13. 依据规定,停车位标线按设置方式可分为(　　)。

A. 平行式　B. 倾斜式　C. 垂直式　D. 混合式

14. (　　)的颜色形式为白色实线。

A. 停止线　B. 停车让行线　C. 禁止停车线　D. 减速让行线

15. 必须设置轮廓标的道路是(　　)。

A. 一级公路　B. 二级公路　C. 三级公路　D. 快速路

16. 护栏根据碰撞后的变形程度,可分为(　　)。

A. 刚性护栏　B. 半刚性护栏

C. 半柔性护栏　D. 柔性护栏

17. 选择桥梁护栏形式时,应考虑(　　)因素。

A. 桥梁护栏的防撞性能

B. 环境和景观要求

C. 受碰撞后的护栏变形程度

D. 护栏的初期建设成本,不计投入使用后的养护成本

18. 除特殊路段外,以下公路沿线两侧必须连续设置隔离栅的有(　　)。

A. 高速公路　B. 需要控制出入的一级公路

C. 二级公路　D. 三级公路

19. 路侧护栏最小设置长度和(　　)因素有关。

A. 公路长度　B. 公路等级

C. 车辆构成　D. 护栏类型

20. 护栏所使用材料必须具有(　　)特性。

A. 足够强度　B. 足够刚度

C. 足够耐久性　D. 易于维护管理

21. 以下说法正确的有(　　)。

A. 整体式断面中间带宽度大于12m时必须设置中央分隔带护栏

B. 禁止掉头的一级公路中央分隔带开口处必须设置活动护栏

C. 高速公路中央分隔带开口处必须设置活动护栏

D. 整体式断面中间带宽度小于或等于12m时必须设置中央分隔带护栏

22. 下列哪些位置护栏应进行便于失控车辆安全导向的端头处理(　　)。

A. 交通分流处三角地带位置　B. 护栏设置的起讫点位置

C. 隧道入、出口处位置　D. 中央分隔带开口位置

23. 以下说法正确的是(　　)。

A. 作为干线公路的二级公路桥梁必须设置中央分隔带护栏

B. 作为干线公路的一级公路桥梁必须设置中央分隔带护栏

C. 作为干线公路的一级、二级公路桥梁必须设置路侧护栏

D. 高速公路桥梁中央分隔带必须设置桥梁护栏

24. 按行车方向,正确安装公路轮廓标的方式有(　　)。

A. 公路右侧安装黄色反射体的轮廓标

B. 公路右侧安装白色反射体的轮廓标

C. 公路左侧安装白色反射体的轮廓标

D. 公路左侧安装黄色反射体的轮廓标

25. 公路中,以下可适当加密轮廓标间隔的路段有(　　)。

A. 高速公路主线直线路段　　　　　　　　B. 路基宽度变化路段
C. 竖曲线路段　　　　　　　　　　　　　D. 车道数量变化路段

26. 路侧安全净区应(　　)。
A. 位于公路行车方向最右侧车行道以外
B. 相对平坦
C. 无障碍物
D. 可供失控车辆重新返回正常行驶路线

习题参考答案及解析

一、单项选择题

1. C

【考核点】《道路交通标志和标线》(GB 5768)的组成

【解　析】《道路交通标志和标线》(GB 5768—2009)相较于《道路交通标志和标线》(GB 5768—1999)版发生了许多变化,其中包括将“施工区标志”改为“作业区标志”,故选项AD不正确排除;在最新规范中,不包括平面交叉口内容,而是规定了铁路交叉口的内容,选项B排除;《道路交通标志和标线》(GB 5768)分为8个部分,依次为:总则、道路交通标志、道路交通标线、作业区、速度管理、铁路交叉口、自行车和行人控制和学校区域,选C。

2. C

【考核点】交通安全等级分级

【解　析】最新《城市道路工程设计规范》(CJJ 37—2012)规定,A级适用于快速路,B级适用于主干路、次干路作为交通干线时,C级适用于主干路、次干路作为集散、服务功能时,D级适用于次干路、支路,选C。

3. C

【考核点】道路交通标志设置要求

【解　析】为了保证视认性,同一地点需要设置两个以上标志时,可安装在一个支撑结构上,但最多不应超过4个,分开设置的标志,应先满足禁令、指示和警告标志的设置空间,选C。

4. C

【考核点】交通标志形状使用规则

【解　析】本题考查的是交通标志形状的使用规则,不同形状适用不同性质的标志;正等边三角形一般用于警告标志,圆形适用于禁令和指示标志,倒等边三角形用于“减速让行”禁令标志,方形一般用于指路标志,部分警告、禁令和指示标志,旅游区标志,辅助标志,告示标志等;选C。

5. B

【考核点】交通标志字符规定

【解　析】除特殊规定外,指路标志汉字高度一般应根据设计速度选取,汉字字宽和字高相等,字高可考虑设置路段的运行速度(v_{85})进行调整。速度为100~120km/h时,高度为60~70cm;速度为71~99km/h时,汉字高度为50~60cm;设计速度为40~70km/h时,汉字高度为35~50cm,当设计速度小于40km/h时,汉字高度一般为25~30cm;不能再小,选B。

6. A

【考核点】交通标志安装

【解　析】依据设计规范,路侧安装的指路标志和警告标志安装角度为0~10°,选A。

7. A

【考核点】交通标志照明

【解　析】首先,根据常识应把选项CD排除;白色和黄色光源是道路上常用的两种光源,易混淆,交通标志的照明应采用白色光源,选A。

8. C

【考核点】交通标线设置

【解　析】公路按等级可分为一级公路、二级公路、三级公路和四级公路,二级及以上等级的公路必须设置交通标线,选C。

9. D

【考核点】交通标志颜色

【解　析】在交通标志中,红色表示禁止、停止、危险,用于禁令标志的边框、底色、斜杠,也用于叉形符号和斜杠符号、警告性线形诱导标的底色等;黄色表示警告,用于警告标志的底色;蓝色表示指令、遵循,用于指示标志的底色;表示地名、路线、方向等的行车信息,用于一般道路指路标志的底色;绿色表示地名、路线、方向等的行车信息,用于高速公路和城市快速路指路标志的底色,选D。

10. B

【考核点】交通标志形状

【解　析】在交通标志形状中,正等边三角形用于警告标志;圆形用于禁令和指示标志;倒等边三角形用于"减速让行"禁令标志;八角形用于"停车让行"禁令标志,选B。

11. B

【考核点】交通标志照明

【解　析】规范规定,交通标志的照明应采用白色光源,内部照明标志、外部照明标志和主动发光标志在夜间均应具有150m以上的视认距离,选B。

12. B

【考核点】交通标志支撑方式

【解　析】规范规定,悬臂式适用于以下情况:①柱式安装有困难;②道路较宽、交通量较大、外侧车道大型车辆阻挡内侧车道小型车辆视线;③视距或视线受限制;④景观上有要求;其他方式均不合适,选B。

13. A

【考核点】警告标志

【解　析】依据规范,警告标志的颜色为黄底、黑边、黑图形,"注意信号灯"标志的图形为红、黄、绿、黑四色,"叉形符号"、"斜杠符号"为白底红图形,选A。

14. D

【考核点】交通标线构成

【解　析】要分清道路交通标志和标线各自的构成要素，字符和图形均为交通标志的构成要素，不能混淆，选项 ABC 排除；依据规范规定，道路交通标线是由施画或安装于道路上的各种线条、箭头、文字、图案及立面标记、实体标记、突起路标和轮廓标等所构成的交通设施，线段不属于标线的构成要素，选 D。

15. A

【考核点】指路标志

【解　析】指路标志表示道路信息的指引，为驾驶员提供去往目的地所经过的道路、沿途相关城镇、重要公共设施、服务设施、地点、距离和行车方向等信息；指示标志表示指示车辆、行人行进的含义，道路使用者应遵循，选 A。

16. B

【考核点】指示标线分类

【解　析】可跨越对向车行道分界线为黄色虚线，用于分隔对向行驶的交通流；可跨越同向车行道分界线为白色虚线，用来分隔同向行驶的交通流，设在同向行驶的车行道分解上，选 B。

17. A

【考核点】停车位标线

【解　析】根据《道路交通标志和标线　第 3 部分：道路交通标线》（GB 5768.3—2009）规定，停车位标线的颜色为蓝色时表示此停车位为免费停车位，为白色时表示此停车位为收费停车位，为黄色时表示此停车位为专属停车位，故 A 正确。

18. B

【考核点】导向箭头尺寸设计

【解　析】导向箭头的尺寸显然与道路等级不相关，选项 D 排除；选项 AC 是混淆项，规范中明确规定，导向箭头的尺寸应依据设计速度选取，规范中并给出参考尺寸，选 B。

19. D

【考核点】路面文字标记

【解　析】与交通标志文字尺寸的选取一样，路面文字标记的高度应根据道路设计速度确定，除特殊规定外，规格应根据规范确定，选 D。

20 . D

【考核点】护栏的分类

【解　析】护栏在公路中按横向可分为路侧护栏和中央分隔带护栏，故选 D。

21 . A

【考核点】护栏的分类

【解　析】护栏在公路中按纵向可分为路基护栏和桥梁护栏，故选 A。

22 . D

【考核点】护栏的分类

【解　析】不存在半柔性护栏这一叫法，排除 B。按照碰撞后变形程度护栏可以分为刚性护栏、半刚性护栏和柔性护栏，刚性护栏基本不变形，柔性护栏变形最大，半刚性护栏变形程度居中，各自主要代表形式分别为混凝土护栏、波形梁护栏、缆索护栏。波形梁护栏具有一定的强度和刚度，碰撞后会产生一定变形，属于半刚性护栏，选 D。

23. A

【考核点】护栏的分类

【解　析】按照碰撞后变形程度护栏可以分为刚性护栏、半刚性护栏和柔性护栏。车辆碰撞到缆索护栏上时，要依靠缆索拉力抵抗车辆碰撞荷载，吸收能量，缆索产生的变形较大，属于柔性护栏，故选 A。

24. C

【考核点】护栏的分类

【解　析】按照碰撞后变形程度护栏可以分为刚性护栏、半刚性护栏和柔性护栏，变形程度依次增大。混凝土护栏通过失控车辆碰撞后爬高并转向来吸收碰撞能量，基本不变形，故选 C。

25. C

【考核点】护栏防撞性能

【解　析】根据《公路交通安全设施设计规范》(JTG D81—2006)，公路护栏按防撞等级可分为：中央分隔带 Am、SBm、SAm 三级。A、B 两个选项都少了一级，答案不完整。D 选项多了 SSm 一级，故选 C。

26. D

【考核点】护栏防撞性能

【解　析】根据《公路交通安全设施设计规范》(JTG D81—2006)，公路护栏按防撞等级可分为：路侧 B、A、SB、SA、SS 五级。A、B、C 选项答案都不完整，故选 D。

27. C

【考核点】隔离栅的概念

【解　析】护栏是一种纵向吸能结构，通过自体变形和车辆爬高来吸收碰撞能量从而改变车辆行驶方向、阻止车辆越出路外或进入对向车道、最大限度减少对乘员伤害的一种交通安全设施，A、B、D 都属于护栏范畴。此题易选成 A 或 D，只要明确隔离栅和护栏的含义区别，易选出正确答案 C。

28. A

【考核点】护栏设置原则

【解　析】混凝土护栏、波形梁护栏和缆索护栏分别为刚性护栏、半刚性护栏、柔性护栏，三者在车辆碰撞后变形程度依次增加。由于三种护栏的特性，同等级公路中设置路侧护栏时，它们的最小设置长度依次减小。在《公路交通安全设施设计规范》(JTG D81—2006)表 4.2.1-2中能看出它们之间的大小关系，缆索护栏 > 波形梁护栏 > 混凝土护栏，选 A。

29. D

【考核点】防眩设施遮光角

【解　析】防眩设施的遮光角太小不能获得良好的防止眩目效果，直线路段防眩设施的遮光角不应小于 8°，平、竖曲线路段遮光角应为 8° ~ 15°。

30. A

【考核点】轮廓标的设置原则

【解 析】匝道轮廓标设置间距不应大于下表规定，故匝道轮廓标设置间距和其半径相关，且在一定范围内随着半径增加而增加，选 A。

曲线半径(m)	≤89	90～179	180～274	275～374	375～999	1000～1999	≥2000
设置间距(m)	8	12	16	24	32	40	48

二、多项选择题

1. ABCD

【考核点】公路交通安全设施设计内容

【解 析】交通工程及沿线设施的内容主要包括了交通安全设施、服务设施和管理设施的设计。护栏、交通标志、交通标线、隔离栅、桥梁护栏、防眩设施等设施在一定程度上都提高了公路交通安全，都属于公路交通安全设施设计内容，故选 ABCD。

2. BC

【考核点】道路交通标志

【解 析】根据道路交通标志的基本规定，道路交通标志是以颜色、形状、字符、图形等向道路使用者传递信息，用以管理交通的设施；选项 AD 为混淆项，只有 BC 选项符合题意要求。

3. ABCD

【考核点】交通标线的设置原则

【解 析】一般路段的交通标线应遵循以下设置原则：高速公路和一级公路的一般路段应设置车行道边缘线、车行道分界线；二级及以下等级的双车道公路应设置路面中心线，路面较宽或非机动车较多的路段可设置车行道边缘线；车行道边缘线应设置于公路两侧紧靠车行道的硬路肩内，不得侵入车行道内，故选 ABCD。

4. CD

【考核点】道路交通标志分类

【解 析】交通标志按其作用分类，可分为主标志和辅助标志两大类，AB 选项为混淆项，规范中未提及；其中主标志包括警告标志、禁令标志、指示标志、指路标志、旅游区标志、作业区标志、告示标志，辅助标志是附设在主标志下，对主标志进行辅助说明的标志，故选 CD。

5. AC

【考核点】主标志分类

【解 析】主标志可分为 7 类：①警告标志——警告车辆、行人注意道路交通的标志；②禁令标志——禁止或限制车辆、行人交通行为的标志；③指示标志——指示车辆、行人交通行为的标志；④指路标志——传递道路方向、地点、距离信息的标志；⑤旅游区标志——提供旅游景点方向、距离的标志；⑥作业区标志——告知道路作业区通行的标志；⑦告示标志——告知路外设施、安全行驶信息以及其他信息的标志；选项 AB 和 CD 说法易混淆，需要掌握主标志分的 7 大类，故选 AC。

6. ABC

【考核点】交通标志尺寸设计

【解　析】警告标志、禁令标志、指示标志等标志的边长、边宽等尺寸的选取一般应依据道路的设计速度,按规范给定的范围进行选取,也可考虑设置路段的运行速度(v_{85})进行调整;而指路标志的尺寸大小应根据字数、文字高度及排列情况确定;设计速度是大多数交通标志设计的依据,个别除外,故选 ABC。

7. ABCD

【考核点】交通标志支撑方式

【解　析】根据《道路交通标志和标线》(GB 5768—2009)最新规定,交通标志的支撑方式包括柱式、门架式、悬臂式和附着式,故选 ABCD。

8. ABD

【考核点】交通标线按功能分类

【解　析】交通标线可按功能、设置方式和形态进行分类,其中:按功能可分为指示标线、禁止标线和警告标线,警示标线为混淆项,故排除 C 选项;按设置方式可分为纵向标线、横向标线和其他标线;按形态可分为线条、字符、突起路标和轮廓标,故选 ABD。

9. ABCD

【考核点】交通标线按形态分类

【解　析】交通标线可按功能、设置方式和形态进行分类,其中:按功能可分为指示标线、禁止标线和警告标线;按设置方式可分为纵向标线、横向标线和其他标线;按形态可分为线条、字符、突起路标和轮廓标,故选 ABCD。

10. ABC

【考核点】交通标线按设置方式分类

【解　析】交通标线可按功能、设置方式和形态进行分类,其中:按功能可分为指示标线、禁止标线和警告标线;按形态可分为线条、字符、突起路标和轮廓标;按设置方式可分为纵向标线、横向标线和其他标线,轮廓标属形态标线,故排除选项 D,选 ABC。

11. CD

【考核点】交通标线的形式和颜色

【解　析】规范规定,白色虚线和白色实线均可用于分隔同向行驶的交通流,黄色虚线和黄色实线均可用于分隔对向行驶的交通流,故选 CD。

12. ABC

【考核点】车行道边缘线

【解　析】规范规定,车行道边缘白色实线用于指示禁止车辆跨越的车行道边缘或机非分界;白色虚线用以指示车辆可临时越线行驶的车行道边缘;白色虚实线的虚线侧允许车辆越线行驶,实线侧不允许车辆越线行驶,用以规范车辆行驶轨迹,故 ABC 正确。

13. ABC

【考核点】停车位标线

【解　析】停车位标线按设置方式可分为:①车辆平行于通道方向停放的平行式;②车辆与通道方向成 30°或 60°角停放的倾斜式;③车辆垂直于通道方向停放的垂直式,故选 ABC。

14. AB

【考核点】禁止标线

【解　析】道路交通标线规定，停止线和停车让行线均为白色实线，禁止停车线为黄色实线，禁止长时停车线为黄色虚线，减速让行线为两条平行的白色虚线，故选 AB。

15. AD

【考核点】轮廓标

【解　析】规范中关于轮廓标的设置规定：①高速公路、一级公路和城市快速干道的主线，以及其互通立交、服务区、停车场的进出匝道或连接道，应连续设置轮廓标；②二级公路、三级公路、其他道路和路段视需要可沿主线两侧连续设置轮廓标，故选 AD。

16. ABD

【考核点】护栏的分类

【解　析】护栏按碰撞后变形程度可以分为三类，分别为刚性、半刚性和柔性护栏。没有半柔性护栏这一术语，故选 ABD。

17. ABC

【考核点】桥梁护栏形式选择

【解　析】桥梁护栏的选择应综合考虑各因素：考虑防撞性能保证其能有效吸收设计的碰撞能量；桥梁护栏最大动态变形量不能超过可容许变形距离，需考虑变形程度；还要适应环境和景观要求；从经济方面还需考虑其全寿命周期成本，即考虑护栏的初期建设成本外，还应考虑投入使用后的养护成本，D 错，选 ABC。

18. AB

【考核点】隔离栅的设置原则

【解　析】隔离栅需要达到一定要求才设置。除特殊路段外，高速公路和需要控制出入的一级公路必须连续设置隔离栅。其他等级公路可根据需要设置，不是必须设置，CD 错，故选 AB。

19. BD

【考核点】护栏最小长度设置

【解　析】在《公路交通安全设施设计规范》(JTG D81—2006)中，对不同公路等级的路侧护栏采用不同护栏类型时的最小设置长度做出了相关规定，即路侧护栏最小设置长度与公路等级和护栏类型两个因素有关，公路长度和车辆构成与确定护栏最小设置长度无关，故选 BD。

20. ACD

【考核点】护栏材料要求

【解　析】从护栏作用方面考虑，护栏要有一定强度，不是刚度；从护栏使用寿命方面考虑护栏要有一定耐久性；从经济和养护方面考虑护栏要易于维护管理。所以护栏所用材料必须具有足够的强度、耐久性，且易于维护管理，故选 ACD。

21. BCD

【考核点】护栏设置原则

【解　析】整体式断面中间带宽度小于或等于12m时，必须设置中央分隔带护栏；大于12m时应分路段确定是否设置中央分隔带护栏，A错误，D正确。高速公路和禁止掉头的一级公路中央分隔带开口处必须设置活动护栏。故选BCD。

22. ABCD

【考核点】护栏构造

【解　析】交通分流处三角地带位置、护栏设置的起讫点位置、隧道入、出口处位置和中央分隔带开口位置易出现安全隐患，这些地方护栏都应进行车辆安全导向端头处理，以提高车辆安全性。故选ABCD。

23. BCD

【考核点】桥梁护栏设置原则

【解　析】高速公路桥梁的外侧和中央分隔带必须设置桥梁护栏，D正确。作为干线公路的一级公路桥梁必须设置路侧护栏和中央分隔带护栏。作为干线公路的二级公路桥梁必须设置路侧护栏，中央分隔带护栏不是必须设置的，故A错误，BC正确。故选BCD。

24. BD

【考核点】轮廓标安装的一般规定

【解　析】一般规定，按行车方向，配置白色反射体的轮廓标应安装于公路右侧，配置黄色反射体的轮廓标应安装于公路左侧。故选BD。

25. BCD

【考核点】轮廓标设置原则

【解　析】高速公路主线应全线连续设置轮廓标，但是直线路段轮廓标不用加密设置间隔，A错误。车道数量有变化的路段及竖曲线路段可适当加密轮廓标间隔，显示道路边界，提示道路的变化，指引车道正常行驶。故选BCD。

26. ABCD

【考核点】路侧安全净区的概念

【解　析】路侧安全净区是公路行车方向最右侧车行道以外、相对平坦、无障碍物、可供失控车辆重新返回正常行驶路线的带状区域，故ABCD都正确。

第三节　服务设施

【考试纲要】

1. 掌握服务设施的种类、作用和设置条件。

2. 掌握城市广场、停车场设计。

【复习提示】

1. 复习要点

考生应掌握和熟悉公路交通工程及沿线设施服务设施的种类、作用，并掌握服务设施设置的条件；同时也要根据《城市道路工程设计规范》(CJJ 37—2012)等规范熟悉城市广场和停车场的作用、分类、构造以及设计内容和设计原则。

2. 规范提示

服务设施的种类、作用和设置条件等知识点涉及《公路工程技术标准》(JTG B01—2014)、《高速公路交通工程及沿线设施设计通用规范》(JTG D80—2006),均为现行规范。

城市广场和停车场设计相应的知识点涉及《城市道路工程设计规范》(CJJ 37—2012)、《无障碍设计规范》(GB 50763—2012)、《城市道路绿化规划与设计规范》(CJJ 75—1997)、《城市道路交通规划设计规范》(GB 50220—1995)。

本节涉及的6个标准规范,其中新制定的有3个,即《公路工程技术标准》(JTG B01—2014)、《城市道路工程设计规范》(CJJ 37—2012)、《无障碍设计规范》(GB 50763—2012)。

《公路工程技术标准》(JTG B01—2014)修订增加了公路改扩建、特殊地区高速公路运行速度、非机动车和行人密集路段、设计年限、安全性评价、救灾通道等方面的规定和要求,调整了工程分类及建筑设施年限等方面的规定,对各种交通工程及沿线设施设置作了具体规定,但是在服务设施的修订延续了《公路工程技术标准》2003版的原则,服务设施的分类、服务设施之间的合理间距保持与前一版本一致。

《城市道路工程设计规范》(CJJ 37—2012)在章节编排和内容深度组成上较《城市道路设计规范》(CJJ 37—1990)有较大的变化,章节的编排上主要由城市道路工程涵盖的内容组成,内容深度上主要是对城市道路设计中的一些共性要求和主要技术指标进行规定,强化交通安全与管理设施的设计内容,但是公共停车场与城市广场条文主要沿用《城市道路设计规范》(CJJ 37—1990)中的相关规定。

较之原行业标准《城市道路和建筑物无障碍设计规范》(JGJ 50—2001),《无障碍设计规范》(GB 50763—2012)涉及范围更宽,增加了城市广场、绿地及历史文物保护建筑的内容,在章节编排上作了较大改变,新规范将无障碍设施设计要求集中并放在前面,然后再分别罗列各类别的实施范围及具体要求,而旧规范则是分类按从实施范围到设计要求的顺序排列。

一、单项选择题

1. 高速公路的服务设施等级应为(　　)。

A. A级　　B. B级　　C. C级　　D. D级

2. (　　)之间的平均间距宜为50km。

A. 停车区与停车区

B. 停车区与服务区

C. 服务区与服务区

D. 服务区与客运汽车停靠站

3. 服务区初期停车场、餐饮等的建筑面积可按预测交通量第(　　)设计。

A. 5年　　B. 10年　　C. 15年　　D. 20年

4. 停车区一般不设置的设施是(　　)。

A. 停车场　　B. 公共厕所

C. 室外休息区　　D. 旅馆

5. 有关服务区说法不正确的是(　　)。

A. 服务区的布设只能采用分离式,可对称布设或非对称布设

B. 服务区内各项设施应按功能分区设置,将为人服务和为车服务的设施及其他附属设施分开设置

C. 服务区广场应结合服务主楼、停车场、公共厕所等布设,作交通流线设计

D. 服务区的停车场的车位数与停车方式,应根据交通量、交通组成设计

6. (　　)周边宜种植高大乔木,并宜设计成开放式绿地,植物配置宜疏朗通透,且集中成片绿地不应小于广场总面积的25%。

A. 公共活动广场　　B. 集散广场

C. 纪念性广场　　D. 商业广场

7. 设在交通频繁的多条道路交叉的大型交叉口或交汇地点有组织与分散车流功能的广场是(　　)。

A. 公共活动广场　　B. 集散广场

C. 交通广场　　D. 商业广场

8. 有关交通集散广场用地,下列说法正确的是(　　)。

A. 全市车站、码头的交通集散广场用地总面积可按聚集人流量决定

B. 车站、码头前的交通集散广场的规模由规划城市人口计算

C. 车站、码头前的交通集散广场供旅客上下车的停车点,允许车辆短暂停留

D. 机动车和非机动车的停车场应设置在集散广场内部

9. 城市广场的公共停车场停车数在50～100辆之间时,应设置的无障碍机车停车位不少于(　　)。

A. 1个　　B. 2个　　C. 3个　　D. 4个

10. (　　)公共停车场(库)应设置不少于停车数量2%,且大于2个无障碍机动车停车位。

A. Ⅰ类　　B. Ⅱ类　　C. Ⅲ类　　D. Ⅳ类

11. 关于机动车停车场的设计,说法不正确的是(　　)。

A. 合理利用场地

B. 合理安排停车区及通道

C. 满足消防要求

D. 车位设置时,只按照规定的几种车位设置

12. 关于非机动车停车场设计,下列说法不正确的是(　　)。

A. 非机动车停车场出入口数量应根据停车规模设计

B. 场内停车区应分组安排

C. 停车场应设置适宜坡度

D. 停车区必须设有车棚、存车支架等设施

二、多项选择题

1. 服务设施包括(　　)。

A. 服务区　　B. 停车区

C. 客运汽车停靠站　　D. 监控设施

2. 服务区、停车区的位置规划和布设应根据哪些条件(　　)。

A. 区域路网　　B. 建设条件

C. 景观要求　　D. 环保要求

3. 服务区、停车区的建设规模应根据哪些因素确定(　　)。

A. 设计交通量　　B. 交通组成

C. 自然条件　　D. 用地条件

4. 客运汽车停靠站的位置宜根据地区哪些条件布设(　　)。

A. 公路交通规划　　B. 公路沿线城镇分布

C. 景观要求　　D. 出行需求

5. 高速公路应设置服务区,作为干线的哪些公路宜设置服务区(　　)。

A. 一级公路　　B. 二级公路

C. 三级公路　　D. 四级公路

6. 高速公路服务区应设置餐饮、商品零售点以及(　　)等设施。

A. 停车场　　B. 加油站

C. 车辆维修站　　D. 公共厕所

7. 城市广场按其性质、用途分类可分为(　　)。

A. 公共活动广场　　B. 集散广场

C. 交通广场　　D. 纪念性广场与商业广场

8. 城市广场进行无障碍设计的范围应包括(　　)。

A. 公共活动广场　　B. 集散广场

C. 交通广场　　D. 纪念性广场

9. 城市广场盲道的设置应符合的规定有(　　)。

A. 设有台阶或坡道时,距每段台阶与坡道起、终点适当距离处应设提示盲道

B. 提示盲道长度应与台阶、坡道相对应

C. 人行道中有行进盲道时,不需与提示盲道相连接

D. 人行道中有行进盲道时,应与提示盲道相连接

10. 应布置适当容量的公共停车场的场所有(　　)。

A. 大型商场　　B. 飞机场

C. 火车站　　D. 大型体育场

11. 有关公共停车场,下列说法正确的有(　　)。

A. 公共停车场的规模应考虑服务对象因素

B. 公共停车场的规模应考虑交通特征因素

C. 公共停车场可分为机动车停车场与非机动车停车场

D. 停车场平面设计应满足消防要求，并留出辅助设施的位置

12. 有关机动车停车场的设计，下列说法正确的有(　　)。

A. 车位布置可按纵向或横向排列分组安排

B. 停车场出入口可设在主干路、次干路或支路上

C. 停车场出入口应远离交叉口

D. 停车场出入口应有良好的通视条件，视距三角形范围内的障碍物应清除

13. 根据停车车辆的场地划分，公共停车场可分为(　　)。

A. 路上停车场　　B. 路外停车场

C. 公用停车场　　D. 专用停车场

习题参考答案及解析

一、单项选择题

1. A

【考核点】高速公路的服务设施等级

【解　析】高速公路具有交通量大、速度快等特点，为保证高速公路运行的安全和快速，高速公路的服务等级应为 A 级，因此选 A。

2. C

【考核点】服务区设置的间距

【解　析】服务区之间平均间距宜为 50km，停车区与服务区或停车区之间的距离宜为 15 ~ 25km，客运停靠站与服务区和客运停靠站与停车区之间的距离未规定，选 C。

3. B

【考核点】服务区初期停车场、餐饮等建筑面积的设计

【解　析】选项 D 是干扰项，停车场、餐饮等建筑面积可按预测的第 10 年交通量设计；用地及其预留、预埋等相关工程应按预测的 20 年设计，选 B。

4. D

【考核点】停车区应设置的设施

【解　析】停车区应设置停车场、公共厕所、室外休息区。由于停车区面积较小，一般不设置旅馆，选 D。

5. A

【考核点】服务区设置规范

【解　析】本题可用排除法。服务区的布设宜采用分离式，可对称布设或非对称布设，地形条件适宜时，亦可采用集中式或其他形式。选项 A 说法片面，其余选项说法均正确，选 A。

6. D

【考核点】广场绿化设计

【解　析】本题采用排除法。只有 A、B 两项的公共活动广场和集散广场规定了集中成片绿地面积的要求，可排除 C、D 两项。其中公共活动广场集中成片绿地不应小于广场总面积

的25%，车站、码头、机场的集散广场绿集中成片绿地不应小于广场总面积的10%。排除C，选D。

7. C

【考核点】交通广场的性质

【解　析】公共活动广场多布置在城市中心地区，作为城市政治、文化活动中心以及人群集会场所；集散广场为布置在火车站、港口码头、飞机场、体育馆以及展览馆等大型公共建筑物前面的广场，是人流、车辆集散停留较多的广场；交通广场设在交通频繁的多条道路交叉的大型交叉口或交汇地点的广场，有组织与分散车流的功能；商业广场应以人行活动为主，合理布置商业、人流活动区，选C。

8. C

【考核点】交通集散广场的设计

【解　析】A、B两项答案混淆了，A选项交通集散广场用地总面积是按规划城市人口计算而不是聚集人流决定；B选项规模由聚集人流量决定，不是规划城市人口；C选项车站、码头前的交通集散广场供旅客上下车的停车点，允许车辆短暂停留，说法正确；D选项机动车和非机动车的停车场应设置在集散广场外围而不是内部，所以也是错误的，选C。

9. B

【考核点】城市广场的公共停车场无障碍机动车停车位的设计

【解　析】城市广场的公共停车场的停车数在50辆以下时应设置不少于1个无障碍机动车停车位，100辆以下时应设置不少于2个无障碍机动车停车位，因此公共停车场的停车数在50～100辆时，应设置的无障碍机动车停车位不少于2个。

10. A

【考核点】公共停车场(库)无障碍停车位数量设置

【解　析】各类公共停车场(库)应设置无障碍停车位的车位数量如下表所示：

公共停车场(库)	应设置无障碍机动车停车位数量
Ⅰ类	不少于停车数量2%
Ⅱ类及Ⅲ类	不少于停车数量2%，且不小于2个
Ⅳ类	不少于1个

由上表可知，Ⅱ类及Ⅲ类无障碍机动车停车数量应不少于停车数量2%，且不小于2个，意味着可以等于2个，因此错误，排除B、C、D，故选A。

11. D

【考核点】机动车停车场设计

【解　析】本题可用排除法。D选项中"车位设置时，只按照规定的几种车位设置"，显然过于绝对。由规范可知，如有特殊车型，应按实际车辆外轮廓尺寸进行设计，选D。

12. D

【考核点】非机动车停车库的设计规定

【解　析】由规定可知，非机动车停车场出入口不宜少于2个，出入口宽度宜为2.5～3.5m；场内停车区应分组安排，每组场地长度宜为15～20m；非机动车停车场坡度宜为

0.3%～4.0%。因此A、B、C均正确。选项D说法太绝对，在地下车库设置的停车区就不用设置车棚，应改为停车场应设有车棚、存车支架等设施，选D。

二、多项选择题

1. ABC

【考核点】服务设施的种类

【解　析】服务设施包括服务区、停车区和客运汽车停靠站。而监控设施属于管理设施，不属于服务设施，选ABC。

2. ABCD

【考核点】服务区、停车区的位置规划与布设的依据

【解　析】服务区、停车区的位置应根据区域路网、建设条件、景观和环保要求等规划和布设，选ABCD。

3. ABCD

【考核点】服务区、停车区的建设规模依据的因素

【解　析】服务区、停车区的位置应根据公路设计交通量、交通组成、自然环境和用地条件等因素确定，四个选项均正确，选ABCD。

4. ABD

【考核点】客运汽车停靠站位置布设的依据条件

【解　析】客运汽车停靠站的位置宜根据地区公路交通规划、公路沿线城镇腹部、出行需求布设。C是混淆选项，客运汽车停靠站的布设并没有景观要求，选ABD。

5. AB

【考核点】服务区设置的规定

【解　析】高速公路应设置服务区，作为干线的一、二级公路宜设置服务区。所以只有一、二级公路宜设置服务区，选AB。

6. ABCD

【考核点】高速公路服务区应设置的设施

【解　析】高速公路服务区应设置停车场、加油站、起来维修站、公共厕所、室内外休息区、餐饮、商品零售点等设施。根据公路环境和需求可设置人员住宿、车辆加水等设施。本题全部选项均正确，选ABCD。

7. ABCD

【考核点】城市广场的分类

【解　析】城市广场是指与城市道路相连接的社会公共用地部分，是车辆和行人交通的枢纽场所，或是城市居民社会活动和政治活动的中心。规范按其用途和性质将其分为公共活动广场、集散广场、交通广场、纪念性广场和商业广场五类。所有选项均正确，选ABCD。

8. AB

【考核点】城市无障碍设计

【解　析】城市广场进行无障碍设计的范围包括公共活动广场和交通集散广场，交通广场和纪念性广场不在要求范围内，选AB。

9. ABD

【考核点】城市广场盲道设置应符合的规定

【解　析】城市广场盲道设置应符合的规定:①设有台阶或坡道时,距每段台阶与坡道的起点与终点 250 ~ 500mm 处应设提示盲道,提示盲道长度应与台阶、坡道相对应,宽度应为 250 ~ 500mm。②人行道中有行进盲道时,应与提示盲道相连接。选项 C 和 D 明显矛盾,其中有一项肯定错误,由规定可知选项 C 错误,选 ABD。

10. ABCD

【考核点】公共停车场的布设

【解　析】在大型公共建筑、交通枢纽、人流车流量大的广场等处均应布置适当容量的公共停车场。其中大型商场和大型体育场属于人流车流量大的大型公共建筑,飞机场站和火车站属于交通枢纽,4 个场所均应布设适当容量的公共停车场,选 ABCD。

11. ABCD

【考核点】公共停车场设置规范

【解　析】公共停车场的规模应按服务对象、交通特性等因素确定,AB 选项正确;按停放车辆类型,公共停车场可分为机动车停车场和非机动车停车场,C 选项正确;停车场平面设计应有效地利用场地,合理安排停车区及通道,应满足消防要求,并留出辅助设施的位置,D 选项也正确,选 ABCD。

12. ACD

【考核点】机动车停车场的设计

【解　析】机动车停车场内车位布置可按纵向或横向排列分组安排;停车场的出入口不宜设在主干路上,可设在次干路或支路上,并应远离交叉口,且停车场出入口应有良好的通视条件,视距三角形范围内的障碍物应清除。因此 B 选项错误,其余选项均正确,选 ABD。

13. AB

【考核点】公共停车场根据停车场地分类

【解　析】停车场根据停放的场地分为路上停车场和路外停车场,根据服务对象分为公共停车场和专用停车场,选 AB。

第四节　管 理 设 施

【考试纲要】

掌握管理设施的种类、作用和设置条件。

【复习提示】

1. 复习要点

考生应在熟悉交通工程概况、研究范围、研究内容、研究目的的基础上,熟练掌握交通管理设施的种类、作用和设置条件,熟悉监控系统管理机构、收费系统管理机构、通信系统管理机构的组成及作用。

2. 规范提示

交通工程概况、研究范围等知识点涉及《公路工程技术标准》(JTG B01—2014)、交通管理设施的种类、作用和设置条件等知识点涉及首次发布的《高速公路交通工程及沿线设施设计通用规范》(JTG D80—2006),均为现行规范。

较之原规范,《公路工程技术标准》(JTG B01—2014)修订增加了公路改扩建、特殊地区高速公路、运行速度、非机动车和行人密集路段、设计年限、安全性评价、救灾通道等方面的规定和要求,调整和补充了干线公路交通工程、乡村公路交叉等方面的规定,调整了公路适应交通量、交通量预测年限、服务水平分级、路基横断面宽度、纵坡、隧道断面及进出口线形、交通工程分类及建筑设施年限等方面的规定。

考虑到考纲的要求深度,所列习题并没有涉及更详细的管理设施规范,如《高速公路监控技术要求》(2012 年第 3 号公告)、《高速公路通信技术要求》(2012 年第 3 号公告)等。

一、单项选择题

1. 高速公路的管理设施等级应为(　　)级。

A. A　　B. B　　C. C　　D. D

2. 管理机构应根据(　　)确定交通工程及沿线设施总体设计及其管理机构的部门、人员定编等。

A. 公路网规划　　B. 交通量

C. 主体工程总体设计　　D. 公路等级

3. 收费站前或距收费站适当位置处宜设置限制(　　)进入的检测设施。

A. 超长车辆　　B. 超重车辆

C. 超限超载车辆　　D. 超高车辆

4. 收费岛前后的路面应采用(　　)。

A. 水泥混凝土路面　　B. 沥青路面

C. 砂石路面　　D. 沥青混凝土路面

5. 管理机构的房屋建筑规模宜按预测的第(　　)年交通量确定。

A. 10　　B. 20　　C. 25　　D. 30

6. 收费广场出口和入口的收费车道数均不应小于(　　)条。

A. 2　　B. 4　　C. 6　　D. 8

二、多项选择题

1. 管理设施应设置(　　)、通信、配电、照明和养护等设施。

A. 管理　　B. 监控　　C. 收费　　D. 服务

2. 省(市、自治区)管理机构宜设置管理中心、管理分中心、(　　)等。

A. 管理处　B. 管理室　C. 管理站　D. 养护工区

3. 监控系统应具备(　　)功能。

A. 信息采集　B. 信息处理与决策　C. 信息发布与控制　D. 信息分析

4. 监控管理机构应由(　　)组成。

A. 监控中心　B. 监控分中心　C. 监控室　D. 监控站

5. 监控系统根据监控类别、公路路网、交通量、联网管理等情况,可分别采用以下(　　)等方式。

A. 全线控制　B. 主线控制　C. 匝道控制　D. 通道控制

6. 收费管理机构应由(　　)组成。

A. 省(市、自治区)收费中心

B. 收费分中心

C. 收费站

D. 收费处

7. 收费方式应根据收费系统的建设规模、运行管理、联网收费等具体条件,可采用(　　)。

A. 人工收费　B. 半自动收费　C. 自动收费　D. 不停车收费

8. 通信系统管理机构应由(　　)组成。

A. 通信中心　B. 通信室　C. 通信分中心　D. 通信站

9. 我国高速公路的收费制式有(　　)。

A. 开放式　B. 封闭式　C. 混合式　D. 分离式

习题参考答案及解析

一、单项选择题

1. A

【考核点】高速公路的管理设施等级

【解　析】交通工程及沿线设施等级分为A、B、C、D四级。高速公路具有交通量大、速度快等特点,为保证高速公路运行的安全和快速,高速公路的管理等级应为A级,选A。

2. C

【考核点】管理机构的设计根据

【解　析】公路主体工程和交通工程及沿线设施的设计文件中以下的设计内容以相同设计方案进行总体设计:①交通工程及沿线设施的技术标准与建设规模;②交通安全设施、服务设施、管理设施的设置方案等。因此,交通工程及沿线设施的总体设计和管理机构的设置应以主体工程总体设计为根据,选C。

3. C

【考核点】收费系统的功能

【解　析】基于行车安全及保障道路使用年限考虑,收费站前或距收费站适当位置处宜设置限制超限超载车辆进入的检测设施，选 C。

4. A

【考核点】收费系统的土建设施

【解　析】收费岛前后的路面应采用水泥混凝土路面，选 A。

5. B

【考核点】管理机构建筑规模的依据

【解　析】高速公路和具干线功能的一级公路的设计交通量应按 20 年预测，管理机构的建筑规模以高速公路设计交通量为准，选 B。

6. A

【考核点】收费系统的土建设施

【解　析】收费广场出口和入口的收费车道数均不应小于 2 条，选 A。

二、多项选择题

1. ABC

【考核点】管理设施的内容

【解　析】A 级管理设施应设置管理、监控、收费、通信、配电、照明和养护等设施，服务设施不属于管理设施，选 ABC。

2. CD

【考核点】管理机构的设置

【解　析】省（市、自治区）管理机构宜设置管理中心、管理分中心、管理站、养护工区等。管理处、管理室不属于管理机构，选 CD。

3. ABC

【考核点】监控系统的功能

【解　析】监控系统应具备信息采集、信息处理与决策、信息发布与控制等功能。监控系统不具备信息分析功能，选 ABC。

4. ABD

【考核点】高速公路监控系统管理机构的组成

【解　析】监控系统管理机构应由监控中心、监控分中心、监控站组成。监控室不属于监控机构，选 ABD。

5. BCD

【考核点】监控系统的控制方式

【解　析】监控系统根据监控类别、公路路网、交通量、联网管理等情况，可分别采用主线控制、匝道控制和通道控制等方式，选 BCD。

6. ABC

【考核点】收费系统管理机构的组成

【解　析】收费系统管理机构应由省（市、自治区）收费中心、收费分中心、收费站组成，收费广场不属于收费机构，选 ABC。

7. BCD

【考核点】收费方式

【解　析】收费方式应根据收费系统的建设规模、运行管理、联网收费等具体条件,可采用半自动收费、自动收费、不停车收费,选 BCD。

8. ACD

【考核点】通信系统管理机构的组成

【解　析】通信系统管理机构应由通信中心、通信分中心、通信站组成,通信室不属于通信系统管理机构,选 ACD。

9. ABC

【考核点】收费制式

【解　析】收费公路有三种经典制式,即按路段均等收费制(开放式)、按互通式立体交叉区段均等收费制(封闭式)和混合式,选 ABC。

第八章　道路工程施工组织与概预算

第一节　道路工程施工组织

【考试纲要】

1. 掌握道路施工组织的任务；施工作业方式及其特点；施工组织一般方法；施工组织设计文件内容。

2. 熟悉施工组织设计文件编制原则；机械化施工组织设计内容和特点；材料供应计划编制方法。

3. 了解道路建设内容及程序；道路施工程序；道路施工组织调查。

【复习提示】

1. 复习要点

道路建设的内容、特点，道路工程基本建设内容、程序，施工组织设计任务，道路施工程序，施工过程的组织原则、组织方式，流水作业原理、参数计算，施工组织设计基本原则、文件种类，施工进度计划形式的种类、编制步骤，横道图制作，双代号网络图组成、参数计算，进度计划检查与调整，施工平面图内容与设计原则，机械化施工组织设计内容。

重点：

基本建设程序，施工组织设计任务，道路施工程序，施工过程组织原则，流水作业，进度图形式与制作，双代号网络图组成与计算，计划检查与调整，平面组织设计。

难点：

流水作业参数计算与分析，进度图编制，进度计划检查与调整，双代号网络时间参数计算与分析。

2. 规范提示

施工组织设计文件本身没有专用的技术规范与标准，但必须遵守道路工程有关的一切施工技术规范与标准，并保证达到道路工程施工质量验收标准。

一、单项选择题

1. 下列(　　)是施工组织总体设计的具体化，以单位工程为对象编制，用以指导单位工程准备和施工全过程，它还是施工单位编制月旬作业计划的基础文件。

A. 施工组织规划设计　　B. 施工组织总体设计

C. 单位工程施工组织设计　　D. 分部工程施工组织设计

2. 某工程网络计划中，工作 M 的最早开始时间和最迟开始时间分别为第 12 天和第 15 天，其持续时间为 5 天。工作 M 有三项紧后工作，它们的最早开始时间分别为第 21 天、第 24 天和第 28 天，则工作 M 的自由时差为（　　）天。

A. 1　　B. 3

C. 4　　D. 8

3. 施工组织总体设计是以（　　）为对象编制的。

A. 单位工程　　B. 分部工程

C. 分项工程　　D. 整个建设项目或群体工程

4. 完成一个工程项目后，再接着去完成另一个同类工程项目的施工组织方法，称为（　　）。

A. 顺序作业法　　B. 平行作业法

C. 流水作业法　　D. 网络计划法

5. 布置施工总平面图时，应优先考虑的是（　　）。

A. 搅拌站、加工厂　　B. 场外交通道路

C. 内部运输道路　　D. 临时设施

6. 在流水作业参数中，属于时间参数的是（　　）。

A. 施工段数目　　B. 工作面

C. 工序数　　D. 流水节拍

7. 流水施工中，流水节拍是指（　　）。

A. 两相邻的工作队进入流水作业的最小时间间隔

B. 某个专业队在一个施工段上的施工作业时间

C. 某个专业队在各个施工段上的作业时间之和

D. 某个专业队在施工段上的技术间歇时间

8. 在网络计划中关键工作的（　　）最小。

A. 自由时差　　B. 总时差

C. 持续时间　　D. 时间间隔

9. 在流水作业参数中，属于工艺参数的是（　　）。

A. 施工段数目　　B. 工作面

C. 工序数　　D. 流水节拍

10. 在某工程双代号网络计划中，如果以某关键节点为完成节点的工作有 3 项，则该 3 项工作（　　）。

A. 全部为关键工作　　B. 至少有一项为关键工作

C. 自由时差相等　　D. 总时差相等

11. 在双代号时标网络计划中，关键线路是指（　　）。

A. 没有虚工作的线路　　B. 由关键节点组成的线路

C. 没有波形线的线路　　D. 持续时间最长工作所在的线路

12. 网络计划中工作的总时差等于（　　）。

A. 紧前工作的最迟开始时间与紧后最早开始时间之差

B. 紧后工作的最早开始时间与本工作的最早完成时间之差

C. 工作的最迟完成时间与最早完成时间之差

D. 紧后工作的最迟开始时间与本工作的最迟完成时间之差

13. 已知网络计划中工作 M 有两项紧后工作，这两项紧后工作的最早开始时间分别为第 15 天和第 19 天，工作 M 的最早开始时间和最迟开始时间分别为第 4 天和第 9 天。如果工作 M 的持续时间为 6 天，则工作 M(　　)。

A. 总时差为 4 天　　B. 自由时差为 0 天

C. 总时差为 5 天　　D. 自由时差为 4 天

14. 两个相邻施工队进入流水作业的时间间隔称为(　　)。

A. 流水节拍　　B. 流水步距

C. 技术间歇　　D. 组织间歇

15. 流水施工的实质就是(　　)。

A. 提高劳动生产率　　B. 加快施工进度

C. 提高工程质量　　D. 连续作业，均衡生产

16. 某施工段中的工程量为 200，安排施工队人数为 25 人，每人每天完成 0.8，则该队在该施工段中的流水节拍是(　　)。

A. 12 天　　B. 10 天

C. 8 天　　D. 6 天

17、某项目部承担了某段公路工程的施工任务，包括路基工程、路面工程两部分。在路基工程施工组织设计的编制过程中，需要重点考虑的内容有：

①施工方法和土石方的调配方案；

②项目总进度计划；

③机械设备配置情况；

④布置好堆料点、运料线、行车路等。

请问：该路基工程施工组织设计需要重点考虑的内容正确与否或不妥(　　)。

A. ①正确；②不妥；③不正确；④不妥

B. ①不妥；②正确；③不妥；④不正确

C. ①不正确；②不妥；③不妥；④正确

D. ①正确；②不妥；③不妥；④不正确

18. 某工程划分为 4 个流水任务段，组织 2 个施工队进行等节奏流水施工，流水节拍为 4 天，其工期是(　　)。

A. 18 天　　B. 20 天

C. 22 天　　D. 24 天

19. 网络计划的缺点是(　　)。

A. 很难反映工作间的相互关系　　B. 不能反映关键工作

C. 现场进度计划执行的形象直观　　D. 不能用电算

20. 网络计划中，关键线路的判定依据为(　　)。

A. 总工期最短　　B. 总时差最小

C. 自由时差最小　　D. 自始至终无虚箭线

21. 网络计划中关键工作是指(　　)最小的工作。

A. 自由时间　　B. 总时差

C. 持续时间　　D. 时间间隔

22. 在双代号网络图中,箭杆表示(　　)。

A. 工序之间的逻辑关系　　B. 工序

C. 工序进行方向　　D. 工序持续时间

23. 在双代号网络图中,箭杆指示方向表示(　　)。

A. 工序之间的逻辑关系　　B. 工序

C. 工序进行方向　　D. 工序持续时间

24. 在单代号网络图中,箭杆表示(　　)。

A. 工序之间的逻辑关系　　B. 工序

C. 工序进行方向　　D. 工序持续时间

25. 某工作有两项紧前工作 A、B,其持续时间是 A = 3、B = 4,其最早开始时间是 A = 5、B = 6,则本工作的最早开始时间是(　　)。

A. 10　　B. 8

C. 6　　D. 5

26. 某工作有两项紧后工作 A、B,其持续时间是 A = 7、B = 12,其最迟完成时间是 A = 20、B = 15,则本工作的最迟完成时间是(　　)。

A. 3　　B. 13

C. 15　　D. 20

27. 横道图进度计划中的进度线长短与(　　)相对应。

A. 时间坐标　　B. 工作名称

C. 资源数量　　D. 成本

28. 总时差指的是在不影响(　　)的前提下,本工作可利用的机动时间。

A. 紧前工作　　B. 紧后工作

C. 持续时间　　D. 总工期

29. 自由时差指的是在不影响紧后工作(　　)的前提下,本工作可利用的机动时间。

A. 最早开始时间　　B. 最早完成时间

C. 最迟开始时间　　D. 最迟完成时间

30. 在工程网络计划中,工作 M 的最早开始时间为第 28 天,其持续时间为 9 天。该工作有三项紧后工作,它们的最迟开始时间分别为第 40 天、第 43 天和第 48 天,则工作 M 的总时差为(　　)天。

A. 6　　B. 11　　C. 3　　D. 12

31. 网络计划中各项工作之间的逻辑关系包括工艺关系和(　　)。

A. 制约关系　　B. 干扰关系

C. 组织关系　　D. 主次关系

二、多项选择题

1. 施工方案的基本内容包括(　　)。

A. 施工方法的选择
B. 开竣工时间
C. 运输方案的确定
D. 技术组织措施
E. 施工机械的选择

2. 某项目部承担了某段公路工程的施工任务,包括路基工程、路面工程两部分。在路基工程施工组织设计的编制过程中,编制的方法与步骤如下:

①研究分析有关资料,全面了解工程情况和施工条件;

②结合当地具体情况,选择施工方法,确定土石方调配方案、工点划分和施工顺序;

③按照施工方法及土石方调配资料,查有关技术定额,计算劳动力、施工机械需要量;

④按照施工进度计划及劳动力和施工机械分布情况,确定生活供应、材料供应、机械修理等组织工作及其机构分布,计算临时房屋需要量和机械修理设备的需要量。

请问:就编制的方法与步骤而言,你认为还应该加上哪些重点内容(　　)。

A. 编制粮油供应与储藏计划,加强后勤保障
B. 安排施工进度计划,计算各施工分段所需工期,并安排各分段开工、完工日期
C. 编制劳动力、施工机械、机具和材料的供应计划
D. 编制施工组织设计说明书

3. 施工技术组织措施包括(　　)。

A. 保证质量及安全的措施
B. 材料供应的措施
C. 冬、雨季施工及防止污染的措施
D. 降低成本的措施
E. 机械供应的措施

4. 流水作业的特点是(　　)。

A. 连续性
B. 均衡性
C. 提高劳动生产率
D. 有节奏
E. 工期最短

5. 在流水作业参数中,属于空间参数的是(　　)。

A. 施工段数目
B. 工作面
C. 工序数
D. 流水节拍
E. 流水步距

6. (　　)是网络图绘制的规定。

A. 一个图只允许有一个起点节点
B. 不允许出现循环回路
C. 每个节点只允许有内向箭线
D. 必须绘制出关键线路
E. 不允许出现双向箭线

7. 由不同功能的施工进度计划构成进度计划系统,包括(　　)。

A. 控制性进度计划
B. 实施性进度计划
C. 指导性进度计划
D. 总进度计划
E. 采购进度计划

8. 横道图对比网络计划的缺点有(　　)。
A. 工作之间的逻辑关系无法表达
B. 不能确定关键工作
C. 计划调整只能用手工方式
D. 工作量较大
E. 难以适应大的进度计划系统

9. 常用的工程网络计划类型有(　　)。
A. 双代号网络计划
B. 单代号网络计划
C. 横道图
D. 双代号时标网络计划
E. 单代号搭接网络计划

10. 双代号网络图中工作的逻辑关系包括(　　)两大类关系。
A. 工艺关系
B. 紧前关系
C. 并列关系
D. 紧后关系
E. 组织关系

11. 工程网络计划有不同的表达形式,根据绘图规则下列说法正确的有(　　)。
A. 时标网络计划中可能存在波形线
B. 单代号网络计划中不能存在虚工作
C. 单代号网络计划中可能存在虚箭线
D. 双代号网络计划中不能存在虚工作
E. 双代号网络计划中可能存在虚箭线

12. 已知网络计划中工作 M 有两项紧后工作,这两项紧后工作的最早开始时间分别为第 11 天和第 13 天,工作 M 的最早开始时间和最迟开始时间分别为第 5 天和第 9 天。如果工作 M 的持续时间为 6 天,则工作 M(　　)。
A. 总时差为 4 天
B. 自由时差为 0 天
C. 总时差为 2 天
D. 自由时差为 2 天
E. 与紧后工作时间间隔分别为 0 天和 2 天

13. 工程网络计划的计算工期等于(　　)。
A. 单代号网络计划中终点节点所代表的最早完成时间
B. 单代号网络计划中终点节点所代表的最迟完成时间
C. 双代号网络计划中结束工作最早完成时间的最大值
D. 双代号网络计划中结束工作最迟完成时间的最大值
E. 时标网络计划中最后一项关键工作的最早完成时间

14. 工程双代号网络计划的特点是(　　)。
A. 关键线路上相邻工作的时间间隔为零
B. 关键工作两端的节点为关键节点
C. 关键工作的总时差为零
D. 关键节点的最早时间与最迟时间相等
E. 关键线路的总持续时间最长

15. 在下列有关网络计划的叙述中,正确的说法有(　　)。
A. 在时标网络计划中,除有实箭线外,还可能有虚箭线和波形线

B. 单代号网络计划中不存在虚拟工作
C. 在单、双代号网络计划中均可能有虚箭线
D. 在双代号网络计划中,一般存在实箭线和虚箭线两种箭线
E. 在双代号网络计划中,一般不存在虚箭线

16. 关于网络计划,下列说法不正确的有(　　)。
A. 在双代号网络计划中,关键路线上不可以存在虚工作
B. 在单代号网络计划中不存在虚工作
C. 在单代号网络计划中不存在虚箭线
D. 在双代号时标网络计划中,凡自始至终不出现波形线的线路就是关键线路
E. 在双代号时标网络计划中,波形线的水平投影长度就是该工作的总时差

17. 在网络图中,关键线路(　　)。
A. 是工作总持续时间最长的线路
B. 是总时差最小工作的连线
C. 可能有若干条
D. 只有一条
E. 是固定不变的一条线路

18. 在工程项目进度控制的网络计划技术中,关键线路是指(　　)。
A. 相邻两工作间的时间间隔均为零
B. 总持续时间最长
C. 时标网络计划中没有波形线
D. 双代号网络计划中无虚箭线
E. 双代号网络计划中关键线路由关键节点连成

19. 在工程双代号网络计划中,某项工作的最早完成时间是指其(　　)。
A. 开始节点的最早时间与工作总时差之和
B. 开始节点的最早时间与工作持续时间之和
C. 完成节点的最迟时间与工作持续时间之差
D. 完成节点的最迟时间与工作总时差之差
E. 完成节点的最迟时间与工作自由时差之差

20. 关于节点时间参数的概念中,正确的有(　　)。
A. 两个关键节点间的工作,就是关键工作
B. 结束节点的最迟时间,就是总工期
C. 工作的结束节点最迟时间减开始节点的最早时间,就是总工期
D. 某节点前所有的各工作,其最迟结束时间相等

21. 施工组织设计文件是一个泛指,包括(　　)。
A. 时间组织　　B. 施工方案
C. 施工组织设计　　D. 施工组织计划

22. 下列属于土石方机械的有(　　)。
A. 轮式压路机　　B. 推土机

C. 铲运机　　　　　　　　　　　　　　　D. 电焊机

23. 路面工程常用的机械有(　　)。

A. 水泥混凝土摊铺机　　　　　　　　　B. 平地机

C. 混凝土输送泵　　　　　　　　　　　D. 自卸车

24. 关于节点时间参数的概念中,下列说法正确的有(　　)。

A. 两个关键节点间的工作,就是关键工作

B. 结束节点的最迟时间,就是总工期

C. 工作的结束节点最迟时间减开始节点的最早时间,就是总工期

D. 某节点前所有的工作,其最迟结束时间相等

25. 施工组织计划文本的说明部分包含(　　)。

A. 融资时间

B. 初步设计审批意见

C. 水文、地质、气候应对措施

D. 投标报价的标的

E. 拆迁、征地情况

26. 某公路工程需要在某一路段修建一座挡墙和若干涵洞。施工单位甲负责挡墙和涵洞的施工任务,为了保证挡墙的质量和进度,开工前监理工程师要求施工单位针对挡墙特点,编制施工组织设计。施工单位拟定的挡墙施工组织设计内容如下:

(1)工程概况;

(2)施工准备工作及设计;

(3)施工进度计划;

(4)施工方案和方法;

(5)施工平面图布置等;

……

请问下面哪几个说法正确(　　)。

A. 施工组织设计内容不完善

B. 监理工程师应该编制施工组织设计

C. 监理工程师指挥失误

D. 构造物施工不需要平面布置

27. 某路桥公司中标承包了某高速公路工程后,组成了以公司副总经理为项目经理的项目经理部,下设技术部、材料部、合同部、财务部等。

(1)技术部在对收集的施工技术资料、施工定额及概预算资料、施工组织管理工作的有关政策规定、环境保护规定、公司对该工程施工的有关规定进行分析的基础上,编制了路基工程、路面工程的施工组织设计。

(2)在路基工程的施工组织设计中,填土路堤的施工方法采用水平分层填筑法,要求每层填料布料均匀,松铺厚度不超过50cm,施工工程序为:取土→运输→推土机初平→压路机碾压→平地机整平。

(3)采用流水施工作业法进行施工组织。

问题1:在编制施工组织设计前,技术部还应该补充收集哪些资料(　　)。

A. 工程设计文件

B. 自然条件和经济调查资料

C. 该路桥公司历年利润和职工奖金

D. 工程承包合同

E. 高速公路业主领导班子组成

问题2:路基工程的施工组织设计中存在哪些问题(　　)。

A. 每层填料布料的松铺厚度不超过50cm

B. 施工程序中平地机整平应该在压路机碾压之后

C. 填土路堤的施工方法采用水平分层填筑法

D. 每层填料布料均匀

三、案例题

1. 某施工队对相邻几个构造物的基础工程进行流水施工,工序均为挖基、砌基础及回填,在一、二、三、四、五5个施工段施工,其持续时间如下表,试尝试确定最短工期为(　　)。

施工段 工序	一	二	三	四	五
挖基	6	9	3	4	6
砌石头	6	4	3	3	5
回填土	8	8	6	9	8

A. 51 天　　　　B. 53 天

C. 55 天　　　　D. 57 天

2. 某分部工程双代号网络计划如下图所示,其中关键线路是(　　)。

A. 14568　　　　B. 14378

C. 14568　　　　D. 14578

E. 工作 H

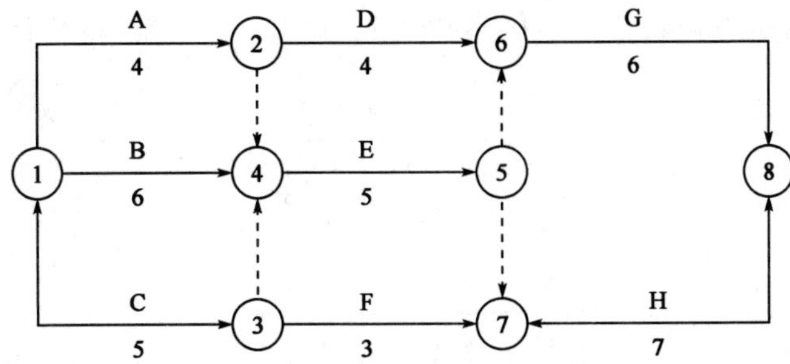

3. 采用图算法或者理论算法计算下图时间参数。

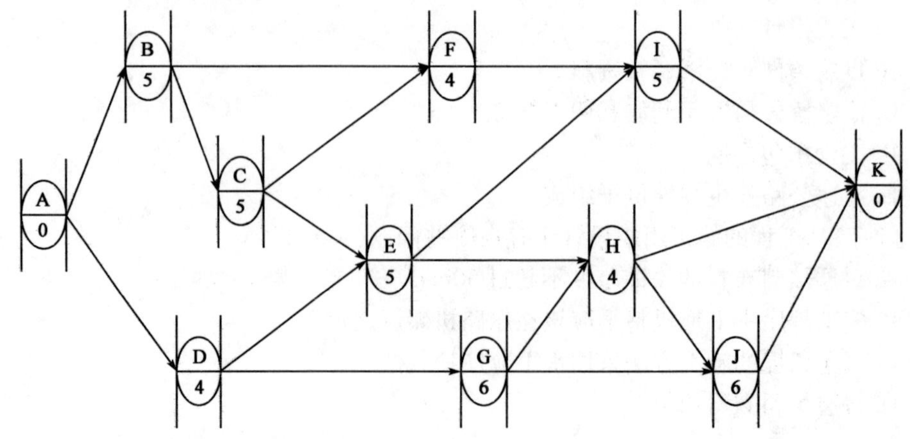

(1)总工期与关键线路分别为(　　)。

A. 25,ABCFIK　　B. 20,ABCEHJK

C. 25,ABCEHJK　　D. 20,ABCEIK

(2)E 工作的最早时间与 G 工作的最迟结束时间分别为(　　)。

A. 10 与 15　　B. 10 与 20　　C. 5 与 15　　D. 5 与 10

4. 下图中关键线路、时差判断错误的是(　　)。

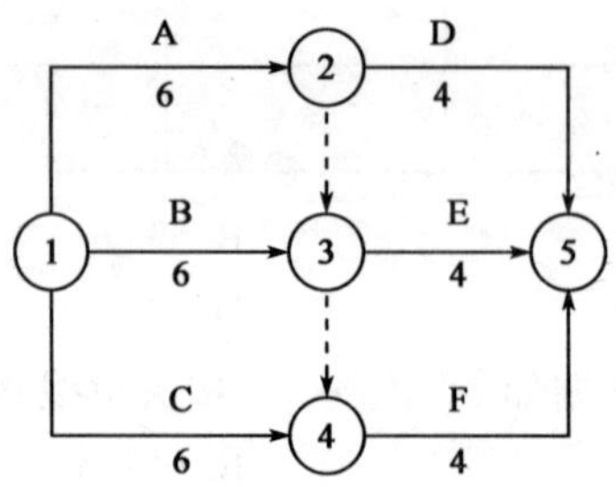

A. 关键线路有三条　　B. A、B 是关键工作

C. C 工作 TF≠0　　D. F 工作 TF = 0

5. 某施工队对相邻几座构造物的基础工程进行施工,各工序的持续时间如下,试问该工程的计划工期为(　　)。

工序	1号	2号	3号	4号
A	4	5	2	6
B	3	7	8	3
C	4	4	5	6

A. 32 天　　B. 35 天　　C. 37 天　　D. 39 天

◈ 习题参考答案及解析 ◈

一、单项选择题

1. C

【考核点】施工组织文件组成或类型

【解　析】施工组织设计文件类型按组织设计深度分四种，从粗到细有一点包含关系。出题方式不外乎测试对设计深度的理解。

2. C

【考核点】网络计划时参计算

【解　析】自由时差的计算公式有两种，一种是时差参数之间的换算，另一种由其实际应用的意义即不影响紧后工作的最早开工时间来推算。所以，其紧后工作最早开始时间的最小值即是计算依据。

3. D

【考核点】施工组织计划

【解　析】分清施工组织设计的概念很重要，这是一个排除法应用。选项 A、B、C 均是书本概念，现场施工组织总设计由施工单位具体设计，施工单位必须根据一个整体项目为对象设计。

4. A

【考核点】作业方式

【解　析】网络计划法不属于作业方式范围，三种基本作业方式是经常的考题，特别是流水作业可以变化很多形式出题。

5. C

【考核点】平面组织设计

【解　析】施工平面组织设计的设计原则。

6. D

【考核点】流水作业参数计算

【解　析】时间参数与空间参数的区别，持续时间就是流水节拍，还有流水步距、时间间隔等。

7. B

【考核点】流水作业参数计算

【解　析】持续时间与作业时间是一个概念，指某一个施工段上一道工序施工经历的时间。流水步距是描述是否连续过程的指标，持续时间的和更不是一个流水节拍。

8. B

【考核点】时差参数计算

【解　析】选项都是时差，当然总时间为零是最小的。总时差的实际意义概念的转换说法很多，考题也是非常常见。

9. C

【考核点】流水作业参数计算

【解　析】流水作业参数有三种,除工艺参数外,还有时间参数和空间参数。在流水作业施工组织中,技术过程和分析都离不开这三类参数。

10. B

【考核点】总时差

【解　析】总时差的变换等价命题概念很多,关键线路就是其中之一,关键节点肯定在关键线路上,那么这个节点必然联系一个关键工作。

11. C

【考核点】总时差

【解　析】时标网络图上波形线表示时差,没有波形线就是时差为零。容易出错的是选项B,因为单代号网络图中关键节点组成的线路不一定是关键线路的。本题目如果是约定在双代号网络图条件下,该选项B即为对。

12. C

【考核点】总时差

【解　析】总时差对总工期的意义,只有最迟状态下,本工作的完工与紧后工作开工之差才是总时差,或代表不影响总工期条件下工作推迟开工的最大幅度。这些总时差的等价命题很多,注意变通,但万变不离总时差的基本计算公式,在双代号网络图中记住"最大-最小-持续时间"。最大指终点最迟时间,最小指起点最早时间。选项A错在本工作总时差使用了其紧前工作与其紧后工作的参数来计算。

13. C

【考核点】总时差与自由时差

【解　析】万变不离基本计算公式,总时差就是本工作的最早与最迟时间之差,即9-4=5;但自由时差最基本的实际意义还是在最早状态下的不影响紧后工作最早开始的本工作机动时间,即15-10=5。

14. B

【考核点】流水步距参数意义

【解　析】题目暗藏了流水作业就是连续施工的,只有连续的情况下才是流水步距。比如该题换为"两个相邻施工队进入施工段作业的时间间隔称为(　　)",那么答案就是D,因为流水步距属于时间间隔的范畴,但严格于时间间隔。

15. D

【考核点】流水作业原理

【解　析】流水作业的本质就是专业化施工,连续生产,资源均衡利用。

16. B

【考核点】进度计划时间计算(定额计算时间)

【解　析】工程量、劳动量、生产效率或定额之间的换算关系,简单的乘除法而已。

17. D

【考核点】进度计划

【解　析】①正确。②不妥;应为:施工进度计划。③不妥;应为:生产要素配置。④不正确;应为:工地施工组织。故选 D。

18. B

【考核点】流水作业案例简单计算

【解　析】等节奏就是每个节拍都相同,区分于非节奏流水。计算可简单套公式(流水步距就是一个流水节拍),也可画图计算。还可以用“按队(工序)累加,错位相减取大差”的方法。2 个施工队就是 2 个工序。

19. C

【考核点】进度图形式

【解　析】多种进度图形式的优缺点对比,而且是互补的。一方的缺点就是另一方的优点,这样比较好分析。

20. B

【考核点】总时差计算

【解　析】总时差基本意义就是,总时差为零的工作组成的线路为关键线路。

21. B

【考核点】总时差计算

【解　析】总时差的基本定义。即为网络计划技术中关键工作的总时差最小,特点值为零,也有为负数的情况,比如压缩工期的网络计划调整计算。

22. B

【考核点】双代号网络图组成要素

【解　析】注意单双代号网络图的区别,不要弄混淆。箭杆线代表工序过程,不仅仅是时间,还有消耗过程。

23. C

【考核点】网络图组成要素

【解　析】三要素的箭头唯一代表了不可逆的时间延伸方向,这点单双代号网络图是一样的。

24. A

【考核点】网络图组成要素

【解　析】与双代号相反,在单代号网络图中,箭杆线表示联系。

25. A

【考核点】工作时间参数计算

【解　析】考查工作时间参数的意义,最早时间就是不影响紧前工作完成的开始时间,所以取紧前工作最早完成时间最大值。

26. A

【考核点】工作时间参数计算

【解　析】一个工作的最迟完成不能影响紧后工作的最迟开始,那就是说,前面工作的完成不能迟于(大于)后面工作(迟)开始(最小值)。紧后工作开始时间就是倒退计算了。

27. A

【考核点】横道图制作

【解　析】横道图是一维坐标,就是时间坐标,画横道图就是将横道线长短与时间比例的坐标对应,表现出工作的相对先后的开工、完工时刻。

28. D

【考核点】总时差计算

【解　析】是否对总工期有影响是总时差的根本作用。

29. A

【考核点】自由时差计算

【解　析】自由时差的定义。

30. C

【考核点】网络图时间参数计算

【解　析】M 工作的最早时间和持续时间是两个已知参数,那么,M 工作的最迟完成时间就是所求的决定参数,最迟完成时间就是不影响紧后工作最迟开始的最小值(从最迟时间参数计算顺序看也是“从右往左递减取小”),所以在 M 三个紧后工作中找到最小值即可。

31. C

【考核点】网络图组成

【解　析】网络图先进性表现在有严密逻辑性而被计算机程序化使用。这种逻辑关系在工程应用上突出为天然的工艺关系和人为的组织关系。

二、多项选择题

1. ACDE

【考核点】施工组织文件组成

【解　析】施工方案是施工组织文件的组成和基础,其中方法是方案细化。施工方案解决技术关键,与开竣工时间无关。

2. BCD

【考核点】施工组织设计文件组成

【解　析】①安排施工进度计划,计算各施工分段所需工期,并安排各分段开工、完工日期;②编制劳动力、施工机械、机具和材料的供应计划;③编制施工组织设计说明书。

粮油生活计划不是施工组织的技术计划问题。

3. ACD

【考核点】施工组织计划

【解　析】施工技术组织不包括资源组织。

4. ABCD

【考核点】流水施工原理

【解　析】流水施工不会取得工期最短的效果。

5. AB

【考核点】流水作业参数计算

【解　析】流水作业三类参数应该根据施工组织现场的运用灵活辨识,这三类参数是指时间参数(持续时间、流水节拍、工期、流水步距),空间参数(施工段数),工艺参数(工序数、流水强度)。各类参数作用和意义不一样。

6. ABE

【考核点】网络计划图组成

【解　析】网络计划节点是通过内外向箭线连接的网,规则中对关键线路标注未做规定。

7. ABC

【考核点】进度计划文件类型

【解　析】总进度计划是进度计划文件同类,施工进度计划指工程实体的进展,不包括资源计划。

8. BCDE

【考核点】进度图形式

【解　析】横道图与网络图是互补的,各自的优缺点是对立的,这点必须谨记。

9. ABDE

【考核点】网络计划图形式

【解　析】横道图不属于网络计划图。

10. AE

【考核点】网络计划绘图

【解　析】排除法即可。逻辑关系指形成网络图的约束关系,只有天然的工艺关系和人为的组织关系。紧前与紧后的关系是图形结构的表面式样,而表列关系是说工作或者箭杆线的并行排列,还是图形表面式样。

11. ABE

【考核点】网络计划绘图

【解　析】规则规定双代号网络图不消耗时间和资源的关系用虚箭线表示,单代号网络图中复杂的联系可以有交叉箭线,不能用虚箭线。

12. ABE

【考核点】网络计划时差参数计算

【解　析】总时差就是同一个工作的最早开始时间与最迟开始时间之差,所以 M 工作总时差是 9 - 5 = 4 天;自由时差是不影响紧后工作最早开始的时差,紧后工作的最早开始时间(11、13 中)最小是 11 天,那么 M 最早开始时间 5 天加上本工作持续时间 6 天即为 11 天,刚好等于紧后工作最早开始时间的 11 天,所以自由时差为 0 天;进一步,另一个紧后工作最早时间是 13 天,比前一个工作的 11 天推后了 2 天,所以在最早状态下,M 工作离紧后工作的时间间隔是 0 天和 2 天。

13. ACE

【考核点】网络计划时参计算与参数意义

【解　析】计算工期由哪些参数来表现,或者什么位置的参数代表工期,要分析并理解。结束节点(即最后节点)上的时间参数很重要。

14. ABE

【考核点】自由时差计算

【解　析】总时差作用和关键线路的等价命题,这里是难点也是出题频发的考点。

15. AD

【考核点】网络图组成

【解　析】有关网络图绘制,计算,形式的考题很多,这些叙述很常见,关键是对基本概念要很清晰。这样的考题难度较大。时标网络计划中,虚箭线都是用**虚线**或者**波形线**表示的,单代号网络计划中箭线表示逻辑联系,所以不能有虚箭线只能是实箭线;而双代号网络计划中则可以有实箭线与虚箭线,记住:虚箭线除了表示前后联系,其他什么含义也没有,比如说混凝土梁板养护工作消耗时间不消耗资源就还是属于实工作。

16. ABE

【考核点】网络计划时参计算

【解　析】有关网络图绘制,计算,形式的考题很多,这些叙述很常见,关键是对基本概念要很清晰。这样的考题难度较大。虚工作(虚箭线)表示联系的,当然关键线路上的所有联系都存在,当然也有虚工作;单代号网络图中一定没有虚箭线而只有实箭线,但虚工作却存在(比如网络图的最开始节点与最后结束节点);时标网络计划中关键线路没时差也就没有虚线条或者波形线;时标网络图上的波形线长度代表总时差,只有当相干时差为0时,波形线才既是总时差又是自由时差(注:这知识点考纲不要求)。

17. ABC

【考核点】关键线路运用

【解　析】关键线路等价命题,注意与总时差联合使用的等价命题更多,也是高难度题目。

18. BC

【考核点】总时差计算

【解　析】总时差与关键线路等价命题很多,是考题频发的考点。总时差为零的工作肯定是关键工作,有关键工作组成的线路才是关键线路;特别应关注双代号网络图中关键节点指某节点上最早开始时间与最迟开始时间相等的节点;或者是关键线路上的节点就是关键节点,但是后面这句话却不能反过来说,即由关键节点连成的线路不一定是关键线路(这里非常容易犯错,要联系复杂网络图举证分析)。

19. BE

【考核点】网络计划时间参数计算

【解　析】工作参数的计算与节点参数或者时差参数的关联,可以反推计算。这些出题方式也是高难度题目,注意工作参数的基本公式和实际意义,以及转换。

20. BD

【考核点】网络计划计算

【解　析】有关网络图绘制,计算,形式的考题很多,这些叙述很常见,基本概念清晰了,这些等价说法就难不倒了。同18题一致,即由关键节点组成的线路不一定是关键线路!关于C选项容易犯的错误就是,正常计算确实从开始节点的0算到结束节点的最迟时间即为计划工期,但在进度计划调整计算中即压缩工期的计算时,开始节点的最早时间就为负值了;

另外,在制订网络计划的时候一般不称总工期而计划工期。

21. BCD

【考核点】施工组织设计文件种类

【解　析】施工组织设计文件按使用的时间先后主要分三类,时间组织包括资源组织都是隶属于这三类组织文件中的主要内容。

22. ABC

【考核点】机械化施工组织

【解　析】土石方机械是较为普遍的机械,但电焊机只能作为土石方机械的维修用,它不对土石方直接作用。另外,施工机械的搭配与配合也是经常出题的地方。

23. ABD

【考核点】机械化施工组织

【解　析】常用机械的一般概念,考验机械选择。路面工程的混凝土不用输送泵而用搅拌运输车。

24. BD

【考核点】双代号网络计划时参计算

【解　析】节点参数代表一个时刻,是双代号独有参数,与其他参数关系密不可分,节点参数的计算方法等价命题很多,出题较多。

25. BCE

【考核点】施工组织计划文件内容

【解　析】施工组织计划文件内容很多,在说明部分都是准备情况的交代,前期融资及标的都不在计划考虑范围内。

26. AC

【考核点】施工组织设计文件组成

【解　析】施工组织设计在准备阶段完成,开工前做施工方案和方法已经迟了,作为监理指挥已经落后现场节奏,存在失误。

施工组织设计还含有相关措施,包括:①技术、质量、安全组织及保证措施;②文明施工和环境保护措施。

考生请注意,施工组织设计内容包括内容很广泛。多选题使用排除法好。

27. (1) ABD

【考核点】施工组织设计文件组成

【解　析】还应收集:工程设计文件、工程承包合同、自然条件和经济调查资料。

(2) AB

【考核点】机械化施工组织

【解　析】存在的问题有:每层填料布料的松铺厚度不超过50cm是错误的,应该为不超过30cm;施工程序中平地机整平应该在压路机碾压之前。

三、案例题

1. B

解:施工方案的选定与施工段顺序有关,施工顺序的改变影响工期长短,最短工期的方案是个优化的概念,流水施工的经济性即可体现出来。

最短工期施工方案排序得出:三,四,五,一,二(比较顺序:三,五,一,四,二)。

采用简化计算方法:

按最佳顺序:	三,	四,	五,	一,	二	
挖基	3	4	6	6	9	
砌石头	3	3	5	6	4	
回填土	6	9	8	8	8	
分别累加:	三,	四,	五,	一,	二	
挖基	3	7	13	19	28	
砌石头	3	6	11	17	21	
回填土	6	15	23	31	39	

错位相减求流水步距:

K_{AB}:	3	7	13	19	28		
−)		3	6	11	17	21	
	3	4	7	8	11	−	K_{AB}=11
K_{BC}:	3	6	11	17	21		
−)		6	15	23	31	39	
	3	0	−	−	−	−	K_{AB}=3

因此,工期 $T=(11+3)+39=53$(天)。

2. D

解:双代号节点参数计算到结束节点,结束节点的时间为工期,可以计算总时差,也可以从节点参数上判断关键节点,从而找到关键线路。

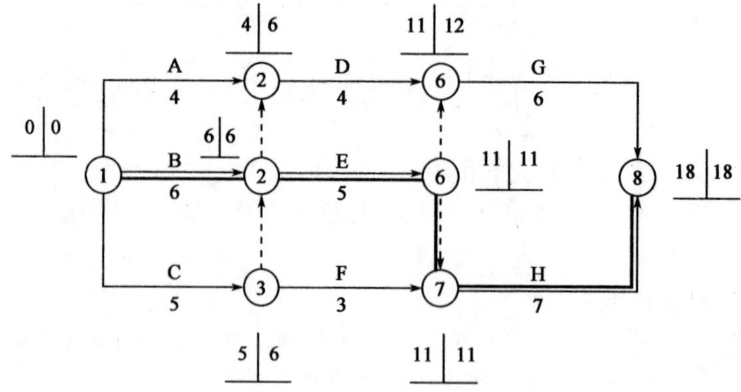

3. (1)C

(2)A

解：

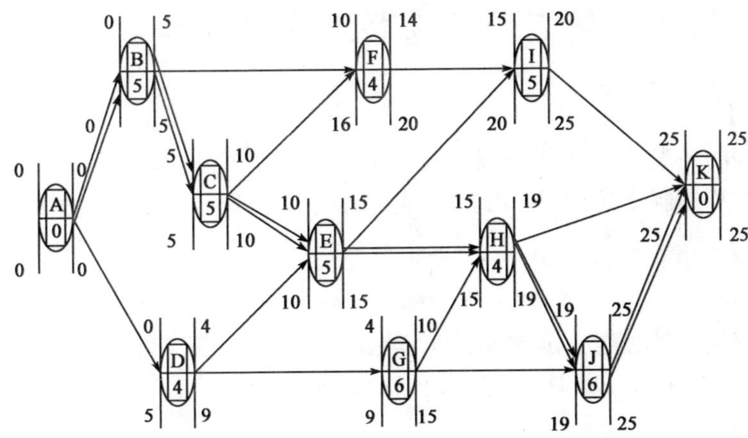

4. C

解：该图上所有工作都是关键工作，所有工作总时差 TF 都为 0，所以 C 说总时差不为零即为错。该图上前三个工作持续时间为 6 天，后三个工作持续时间为 4 天，计划工期都是 10 天，计算总时差后发现 A、B、C、D、E、F 六个工作均为 0，所以只有 C 答案总时差不为 0。

本题最大难度是考关键线路有几条，读者可以自己尝试，所有可以组成的线路均是关键线路。

5. B

解：各工序分段累加：

工序	1号	2号	3号	4号
A	4	9	11	17
B	3	10	18	21
C	4	8	13	19

错位相减求流水步距 K_{ij}：

$$\begin{array}{rrrrrrl} & 4 & 9 & 11 & 17 & & \\ -) & & 3 & 10 & 18 & 21 & \\ \hline & 4 & 6 & 1 & - & - & K_{AB}=6 \end{array}$$

$$\begin{array}{rrrrrrl} & 3 & 10 & 18 & 21 & & \\ -) & & 4 & 8 & 13 & 19 & \\ \hline & 3 & 6 & 10 & 8 & - & K_{BC}=10 \end{array}$$

施工计划工期为：

$$T=(6+10)+19=35(\text{天})$$

第二节　道路工程概预算

【考试纲要】

1. 熟悉定额的种类和应用方法；概预算各部分费用计算。

2. 了解概预算编制依据、费用与文件组成；概预算所需资料的调查方法。

【复习提示】

1. 复习要点

道路工程定额定义、特点、分类，道路工程定额运用，概预算文件分类，概预算文件编制依据，概预算费用组成，概预算表格文件组成，概预算费用计算。

重点：

道路工程定额的特点与分类，道路工程定额单位、工程数量确定，概预算文件分类，概预算表格文件组成，建安费计算，费率计算。

难点：

定额运用，费率运用计算，建安费计算。

2. 规范提示

道路工程概预算参照的规范标准是原交通部2007年第33号文颁布的《公路工程基本建设项目概算预算编制办法》(JTG B06—2007)、《公路工程概算定额》(JTG/T B06-01—2007)、《公路工程预算定额》(JTG/T B06-02—2007)。与各省区配套的补充编制办法和补充定额无关。

一、单项选择题

1. 在概预算的费用组成中，规费的计算基数是(　　)。

A. 人工费　　B. 材料费

C. 机械费　　D. 建筑安装费

2. 下列不属于施工图预算编制依据的是(　　)。

A. 工程量清单　　B. 施工组织设计

C. 有关的政策法规　　D. 工程量计算规则

3. 按现行有关规定，在施工过程中，生产工人的劳动保护费属于(　　)。

A. 直接工程费　　B. 其他工程费

C. 企业管理费　　D. 现场管理费

4. 以下各项费用中，属于直接费的是(　　)

A. 施工辅助费　　B. 税金

C. 工人工资　　D. 工地转移费

5. 以下各项费用中,属于建安费的是(　　)。

A. 家具购置费　　B. 标底编制费

C. 教育费附加　　D. 不可预见费

6. 当建设工程竣工验收时,为了鉴定工程质量,对隐蔽工程进行必要的开挖和修复,其费用应从(　　)中支付。

A. 预备费　　B. 建设单位的管理费

C. 现场管理费　　D. 施工单位的其他直接费

7. 某工程直接工程费为 200 万元,直接费为 250 万元,间接费为 40 万元,计划利润为 10 万元,税率为 3%,则该工程的税金为(　　)万元。

A. 15　　B. 9

C. 7.5　　D. 10

8. 行车干扰工程施工增加费是以(　　)为基数,乘以相应费率计算而得。

A. 现场管理费

B. 受行车影响部分的工程的定额直接费之和

C. 受行车影响部分的工程的直接费之和

D. 受行车影响部分的工程的直接工程费之和

9. 按照《公路工程基本建设项目概算预算编制办法》(JTG B06—2007)规定,建筑安装工程费包括(　　)。

A. 直接费、间接费、利润、税金

B. 直接工程费、间接费、利润、税金

C. 直接费、间接费、利润

D. 直接工程费、间接费、利润

10. 分部分项工程直接工程费主要包括(　　)。

A. 人工费、材料费、机械台班使用费

B. 人工费、材料费、机械台班使用费、现场管理费、其他直接费

C. 人工费、材料费、机械台班使用费、现场管理费、间接费

D. 人工费、材料费、机械台班使用费、现场管理费、其他直接费、间接费

11. 根据规定,由承包人采购的钢材在使用前,承包人应按监理工程师的要求进行检验或试验,不合格的不得使用,检验费或试验费用由(　　)承担。

A. 发包人　　B. 承包人

C. 监理工程师　　D. 发包人与承包人共同

12. 我国公路项目现行建筑安装工程费用中,按规定税金的计税基数为(　　)。

A. 计划利润　　B. 直接工程费 + 间接费 + 利润

C. 营业额　　D. 直接费 + 间接费 + 利润

13. 施工过程中,生产工人使用手动工具的费用属于(　　)。

A. 现场经费　　B. 其他工程费

C. 人工费　　D. 机械费

14. 在施工图设计阶段,编制施工图预算时采用的是(　　)。

A. 预算定额　　B. 概算定额

C. 概算指标　　D. 企业定额

15. 对采购来的高强度等级水泥进行强度试验,以鉴定它的质量,检验过程支出的各种费用应计入(　　)。

A. 建安工程其他工程费　　B. 研究试验费

C. 建安工程直接工程费　　D. 建安工程间接费

16. 施工单位场地清理的费用属于(　　)。

A. 直接工程费　　B. 间接费

C. 其他工程费　　D. 临时设施费

17. 下列(　　)费用属于建筑安装工程直接工程费中的材料费。

A. 周转材料摊销费

B. 施工机械安装及拆卸所耗材料费

C. 搭设临时设施所耗材料费

D. 进行建筑材料质量一般性鉴定检查所耗材料费

18. 建筑安装工程直接工程费中的人工费是指(　　)。

A. 施工现场所有人员的工资性费用

B. 施工现场与建筑安装施工直接有关的人员的工资性费用

C. 直接从事建筑安装工程施工的生产工人开支的各项费用

D. 从事建筑安装工程施工的生产工人及机械操作人员开支的各项费用

19. 病假在6个月以上的生产工人的工资应计入(　　)。

A. 生产工人辅助工资　　B. 间接费中的劳动保护费

C. 职工福利费　　D. 生产工人劳动保护费

20. 材料预算单价中的运杂费是指材料从其来源地运到(　　)的费用。

A. 工地　　B. 施工操作地点

C. 工地仓库　　D. 工地仓库及库内活动

21. 机械台班单价组成中,不属于不变费用的是(　　)。

A. 折旧费　　B. 大修理费

C. 经常修理费　　D. 机械的进退场费用

22. 公路工程定额按使用要求可分为四种,(　　)不属于公路工程定额。

A. 施工定额　　B. 预算定额

C. 概算定额　　D. 概算指标

23. 以下各项费用属于直接工程费的是(　　)

A. 施工辅助费　　B. 税金

C. 材料费　　D. 工地转移费

24. 在公路工程定额中不能包括进入材料定额的是(　　)。

A. 施工操作损耗　　B. 场外运输损耗

C. 试验抽检材料　　D. 材料净用量

25. 建筑安装工程费中的税金是指(　　)。
A. 营业税、增值税和教育费附加
B. 业税、固定资产投资方向调节税和教育费附加
C. 营业税、城乡建设维护税和教育费附加
D. 营业税、固定资产投资方向调节税和城乡建设维护税

26. 属于直接费的是(　　)。
A. 工人工资　　B. 试验员工资
C. 项目经理工资　　D. 工程师工资

27. 时间定额是下列定额的表现形式(　　)。
A. 劳动定额　　B. 材料定额
C. 产量定额　　D. 施工定额

28. 下列所述(　　)定额值是可以抽换的。
A. 混凝土强度等级　　B. 管理人员数量
C. 设备摊销费　　D. 施工平面布置面积

29. 劳动量是施工过程的(　　)与施工时间定额的乘积。
A. 产量定额　　B. 生产周期
C. 工程数量　　D. 都不对

30. 关于查找定额的方法,下列说法错误的是(　　)。
A. 查找定额必须分析工序所属的分部分项工程
B. 查找的定额必须按照施工方法、建筑材料等确定子目
C. 查找定额必须按照施工方法确定定额号
D. 查找定额应该用现成的软件自动完成,省力省功

31. 编制概预算表格,应该遵循的顺序是(　　)。
①计算 09 表、11 表的单价;②计算 08 表;③按施工方法查找定额;④统计 02 表、03 表;⑤先分解工程项目。
A. ⑤②①③④　　B. ⑤①③②④
C. ⑤③①②④　　D. ⑤③②①④

32. 编制计算三大综合费率按工程类别划分,人工挖运边沟淤泥工程就属于公路工程概预算编制办法 13 个工程类别的(　　)。
A. 构造物 I　　B. 架桥机吊装
C. 人工土方　　D. 人工挖运土

二、多项选择题

1. 概、预算编制的主要依据包括(　　)。
A. 设计资料
B. 拟分包情况
C. 施工组织设计资料
D. 地方主管部门颁布的有关法令性文件或规定

E. 施工单位的能力及潜力

2. 材料消耗定额的表现形式(　　)。

A. 材料产品定额　　B. 材料周转定额

C. 材料预期定额　　D. 材料结算定额

E. 材料损耗定额

3. 以下(　　)属于机械台班单价组成内容。

A. 折旧费　　B. 台班租赁费

C. 经常修理费　　D. 安装拆卸费

E. 施工机械进出场费

4. 以下(　　)属于建筑安装工程直接工程费中的人工费。

A. 因气候影响的停工工资

B. 生产工人工资性补贴

C. 生产工人学习期间的工资

D. 因电力部门连续停电超过 8 小时的停工工资

E. 因业主修改设计影响的停工工资

5. 人工费是指列入概、预算定额的直接从事建筑安装工程施工的生产工人开支的各项费用,内容包括(　　)。

A. 基本工资　　B. 工资性补贴

C. 生产工人辅助工资　　D. 职工福利费

E. 管理人员的基本工资

6. 下列费用中,属于建安工程其他工程费的有(　　)。

A. 现场材料二次搬运费　　B. 混凝土添加剂费

C. 场地清理费　　D. 冬季施工增加费

E. 临时设施费

7. 下列属于其他工程费的项目为(　　)。

A. 夜间施工增加费　　B. 施工辅助费

C. 施工中的水电费　　D. 雨季施工增加费

E. 因场地狭小而发生的材料二次搬运费

8. 编制概预算时需计算直接费,下列费用属于直接工程费的有(　　)。

A. 现场管理费　　B. 材料费

C. 施工机械费　　D. 税金

E. 人工费

9. 建筑安装工程费用项目包括(　　)。

A. 直接工程费　　B. 设备及工具、器具购置费

C. 工程建设其他费用　　D. 预备费

E. 特殊季节施工措施费

10. 规费系指法律、法规、规章、规程规定施工企业必须缴纳的费用,包括(　　)。

A. 养老保险费　　B. 失业保险费

C. 劳动保险费　　D. 医疗保险费
E. 工伤保险费

11. 建设项目管理费包括(　　)。
A. 建设单位管理费　　B. 设计文件审查费
C. 工程监理费　　D. 工程质量监督费
E. 勘察设计费

12. 企业管理费中的基本费用包括(　　)。
A. 现场管理人员工资　　B. 主副食运费补贴
C. 办公费　　D. 工程排污费
E. 差旅交通费

13. 建设项目管理费包括(　　)。
A. 科研项目研究试验费　　B. 桩基检测费
C. 生产人员培训费　　D. 设计文件审查费
E. 竣(交)工验收试验检测费

14. 建筑安装工程费用中的税金是指按规定应计入工程造价内的(　　)。
A. 固定资产投资方向调节税　　B. 营业税
C. 增值税　　D. 城乡维护建设税
E. 教育费附加

15. 我国现行建筑安装工程费用中,应计入企业管理费的项目有(　　)。
A. 财务费　　B. 工会经费
C. 脚手架费　　D. 劳动保险费
E. 工程排污费

16. 下列费用中,属于建安工程其他工程费的有(　　)。
A. 现场材料二次搬运费　　B. 混凝土添加剂费
C. 场地清理费　　D. 冬季施工增加费
E. 临时设施费

17. 编制一个合理、可靠的标底,必须在工程概算或施工图预算的基础上考虑(　　)等因素。
A. 目标工期　　B. 质量要求
C. 施工组织设计　　D. 材料差价因素
E. 监理单位因素

18. 按《公路工程基本建设项目概算预算编制办法》(JTG B06—2007)规定,土地征用及拆迁补偿费包括(　　)。
A. 土地出让金　　B. 土地补偿费
C. 拆迁补偿费　　D. 耕地开垦费
E. 拆迁管理费

19. 下列费用中,(　　)属于建筑安装工程间接费。
A. 企业管理费　　B. 工程监理费

C. 建设单位管理费　　D. 财务费用

E. 建设工程前期工作费

20. 下列费用中,包含在建设工程前期工作费内的有(　　)。

A. 编制项目可行性研究报告的费用

B. 为建设项目提供和验证设计参数、数据、资料所进行的试验费用

C. 概算预算编制费用

D. 编制项目建议书的费用

E. 进行工程现场初步钻探的费用

21. 下列费用中,属于与未来企业生产经营有关的费用有(　　)。

A. 建设单位管理费　　B. 勘察设计费

C. 供电贴费　　D. 生产准备费

E. 办公和生活家具购置费

22. 工程建设定额按其所反映的物质消耗内容分为(　　)。

A. 施工定额

B. 劳动消耗定额

C. 机械消耗定额

D. 材料消耗定额

E. 预算定额

23. 下列费用中,应列入建筑安装工程直接费中人工工资综合单价的有(　　)。

A. 生产工人劳动保护费

B. 生产工人辅助工资

C. 生产工人退休工资

D. 生产工人福利费

E. 生产职工教育经费

24. 影响工地材料预算价格变动的主要因素有(　　)。

A. 材料生产成本　　B. 材料供应体制

C. 市场需求情况　　D. 运输距离及方式

E. 该工地材料的消耗数量

25. 机械台班单价组成的内容包括(　　)。

A. 预算价格　　B. 大修理费

C. 经常修理费　　D. 燃料动力费

E. 机械操作人员的工资

26. 在公路工程造价中,下列(　　)属于材料预算价格的组成部分。

A. 材料采购及保管费　　B. 材料原价

C. 材料二次搬运费　　D. 材料包装费

E. 材料工地小搬运费用

三、案例题

1. 某公路工程在编制预算时，某工程细目的人工费、材料费和机械使用费分别是 10 万元、30 万元、20 万元，又已知其他工程费综合费率Ⅰ为 10%、综合费率Ⅱ为 5%，间接费中规费费率为 40%，企业管理费综合费率是 15%，利润率按照编制办法取，综合税率为 3.41%。请计算该工程细目的建筑安装工程费为(　　)。

A. 95.9361 万元　　　　B. 91.9361 万元

C. 91.5361 万元　　　　D. 91.7361 万元

2. 某高速公路沥青路面项目，路线长 36km，行车道宽 22m，沥青混凝土厚度 18cm。在距离路线两段 1/3 处各 1 处较平整场地适宜设置沥青拌和场，上路距离均为 200m，根据经验估计每设置 1 处拌和场的费用为 90 万元。施工组织提出了设 1 处和 2 处拌和场的两种施工组织方案进行比较。已知：12t 自卸汽车运输第 1 个 1km 的基价为 5912 元/1000m^3，每增运 0.5km(10km 以内)的基价为 523 元/1000m^3，每增运 0.5km(15km 以内)的基价为 492 元/1000m^3。假设施工时工料机价格水平与定额基价一致，请从经济角度出发，选择费用较省的施工组织方案(　　)。

A. 设 1 处，费用 3005326 元　　　　B. 设 2 处，费用 3239286 元

C. 设 2 处，费用 3005326 元　　　　D. 设 1 处，费用 3239286 元

3. 某高速公路建设项目路基土石方的工程量(断面方)见下表：

挖方(m^3)		利用方填方(m^3)		借方填方(m^3)	
普通土	次坚石	十方	石方	普通土	次坚石
470700	104500	382400	1033700	200000	11500

天然密实方与压实方的换算系数见下表：

土类 公路等级	土　　方			石　　方
	松土	普通土	硬土	
二级以上	1.23	1.16	1.09	0.92
三、四级	1.11	1.05	1.00	0.84

请问本项目土石方的计价方数量、断面方数量、利用方数量(天然密实方)、借方数量(天然密实方)分别为(　　)。

A. 1727200m^3，1394588m^3，242580m^3，121112m^3

B. 121112m^3，1394588m^3，242580m^3，1727200m^3

C. 1727200m^3，3143300m^3，1394588m^3，242580m^3

D. 242580m^3，1394588m^3，1727200m^3，121112m^3

4. 某工地一通道工程需要中粗砂 2000m^3(净用量)，中粗砂自采，成品率为 60%。若人工的预算单价为 20 元/工日，自然砂的预算单价为 10 元/m^3，运距为 100m。

已知：砂的场内运输及操作损耗率为 3%，场外运输损耗为 2%。辅助生产间接费 5%，采购及保管费费率为 2.5%，定额如下：

工程内容:1)装、卸;2)采挖、过筛、清渣洗砂、堆方　　单位:$100m^3$ 堆方

顺序号	项目	单位	装卸	推运 10m	水中采堆	采筛堆			洗堆
						成品率(%)			
						30～50	50～70	70 以上	
					1	2	3	4	6
1	人工	工日	14.6	13.8	33.1	59.6	36.9	24.5	52.0
2	砂	m^3	—	—	—	—	—	—	115.00
3	基价	元	234	221	530	955	591	392	1615

注:(1)如采、筛、洗、堆联合作业时,按“采、筛、堆”及“洗、堆”工日之和扣减一次堆方,按每 $100m^3$ 扣减 3 工日计;

(2)定额中砂系自然砂。

(1)$2000m^3$ 成品中粗砂采集中,消耗的人工是(　　)工日。

A. 1738.26　　B. 1825.94

C. 1790.14　　D. 1874.05

(2)开采 $2000m^3$ 成品砂需要现场的自然砂为(　　)m^3。

A. 2256.24　　B. 2314.67

C. 2369.43　　D. 2416.38

(3)中粗砂料场价格为(　　)元/m^3。

A. 38.52　　B. 14.55

C. 14.91　　D. 14.26

(4)中粗砂的预算单价为(　　)元/m^3。

A. 35.8 元/m^3　　B. 58.3 元/m^3

C. 53.8 元/m^3　　D. 38.5 元/m^3

5. 已知人工单价为 43.5 元/工日,片石的预算单价为 45 元/m^3,电动碎石机的台班单价为 163.13 元/台班,滚筒式筛分机的台班单价为 135.11 元/台班。定额消耗:生产 $100m^3$ 的 4cm 碎石消耗人工 45 工日,片石 $114.9m^3$,电动碎石机 3.42 台班,筛分机 3.48 台班。

计算机械轧碎石的料场单价为(　　)。

A. 58.55 元/m^3　　B. 82.55 元/m^3

C. 89.55 元/m^3　　D. 75.55 元/m^3

6. 某高速公路建设项目路基土石方的工程量(断面方)见下表:

挖方(m^3)		利用方填方(m^3)		借方填方(m^3)	
普通土	次坚石	土方	石方	普通土	次坚石
470700	104500	382400	1033700	200000	11500

假设填方路段路线长 10.00km,路基宽度为 28.00m,大部分均为农田。平均填土高度为 4.00m,边坡坡率为 1:1.25,请问耕地填前压实的工程量为(　　)。

天然密实方与压实方的换算系数

土类 / 公路等级	土方			石方
	松土	普通土	硬土	
二级以上	1.23	1.16	1.09	0.92
三、四级	1.11	1.05	1.00	0.84

A. 830000m^2　　B. 380000m^2

C. 450000m^2　　D. 280000m^2

7. 某工程钢筋为甲供材料，取货地点为市区钢筋供应点，供应价格为6800元/t。从市区供应点至工地距离为20km，每吨公里运费为1元，装卸费为1.5元/t，采购及保管费率为2.5%，则钢筋的预算价格为(　　)元。

A. 6992　　B. 6822

C. 6800　　D. 6991

8. 某施工项目通过市场调查了解到，水泥价格为330元/t，供货地距离工地20km，当地的运杂费为0.3元/吨公里，水泥的场外运输损耗率和采购及保管费率分别为1%和2.5%，则购买水泥的预算单价为(　　)元。

A. 341.7　　B. 345.6

C. 347.8　　D. 350.3

9. 某工程直接工程费为200万元，直接费为250万元，间接费为40万元，计划利润为10万元，税率为3%，则该工程的税金为(　　)万元。

A. 15　　B. 9

C. 7.5　　D. 10

10. 已知水泥消耗量是41200t，损耗率是3%，那么水泥的净用量是(　　)t。

A. 39964　　B. 42436　　C. 40000　　D. 42474

习题参考答案及解析

一、单项选择题

1. A

【考核点】概预算计算办法

【解　析】间接费里面的规费按人工费为基数计算，由企业上缴国家。

2. A

【考核点】概预算编制办法

【解　析】施工图预算不是投标报价的标的。

3. A

【考核点】概预算费用计算

【解　析】劳动保护费按新的现行办法规定属于工人工资，即为人工费，属于直接工程费。

4. C

【考核点】概预算费用组成

【解　析】直接工程费是建安费中仅包括工、料、机的最直接费用，隶属于直接费。工人工资即为人工费就属于直接工程费。其他几个选项属于建安费的其他费用（间接费与税金）而不属于直接费。

5. C

【考核点】概预算费用组成

【解　析】本习题主要考查概预算四大部分费用组成的分类，只有教育费附加属于税金的三种之一，归类于建安费，其他均不属于第一大部分费用即建安费。

6. A

【考核点】概预算费用计算

【解　析】预备费的第四条规定验收质量所进行的隐蔽工程破损检查费用，所以选择答案A。基本预备费有五项费用，第四条即为常见的隐蔽工程验收检测的费用，选项C、D属于建安费，选项B属于其他工程建设费。

7. B

【考核点】概预算费用计算

【解　析】税金计算公式套用。税金＝（直接费＋间接费＋利润）×税率。答案为 $(250+40+10)\times3\%=9$。直接工程费隶属于直接费，不能加入计算。

8. D

【考核点】概预算费用计算

【解　析】行车干扰费用计算只考虑施工中受行车干扰的部分，而且计算基数是受干扰的人工与机械费用之和。

9. A

【考核点】概预算费用组成

【解　析】建安费由四大部分费用组成，即：直接费、间接费、利润、税金。

10. A

【考核点】概预算费用组成

【解　析】所有工程的直接工程费都是由人工费、材料费、机械台班使用费所组成。

11. B

【考核点】概预算费用计算

【解　析】承包人材料试验检查费包含在施工辅助费中，属于建安费。

12. D

【考核点】概预算费用计算

【解　析】按计算公式，税金＝（直接费＋间接费＋利润）×税率。

13. B

【考核点】概预算费用组成

【解　析】生产工具都属于施工辅助费。

14. A

【考核点】预算定额作用

【解　析】公路工程预算定额主要就是编制施工图预算。

15. A

【考核点】概预算费用计算

【解　析】试验检查费属于施工辅助费。

16. C

【考核点】概预算费用组成

【解　析】施工单位工地现场维护清理属于辅助生产范围。

17. A

【考核点】概预算费用组成

【解　析】周转材料摊销计入定额,肯定是直接工程费。机械安拆耗材属于临时设施费,建材检查耗材可以忽略不计(如果是多选题这种耗材也属于直接工程费)。

18. C

【考核点】概预算费用组成

【解　析】公路工程概预算中人工费特指一线生产工人的工资。

19. B

【考核点】概预算费用组成

【解　析】一线生产工人的工资可以认为是生产费,休假不属于生产,发生的工资费用属于管理性质费用。

20. D

【考核点】概预算费用组成

【解　析】材料预算单价的运杂费除了包括从供应点出发到仓库的运输装卸捆绑等杂费外,还包括进库后的检查堆放等杂费。

21. D

【考核点】概预算费用组成

【解　析】机械台班单价中有可变与不变费用,不变费用是按机械设计寿命规定的各种可摊销的费用,此外均为可变。

22. D

【考核点】概预算定额组成

【解　析】公路工程定额没有概算指标,只有估算指标。

23. B

【考核点】概预算费用组成

【解　析】直接工程费就是人工费、材料费和机械费。

24. B

【考核点】预算定额运用

【解　析】材料定额包括净用量及操作损耗,但不能包括运输损耗,运输损耗在材料预算单价中计算。试验抽检材料已包括进材料定额中。

25. C

【考核点】概预算费用组成

【解　析】税金的组成就是营业税、城乡建设维护税和教育费附加，不包括其他费用。

26. A

【考核点】概预算费用组成

【解　析】工资费用只有工人工资才属于直接费，其他的属于间接费。

27. A

【考核点】概预算的分类

【解　析】劳动定额与机械定额都分为时间定额和产量定额来计算，与其他定额无关。

28. A

【考核点】概预算定额运用

【解　析】预算定额中混凝土强度等级、砂浆强度等级、周转次数都可以抽换，工程量是不能抽换的。

29. C

【考核点】概预算定额运用

【解　析】劳动量就是劳动总量以工日数计量，劳动量 = 定额 × 工程量。

30. D

【考核点】概预算定额运用

【解　析】定额运用中，查找的方法很多，但不能通过计算机自动完成。因为施工方法从来不能固定下来，总是不断因地因人而变化。

31. B

【考核点】概预算文件编制

【解　析】概预算文件编制虽然可以计算机辅助完成，但其表格计算编制的过程是必须掌握的。分解项目找工序是第一步，接着复核工程量，其次必须计算材料、机械单价；随后查找定额并纳入 08 表计算分项工程消耗量和金额，最后统计消耗总量和总费用。

32. C

【考核点】概预算费用计算

【解　析】概预算文件编制办法规定所有公路工程项目归类为 13 个工程类别，分别为：人工土方、机械土方、汽车运土、人工石方、机械石方、高级路面、其他路面、构造物Ⅰ、构造物Ⅱ、构造物Ⅲ、技术负责大桥、隧道、钢材及钢结构。每个不同项所具有的费率大小不同，所以分项工程所属的类别很重要。人工挖运淤泥就属于人工土方。上述 13 个名词是固有词语，不能代替或改变。具体解释参与部颁编制办法。

二、多项选择题

1. ACDE

【考核点】概预算编制办法

【解　析】标准依据很多很泛，这类多选题主要使用排除法作答，比如分包问题就不是施工现场组织处理的事情，而是承包合同管理的范围。

2. ABE

【考核点】概预算定额运用

【解　析】预期和结算都不是做概预算的依据，不构成定额。

3. ACD

【考核点】概预算计算办法

【解　析】机械台班单价构成不包括进退场，租赁费就是台班费的另种形式。

4. ABC

【考核点】概预算费用组成

【解　析】凡是与结构物生产直接相关的人工工资都属于人工费，停工就是非正常生产，不能计入正常费用中，就不属于直接费。

5. ABCD

【考核点】概预算费用组成

【解　析】人工费的细部结构组成，当然不包括管理性质相关的一些费用。

6. ACDE

【考核点】概预算费用组成

【解　析】添加剂属于辅助费，在间接费里面，二次运输不能计算进材料预算单价里面，即不属于直接工程费，而属于辅助工程措施费。

7. ABDE

【考核点】概预算计算办法

【解　析】施工水电费是按预算单价计入进直接工程费的。

8. BCE

【考核点】概预算费用组成

【解　析】现场管理属于间接费，税金属于建安费，工料机费用才是直接工程费。

9. AE

【考核点】概预算费用组成

【解　析】概预算费用由四大部分费用组成，包括建安费，使用超出建安费的选项B、C、D就排除了。

10. ABDE

【考核点】概预算费用组成

【解　析】规费由企业交给国家的，在保险费用中没有劳动保险这个名词，只有劳保福利之类，在概预算的规定中属于间接费的企业管理费的基本费用。

11. ABCD

【考核点】概预算费用组成

【解　析】勘察设计费是单独计列的其他费用。

12. ACDE

【考核点】概预算费用组成

【解　析】基本费用包括内容很多，很容易混淆，但主副食运费补贴在此之外，属于间接费。

13. DE

【考核点】概预算费用组成

【解　析】建设项目管理费由四部分组成,包括:建设单位(业主)管理费、工程监理费、设计文件审查费、竣工验收试验检测费。

14. BDE

【考核点】概预算计算办法

【解　析】税金的计算公式,包括:营业税、城市建设维护税、教育费附加三项。

15. ABDE

【考核点】概预算计算办法

【解　析】企业管理费组成范围很广,费用很大,要特别注意出题。除了脚手架是直接工程费外。

16. ACDE

【考核点】概预算计算办法

【解　析】添加剂费属于直接工程费。

17. ABCD

【考核点】概预算费用计算

【解　析】编制标底考虑因素很多,但不许考虑监理单位的影响。

18. BCDE

【考核点】概预算计算办法

【解　析】不考虑土地出让金,征地按国有土地使用。

19. AD

【考核点】概预算费用组成

【解　析】间接费组成或者企业管理费组成都是包含内容很多的,按组成各部分内容对号入座。

20. ACDE

【考核点】概预算费用组成

【解　析】项目前期公作费包括三项,即编制项目建议书、可行性研究报告、投资估算、勘察、设计、专题研究费;初步设计及施工图设计的勘察费、设计费及概预算编制费;设计、施工、监理招投标文件编制费。选项B是为设计服务的费用,属于项目管理外围的费用。

21. DE

【考核点】概预算费用计算

【解　析】这些费用主要是指对经营管理通车后公路的有关费用,在概预算第二部分费用里面分析。第二部分即为设备、工具、器具及家具购置费,只要分析题目中哪些选项不属于其中即可,建设单位管理费、勘察设计费和供电贴费属于第三部分费用。

22. BCD

【考核点】概预算定额运用

【解　析】公路定额是实物定额,其计量对象就是工料机消耗量。

23. ABD

【考核点】概预算费用计算

【解　析】计算人工费不包括退休费用和工人教育费用。

24. ABCD

【考核点】概预算费用组成

【解　析】除了工地消耗量不影响,其他都影响预算单价。

25. BCDE

【考核点】概预算费用计算

【解　析】预算价格就是工地价,与机械台班单价等同,不存在包含关系。

26. ABD

【考核点】概预算费用组成

【解　析】办法规定二次搬运不计入预算单价,工地小搬运已经计入定额失误消耗,不考虑进单价。

三、案例题

1. B

解:直接工程费 = 10 + 30 + 20 = 60(万元)

【注:直接工程费 = 人工费 + 材料费 + 机械使用费】

其他工程费 = 60 × 10% + (10 + 20) × 5% = 9(万元)

【注:其他工程费 = 直接工程费 × 其他工程费率Ⅰ + (人工费 + 机械费) × 其他工程费率Ⅱ。其他工程费率分为Ⅰ与Ⅱ两类,主要是特殊地区的海拔高度影响与风沙影响的费率,所乘的系数只有人工费与机械费之和,而不包括材料费】

直接费 = 60 + 9 = 69(万元)

【注:直接费 = 直接工程费 + 其他工程费】

规费 = 10 × 40% = 4(万元)

企业管理费 = 69 × 15% = 10.35(万元)

间接费 = 4 + 10.35 = 14.35(万元)

利润 = (69 + 14.35 - 4) × 7% = 5.5545(万元)

【注:利润 = (直接费 + 间接费 - 规费) × 利润率】

税金 = (69 + 14.35 + 5.5545) × 3.41% = 3.0316(万元)

【注:税金 = (直接费 + 间接费 + 利润) × 税率】

综上,建筑安装工程费 = 69 + 14.35 + 5.5545 + 3.0316 = 91.9361(万元)

2. A

解:(1)混合料综合平均运距计算

①设置1处拌和场:

拌和场设置在路线1/3处,距路线起终点分别为12km和24km,平均运距分别为6km和12km,其混合料综合平均运距为:

(36 ÷ 3 × 36 ÷ 3 ÷ 2 + 2 × 36 ÷ 3 × 2 × 36 ÷ 3 ÷ 2) ÷ 36 + 0.2 = 10.2(km)

【注:加权平均值计算公式为:

$$X = x_i \cdot a_i / \sum a_i$$

以拌和站供应距离为计算为权重,拌和站距离路线中心等距,加上拌和站地处各端头1/3的条件下,计算简化。

设一个站,站左边12km,那么左中距为6km;站右边24km,那么右中距为12km;分别以左与右的距离加权再平均,即:

[(1/3×36)×(1/3×36)/2+(2/3×36)×(2/3×36)/2]/36=10(km)

拌和站至路线距离为0.2km;则平均运距为10+0.2=10.2km】

②设置2处拌和场:

拌和场设置在距离路线两端1/3处,两个拌和场供料范围均为18km,每个拌和场距其供料路段的起终点分别为12km和6km,平均运距分别为6km和3km,其混合料综合平均运距为:

[(36÷3×36÷3÷2+36÷3×36÷2÷2)×2÷36]÷2+0.2=5.2(km)

【注:加权平均值计算公式为:

$$X = x_i \cdot a_i / \sum a_i$$

同上分析,两处拌和站设置,将前面分析的两端分成三段,但平均运距由两部分组成,分为左右站两次平均,同样需要知道左右两个站供应运输的分界点。由于条件简化后中间点(分界点)即为路线36km的1/2处。

同上,左站之左边与左站之右边的平均运距,即:

(1/3×36)×(1/3×36)/2+(1/3×36)/2×(1/3×36)/2/2/18=5(km)

拌和站至路线距离为0.2km;则左站平均运距为10+0.2=5.2km;同理,右站平均运距为5.2km。则两站平均运距为(5.2+5.2)/2=5.2km】

(2)总费用计算

沥青混凝土的数量:36000×22×0.18=142560(m^3)

①设置1处拌和场:

900000+142560×(5912+492×18)÷1000=3005326(元)

②设置2处拌和场:

1800000+142560×(5912+523×8)÷1000=3239286(元)

综上,设一处拌和站的施工组织方案较好。

3.C

解:(1)计价方数量:470700+1045000+200000+11500=1727200(m^3)

【注:计价方=借方+挖方-本桩利用,除另有说明外,土方挖方按天然密实体积计,填方按压(夯实)后体积计算,石方爆破按天然密实体积计算,天然密实方与压实方可查定额办法中的换算系数,本题未说明本桩利用,只有纵向调配填方。】

(2)断面方数量:470700+1045000+200000+11500+382400+1033700=3143300(m^3)

【注:断面方即为设计图纸自然断面,默认挖方自然方,填方为压实方,即为所有题给条件方量相加。】

(3)利用方数量:382400×1.16+1033700×0.92=1394588(m^3)

【注:利用方数量本题为填方,填方为压实方,换为自然方乘以换算系数。】

(4)借方数量:$200000 \times 1.16 + 11500 \times 0.92 = 242580(m^3)$

【注:借方数量默认挖方数量(挖方默认天然方),借方为填方即为压实方(题给量),换算为天然方就要乘以换算系数,所有换算系数查用定额,本题在此已提供。】

4.(1)B　(2)D　(3)C　(4)C

解:

问题(1)人工开采消耗量:

$$(36.9 + 52 - 3) \times \frac{2000}{100} \times (1 + 3\%) \times (1 + 2\%) = 1825.94 \text{(工日)}$$

【注:人工开采消耗量=(采筛堆定额+洗堆定额-一次堆定额)×中粗砂数量/定额单位(1+场内操作损耗率)×(1+场内运输损耗率)】

问题(2)需要的自然砂:

$$115 \times \frac{2000}{100} \times (1 + 3\%) \times (1 + 2\%) = 2416.38(m^3)$$

【注:需要的自然砂=中粗砂定额用量×中粗砂数量/定额单位(1+场内操作损耗率)×(1+场内运输损耗率)】

问题(3)中粗砂的料场单价:

$$1.15 \times 10 + \frac{36.9 + 52 - 3}{100} \times 20 \times (1 + 5\%) = 19.41 \text{(元/}m^3\text{)}$$

【注:中粗砂料场单价=一立方成品砂所需自然砂×自然砂单价+(采筛堆定额+洗堆定额-一次堆定额)/定额单位×人工单价×(1+辅助生产间接费率)】

问题(4)中粗砂的运杂费:

$$(\frac{14.6}{100} + \frac{13.8}{100} \times \frac{100}{10}) \times 20 \times (1 + 5\%) = 32.05 \text{(元/}m^3\text{)}$$

【注:运杂费=[装卸定额+推运定额×(运距/定额运距)]/定额单位×人工单价×(1+辅助生产间接费率)】

中粗砂的预算价格:

$$(19.41 + 32.05) \times (1 + 2\%) \times (1 + 2.5\%) = 53.80 \text{(元/}m^3\text{)}$$

【注:中粗砂预算单价=(料场单价+运杂费)×(1+采购保管费率)×(1+场外运输损耗率)】

5.B

解:人工费:$0.45 \times 43.5 = 19.58$(元)

辅助生产间接费:$19.58 \times 5\% = 0.98$(元)

材料费:$1.149 \times 45 = 51.71$(元)

机械费:碎石机,$0.0342 \times 163.13 = 5.58$(元)

筛分机:$0.0348 \times 135.11 = 4.70$(元)

碎石的料场单价:$19.58 + 0.98 + 51.71 + 5.58 + 4.70 = 82.55$(元/$m^3$)

【注:碎石料场单价=(人工耗量×人工单价(1+辅助生产间接费率)+材料费+机械费)/定额单位】

6. B

解:填前压实面积即为路基下地基表面积,只能从路基顶的数据反算下来。路基宽28m,边坡1∶1.25,即路基坡脚增加宽度(4×1.25×2)m,总宽度为(28+4×1.25×2)m,长度为10000m,则耕地填前压实的工程量计算如下:

$$10000\times(28+4\times1.25\times2)=380000(\mathrm{m}^2)$$

7. A

解:材料预算单价计算公式。预算单价=(供应价+运杂费)×(1+采保费率),其中,运杂费=运输距离×单价+装卸杂费。则:

$$\text{预算单价}=(6800+20\times1+1.5)\times(1+2.5\%)=6992$$

8. C

解:材料预算单价计算公式。预算单价=(供应价+运杂费)×(1+场外运输损耗率)×(1+采保费率),其中,运杂费=运输距离×单价+装卸杂费。则:

$$\text{预算单价}=(330+0.3\times20)(1+1\%)(1+2.5\%)=347.844(\text{元})$$

9. B

解:税金计算公式套用。税金=(直接费+间接费+利润)×税率。则:

$$\text{税金}=(250+40+10)\times3\%=9(\text{万元})$$

注:直接工程费隶属于直接费,不能加入计算。

10. C

解:材料消耗量=净用量×(1+操作损耗率)。则:净用量=41200/1.03=40000(t)。